영미문학 필독서

유희태 영미문학 ①

영미문학개론

임용영어수험생 대다수가 선택하는 전공영어의 보통명사

LSI 영어연구소 유희태 박사 저

박문각 임용

동영상강의 www.pmg.co.kr

박문각

《유희태 영미문학 1-영미문학개론》은 중등교사 임용시험을 준비하는 수험생들을 위해 쓰여졌다. 영국문학은 5세기부터 시작해 현재까지 1500년이 넘는 긴 역사를 지니고 있으며, 미국문학은 17세기부터 현재까지 약 400여 년의 역사를 담고 있다. 시험을 준비하는 수험생 입장에서는 이 방대한 분량이 부담일 수밖에 없다. 특히 문학은 방대한 분량과 준비 과정의 어려움에 비해 시험에 출제되는 문제는 3~4문항 정도이고, 거기에 더해 문학사와 관련된 영역은 시험에 출제되지 않는 까닭에 대다수의 예비교사들에게는 계륵과 같은 존재가 되어 왔다. 특히, 영어교육학과에서 공부하고 있거나 공부했던 상당수의 예비교사들은 영미문학에 대한 공부를 전혀 하지 않았거나, 하였다 할지라도 비중 있게 다루지는 않았다. 그런 이유로 해서 영미문학 과목은 대다수의 예비 교사들에게는 막연한 두려움과 부담의 대상이다. 《유희태 영미문학 1-영미문학개론》은 그런 두려움과 부담을 줄여주는 것이 목적이다.

《영미문학개론》은 『유희태 영미문학』시리즈 가운데 가장 기본이 되는 핵심 교재로, 《유희태 영미문학 2-영미소설의 이해》, 《유희태 영미문학 3-영미문학 기출》, 그리고 《유희태 영미문학 4-영미문학 문제은행》의 기본 토대가 된다. 아울러 각 시리즈의 교재와 같이 공부한다면 문학에 대한 두려움은 상당 부분 해소될 것이라 본다.

『유희태 영미문학』시리즈를 효과적으로 활용하는 방법은, 대학 1~2학년 때 《영미문학개론》을 최소 2회독, 평균 3회독하여 영미문학의 기본 이론을 확실하게 다진 뒤, 2~3학년 때 《영미소설의 이해》를 최소 1회독하여 영미소설을 기본 이론에 확장 적용하는 훈련을 하고, 3학년 때에는 《영미문학 기출》을 1회독한 다음, 처음으로 임용시험을 치르는 4학년 때 《영미문학 문제은행》을 가지고 공부하는 것이다.

학원에서 강의를 하는 동안 많은 예비 교사들의 과분한 사랑을 받은 점 항상 감사드린다. 동시에 거기에 따르는 무거운 책임감을 항상 느끼고 있다. 일찍이 17세기 미국 시인 Anne Bradstreet은 책을 낸다는 것이 얼마나 고통스럽고 긴장되고 두려운 일인지를 갈파한 바 있다. 하지만 동시에 그런 두려움을 떨쳐내기 위해 더욱더 피나는 노력을 하여 나온 그녀의 시처럼, 비록 이 교재가 명징한 시적 언어는 아니지만, 이 책으로 공부하는 많은 예비 교사의 마음에 따뜻한 감성의 비가 내리기를 바란다. 그 감성의 비를 타고 모든 수험생이 합격이라는 종착점에 안전하게 도달하기를 소망한다.

이 4판 작업을 하면서 많은 분들의 도움을 받았다. 원고를 보기 좋은 최종 결과물로 만들어준 박문각의 변수경 편집자와 박용 회장님께 고마움을 전한다. 또한 이 교재가 출간되는 과정에서 묵묵히 최선을 다해주신 모든 인쇄 출판 노동자들께도 감사의 말씀을 전하고 싶다. 아무쪼록 이 《영미문학개론》 4판 교재가 예비교사 여러분의 합격에 일조하기를 깊은 마음으로 바란다.

2023년 새해를 앞두고 LSI영어연구소에서

유희태

British Literature

Middle English Period 중세영어시대 (1066–1485)		The Renaissance 르네상스시대 (1485–1660)		The Neoclassical Period 신고전주의 (1660–1798)		
Norman 왕조(1066–1154)		Tudor 왕조(1485–1603)	Stuart 왕조(1603–1688)	Stuart 왕조복권(1660) Hanover 왕조(1714–1917)		
5C 1066 1485		1558	1603 1649	1660	1700	1745 1798

- Feudal system died out (1485)
- Act of Supremacy(1534)
- More executed(1535)
- Elizabeth I 재위 (1558–1603)
- Shakespeare & Marlowe born(1564)
- Defeat of the Spanish Armada

- Authorized version of the Bible(1611)
- Shakespeare died(1616)
- Rebellion in Ireland(1641)
- Commencement of the Civil War(1642)
- Cavaliers(왕)<–> Roundhead(의회-청교도)
- Charles executed; Commonwealth(1649)

- Dryden 시대 – 왕정복고
- Pope 시대 – Novel 의 등장 / Middle Class
- Johnson 시대 – Sensibility의 시대

○ **Epic**
- Beowulf
- Hymn
- The Wanderer

○ **Romance**
- <Sir Gawain and the Green Knight>
- W. Langland, <The Vision of Piers Plowman>
- G. Chaucer, <The Canterbury Tales>

- Thomas More <Utopia>(1516)

- Alexander Pope <Essay on Criticism> (1711)
- Daniel Defoe <Robinson Crusoe> (1719)
- Jonathan Swift <Gulliver's Travels> (1726)
- Samuel Richardson <Pamela>(1740)

- Henry Fielding <Tom Jones> (1749)
- Samuel Johnson <Dictionary> (1755)
- Laurence Sterne <Tristram Shandy>(1760)
- Horace Walpole <Castle of Otranto>(1765)

- Metaphysical Poets(형이상학파 시인): Donne, Herbert
- Cavalier(왕당파 시인): Johnson, Herrick
- Puritan(청교도 시인): Milton
- Metaphysical Poets:

T. S. Eliot	Unified sensibility
⬍	
Samuel Johnson	the most heterogeneous idea yoked by violence

- 이성의 시대: tradition(그리스/로마), universality; decorum
- 시: Mirror held up to Nature – 교훈적, 풍자적
- 시인: artist(장인)
- city; salon; beauty; poetic diction

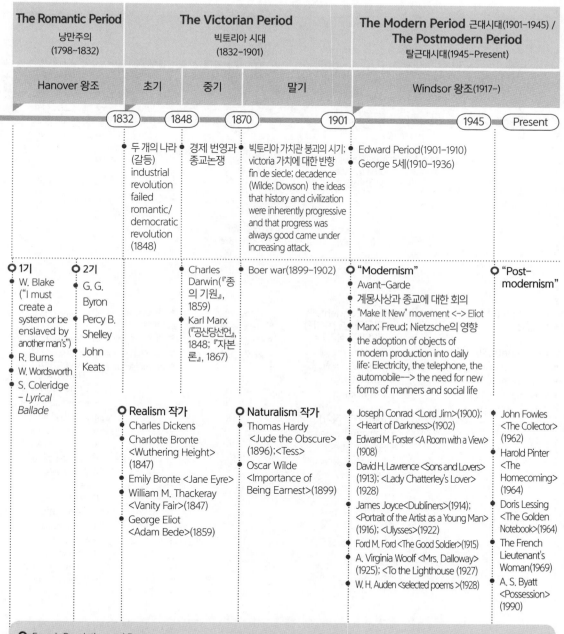

The Romantic Period 낭만주의 (1798–1832)		The Victorian Period 빅토리아 시대 (1832–1901)			The Modern Period 근대시대(1901–1945) / The Postmodern Period 탈근대시대(1945–Present)	
Hanover 왕조		초기	중기	말기	Windsor 왕조(1917–)	

1832 — 1848 — 1870 — 1901 — 1945 — Present

- 두 개의 나라 (갈등) industrial revolution failed romantic/ democratic revolution (1848)
- 경제 번영과 종교논쟁
- 빅토리아 가치관 붕괴의 시기; victoria 가치에 대한 반항 fin de siecle; decadence (Wilde; Dowson) the ideas that history and civilization were inherently progressive and that progress was always good came under increasing attack.
- Edward Period(1901–1910); George 5세(1910–1936)

O 1기
- W. Blake ("I must create a system or be enslaved by another man's")
- R. Burns
- W. Wordsworth
- S. Coleridge – Lyrical Ballade

2기
- G. G. Byron
- Percy B. Shelley
- John Keats

- Charles Darwin(『종의 기원』, 1859)
- Karl Marx (『공산당선언』, 1848; 『자본론』, 1867)

- Boer war(1899–1902)

O "Modernism"
- Avant-Garde
- 계몽사상과 종교에 대한 회의
- "Make It New" movement <-> Eliot
- Marx; Freud; Nietzsche의 영향
- the adoption of objects of modern production into daily life: Electricity, the telephone, the automobile--> the need for new forms of manners and social life

O "Post-modernism"

O Realism 작가
- Charles Dickens
- Charlotte Bronte <Wuthering Height> (1847)
- Emily Bronte <Jane Eyre>
- William M. Thackeray <Vanity Fair>(1847)
- George Eliot <Adam Bede>(1859)

O Naturalism 작가
- Thomas Hardy <Jude the Obscure> (1896);<Tess>
- Oscar Wilde <Importance of Being Earnest>(1899)

- Joseph Conrad <Lord Jim>(1900); <Heart of Darkness>(1902)
- Edward M. Forster <A Room with a View> (1908)
- David H. Lawrence <Sons and Lovers> (1913); <Lady Chatterley's Lover> (1928)
- James Joyce<Dubliners>(1914); <Portrait of the Artist as a Young Man> (1916); <Ulysses>(1922)
- Ford M. Ford <The Good Soldier>(1915)
- A. Virginia Woolf <Mrs. Dalloway> (1925); <To the Lighthouse> (1927)
- W. H. Auden <selected poems >(1928)

- John Fowles <The Collector> (1962)
- Harold Pinter <The Homecoming> (1964)
- Doris Lessing <The Golden Notebook>(1964)
- The French Lieutenant's Woman(1969)
- A. S. Byatt <Possession> (1990)

O French Revolution and Rousseau
- 감성의 시대: imagination; particularity; creativity; 역사에 대한 관심
- 시: spontaneous overflow of powerful feelings
- 시인: genius
- country; nature; common people's language; child individual subjective experience (impression); the sublime (gothic novel); the supremacy of "Nature" as a subject for art; revolutionary or radical extensions of expression; individual liberty
- W. Scott, <Waverley>(1814)
- Mary Shelley, <Frankenstein: or The Modern Prometheus>(1818)—Gothic novel

American Literature

Colonial and Early National Period (17C–1820)	Romanticism 낭만주의 (1830–1865)	Realism 사실주의 (1865–1820)	Naturalism 자연주의 (1890s–1910s)	Mordernism 모더니즘 (1920s–1945)
17C · 18C	19C	1865	1900s	1920s

- American Renaissance (1820–1850)

- 제1차 세계대전 (1914–1918)

- Spanish–American War (1898)

- Civil War (1861–1865)

Light Side(낙관주의)
- Benjamin Franklin – American Dream

Dark Side(비관주의)
- Jonathan Edwards – Original Sin
- Phillis Wheatley
- Washington Irving
- James F. Cooper

Transcendentalist (미국의 낭만주의자 예언가적 작가)
- Ralph W. Emerson
- Henry D. Thoreau
- Margaret Fuller
- Walt Whitman

(예술가적 작가)
- Nathaniel Hawthorn
- Edgar A. Poe
- Herman Melville

- Mark Twain
- Henry James
- Paul L. Dunbar
- Emily Dickinson

- Theodore Dreiser
- Jack London
- Stephen Crane
- Frank Norris

- Eugene O'Neill

The New Negro Movement (Harlem Renaissance);
- Langston Hughes
- Alain Locke
- Zora N. Hurston
- Countee Cullen
- Claude Makay
- Alice Nelson

Lost Generation
- Hemingway
- F. Scott Fitzgerald
- William Faulkner
- Robert Frost
- Carl Sandburg

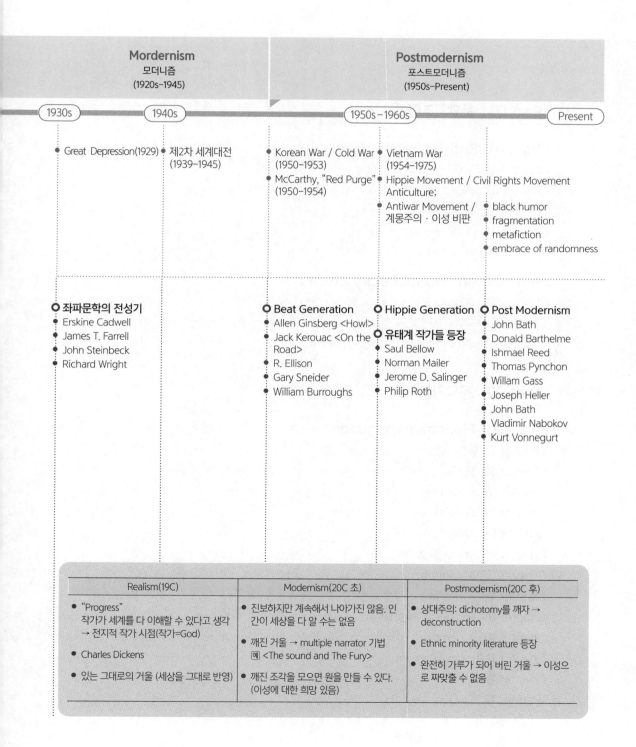

	Mordernism 모더니즘 (1920s-1945)		Postmodernism 포스트모더니즘 (1950s-Present)	

1930s — 1940s — 1950s – 1960s — Present

- Great Depression(1929)
- 제2차 세계대전 (1939-1945)
- Korean War / Cold War (1950-1953)
- McCarthy, "Red Purge" (1950-1954)
- Vietnam War (1954-1975)
- Hippie Movement / Civil Rights Movement Anticulture;
- Antiwar Movement / 계몽주의 · 이성 비판
- black humor
- fragmentation
- metafiction
- embrace of randomness

⭕ 좌파문학의 전성기
- Erskine Cadwell
- James T. Farrell
- John Steinbeck
- Richard Wright

⭕ Beat Generation
- Allen Ginsberg <Howl>
- Jack Kerouac <On the Road>
- R. Ellison
- Gary Sneider
- William Burroughs

⭕ Hippie Generation
⭕ 유태계 작가들 등장
- Saul Bellow
- Norman Mailer
- Jerome D. Salinger
- Philip Roth

⭕ Post Modernism
- John Bath
- Donald Barthelme
- Ishmael Reed
- Thomas Pynchon
- Willam Gass
- Joseph Heller
- John Bath
- Vladimir Nabokov
- Kurt Vonnegurt

Realism(19C)	Modernism(20C 초)	Postmodernism(20C 후)
• "Progress" 작가가 세계를 다 이해할 수 있다고 생각 → 전지적 작가 시점(작가=God) • Charles Dickens • 있는 그대로의 거울 (세상을 그대로 반영)	• 진보하지만 계속해서 나아가진 않음. 인간이 세상을 다 알 수는 없음 • 깨진 거울 → multiple narrator 기법 예 <The sound and The Fury> • 깨진 조각을 모으면 원을 만들 수 있다. (이성에 대한 희망 있음)	• 상대주의: dichotomy를 깨자 → deconstruction • Ethnic minority literature 등장 • 완전히 가루가 되어 버린 거울 → 이성으로 짜맞출 수 없음

Contents

Part 01 문학기초이론

Phase 01 British Literary History
Chapter 01 The Renaissance Period ·· 14
Chapter 02 Neo-classicism ·· 25
Chapter 03 Romanticism ·· 27
Chapter 04 Victorian Era ··· 32
Chapter 05 Modernism ·· 36

Phase 02 American Literary History
Chapter 01 19C American Literary History ······························· 40
Chapter 02 20C American Literary History Ⅰ ···························· 44
Chapter 03 20C American Literary History Ⅱ ··························· 49

Part 02 문학기본이론

Phase 01 Figurative Language
Chapter 01 Orientation ·· 60
Chapter 02 Simile ··· 61
Chapter 03 Metaphor ·· 68
Chapter 04 Symbol ··· 77
Chapter 05 Allegory ·· 90
Chapter 06 Personification ··· 93
Chapter 07 Apostrophe ··· 97
Chapter 08 Synecdoche / Metonymy ······································ 101
Chapter 09 Paradox / Oxymoron ·· 106
Chapter 10 Hyperbole ·· 109
Chapter 11 Understatement ·· 112
Chapter 12 Irony ··· 115
Chapter 13 Allusion ··· 130

Phase 02 Literary Device

Chapter 01 Imagery ·· 134
Chapter 02 Alliteration / Onomatopoeia ··················· 139
Chapter 03 Epiphany ··· 144
Chapter 04 Flashback ·· 158
Chapter 05 Satire ··· 195
Chapter 06 Interior Monologue ································· 210
Chapter 07 Surprising Ending ··································· 213
Chapter 08 Story-within-a-Story ······························ 225

Part 03 문학심화이론

Phase 01 Literary Element

Chapter 01 Point of View ·· 236
Chapter 02 Character ·· 262
Chapter 03 Setting / Atmosphere ····························· 270
Chapter 04 Plot ··· 310
Chapter 05 Theme ·· 318

Phase 02 Drama / Criticism

Chapter 01 Tragedy ·· 350
Chapter 02 Comedy ·· 364
Chapter 03 Absurd Theatre ······································· 368
Chapter 04 Neo-classical / Romantic Criticism ········· 376
Chapter 05 Modernist / Postmodernist / Postcolonialist ········ 385

Appendix

Glossary ··· 392
Poems for Further Reading ······································ 399

유희태 영미문학 ❶

영미문학개론

literature

문학기초이론

유희태 영미문학 ❶

영미문학개론

literature

Phase

01

British Literary History

Chapter
01 The Renaissance Period
르네상스시대(1485-1660)

The English Renaissance is associated with the pan-European Renaissance that is usually regarded as beginning in Italy in the late 14th century. As in most of the rest of northern Europe, England saw little of these developments until more than a century later. **The beginning of the English Renaissance**영국 르네상스의 시작 **is often taken, as a convenience, to be 1485, when the Battle of Bosworth Field ended the Wars of the Roses and inaugurated the Tudor Dynasty**. Renaissance style and ideas, however, were slow to penetrate England, and **the Elizabethan era**엘리자베스 시대 **in the second half of the 16th century is usually regarded as the height of the English Renaissance.**

In a tradition of literature remarkable for its exacting and brilliant achievements, **the Elizabethan and early Stuart periods have been said to represent the most brilliant century of all**. These years produced a gallery of authors of genius, some of whom have never been surpassed, and conferred on scores of lesser talents the enviable ability to write with fluency, imagination, and verve. From one point of view, this sudden renaissance looks radiant, confident, heroic—and belated, but all the more dazzling for its belatedness. Yet, from another point of view, this was a time of unusually traumatic strain, in which English society underwent massive disruptions that transformed it on every front and decisively affected the life of every individual. In the brief, intense moment in which England assimilated the European Renaissance, the circumstances that made the assimilation possible were already disintegrating and calling into question the newly won certainties, as well as the older truths that they were dislodging. This doubleness, of new possibilities and new doubts simultaneously apprehended, gives the literature its unrivaled intensity.

01 Important Sonnet Poets 중요한 소넷 시인들

Sonnet소넷 signifies a poem of **fourteen lines** that follows **a strict rhyme scheme** and **specific structure**. One of the best-known sonnet writers is William Shakespeare, who wrote 154 of them (not including those that appear in his plays). **A Shakespearean, or English, sonnet** consists of fourteen lines written in iambic pentameter, a pattern in which an unstressed syllable is followed by a stressed syllable five times. The rhyme scheme in a Shakespearean sonnet is **a-b-a-b**, **c-d-c-d**, **e-f-e-f**, **g-g**; the last two lines are a rhyming couplet.

1. Italian (or Petrarchan) Sonnet 이탈리아 또는 페트라르카 소넷

The structure of a typical Italian sonnet at first included two parts that together formed a compact form of "argument". First, the octave (two quatrains), forms the "proposition", which describes a "problem", or "question", followed by a sestet (two tercets), which proposes a "resolution". Typically, the ninth line initiates what is called the "turn", or "volta", which signals the move from proposition to resolution. Even in sonnets that don't strictly follow the problem/resolution structure, the ninth line still often marks a "turn" by signaling a change in the tone, mood, or stance of the poem.

Later, the **a-b-b-a**, **a-b-b-a** pattern became the standard for Italian sonnets. For the sestet there were two different possibilities: **c-d-e-c-d-e** and **c-d-c-c-d-c**. In time, other variants on this rhyming scheme were introduced, such as **c-d-c-d-c-d**.

As with the English (Shakespearean) sonnet, Petrarchan sonnets are traditionally written in iambic pentameter. The first known sonnets in English, written by Sir Thomas Wyatt and Henry Howard, Earl of Surrey, used this Italian scheme, as did sonnets by later English poets including John Milton, Thomas Gray, William Wordsworth and Elizabeth Barrett Browning. Early twentieth-century American poet Edna St. Vincent Millay also wrote most of her sonnets using the Italian form.

My Galley Chargèd with Forgetfulness

Sir Thomas Wyatt(1503—1542)

My galley, chargèd with forgetfulness,
Thorough sharp seas in winter nights doth pass
'Tween rock and rock; and eke mine en'my, alas,
That is my lord, steereth with cruelness;
And every owre a thought in readiness,
As though that death were light in such a case.
An endless wind doth tear the sail apace
Of forced sighs and trusty fearfulness.
A rain of tears, a cloud of dark disdain,
Hath done the weared cords great hinderance;
Wreathèd with error and eke with ignorance.
The stars be hid that led me to this pain;
Drownèd is Reason that should me comfort,
And I remain despairing of the port.

작품해설

Wyatt의 대표적인 시로, 형식은 소넷이며 8행 연구(octave)와 6행 연구(sestet)로 되어 있다. 절망한 애인을 폭풍우에 길을 잃은 배로 표현한 것은 대표적인 Petrarchan sonnet이다.

한글번역

내 배는 망각의 짐을 싣고

내 배는 망각의 짐을 싣고
겨울 밤 바위 사이의 거친 바다를 지나가네.
또한 나의 원수. 아아.
내 애인은 무정하게 키를 잡네.
그리고 젓는 노마다 이럴 땐 죽음도,
하찮은 것인 양 손쉽게 생각되네.
거짓 한숨으로 두려움도 마음 든든하다는 듯이
쉴 새 없이 부는 바람은 재빨리 돛을 찢고.
눈물의 비와 경멸의 검은 구름은,
닳아버린 돛 줄을 크게 손상케 하니,
이는 망상과 무지의 뒤얽힘.
이 고역으로 나를 인도한 별이여 가라,
나를 동반해야 할 이성이 물에 빠지니,
기항의 가망도 없이 나는 떠도네.

2. Spenserian Sonnet 스펜서식 소넷

A variant on the English form is the Spenserian sonnet, named after Edmund Spenser (1552-1599), in which the rhyme scheme is **abab**, **bcbc**, **cdcd**, **ee**. A Spenserian sonnet does not appear to require that the initial octave set up a problem that the closing sestet answers, as with a Petrarchan sonnet. Instead, the form is treated as **three quatrains** 3개의 4행 연구 connected by the interlocking rhyme scheme and closed by **a couplet** 1개의 2행 연구. The linked rhymes of his quatrains suggest the linked rhymes of such Italian forms as terza rima. This example is taken from Amoretti:

One Day I Wrote Her Name upon the Strand

Edmund Spenser(1552-1599)

One day I wrote her name upon the strand,
But came the waves and washèd it away:
Again I wrote it with a second hand,
But came the tide and made my pains his prey.
Vain man (said she) that dost in vain assay
A mortal thing so to immortalise;
For I myself shall like to this decay,
And eke my name be wipèd out likewise.
Not so (quod I); let baser things devise
To die in dust, but you shall live by fame;
My verse your virtues rare shall eternise,
And in the heavens write your glorious name:
Where, when as Death shall all the world subdue,
Our love shall live, and later life renew.

한글번역

어느 날 백사장에 그녀 이름을 적었더니

어느 날 백사장에 그녀 이름을 적었더니,
파도가 밀려와서 씻어버렸네.
다시 그 이름 적어 봤지만,
물결은 밀려와 내 수고를 삼켜버렸네.
그녀 말하길 "덧없는 날 불멸케 하려
그토록 공연히 애쓰는 부질없는 그대여,

나도 이 파도처럼 꺼지고,
내 이름 또한 그처럼 소멸하리라."
나 대답하길 "천만에, 천한 것들이야 죽어
흙이 된들 어떠랴마는 그대 이름 영원히 살아남으리.
나의 시는 그대의 귀한 덕을 영원케 하고,
하늘에 그대의 빛나는 이름 기록하리라.
죽음이 온 세상을 정복할지라도,
우리의 사랑 하늘에 살고 삶은 다시 새로워지리."

3. English Sonnet 영국식 소넷

When English sonnets were introduced by **Thomas Wyatt** in the early 16th century, his sonnets and those of his contemporary the Earl of Surrey were chiefly translations from the Italian of Petrarch and the French of Ronsard and others. While Wyatt introduced the sonnet into English, it was Surrey who gave it a rhyming meter, and a structural division into quatrains of a kind that now characterizes the typical English sonnet. Having previously circulated in manuscripts only, both poets' sonnets were first published in Richard Tottel's Songes and Sonnetts, better known as *Tottel's Miscellany* (1557).

It was, however, Sir Philip Sidney's sequence *Astrophel and Stella* (1591) that started the English vogue for sonnet sequences. The next two decades saw sonnet sequences by William Shakespeare, Edmund Spenser, Michael Drayton, Samuel Daniel, Fulke Greville, William Drummond of Hawthornden, and many others. This literature is often attributed to the Elizabethan Age and known as **Elizabethan sonnets**. These sonnets were all essentially inspired by **the Petrarchan tradition**, and generally treat of **the poet's love for some woman**, with the exception of Shakespeare's sequence. **The form is often named after Shakespeare**, not because he was the first to write in this form but **because he became its most famous practitioner**. The form consists of **fourteen lines** structured as **three quatrains and a couplet**3개의 4행 연구와 1개의 2행 연구. The third quatrain generally introduces an unexpected sharp thematic or imagistic "turn", the volta. In Shakespeare's sonnets, however, **the volta usually comes in the couplet, and usually summarizes the theme of the poem or introduces a fresh new look at the theme**. With only a rare exception, **the meter**약강 5보격 is iambic pentameter, although there is some accepted metrical flexibility (e.g., lines ending with an extra-syllable feminine rhyme, or a trochaic foot rather than an iamb, particularly at the beginning of a line). The usual rhyme scheme is end-rhymed **a-b-a-b**, **c-d-c-d**, **e-f-e-f**, **g-g**.

My mistress' eyes are nothing like the sun

William Shakespeare(1564—1616)

My mistress' eyes are nothing like the sun;
Coral is far more red than her lips' red;
If snow be white, why then her breasts are dun;
If hairs be wires, black wires grow on her head.
I have seen roses damasked, red and white,
But no such roses see I in her cheeks;
And in some perfumes is there more delight
Than in the breath that from my mistress reeks.
I love to hear her speak, yet well I know
That music hath a far more pleasing sound;
I grant I never saw a goddess go.—
My mistress, when she walks, treads on the ground.
    And yet, by heaven, I think my love as rare
    As any she belied with false compare.

▶ 한글번역

내 애인의 눈은 조금도 태양을 닮지 않았네,
산호가 그녀의 빨간 입술보다 한결 더 빨갛고,
눈이 희다면 그녀의 가슴은 암갈색이요:
머리카락이 줄이라면 그녀의 머리에 자란 것은 까만 쇠줄:
나는 홍색과 백색이 섞인 장미는 보았지만,
그녀의 뺨에서는 그런 장미를 볼 수 없어라,
어떤 향수에선 내 연인의 입김에서보다,
더 좋은 향기가 풍기네.
그녀의 음성을 나는 사랑하지만,
음악이 훨씬 더 즐거운 선율을 들려줌을 잘 아네:
여신이 걷는 것을 본 적이 없지만,
내 연인은 걸을 때 언제나 땅을 밟네.
하지만, 맹세코, 내 연인은 희귀하네,
거짓 비유로 꾸며진 그 어느 여인보다도.

02 | Metaphysical Poets 형이상학파 시인들

The poets in 17th-century England who inclined to the personal and intellectual complexity and concentration that is displayed in the poetry of **John Donne**, the chief of the Metaphysicals. Others include Henry Vaughan, Andrew Marvell, John Cleveland, and Abraham Cowley as well as, to a lesser extent, George Herbert and Richard Crashaw.

Their work is **a blend of emotion and intellectual ingenuity**감성과 지성의 결합, characterized by **conceit or "wit"—that is, by the sometimes violent yoking together of apparently unconnected ideas and things so that the reader is startled out of his complacency and forced to think through the argument of the poem**. Metaphysical poetry is less concerned with expressing feeling than with analyzing it, with the poet exploring the recesses of his consciousness. The boldness of the literary devices used—especially obliquity, irony, and paradox—are often reinforced by a dramatic directness of language and by rhythms derived from that of living speech.

A Valediction: Forbidding Mourning

John Donne(1572—1631)

As virtuous men pass mildly away,
　And whisper to their souls to go,
Whilst some of their sad friends do say
　The breath goes now, and some say, No:

So let us melt, and make no noise,
　No tear-floods, nor sigh-tempests move;
'Twere profanation of our joys
　To tell the laity our love.

Moving of th' earth brings harms and fears,
　Men reckon what it did, and meant;
But trepidation of the spheres,
　Though greater far, is innocent.

01

Dull sublunary lovers' love
  (Whose soul is sense) cannot admit
Absence, because it doth remove
  Those things which elemented it.

But we by a love so much refined,
  That our selves know not what it is,
Inter-assured of the mind,
  Care less, eyes, lips, and hands to miss.

Our two souls therefore, which are one,
  Though I must go, endure not yet
A breach, but an expansion,
  Like gold to airy thinness beat.

If they be two, they are two so
  As stiff twin compasses are two;
Thy soul, the fixed foot, makes no show
  To move, but doth, if the other do.

And though it in the center sit,
  Yet when the other far doth roam,
It leans and hearkens after it,
  And grows erect, as that comes home.

Such wilt thou be to me, who must,
  Like th' other foot, obliquely run;
Thy firmness makes my circle just,
  And makes me end where I begun.

한글번역

고별사 : 슬퍼함을 금함

고결한 사람들은 조용히 죽어가면서,
자신들의 영혼에게 가자고 속삭인다.
슬퍼하는 몇몇 친구들이 지금 숨이
떨어진다고 말하면, 또 한편에선 그렇지 않다 말하는 동안;

그렇게 우리도 사그라들어, 아무 소음도 내지 말자.
눈물의 홍수도, 탄식의 폭풍우도 일으키지 말자.
일반인들에게 우리의 사랑을 알리는 것은
우리의 기쁨을 모독하는 것이니.

지진은 재해와 공포를 일으키고
사람들은 그 피해와 의미를 헤아린다.
그러나 천체의 진동은
훨씬 더 크지만, 해가 없다.

우둔한 달 아래의 연인들의 사랑은
(그 사랑의 정수는 감각인데) 이별을
인정할 수가 없다, 왜냐하면 이별이 그 사랑의
기본 요소들을 없애버리기에.

그러나 사랑에 의해 너무도 순화되어
우리 자신도 그 이별이 무엇인지를 모르는 우리는,
서로의 마음을 믿어,
눈과 입술과 손이 없는 것을 별로 상관치 않는다.

우리의 두 영혼은 하나여서,
비록 나는 가야 하지만,
단절이 아니라 확장을 감내한다,
공기처럼 얇게 쳐 늘인 금처럼.

만일 우리의 영혼이 둘이라면, 그들은 둘이요,
마치 뻣뻣한 콤파스 두 다리가 둘인 것처럼;
당신의 영혼은 고정된 다리여서, 움직일 기색도
안 보이지만, 다른 다리가 움직이면, 움직이게 되네.

그리고 그것은 중심에 위치하지만,
다른 다리가 멀리 배회하면
몸을 기울여 다른 다리 쪽을 경청한다.
또한 다른 다리가 돌아오면 꼿꼿이 선다.

당신도 이와 같으리,
다른 다리처럼 비스듬히 달려야 하는 나에겐;
당신의 확고함이 나의 원을 정확히 그리게 하고,
내가 시작한 곳에서 나를 끝나게 하네.

03 Cavalier Poets 왕당파 시인들

Cavalier poets are a group of English gentlemen poets, called Cavaliers **because of their loyalty to Charles I (1625-1649) during the English Civil Wars**영국 내란**, as opposed to Roundheads**원두당**, who supported Parliament.** They were also cavaliers in their style of life and counted the writing of polished and elegant lyrics as only one of their many accomplishments as soldiers, courtiers, gallants, and wits. The term embraces **Robert Herrick**, Richard Lovelace, Thomas Carew, Sir John Suckling and Edmund Waller.

To the Virgins, to Make Much of Time

Robert Herrick(1591—1674)

Gather ye rosebuds while ye may,
　　Old Time is still a-flying;
And this same flower that smiles today
　　Tomorrow will be dying.

The glorious lamp of heaven, the sun,
　　The higher he's a-getting,
The sooner will his race be run,
　　And nearer he's to setting.

That age is best which is the first,
　　When youth and blood are warmer;
But being spent, the worse, and worst
　　Times still succeed the former.

Then be not coy, but use your time,
　　And while ye may, go marry;
For having lost but once your prime,
　　You may forever tarry.

소녀들에게 충고함

할 수 있는 동안, 장미 봉오리를 모아라.
늙은 시간은 끊임없이 날아가며
오늘 미소 짓는 바로 이 꽃도
내일이면 죽으리라.

하늘의 찬란한 램프,
태양이 높이 솟으면 솟을수록
그만큼 더 빨리 그의 달리기는 끝날 것이고
황혼에 더 가까워지리라.

젊음과 피가 한결 더웠던
첫 시절이 가장 좋고
그것이 사라지면 더 나빠지고,
가장 나쁜 시절이 잇따르리니

그러니 수줍어 말고, 시간을 활용하라.
그리고 할 수 있는 동안에 결혼하라.
청춘을 한번 잃기만 하면,
영원히 기다려야 하니.

Chapter

02 | Neo-classicism 신고전주의(1660-1798)

In England, **Neoclassicism flourished roughly between 1660, when the Stuarts returned to the throne, and the 1798 publication of Wordsworth's** *Lyrical Ballads*서정민요 시집의 출간, with its theoretical preface and collection of poems that came to be seen as heralding the beginning of the Romantic Age. Regarding English literature, **the Neoclassical Age is typically divided into three periods: the Restoration Age**왕정복고시대 **(1660-1700), the Age of Pope**알렉산더 포프의 시대 **(1700-1750), and the Age of Johnson**사무엘 존슨의 시대 **(1750-1798).**

Neoclassical writers **modeled their works on classical texts and followed various esthetic values first established in Ancient Greece and Rome**고대 그리스와 로마. Seventeenth-century and eighteenth-century Neoclassicism was, in a sense, a resurgence of classical taste and sensibility, but it was not identical to Classicism. In part **as a reaction to the bold egocentrism of the Renaissance** that saw man as larger than life and boundless in potential, the neoclassicists directed their attention to a smaller scaled concept of man as an individual within a larger social context, seeing human nature as dualistic, flawed, and needing to be curbed by **reason and decorum**.

In style, neoclassicists continued the Renaissance value of balanced antithesis, symmetry, restraint, and order. Additionally, they sought to achieve a sense of refinement, good taste, and correctness. They resurrected the classical values of **unity and proportion** and saw their **art** as **a way to entertain and inform, a depiction of humans as social creatures, as part of polite society**.

Alexander Pope (1688-1744) is generally regarded as the greatest English poet of the eighteenth century, best known for his satirical verse and for his translation of Homer. He is the third most frequently quoted writer in The Oxford Dictionary of Quotations, after Shakespeare and Tennyson. Pope was a master of the heroic couplet.

An Essay on Man

Alexander Pope(1688—1744)

'Tis ours to trace him only in our own.
He, who through vast immensity can pierce,
See worlds on worlds compose one universe,
Observe how system into system runs,
What other planets circle other suns,
What varied Being peoples every star,
May tell why Heaven has made us as we are.
But of this frame the bearings, and the ties,
The strong connections, nice dependencies,
Gradations just, has thy pervading soul
Looked through? or can a part contain the whole?
Is the great chain, that draws all to agree
And drawn supports, upheld by God, or thee?

작품해설

이 시에서 Pope는 18세기의 문학적 경향을 유감없이 보여준다. Pope는 새로운 사상을 피력하기보다 당시에 이미 알려져 있던 생각을 간결하고 기억하기 쉬운 구절로 잘 표현함으로써 당대의 'The Great Chain of Being' 사상을 그 어느 작품보다도 잘 보여주고 있다. 또한 신고전주의의 대표적 입문서로도 손색이 없다. 여기 실린 것은 시 전체 중에서 일부분에 해당한다.

한글번역

인간론

그러나 우리 자신의 세계에서만 그를 찾아낼 수 있는 것은 우리의 한계.
무한히 넓은 우주를 꿰뚫어 볼 수 있고
많은 세계와 세계가 중첩하여 하나의 우주를 구성하고
천체는 보다 큰 천체에 포함되는 것을 보고
어떤 다른 유성이 다른 항성의 둘레를 돌고
어떤 다른 생물들이 각 천체에 살고 있는지를 아는 자는
하늘이 왜 우리를 이같이 만들었는지를 알고 있으리.
허나 이 세계를 받치는 것과 잇는 것,
강력한 연결과 세밀한 상호 의존,
정확한 차등—이것들의 만물을 침투하는 그대 영혼은
꿰뚫어 보았는가, 아니면 부분이 전체를 포섭할 수 있는가?
저 대연쇄는 만물을 이끌어 화합케 하고
그 자체는 이끌어짐으로써 만물을 떠받쳐 주는 것, 그것을 들어올리고
있는 것은 신인가 그대인가?

03 | Romanticism 낭만주의(1798-1832)

Romanticism is attitude or intellectual orientation that characterized many works of literature, painting, music, architecture, criticism, and historiography in Western civilization over a period **from the late 18th to the mid-19th century**. Romanticism can be seen as **a rejection of the precepts of order, calm, harmony, balance, idealization, and rationality** that typified Classicism in general and late 18th-century Neoclassicism in particular. It was also to some extent **a reaction against the Enlightenment and against 18th-century rationalism and physical materialism in general**. Romanticism emphasized **the individual, the subjective, the irrational, the imaginative, the personal, the spontaneous, the emotional, the visionary, and the transcendental**.

Among the characteristic attitudes of Romanticism were the following: a deepened appreciation of the beauties of nature; a general exaltation of emotion over reason and of the senses over intellect; a turning in upon the self and a heightened examination of human personality and its moods and mental potentialities; **a preoccupation with the genius, the hero, and the exceptional figure in general, and a focus on his passions and inner struggles; a new view of the artist as a supremely individual creator, whose creative spirit is more important than strict adherence to formal rules and traditional procedures;** an emphasis upon imagination as a gateway to transcendent experience and spiritual truth; an obsessive interest in folk culture, national and ethnic cultural origins, and the medieval era; and a predilection for the exotic, the remote, the mysterious, the weird, the occult, the monstrous, the diseased, and even the satanic.

Romanticism in English literature began in the 1790s with the publication of the *Lyrical Ballads* of William Wordsworth and Samuel Taylor Coleridge. Wordsworth's "Preface" to the second edition (1800) of *Lyrical Ballads*, in which he described poetry as "**the spontaneous overflow of powerful feelings**강력한 감정이 자생적으로 끓어넘쳐 흐르는 것" became the manifesto of the English Romantic movement in poetry.

The second phase of Romanticism, comprising the period from about 1805 to the 1830s, was marked by a quickening of cultural nationalism and a new attention to national origins, as attested by the collection and imitation of native folklore, folk ballads and poetry, folk dance and music, and even previously ignored medieval and Renaissance works. The revived historical appreciation was translated into imaginative writing by **Sir Walter Scott,** who is often considered to have invented the historical novel. At about this same time English Romantic poetry had reached its zenith in the works of **John Keats, Lord Byron, and Percy Bysshe Shelley**.

Introduction to the Songs of Innocence

William Blake(1757—1827)

Piping down the valleys wild
Piping songs of pleasant glee
On a cloud I saw a child.
And he laughing said to me.

Pipe a song about a Lamb;
So I piped with merry chear,
Piper pipe that song again—
So I piped, he wept to hear.

Drop thy pipe thy happy pipe
Sing thy songs of happy chear,
So I sung the same again
While he wept with joy to hear

Piper sit thee down and write
In a book that all may read—
So he vanish'd from my sight.
And I pluck'd a hollow reed.

And I made a rural pen,
And I stain'd the water clear,
And I wrote my happy songs
Every child may joy to hear

서시

거친 골짜기 아래로 피리 불고,
즐거운 환희 노래 불며 가다가
구름 위 한 어린아이를 나는 보았네
그는 웃으면서 내게 말하기를:

"양의 노래를 불러줘요!"
그래서 나는 유쾌하게 피리 불었다.
"아저씨, 그 노래 다시 불러줘요.":
그래서 불어주었더니 그 앤 듣고서 울었다.

"피리를, 즐거운 피리를 불어줘요."
행복의 노래를 불러줘요!"
그래 다시 그 노래를 불어주었더니
듣고서 기뻐 눈물지었다.

"아저씨, 모든 아이들이 읽을 수 있게
그 노랠 적어줘요!"
그리곤 내 눈에서 사라져버렸다;
나는 속이 빈 갈대 하나 꺾어

시골풍의 펜을 만들어
맑은 물에 적신 다음
내 즐거운 노래 적었다
모든 아이들이 듣고 기뻐하도록.

My Heart Leaps Up

William Wordsworth(1770−1850)

My heart leaps up when I behold
A rainbow in the sky:
So was it when my life began;
So is it now I am a man;
So be it when I shall grow old,
Or let me die!
The Child is father of the Man;
And I could wish my days to be
Bound each to each by natural piety.

"My Heart Leaps Up" is noted for its simplicity of structure and language. It describes the joy that he feels when he sees a rainbow and notes that he has felt this way since his childhood. He concludes the poem by noting how his childhood has shaped his current views and stating that "the child is father of the man."

한글번역

내 가슴은 뛰네

하늘의 무지개 바라보면
내 가슴은 뛰네.
어렸을 적에도 그러했고
어른인 지금도 그러하네.
나이가 들어도 그러하길
아니면 죽어도 좋으리!
어린이는 어른의 아버지
내 생활이 자연을 경애하는 마음으로
하루하루 이어지기를.

England in 1819

Percy Bysshe Shelley(1792−1822)

An old, mad, blind, despised, and dying King;
Princes, the dregs of their dull race, who flow
Through public scorn,—mud from a muddy spring;
Rulers who neither see nor feel nor know,
But leechlike to their fainting country cling
Till they drop, blind in blood, without a blow.
A people starved and stabbed in th' untilled field;
An army, whom liberticide and prey
Makes as a two-edged sword to all who wield;
Golden and sanguine laws which tempt and slay;
Religion Christless, Godless—a book sealed;
A senate, Time's worst statute, unrepealed—
Are graves from which a glorious Phantom may
Burst, to illumine our tempestuous day.

한글번역

1819년 영국

노년에 미치고, 눈멀고 멸시당하면서 죽어가는 왕
침체된 혈통의 잔재, 왕자들이 침체된 근본을 비방하는
국민의 조롱 속을 끊임없이 흐른다.
보지도 느끼지도 깨닫지도 못하는 통치자들은
힘없는 조국에 거머리같이 달라붙었다
일격도 받지 않고 피에 눈이 가려져 떨어질 때까지는.
국민은 굶주렸고 칼로 찔리고 버려진 들판에서
군대는 자유 파괴자와 희생자들로
지배하는 모두에게 두 날 선 한 자루 검이 되어서.
유혹하고 파괴하는 귀중하고 잔인한 법령으로
기독교를 믿지 않고 신을 믿지 않는 종교—봉인된 책은
사상 최악의 법령으로, 폐지되지 않은 의회—
영광스런 유령이 절규할지도 모르는 데서
우리들 대소동의 날을 밝게 비춰주는 무덤이 되어서.

04 Victorian Era 빅토리아 시대(1837-1901)

The Reform Bill of 18321832년에 통과된 선거법 개정 gave **the middle class** the political power it needed to consolidate the economic position it had already achieved. **Industry and commerce** burgeoned. While the affluence of the middle class increased, the lower classes, thrown off their land and into the cities to form **the great urban working class**, lived ever more wretchedly. The social changes were so swift and brutal that Godwinian utopianism rapidly gave way to **attempts either to justify the new economic and urban conditions**, or to **change them**. The intellectuals and artists of the age had to deal in some way with the upheavals in society, the obvious inequities of abundance for a few and squalor for many, and, emanating from the throne of Queen Victoria (1837-1901), an emphasis on **public rectitude and moral propriety**.

The preeminent poet of the Victorian age was **Alfred, Lord Tennyson**. Although romantic in subject matter, his poetry was tempered by personal melancholy; in its mixture of social certitude and religious doubt it reflected the age. The poetry of **Robert Browning** and his wife, **Elizabeth Barrett Browning**, was immensely popular, though Elizabeth's was more venerated during their lifetimes. Browning is best remembered for his superb **dramatic monologues**. Some fine religious poetry was produced by Francis Thompson, Christina Rossetti, and Lionel Johnson.

In the middle of the 19th century, the so-called **Pre-Raphaelites**라파엘전파, led by the painter-poet Dante Gabriel Rossetti, sought to revive what they judged to be **the simple, natural values and techniques of medieval life and art**. Their quest for a rich symbolic art led them away, however, from the mainstream. William Morris— designer, inventor, printer, poet, and social philosopher—was the most versatile of the group, which included the poets Christina Rossetti and Coventry Patmore. The great innovator among the late Victorian poets was the Jesuit priest Gerard Manley Hopkins. The concentration and originality of his imagery, as well as his jolting meter (**sprung rhythm**), had a profound effect on 20th-century poetry.

During the 1890s the most conspicuous figures on the English literary scene were the **decadents**. The principal figures in the group were Arthur Symons, Ernest Dowson, and, first among them in both notoriety and talent, Oscar Wilde. The **Decadents' disgust with bourgeois complacency** led them to extremes of behavior and expression. However limited their accomplishments, they pointed out the **hypocrisies in Victorian values and institutions**. The sparkling, witty comedies of Oscar Wilde and the comic operettas of W. S. Gilbert and Sir Arthur Sullivan were perhaps the brightest achievements of 19th-century British drama.

The Victorian era was the great age of the English novel—realistic, thickly plotted, crowded with characters, and long. **It was the ideal form to describe contemporary life and to entertain the middle class**. The novels of Charles Dickens, full to overflowing with drama, humor, and an endless variety of vivid characters and plot complications, nonetheless spare nothing in their portrayal of what urban life was like for all classes.

Tears, Idle Tears

Alfred Lord Tennyson(1809—1892)

Tears, idle tears, I know not what they mean,
Tears from the depth of some divine despair
Rise in the heart, and gather to the eyes,
In looking on the happy autumn-fields,
And thinking of the days that are no more.

Fresh as the first beam glittering on a sail,
That brings our friends up from the underworld,
Sad as the last which reddens over one
That sinks with all we love below the verge;
So sad, so fresh, the days that are no more.

Ah, sad and strange as in dark summer dawns
The earliest pipe of half-awakened birds
To dying ears, when unto dying eyes
The casement slowly grows a glimmering square;
So sad, so strange, the days that are no more.

Dear as remembered kisses after death,
And sweet as those by hopeless fancy feigned
On lips that are for others; deep as love,
Deep as first love, and wild with all regret;
O Death in Life, the days that are no more!

한글번역

눈물, 하염없는 눈물

눈물, 하염없는 눈물. 난 그 까닭을 모르겠구나.
어떤 거룩한 절망의 심연에서 나온 눈물
이 가슴에 솟아올라 눈에 고이네.
행복한 가을의 들녘을 바라보고
다시 오지 않는 날들을 생각하면.

저승에서 우리 친구를 싣고 오는
돛배에 반짝이는 첫 햇살처럼 새롭고,
우리의 사랑하는 사람들 다 싣고
수평선 아래로 지는 돛배 빨갛게 물든 마지막 햇살처럼 슬프게.
이리도 슬프고 이리도 새롭네, 가버린 그 날들은.

아 슬프고 야릇하여라. 어둑한 여름날 먼동 틀 무렵
잠에서 덜 깬 새들이 지저귀는 첫 소리
임종하는 이의 귀에 들리듯, 그의 눈에 창문이 차츰
가물가물 네모로 보일 때에.
이리도 슬프고 이리도 이상하네, 가버린 그 날들은.

죽고 나서 생각하는 키스처럼 그리운
다른 사람 차지가 된 입술에 헛되이 상상해보는
키스처럼 감미로운, 사랑처럼 깊고
첫사랑처럼 깊게 온갖 회한으로 미칠 듯 해라.
오 삶 속의 죽음인가, 가버린 그 날들은!

They are not long, the days of wine and roses

Ernest Dowson(1867—1900)

They are not long, the weeping and the laughter,
   Love and desire and hate:
I think they have no portion in us after
   We pass the gate.

They are not long, the days of wine and roses:
   Out of a misty dream
Our path emerges for a while, then closes
   Within a dream.

> 한글번역

오래 가지 않으리, 술과 장미의 나날은

오래 가지 않으리, 눈물과 웃음은,
사랑과 욕망과 미움은.
우리 그 문을 지나고 나면 그것들은
더는 우리에게 없을 것 같네.

오래 가지 않으리, 술과 장미의 나날은.
안개 같은 꿈에서 불쑥
우리의 길은 나타났다가, 다시
꿈 속으로 닫혀 버리네.

Chapter

05 Modernism 모더니즘(1900-1945)

In an era characterized by industrialization, rapid social change, and advances in science and the social sciences, Modernists felt a growing **alienation incompatible with Victorian morality, optimism, and convention**빅토리아 시대 도덕, 낙관주의, 관습과 상극인 소외감. New ideas in psychology, philosophy, and political theory kindled a search for new modes of expression. Modernist literature has its origins in the late 19th and early 20th centuries, mainly in Europe and North America, and is characterized by **a self-conscious break with traditional ways of writing**전통적 글쓰기 방식으로부터 의식적으로 단절하는 것, in both poetry and prose fiction. Modernists experimented with literary form and expression, as exemplified by Ezra Pound's maxim to "**Make it new**새롭게 하라." This literary movement was driven by a conscious desire to **overturn traditional modes of representation and express the new sensibilities of their time**. The **horrors of the First World War** saw the prevailing assumptions about society reassessed, and much modernist writing engages with the technological advances and societal changes of modernity moving into the 20th century.

The Modernist impulse is fueled in various literatures by industrialization and urbanization and by the search for an authentic response to a much-changed world. Although prewar works by Henry James, Joseph Conrad, and other writers are considered Modernist, Modernism as a literary movement is typically associated with the period after World War I. The enormity of the war had undermined humankind's faith in the foundations of Western society and culture, and postwar Modernist literature reflected **a sense of disillusionment and fragmentation**환멸감과 해체감. A primary theme of T. S. Eliot's long poem *The Waste Land* (1922), a seminal Modernist work, is the search for redemption and renewal in **a sterile and spiritually empty landscape**. With its fragmentary images and obscure allusions, the poem is typical of Modernism in **requiring the reader to take an active role in interpreting the text**.

The publication of the Irish writer James Joyce's *Ulysses* in 1922 was a landmark event in the development of Modernist literature. Dense, lengthy, and controversial, the novel details the events of one day in the life of three Dubliners through a technique known as **stream of consciousness**의식의 흐름, which **commonly ignores orderly sentence structure and incorporates fragments of thought in an attempt to capture the flow of characters' mental processes**. Portions of the book were considered obscene, and Ulysses was banned for many years in English-speaking countries. Other European and American Modernist authors whose works rejected chronological and narrative continuity include Virginia Woolf, Marcel Proust, Gertrude Stein, and William Faulkner.

In a Station of the Metro

Ezra Pound(1885−1972)

The apparition of these faces in the crowd:
Petals on a wet, black bough.

작품해설

Metro는 파리의 지하철이다. 이 시는 Pound가 주도한 Imagism의 기법을 잘 보여주고 있다. 지하철에서 나오는 사람들의 모습을 꽃잎으로 표현하고 있듯이 시각적 이미지가 주류를 이루고 있다.

한글번역

지하철 역에서

난데없이 나타난 뭇 사람들 속의 얼굴 모습,
검게 젖은 가지 위에 핀 꽃잎이네.

유희태 영미문학 ❶

영미문학개론

literature

Phase

02

American Literary History

01 19C American Literary History

After the American Revolution, American writers were exhorted to produce **a literature that was truly native**. As if in response, four authors of very respectable stature appeared. William Cullen Bryant, Washington Irving, James Fenimore Cooper, and Edgar Allan Poe initiated a great half century of literary development.

Edgar Allan Poe, reared in the South, lived and worked as an author and editor in Baltimore, Philadelphia, Richmond, and New York City. His work was shaped largely by analytical skill that showed clearly in his role as an editor: time after time he gauged the taste of readers so accurately that circulation figures of magazines under his direction soared impressively. It showed itself in his critical essays, wherein he lucidly explained and logically applied his criteria. His **gothic tales of terror**공포를 다루는 고딕소설 were written in accordance with his findings when he studied the most popular magazines of the day. His masterpieces of terror—"The Fall of the House of Usher" (1839), "The Masque of the Red Death" (1842), "The Cask of Amontillado" (1846), and others—were written according to a carefully worked out psychological method.

The authors who began to come to prominence in the 1830s and were active until about the end of the Civil War—the humorists, the classic New Englanders, **Herman Melville**, **Walt Whitman**, and others—did their work in a new spirit, and their achievements were of a new sort.

01 The Transcendentalists 초월주의자들

Concord, Massachusetts, a village not far from Cambridge, was the home of leaders of another important New England group. The way for this group had been prepared by the rise of a theological system, **Unitarianism**유니테리어니즘(삼위일체론을 부정하고 신격의 단일성을 주장하는 기독교의 한 파), which early in the 19th century had replaced **Calvinism** as the faith of a large share of the New Englanders. **Ralph Waldo Emerson**, most famous of the Concord philosophers, started as a Unitarian minister. He became a Transcendentalist who, like other ancient and modern Platonists, **trusted to insights transcending logic and experience for revelations of the deepest truths**. His scheme of things ranged from the lowest objects and most practical chores to soaring flights of imagination and inspired beliefs.

An associate of Emerson with a salty personality of his own and an individual way of thinking, **Henry David Thoreau**, a sometime surveyor, labourer, and naturalist, was closer to the earthy and the practical than even Emerson was. Thoreau expounded his anarchistic views of government, insisting that if an injustice of government is "of such a nature that it requires injustice to another [you should] break the law [and] let your life be a counter friction to stop the machine." Associated with these two major figures were such minor Transcendentalists as Bronson Alcott, George Ripley, Orestes Brownson, **Margaret Fuller**, and Jones Very. Fuller edited *The Dial*다이얼, the chief Transcendental magazine, and was important in the feminist movement.

02 ┃ From the Civil War to 1914

Like the Revolution and the election of Andrew Jackson, the Civil War was a turning point in U.S. history and a beginning of new ways of living. Industry became increasingly important, factories rose and cities grew, and agrarian preeminence declined. The frontier, which before had always been an important factor in the economic scheme, moved steadily westward and, toward the end of the 19th century, vanished. The rise of modern America was accompanied, naturally, by important mutations in literature. **Samuel Langhorne Clemens** (Mark Twain) was allied with literary comedians and local colourists. *The Adventures of Tom Sawyer* (1876), *Life on the Mississippi* (1883), and *The Adventures of Huckleberry Finn* (1884), his best works were closest to the work of older humorists and local colourists.

Other American writers toward the close of the 19th century moved toward **naturalism**, a more advanced stage of realism. **Hamlin Garland**'s writings exemplified some aspects of this development when he made short stories and novels vehicles for philosophical and social preachments, stressing the harsher details of the farmer's struggles. Other American authors of the same period or slightly later were avowed followers of **French naturalists led by Émile Zola**. **Theodore Dreiser** treated subjects that had seemed too daring to earlier realists and, like other Naturalists, illustrated his own beliefs by his depictions of characters and unfolding of plots. Holding that **men's deeds were "chemical compulsions,"** he showed **characters unable to direct their actions**. Holding also that "the race was to the swift and the battle to the strong," he showed characters defeated by stronger and more ruthless opponents. **Stephen Crane and Frank Norris** were attentive to niceties of style or elaborate symbolism. The year 1906 saw the publication of **Upton Sinclair**'s *The Jungle*, first of many works by him that criticized U.S. economic and political life and urged socialism as the remedy.

I Sit and Look Out

Walt Whitman(1819—1892)

I SIT and look out upon all the sorrows of the world, and upon all
oppression and shame,
I hear secret convulsive sobs from young men at anguish with
themselves, remorseful after deeds done,
I see in low life the mother misused by her children, dying,
neglected, gaunt, desperate,
I see the wife misused by her husband, I see the treacherous
seducer of young women,
I mark the ranklings of jealousy and unrequited love attempted to
be hid, I see these sights on the earth,
I see the workings of battle, pestilence, tyranny, I see martyrs and
prisoners,
I observe a famine at sea, I observe the sailors casting lots who
shall be kill'd to preserve the lives of the rest,
I observe the slights and degradations cast by arrogant persons
upon laborers, the poor, and upon negroes, and the like;
All these—All the meanness and agony without end, I sitting, look
out upon, See, hear, and am silent.

한글번역

나는 앉아서 바라본다

나는 앉아서 바라본다, 세상의 온갖 슬픔과,

억압, 치욕을.
나는 젊은이들이 일을 저지르고 나서 뉘우치며
괴로운 나머지 남몰래 격하게 흐느끼는 걸 듣는다.
나는 하층 계급에서 어머니가 자식들에게 구박을 받고, 빈사 상태로,
버려진 채, 여위어, 절망한 것을 본다.
나는 아내가 남편한테 학대를 받는 것을,
젊은 여자들을 유혹하는 배반자를 보며.
나는 가슴에 사무치는 질투와 숨기고 싶은 짝사랑을 유심히 본다.
이 세상에서 이런 광경을 본다.
나는 전쟁과 역병, 폭정이 어떤 것임을 보며
순교자와 죄수들을 본다.
나는 해상의 기근을 보고, 선원들이 남은
사람들이 살아남기 위해 희생자를 가리고자 제비를 뽑는 것을 살펴본다.
나는 오만한 자들이 노동자와, 가난한 사람,
흑인들에게 던지는 멸시와 천대를 지켜보고
이 모든 것—온갖 비루와 끝없는 괴로움을
앉아서 바라본다.
보고 듣고 그리고 침묵한다.

Much Madness is Divinest Sense

Emily Dickinson(1830—1886)

Much Madness is divinest Sense —
To a discerning Eye —
Much Sense — the starkest Madness —
'Tis the Majority
In this, as all, prevail —
Assent — and you are sane —
Demur — you're straightway dangerous —
And handled with a Chain —

▶ 한글번역

광기야말로 가장 신성한 지각이네

광기야말로 가장 신성한 지각이네.
분별력 있는 눈에게,
지각은 순수한 광기이지.
다수이지.
득세하는 것은.
동의하라 그러면 당신은 정상.
반대하라 그러면 당신은 곧장 위험한 자
그리하여 쇠사슬에 묶일 것이네.

02 | 20C American Literary History Ⅰ
(1900-1945)

The beginning of the 20th century was a time of change across the globe. Whether it was rapid growth in city populations, industrialization or global conflict, it was clear that a new and modern world was taking shape. **Modernism** was an artistic movement that grew out of this changing landscape of life during this time. Modernism, for the most part, represented the struggle that many had with the way that new ideas and discoveries challenged their previous lives during a time when tradition didn't seem so important anymore.

This artistic movement grew strength first in Europe in the early 20th century, eventually growing in the United States. It was fueled by domestic shifts (increase in city life, technology and wealth, for example) as well as changes on an international scale (like World War I). As this stable structure of a strong, patriotic nation began to weaken, so did the writing of the time reflect the uncertainty of its citizens. Growth, prosperity, fear, war, death, money, materialism, psychology and disillusionment all contributed to the creation of a modern literary movement in the United States; one that was very much a reflection of the unease of a people who felt that the old rules and the old ways of living and thinking were no longer relevant.

Richard Cory

Edwin Arlington Robinson(1869−1935)

Whenever Richard Cory went down town,
We people on the pavement looked at him:
He was a gentleman from sole to crown,
Clean favored, and imperially slim.

And he was always quietly arrayed,
And he was always human when he talked;
But still he fluttered pulses when he said,
"Good-morning," and he glittered when he walked.

And he was rich—yes, richer than a king—
And admirably schooled in every grace:
In fine, we thought that he was everything
To make us wish that we were in his place.

So on we worked, and waited for the light,
And went without the meat, and cursed the bread;
And Richard Cory, one calm summer night,
Went home and put a bullet through his head.

한글번역

리처드 코리

리처드 코리가 시내로 올 때면
길거리의 우리들은 늘 그를 쳐다봤어요.
그는 머리끝부터 발끝까지 신사였지요.
참 깔끔하고 왕 같은 풍채에 몸도 날씬했었죠.

그 사람은 언제나 옷차림이 얌전했고
그가 말하면 늘 인간적인 풍모가 배어나왔지요.
하지만 그 사람이 "안녕하세요"라고 말하면
뭔가 마음에 와 닿는 기분이었어요. 걸을 땐 빛이 났었죠.

그 사람은 참 부자였어요.
예, 정말이지 왕보다 더 부자였어요.
그리고 온갖 품위 있는 교육을 훌륭하게 받은 사람이었답니다.
한 마디로, 그는 우리가 되고 싶어 하는 모든 것을 가지고 있었죠.

여느 때처럼 우리는 계속 일했고, 언젠가는 볕들 날을 기다렸죠.
고기도 못 먹고 살던 우리는 빵을 저주했습니다.
그런데 어느 조용한 여름밤에 리처드 코리는
집에 가서 자기 머리에 총탄을 박았지요.

One This Snowflake Is Alighting upon a Gravestone

E. E. Cummings(1894－1962)

one

t
hi
s

snowflake

(a
  li
    ght
  in
g)

is upon a gra

v
es
t

one

작품해설

Cummings는 활자체를 이용한 그림 같은 시를 씀으로써 그의 독창성을 드러내고 있다. 이 시는 '어떤 사람의 묘지 비석에 한 송이의 흰 눈이 내리는 모습'을 생동감 있고 활기차고 율동적으로 표현하고 있다. 마치 빛이 부드럽게 조명되어 굴절되는 듯한 이미지가 활자를 통한 영상미로 제시되고 있다.

한글번역

어떤 사람의 묘지 비석에 한 송이의 흰 눈이 내리는

한

송
이
의

눈이

내
　리
　　고
　　있
　다

어느 사람의

비
석
위

로

Mother to Son

Langston Hughes(1901—1967)

Well, son, I'll tell you:
Life for me ain't been no crystal stair.
It's had tacks in it,
And splinters,
And boards torn up,
And places with no carpet on the floor—
Bare.
But all the time
I'se been a-climbin' on,
And reachin' landin's,
And turnin' corners,
And sometimes goin' in the dark
Where there ain't been no light.
So boy, don't you turn back.
Don't you set down on the steps
'Cause you finds it's kinder hard.
Don't you fall now—
For I'se still goin', honey,
I'se still climbin',
And life for me ain't been no crystal stair.

한글번역

어머니가 아들에게

자, 얘야, 내 말을 들어보렴
내 인생길이 수정 계단은 아니었단다.
거기엔 압정이 널려 있고
나무 가시에
부서져 튀어나온 나무판
카펫을 깔지 않아
맨 층계인 곳도 많았어.
하지만 쉬지 않고
올라왔단다.
층계참에 올라와서는
방향을 바꿔 다시 올랐지.
불이 꺼진 곳에선
어둠속에서 걸었지.
그러니 얘야, 돌아서선 안 돼.
힘이 좀 든다고 해서
층계에 주저앉으면 안 된다.
쓰러지지 마라.
난 지금도 가고 있으니, 얘야
난 지금도 올라가고 있단다.
게다가 내 인생길은 전혀 수정 계단이 아니었단다.

03 | 20C American Literary History II
(1945-)

American literature attained a new maturity and a rich diversity in the 1920s and '30s. Faulkner, Hemingway, Steinbeck, and Katherine Anne Porter wrote memorable fiction; and Frost, Eliot, Wallace Stevens, Marianne Moore, E. E. Cummings, William Carlos Williams, and Gwendolyn Brooks published important poetry. Eugene O'Neill's most distinguished play, *Long Day's Journey into Night*, appeared posthumously in 1956.

Not only did a new generation come out of the First World war, but **its ethnic, regional, and social character was quite different from that of the preceding one**. Among the younger writers were children of **immigrants**, many of them **Jews**; **African Americans**, only a few generations away from slavery; and, eventually, **women**, who, with the rise of feminism, were to speak in a new voice. Though the social climate of the postwar years was conservative, even conformist, some of the most hotly discussed writers were homosexuals or bisexuals, including Tennessee Williams, Truman Capote, Paul Bowles, Gore Vidal, and James Baldwin, whose dark themes and experimental methods cleared a path for **Beat writers** such as Allen Ginsberg, William S. Burroughs, and Jack Kerouac.

Post-World War II Southern writers inherited Faulkner's rich legacy. Three women —Eudora Welty, Flannery O'Connor, and Carson McCullers, specialists in the **grotesque**—contributed greatly to Southern fiction.

Black writers found alternatives to **the Richard Wright tradition of angry social protest**. James Baldwin and Ralph Ellison, both protégés of Wright, wrote polemical essays calling for a literature that reflected the full complexity of black life in the United States. In his first and best novel, *Go Tell It on the Mountain* (1953), **Baldwin** portrayed the Harlem world and the black church through his own adolescent religious experiences. Drawing on rural folktale, absurdist humour, and a picaresque realism, **Ralph Ellison** wrote a deeply resonant comic novel that dealt with the full range of black experience—rural sharecropping, segregated education, northward migration, ghetto hustling, and the lure of such competing ideologies as nationalism and communism. Many considered his novel *Invisible Man* (1952) the best novel of the postwar years. Later two African American women published some of the most important post-World War II American fiction. **Toni Morrison** created a strikingly original fiction that sounded different notes from lyrical recollection to magic realism. Like Ellison, Morrison drew on diverse literary and folk influences and dealt with important phases of black history—i.e., slavery in *Beloved* and the Harlem Renaissance in *Jazz*.

A Supermarket in California

Allen Ginsberg(1926－1998)

What thoughts I have of you tonight Walt Whitman, for I walked down the sidestreets under the trees with a headache self-conscious looking at the full moon.

In my hungry fatigue, and shopping for images, I went into the neon fruit supermarket, dreaming of your enumerations!

What peaches and what penumbras! Whole families shopping at night! Aisles full of husbands! Wives in the avocados, babies in the tomatoes!—and you, Garcia Lorca, what were you doing down by the watermelons?

I saw you, Walt Whitman, childless, lonely old grubber, poking among the meats in the refrigerator and eyeing the grocery boys.

I heard you asking questions of each: Who killed the pork chops? What price bananas? Are you my Angel?

I wandered in and out of the brilliant stacks of cans following you, and followed in my imagination by the store detective.

We strode down the open corridors together in our solitary fancy tasting artichokes, possessing every frozen delicacy, and never passing the cashier.

Where are we going, Walt Whitman? The doors close in an hour. Which way does your beard point tonight?

(I touch your book and dream of our odyssey in the supermarket and feel absurd.)

Will we walk all night through solitary streets? The trees add shade to shade, lights out in the houses, we'll both be lonely.

Will we stroll dreaming of the lost America of love past blue automobiles in driveways, home to our silent cottage?

Ah, dear father, graybeard, lonely old courage-teacher, what America did you have when Charon quit poling his ferry and you got out on a smoking bank and stood watching the boat disappear on the black waters of Lethe?

작품해설

Ginsberg는 자신의 시적 아버지로 19세기의 위대한 미국 시인 Walt Whitman을 든다. 둘은 모두 민주주의를 신봉하고 삶의 어두운 면을 개혁하려고 했던 점에서 비슷하고, 또한 동성애자였다는 점에서도 닮았다.

한글번역

캘리포니아 슈퍼마켓

보름달을 바라보며 자의식으로 머리 아픈 내가 가로수 아래 길가를 걸어 내려가면서 월트 휘트먼, 오늘 밤 내가 당신에 대해서 무슨 생각을 하는지.
시장기로 피곤하여, 이미지를 쇼핑하러, 나는 네온으로 과일이 나붙은 슈퍼마켓에 갔소, 당신의 긴 목록들을 꿈꾸며.
멋진 복숭아, 멋진 명암! 온 가족의 밤 쇼핑! 통로마다 그득한 남편들! 아보카도 사이의 아내들, 아기들은 토마토에! 그리고 당신, 가르시아 로르카, 수박 옆에서 뭘 하고 있죠?

난 당신을 보았소. 월트 휘트먼, 아이 없이 외롭고 늙은, 식료품점에서 일하는 아이들을 힐끔힐끔 보면서, 냉장고에 담겨 있는 고기들을 부지런히 찔러보는, 당신을 난 보았소.
나는 당신이 질문을 하는 것을 들었소. 저 돼지고기는 누가 죽였소? 바나나는 얼마요? 당신이 내 천사요?
나는 당신을 따라 찬란한 통조림 무더기 사이를 들락거렸고, 가게 감시원이 따라오는 것을 상상하였소.
우리의 외로운 환경 속에 아티초크를 맛보고 모든 냉동 별미 식품을 만져보며 계산대는 한 번도 통과하지 않으며 같이 널찍한 통로를 걸었죠.

우리는 어디로 가고 있나요, 월트 휘트먼? 한 시간만 지나면 문이 닫힌다오. 오늘 밤 당신의 수염은 어느 쪽으로 향하나요?
(나는 당신의 책을 만지며 우리의 슈퍼마켓 여행을 꿈꾸고 무의미를 느낍니다.)
밤새껏 적막한 거리를 걸을까요? 나무들은 그림자에 그림자를 더하고, 주택의 불이 꺼지고, 우린 둘 다 외로울 거요.
차도에 세운 푸른 자가용을 지나 잃어버린 사랑의 미국을 꿈꾸며 우리의 말 없는 오두막으로 산보할까요?
아, 그리운 나의 아버지, 흰 수염의 노인이여, 외로운 늙은 용기 있는 스승이여, 당신은 어떤 미국을 생각하였나요? 카론(Charon : 그리스 신화에 나오는 저승으로 가는 나룻배를 젓는 나루지기)이 나룻배를 멈추고 당신이 연기 나는 언덕으로 간 뒤 서서 레테강의 검은 물 위로 그 배가 사라져 가는 것을 보고 있을 때.

A Work Of Artifice

Marge Piercy(1936−)

The bonsai tree
in the attractive pot
could have grown eighty feet tall
on the side of a mountain
till split by lightning.
But a gardener
carefully pruned it.

It is nine inches high.
Every day as he
whittles back the branches
the gardener croons,
It is your nature
to be small and cozy,
domestic and weak;
how lucky, little tree,
to have a pot to grow in.
With living creatures
one must begin very early
to dwarf their growth:
the bound feet,
the crippled brain,
the hair in curlers,
the hands you
love to touch.

한글번역

책략

멋진 화분의
분재 나무는
숲에서
번개에 맞아 쪼개지기 전까지
18피트는 자랄 수 있었겠지
하지만 어느 정원사가
심혈을 기울여 전지를 했다.
이것은 9인치.
매일 정원사는
가지를 치고
작은 소리로 노래한다.
작고 예쁜 것이
너의 본성이다
수줍고 약한 것이:
작은 나무야, 자랄 화분이
있다는 것이 얼마나 다행이냐.
살아있는 것을
성장을 못하게 하기 위해서는
일찍 시작해야 한다:
묶인 발,
바보가 된 머리,
머리 마는 클립을 만 머리카락
네가 닿길 좋아하는
손들.

Still I Rise

Maya Angelou(1928—2014)

You may write me down in history
With your bitter, twisted lies,
You may trod me in the very dirt
But still, like dust, I'll rise.

Does my sassiness upset you?
Why are you beset with gloom?
'Cause I walk like I've got oil wells
Pumping in my living room.

Just like moons and like suns,
With the certainty of tides,
Just like hopes springing high,
Still I'll rise.

Did you want to see me broken?
Bowed head and lowered eyes?
Shoulders falling down like teardrops,
Weakened by my soulful cries?

Does my haughtiness offend you?
Don't you take it awful hard
'Cause I laugh like I've got gold mines
Diggin'in my own back yard.

You may shoot me with your words,
You may cut me with your eyes,
You may kill me with your hatefulness,
But still, like air, I'll rise.

Does my sexiness upset you?
Does it come as a surprise
That I dance as if I've got diamonds
At the meeting of my thighs?

Out of the huts of history's shame
I rise
Up from a past rooted in pain
I rise
I'm a black ocean, leaping and wide,
Welling and swelling I bear in the tide.
Leaving behind nights of terror and fear
I rise
Into a daybreak that's wondrously clear
I rise
Bringing the gifts that my ancestors gave,
I am the dream and the hope of the slave.
I rise
I rise
I rise.

▶ 한글번역

그래도 나는 일어서

당신들은 악의적이고 비틀린 거짓말로
나를 역사에 기록할지 모르나
나를 쓰레기에 처박고 짓밟아도
난 먼지처럼 일어설 거야

내가 멋쟁이라서 기분 나빠?
왜 그렇게 죽을상이지?
내 거실에 유전이라도 가진
부자처럼 당당하니 그러는 거야?

달처럼 해처럼
어김없는 조수처럼
저 높이 솟는 희망처럼
난 일어설 거야

내가 꺾이는 걸 보고 싶었어?
머리 수그리고 두 눈 내리깔고
두 어깨를 눈물처럼 떨구면서,
슬픔에 울부짖다 지친 모습을?

내 오만한 태도가 기분 나빠?
너무 괴로워하지 마.
내 뒷마당 금광에서 금을 캐고 있는 것처럼
내가 웃어댄다고 말이야.

당신들은 말로 나를 쏘아버릴 수 있어
눈길로 나를 베어버릴 수 있어
증오로 나를 죽여버릴 수 있어
하지만 나는 공기처럼 일어설 거야

내가 섹시해서 언짢은 거야?
내가 허벅지 사이에
금강석이 박힌 것처럼 춤을 추니
그렇게 놀라워?

역사의 부끄러운 헛간에서 나와
난 일어서
아픔에 뿌리를 둔 과거를 벗어나
난 일어서
나는 물결 뛰노는 드넓은 검은 대양
솟구치며 출렁이며 물결을 타고
공포와 두려움의 밤을 뒤로하고
난 일어서
기적처럼 해맑은 새벽을 향해
난 일어서
선조들이 물려준 선물을 가져가는
나는 노예들의 꿈과 희망
난 일어서
난 일어서
난 일어서

유희태 영미문학 ❶
영미문학개론

literature

문학기본이론

유희태 영미문학 ❶

영미문학개론

literature

Phase

01

Figurative Language

01 Orientation

A **literary element**문학적 요소 is a component part found in the whole works of literature. Literary elements are not "used" by all authors; instead, they exist inherently in forms of literature and are derived by the readers of a work in question. For example, point of view, character, setting, theme and plot are considered literary elements.

A **literary device** or **literary technique**문학적 기법 refers to any standardized method an author uses to convey his or her message. This distinguishes them from literary elements, which exist inherently in literature. Unlike literary elements, literary devices are *not* necessarily present in *every* text and are less universal and are used intentionally rather than being emergent characteristics of a literary work. For example, figurative language, imagery, satire, alliteration, epiphany, flashback, stream of consciousness, interior monologue, etc. can be considered literary device.

이 문학적 기법 중에서도 가장 기본이 되는 것은 **figurative language**라 할 수 있다.

William Wordsworth의 "The Daffodils수선화"는 'I wandered lonely as a cloud'라는 시구로 시작한다. 이때 시인이 만일 'I wandered, lonely'라고 표현했다면 어땠을까? 아마도 시의 울림은 훨씬 적었을 것이다. 그것은 그저 '나 외로워 헤매었어'라는 진술에 다름없기 때문이다. 시인은 'I wandered lonely as a cloud'라고 함으로써 'I wandered, lonely'라고 했을 때보다 훨씬 더 많은 것을 독자에게 전달할 수 있다. 외로운 자신의 처지를 구름 한 조각에 비유함으로써, 시인은 자신이 구름처럼 자연의 한 부분임을 암시함과 동시에 구름처럼 그도 또한 외롭게 홀로 떠돌아다니며 어떠한 의지도 없이 수동적으로 바람에 의해 날려간다는 것을 암시하고 있다. 이렇게 비유적 언어를 사용함으로써 시인은 단 몇 마디의 말로 훨씬 넓고 깊은 감정과 연상을 전할 수 있다.

비유적 언어figurative language란 그 언어가 서술하는 바를 의미하지 않는 언어이다. 그것은 고의적으로 문자상의 용법 체계를 저해한다. 이는 한 사물에 문자로 관련된 용어들이 다른 사물로 전이될 수 있다는 비유적 언어의 가정에 의해서 가능하다.

비유적 언어에는 직유simile, 은유metaphor, 의인화personification, 제유synecdoche, 환유metonymy, 돈호법apostrophe, 상징symbol, 풍유allegory, 역설paradox, 모순어법oxymoron, 과장법hyperbole; overstatement, 줄여말하기understatement, 그리고 아이러니irony 등이 있는데, 이제부터 하나씩 자세히 살펴보도록 하자.

02 | Simile 직유

어떤 사물(원관념tenor)을 그것과 비슷한 다른 사물(보조관념vehicle)에 빗대어 표현하는데, 이 때 원관념과 보조관념을 '같이', '처럼', '듯이', '양' 등의 매개적인 결합어를 사용하여 연결 시키는 직접적 비유법을 simile직유라 한다. 비유의 가장 초보적인 형태로 like, as, as if, similar to, resemble, seem, than과 같은 비교어를 써서 명백히 서로 다른 두 가지 것의 비유, 즉 어떤 것을 다른 상이한 것과 같게 하는 것으로, 'A is like B'의 형식을 취한다. 이때 A가 원관념tenor, primary meaning이고, B가 보조관념vehicle, secondary meaning이다. 일반적으로 직 유는 'A is like B'의 구조 때문에 은유보다는 더욱 그 요소들 사이에 시각적인 경향을 띤 관계를 포함하며, 은유보다 그 비유의 폭이 좁다고 여겨진다. 앞에서 살펴보았던 'I wandered lonely as a cloud'는 직유이다. 서로 본질적으로 관계없는 두 용어(여기선 I와 cloud)가 as를 통해서 비유되고 있기 때문이다. 또한 Robert Burns의 시구 'O My Luve is like the melodie'는 직유이다. 이 시구는 'O My Luve resembles the melodie'로 바꿀 수 있다. 물론 직유이다.

다음은 simile가 사용된 예시이다.

> To live a full life is not easy
> It is lighter **than** a dried beetle
>
> Anthony Yu(1938−2015), "Life"

이 시에선 삶을 사는 것을 말라비틀어진 딱정벌레에 비유하고 있다.

> Let us go then, you and I,
> When the evening is spread out against the sky
> **Like** a patient etherized upon a table;
>
> T. S. Eliot(1988−1965), "The Love Song of J. Alfred Prufrock"

> 자 우리 가볼까, 당신과 나
> 수술대 위의 마취된 환자처럼
> 저녁이 하늘을 배경으로 누워있는 지금

저녁이 "수술대 위에 마취되어 누워있는 환자"로 비유되고 있다.

I walked abroad
And saw the ruddy moon lean over a hedge
Like a red-faced farmer.

T. E. Hulme(1883—1917), "Autumn"

나는 밖을 거닐면서
불그스레한 달이 붉은 얼굴을 한 농부처럼
생울타리 너머로 몸을 기울임을 보았다.

붉은 달을 붉은 얼굴을 한 농부로 비유하고 있다.

Our graves that hide us from the searching sun
resemble drawn curtains when the play is done,

Sir Walter Raleigh(1552—1618), "Sonnet"

수색하는 태양으로부터 우리를 감추어 주는 무덤은
연극이 끝났을 때 닫히는 커튼을 닮았네.

무덤을 (연극이 끝날 때) 닫히는 커튼에 비유하고 있다.

Further Reading

She dwelt among the untrodden ways

William Wordsworth(1770—1850)

She dwelt among the untrodden ways*
  Beside the springs of Dove*,
A Maid whom there were none to praise
  And very few to love:

A violet by a mossy stone
  Half hidden from the eye!
—Fair **as a star**, when only one
  Is shining in the sky.

She lived unknown, and few could know
  When Lucy ceased to be;
But she is in her grave, and, oh,
  The difference to me!

한글번역

인적이 드문 곳에 그녀는 살았네

도브강 원천 근처
   인적이 드문 곳에 그녀는 살았네.
칭찬해 줄 사람 아무도 없고,
   사랑해 줄 사람 하나 없는 처녀.

사람들의 눈에서 반쯤 가리워진
   이끼 긴 바위 옆에 핀 한 송이 제비꽃!
하늘에 홀로 반짝이는
   별처럼 아름다웠네.

아는 이 하나 없이 살았고
   아는 이 거의 없이 그녀는 죽었네.
허나 이제는 무덤 속에 누워있는 그녀,
   아, 내게는 얼마나 큰 의미인지!

the untrodden ways : 인적이 드문 길
Dove : 다비쉬어의 박스톤 가까운 곳에서 시작하여 남쪽으로 흘러 트렌트강에 합류하는 강

The Guitarist Tunes Up

Frances Darwin Cornford(1886—1960)

With what attentive courtesy he bent
Over his instrument;
Not **as a lordly conqueror** who could
Command both wire and wood,
But as a man with a loved woman might,
Inquiring with delight
What slight essential things she had to say
Before they started, he and she, to play.

작품해설

기타를 사랑하는 여인으로 비유하고 있다.

한글번역

기타리스트는 조율한다

정중한 예의를 갖추어
그는 악기 위로 몸을 구부렸다;
현과 목관 둘 다에게 명령할 수 있는
위엄있는 정복자로서가 아니라,
사랑하는 여인이 있는 한 남자처럼,
기쁜 마음으로 물어본다
그와 그녀, 그들이 연주를 시작하기 전에
그녀가 말해야 하는 없어서는 안 될 것들이 무엇인지를.

On Reading poems to a senior class at South High

D. C. Berry(1942—)

Before
I opened my mouth
I noticed them sitting there
as orderly as frozen fish
in a package.

Slowly water began to fill the room
though I did not notice it
till it reached
my ears

and then I heard the sounds
of fish in an aquarium
and I knew that though I had
tried to drown them
with my words
that they had only opened up
like gills for them
and let me in.

Together we swam around the room
like thirty tails whacking words
till the bell rang

puncturing
a hole in the door

where we all leaked out

They went to another class
I suppose and I home

where Queen Elizabeth
my cat met me
and licked my fins
till they were hands again.

│ 한글번역

고등학교 삼 학년 시 수업시간에

내가
입을 열기 전에
나는 아이들이
마치 짐짝 안에 언 생선들처럼
질서 있게 앉아있는 것을 보았다.

나는 알아채지 못했지만
천천히 물이 방 안을 채웠고
내 귀까지
차올랐는데

그때 나는 수족관의 물고기의
소리를 들었고
내가 그들을 내 말로
익사시키려했지만
그들은 그저
그들에게 아가미와 같은 것을 열고
나를 받아들였다는 것을
알았다.

서른 개의 꼬리지느러미로 대화를 툭툭 주고받으며
종이 울릴 때까지
우리는 함께 교실을 헤엄쳤고

교실 문에 구멍을 하나
내고

우리는 그리로 모두 빠져나가

아이들은 다른 교실로 간 듯하고
나는 집으로

내 고양이 엘리자베스 여왕이
나를 맞아주고
나의 지느러미가 손이 될 때까지
내 지느러미를 핥았다.

Dulce et Decorum Est

Wilfred Owen(1893−1918)

Bent double, like old beggars under sacks,
Knock-kneed, coughing like hags, we cursed through sludge,
Till on the haunting flares we turned our backs
And towards our distant rest began to trudge.
Men marched asleep. Many had lost their boots,
But limped on, blood-shod. All went lame; all blind;
Drunk with fatigue; deaf even to the hoots
Of gas-shells dropping softly behind.

Gas! GAS! Quick, boys! — An ecstasy of fumbling,
Fitting the clumsy helmets just in time;
But someone still was yelling out and stumbling
And flound'ring like a man in fire or lime···
Dim through the misty panes and thick green light,
As under a green sea, I saw him drowning.
In all my dreams before my helpless sight,
He plunges at me, guttering, choking, drowning.

If in some smothering dreams, you too could pace
Behind the wagon that we flung him in,
And watch the white eyes writhing in his face,
His hanging face, like a devil's sick of sin;
If you could hear, at every jolt, the blood
Come gargling from the froth-corrupted lungs,
Obscene as cancer, bitter as the cud
Of vile, incurable sores on innocent tongues,—
My friend, you would not tell with such high zest
To children ardent for some desperate glory,
The old Lie: Dulce et decorum est
Pro patria mori.

▌작품해설

전쟁을 야기하고 젊은이들을 전쟁터로 내모는 사회에 대한 비판을 담고 있다. 제목은 로마시인 호라티우스가 쓴 유명한 표현에서 따온 뒤 그 의미를 현대적이고 비판적으로 변용하고 있다. 즉, 조국을 위해 죽는 것이 달콤하고 타당하다는 주장은 새빨간 거짓말이라는 것이다.

한글번역

달콤하고 타당한

배낭 밑으로 늙은 거지처럼 허리가 반으로 접혀져
안짱다리로 노파처럼 쿨럭거리며, 우리는 진창 속에서 저주를 퍼부었다.
화염이 나타날 때까지 우리는 등을 돌리고 있었다.
그리곤 먼 숙소를 향해 터벅터벅 걷기 시작했다.
병사들은 졸면서 행군했다. 많은 이들이 군화를 잃었고,
절뚝거렸고 발은 피투성이였다. 모두 절뚝거렸고, 모두 눈이 멀었다.
피로에 취해 뒤로 살며시 떨어지는
포탄의 소리조차 들을 수 없었다.

독가스다! 독가스다! 서둘러! 머뭇거림에 정신이 혼미해졌고,
간신히 시간 안에 방독면을 썼지만
누군가는 여전히 고함치고 비틀거렸다.
마치 불 속이나 진창에 빠진 사람처럼
희뿌연 유리와 짙은 녹색 연기 너머로
녹색 빛의 바다 속으로 그가 익사하는 것을 보았다.
내 무력한 시야 앞의 모든 꿈속으로
그는 내 쪽으로 고꾸라져, 허우적거렸고, 질식하였고, 가라앉았다.

만약 언젠가 숨 막히는 꿈속에서, 당신 또한
그를 던졌던 수레 뒤를 쫓는다면
그의 얼굴 위로 뒤틀린 희멀건한 눈동자를 볼 수 있을 것이다.
마치 악마의 죄에 질려버린 것 같은 그의 얼굴을,
만일 수레가 덜컹일 때마다 썩어 거품이 찬 폐에서 부글부글
스며 나오는 피의 솟음을 당신이 들을 수 있다면
암만큼 역겹고 되새김질만큼 쓰디쓰리.
죄 없는 혀 위에 치유될 수 없는 지독한 상처
친구여! 그대는 죽음을 마다않고 영광을 갈망하는 아이들에게
흥분에 취해 말하지는 못할 것이네.
그 오래된 거짓말을: '조국을 위해 죽는 것은
달콤하고도 타당하다.'

Chapter

03 | Metaphor 은유

'My mind is like a lake내 마음은 호수와 같아'라는 문장에서 사용된 비유적 언어는 simile이지만, 'My mind is a lake내 마음은 호수야'라고 하면 metaphor가 된다. 영국 시인 Robert Burns가 'Oh my love's like a red, red rose.'가 아니라 'Oh my love's a red, red rose.'라고 했다면 은유를 사용한 것이 된다. 즉 은유는 축어적 의미literal meaning를 함축적으로 다른 어떤 것과 동등하게 한다. 직유가 명백하고 직접적인 비교라면, 은유는 함축적이고 암시적인 비교라고 할 수 있다. 원관념과 보조관념이 'A is like B'가 아니라 'A is B'의 형식을 취한다. 물론 A가 생략되고 B만 남는 경우도 있다.

Metaphor는 주로 4가지 형태가 있다. 첫째, 직유에서처럼 축어적 용어(원관념)와 비유적 용어(보조관념)가 둘 다 언급되어 있는 경우. 둘째, 축어적 용어는 언급되어 있지만 비유적 용어가 언급되어 있지 않은 경우. 셋째, 비유적 용어는 언급되어 있지만 축어적 용어는 언급되지 않는 경우. 넷째, 축어적 용어도 언급되지 않고 비유적 용어도 언급되지 않는 매우 희귀한 경우이다.

다음은 은유의 예이다.

Eye, gazelle, delicate wanderer,
Drinker of horizon's fluid line.

Stephen Spender(1909−1995), "Not Palaces"

눈, 아프리카 영양, 섬세한 방랑자,
수평선의 액체의 선을 마시는 자

이 시에서 원관념은 눈이고 보조관념은 아프리카 영양, 방랑자, 마시는 자이다. 명사 외의 다른 품사 (즉 형용사나 동사)도 은유적으로 사용될 수 있다.

Annihilating all that's made
To a green thought in a green shade

Andrew Marvell(1621−1678), "The Garden"

녹색의 그늘에서 녹색의 생각 속에
떠오른 모든 것을 없애고

이 시에서는 'green'이라는 형용사가 은유로 쓰이고 있다. green은 무지의 white나 정열의 red와 대조되며, 인간사를 떠난 시원하고 초연한 생활 방식을 함축하고 있다.

In headaches and worry
Vaguely life leaks away.

W. H. Auden(1907—1973), "As I Walked Out One Evening"

근심과 걱정을 통해
삶은 막연히 새어나간다.

'life'라는 추상적인 개념을 구체적으로 표현하고 있다. 즉 은유를 통해서 life를 새는 용기 속에 담긴 액체로 보고 있다. life(생명)가 탄생한 그날부터 깨진 그릇에서 물이 새듯이, 점점 없어지고 있다는 것을 절실히 느끼게 된다.

What is our life? a play of passion,
Our mirth? the music of division,
Our mothers' wombs the tiring-houses be,
Where we are dressed for this short comedy.
The earth the stage; Heaven the judicious sharp spectator is,
That sits and marks still who doth act amiss,

Sir Walter Raleigh(1552—1618), "What is our Life"

인생이란 무엇인가? 하나의 수난극,
우리의 즐거움은 선율장식 음악,
어머니의 자궁은 분장실,
거기서 우리는 짤막한 코미디를 위해 옷을 입네.
대지는 무대, 하늘은 분별력 있는 날카로운 관객,
앉아서 잘못 연기하는 자를 채점하네.

이 시에는 한 개의 은유가 시 전체에 계속해서 나타나고 있다. 즉, 인간의 일생(life)이 수난극 (play of passion)에 비유되고 있다. 그 큰 은유 아래, 다양한 은유가 부여되고 있다. 우리 삶의 환희는 극장의 오케스트라가 연주하는 멋진 선율로, 우리 영혼들이 살과 형상을 취하는 어머니의 자궁은 배우가 자기 역을 위해 분장하는 장소, 우리가 살아가는 대지는 무대, 하늘은 어느 배우가 자기가 맡은 역을 틀리게 연기하는지 관찰하는 날카로운 연극 관객으로 비유되고 있다.

Sundays too my father got up early
and put his clothes on in the blueblack cold,
then with cracked hands that ached
from labor in the weekday weather made
banked fires blaze. No one ever thanked him.

I'd wake and hear **the cold splintering, breaking**.
When the rooms were warm, he'd call,
and slowly I would rise and dress,
fearing the chronic angers of that house,

Speaking indifferently to him,
who had driven out the cold
and polished my good shoes as well.
What did I know, what did I know
of love's austere and lonely offices?

Robert Hayden(1913−1980), "Those Winter Sundays"

그 어느 일요일들

휴일인 일요일에도 아버지는 새벽에 일어나
검푸른 추위 속에서 옷을 입고
한 주 내내 모진 날씨에 일하느라 쑤시고
갈라진 손으로 석탄을 가져다 불을 피웠다
아무도 고맙다고 말하지 않았다

잠이 깬 나는 몸속까지 스몄던 추위가
타닥타닥 쪼개지며 녹는 소리를 듣곤 했다
방들이 모두 따뜻해지면 아버지가 나를 불렀고
나는 그 집의 만성적인
분노를 경계하며 천천히 옷을 입었다

그리고 냉담한 말을 아버지에게 던지곤 했다
추위를 몰아내고
내 외출용 구두까지 윤나게 닦아 놓은 아버지한테
내가 무엇을 알았던가, 내가 무엇을 알았던가
사랑이라는 엄숙하고 고독한 일에 대해

The poet compares **the cold** to **a solid object** that can splinter and break.

　축어적 용어인 the cold는 명시적으로 나와 있지만 비유적 용어인 solid object는 시 안에 언급되어 있지 않다.

02

시적화자는 인생의 어느 때를 돌아보며 회한에 잠긴다. 나이 들어 깨달은 것을 그 시절 미리 알았다면 어땠을까? 매우 추운 겨울, 모두가 일어나기 싫은 아침, 한 주 동안 힘들게 일한 후의 일요일인데도(주 6일제 노동을 했다는 것을 알 수 있다) 아버지는 날이 밝기 전에 일어나 불을 피웠다. 고단한 노동을 암시하는 '갈라진 손'이 불을 지핀다. 집 안에 온기가 번지고, 늦게 일어난 아들의 귀에 아버지의 힘을 상징하는 '추위가 녹는' 소리가 들린다. 눈에 보이는 듯한 시각적 이미지(검푸른 추위, 타오르는 불), 생생한 촉각적 이미지(쑤시고 갈라진 손), 청각적 이미지(추위가 쪼개지고 녹는 소리), 거기에 반복되는 'K' 음이 주는 아버지와 아들 사이의 딱딱한 분위기까지(blueblack cold, cracked, ached, banked, thanked, break…). 그리고 이 모든 이미지들이 하나의 공간 안에 어우러져 가슴 뭉클한 아픔과 울림을 남긴다.

Loveliest of trees the cherry now
Is hung with bloom along the bough,
And stands about the woodland ride
Wearing white for Eastertide.

Now, of my threescore years and ten,
Twenty will not come again,
And take from seventy springs a score,
It only leaves me fifty more.

And since to look at things in bloom
Fifty springs are little room,
About the woodlands I will go
To see the cherry hung with **snow**.

A. E. Housman(1859−1936), "Loveliest of Trees"

다시없이 고운 나무

다시없이 고운 나무, 벚나무는 지금
가지에 담뿍 꽃을 드리운 채,
부활절을 맞아 하얀 옷 차려입고
숲속 승마 길가에 서 있네.

지금, 내 칠십 평생에서,
스무 해는 다시 오지 않으리,
일흔 해에서 스무 해를 빼면,
고작 쉰 해가 남을 뿐.

꽃 핀 나무를 바라보는데
쉰 번의 봄은 많지 않은 것.
난 숲을 거닐면서
흰 눈 드리운 벚나무 구경하리라.

비유적 용어인 눈(snow)은 언급되어 있지만 축어적 용어인 꽃(blossoms; flowers)은 언급되어 있지 않다.

It sifts from Leaden Sieves—
It powders all the Wood.
It fills with Alabaster Wool
The Wrinkles of the Road—

It makes an even Face
Of Mountain, and of Plain—
Unbroken Forehead from the East
Unto the East again—

It reaches to the Fence—
It wraps it Rail by Rail
Till it is lost in Fleeces—
It deals Celestial Vail

To Stump, and Stack—and Stem—
A Summer's empty Room—
Acres of Joints, where Harvests were,
Recordless, but for them—

It Ruffles Wrists of Posts
As Ankles of a Queen—
Then stills it's Artisans—like Ghosts—
Denying they have been—

Emily Dickinson(1830—1886), "It sifts from Leaden Sieves"

그것은 납으로 만든 체로 체질하고
모든 나무에 분을 칠하네.
그것은 희고 매끄러운 양털을
길의 주름살에 가득 채우네—

그것은 평평한 얼굴을 만드네
산도 들도—
동에서 다시 동으로
대지의 앞이마는 손상되지 않았네—

02

그것은 울타리에 닿았네―
울타리 가로대를 겹겹이 감싸며
울타리가 양털 속에 잠길 때까지―
그것은 천국의 면사포를 나누어 주네―

그루터기와 건초 더미―그리고 볏가리 줄기에―
여름의 텅 빈 방―
쭉 이어진 수 에이커의 땅, 추수가 있었던,
하지만 그것들 이외엔 그 어떠한 기록도 없는―

그것은 울타리 기둥의 손목을 주름지게 하네
마치 여왕의 발목 주위(옷)의 주름처럼―
그런 뒤 그것을 창조한 자는 멈추네―마치 유령처럼―
그리고 흔적도 없이 사라지네―

이 시의 1~4행에서는 축어적 용어인 눈(snow)도, 비유적 의미인 곡말가루(flour)도 언급되어 있지 않다. 이런 경우는 아주 드물며, 일반적으로 은유는 앞의 세 가지의 예가 대다수이다.

Further Reading

Macbeth

William Shakespeare(1564―1616)

Tomorrow, and tomorrow, and tomorrow,
Creeps in this petty pace from day to day
To the last syllable of recorded time,
And all our yesterdays have lighted fools
The way to dusty death. Out, out brief candle!
Life's but a walking shadow, a poor player
That struts and frets his hours upon the stage
And then is heard no more, it is a tale
Told by an idiot, full of sound and fury,
Signifying nothing.

작품해설

여기에서 축어적 용어인 life는 비유적 용어인 'a walking shadow, a poor player, a tale'와 같은 것들로 비유되고 있다.

한글번역

내일이 오고, 또 내일이 오고, 또 내일이 와서,
나날이 시간의 기록의 최후 순간까지
한 걸음 한 걸음 기어가며,
우리의 모든 어제의 나날은 어리석은 자들이 티끌로
돌아가는 죽음의 길을 비춰준다. 꺼져라, 꺼져, 단명한 촛불아!
인생이란 걸어다니는 그림자에 지나지 않는 것, 자기가 맡은
시간을 무대에서 법석대며 활보하다가 그것이 지나면
영영 소식이 없어지는 가련한 배우에 불과한 것, 그것은
소음과 분노로 가득 찬 속에서 지껄이는
백치에 의해 뱉어지는 한낱 무의미한 이야기일 뿐

A Deferred Dream

Langston Hughes(1902—1967)

What happens to a dream deferred?

Does it dry up
like a raisin in the sun?
Or fester like a sore—
And then run?
Does it stink like rotten meat?
Or crust and sugar over—
like a syrupy sweet?

Maybe it just sags
like a heavy load.

Or **does it explode**?

작품해설

시인은 '지연된 꿈'이 대변하는 미국 사회에서의 흑인들의 지위를 검토하고, '지연된 꿈'은 결국 폭발할 수밖에 없다는 경고를 미국 사회에 보내고 있다. 마지막 연에 metaphor가 사용되어, dream이 bomb(폭발할 수 있는 것)으로 비유되고 있다.

한글번역

지연된 꿈

꿈이 지연되면 어떻게 될까?

햇볕 아래 건포도처럼
바싹 말라버리는 것일까?

아니면 상처처럼 곪아가다가—
이윽고 터져버리나?
그것은 썩은 고기처럼 냄새가 날까?
아니면 부스러지거나 마치 끈적끈적한 사탕처럼—
겉에 설탕이 겉돌까?

아마도 무거운 짐처럼
그저 축 처져 있으리라.

아니면 폭발해버릴라나?

Walden

H. D. Thoreau(1817—1862)

I learned this, at least, by my experiment; that if one advances confidently in the direction of his dreams, and endeavors to live the life which he has imagined, he will meet with a success unexpected in common hours. He will put some things behind, will pass an invisible boundary; new, universal, and more liberal laws will begin to establish themselves around and within him; or the old laws be expanded, and interpreted in his favor in a more liberal sense, and he will live with the license of a higher order of beings. In proportion as he simplifies his life, the laws of the universe will appear less complex, and solitude will not be solitude, nor poverty poverty, nor weakness weakness. If you have built **castles in the air**, your work need not be lost; that is where they should be. Now put the foundations under them.

작품해설

월든에서 Thoreau가 말하려는 핵심 가운데 하나가 잘 드러나 있는 구문이다. "if you advance in the direction of how you imagine your life, not how convention dictates that it should be, then you will find success on a scale undreamed through reasonable expectations". Success comes when one advances confidently in the direction of his dreams.

한글번역

나는 삶의 실험을 통해 적어도 다음과 같은 것을 배웠다. 즉, 사람이 자신의 꿈을 향해 자신있게 나아가서 꿈꾸었던 삶을 살아가려고 노력한다면 보통 때는 생각하지 못했던 성공을 맞게 되리라는 사실을 말이다. 그는 과거를 뒤에 남겨두고 보이지 않는 경계선을 넘을 것이다. 새롭고 보편적이며 보다 자유로운 법칙들이 그의 주변과 내면에 자리 잡기 시작할 것이다. 아니면 해묵은 법칙들이 확대되고 더욱 자유로운 의미에서 그에게 유리하게 해석되어 존재의 보다 높은 질서가 허용되며 살아갈 것이다. 그가 자신의 삶을 소박하게 하는 것에 비례해서 우주의 법칙은 덜 복잡하게 되고 고독은 고독이 아니며 가난도 가난이 아니고 연약함도 연약함이 아닐 것이다. 만일 당신이 공중누각을 세웠더라도, 그것은 헛된 일이 아니다. 그것은 있어야 할 곳에 있어야 하니까(누각은 원래 공중에 있어야 하니까). 이제 그 밑에 토대만 쌓으면 된다.

Civil Disobedience

H. D. Thoreau(1817—1862)

This American government—what is it but a tradition, though a recent one, endeavoring to transmit itself unimpaired to posterity, but each instant losing some of its integrity? It has not the vitality and force of a single living man; for a single man can bend it to his will. It is **a sort of wooden gun** to the people themselves. But it is not the less necessary for this; for the people must have some complicated machinery or other, and hear its din, to satisfy that idea of government which they have. Governments show thus how successfully men can be imposed on, even impose on themselves, for their own advantage. It is excellent, we must all allow. Yet this government never of itself furthered any enterprise, but by the alacrity with which it got out of its way. It does not keep the country free. It does not settle the West. It does not educate.

한글번역

이 미국 정부라는 것이 하나의 전통, 그것도 역사가 짧은 하나의 전통 말고는 무엇이겠는가? 전통 자체를 손상시키지 않고 후대에 넘겨주려 노력하지만 매 순간마다 그 순수성을 조금씩 잃어가는 하나의 전통인 것이다. 그것은 살아있는 한 사람의 생명력과 힘 정도도 가지고 있지 못하다. 왜냐하면 한 사람의 개인일지라도 정부를 자기 뜻에 따르도록 할 수 있기 때문이다. 국민들 자신에게 정부는 나무로 만든 총과 같은 존재이다. 그러나 그렇다고 해서 그것의 필요성이 줄어드는 것은 아니다. 왜냐하면 국민들은 정부에 대해 가지고 있는 고정 관념을 만족시키기 위해서라도 어떤 것이든 간에 복잡한 기구 하나를 가지기를 원하고, 또 그것이 내는 시끄러운 소리를 들어야 만족하기 때문이다. 그리하여 정부는 어떻게 사람들을 쉽게 속일 수 있는가를, 심지어는 사람들이 자신의 이익을 위해 어떻게 스스로를 속이는가를 보여준다. 그것까지는 좋다고 하자. 그러나 이 정부는 자체적으로 어떤 사업을 촉진시킨 일이 없다. 단지 그 사업에 방해가 되지 않도록 얼른 비켜준 일은 있지만 말이다. 이 정부는 나라의 자유를 수호하는 일을 하지 못하고 있다. 서부를 개척하고 있는 것도 아니다. 또 교육 사업을 펴고 있지도 않다.

Chapter

04 | Symbol 상징

상징이란 축자적literal이기도 하고, 비유적figurative이기도 해서 어떤 대상이나 사건을 의미하면서도 그 이상의 어떤 것을 뜻하거나 일정한 범위의 지시 내용을 갖는 단어나 어구를 가리키기 위해 사용된다. 예를 들어 다음의 세 문장을 자신이 말해본다고 하자.

① A huge shaggy white dog was rubbing its back against a red picket fence.
② A certain dirty dog stole my new shoes at the meeting.
③ You can't teach an old dog new tricks.

첫 번째에서 나는 단순히 담장에 기대고 있는 '개'에 관해서만 말하고 있는 것이므로 이것은 하나의 image만 제공하는 것이다. 두 번째에서 나는 실제 개에 대해 이야기하는 것이 아니다. 그러므로 이것은 metaphor가 된다. 세 번째에서 나는 실제 개뿐만 아니라 모든 생명체를 지칭하므로 이것은 symbol이 된다. 상징은 풍부한 표현이 가능하지만 비유들 가운데 매우 난해하다.

Robert Frost의 "The Road Not Taken"을 살펴보자.

Two roads diverged in a yellow wood,
And sorry I could not travel both
And be one traveler, long I stood
And looked down one as far as I could
To where it bent in the undergrowth;

Then took the other, as just as fair,
And having perhaps the better claim,
Because it was grassy and wanted wear;
Though as for that the passing there
Had worn them really about the same,

And both that morning equally lay
In leaves no step had trodden black.
Oh, I kept the first for another day!
Yet knowing how way leads on to way,
I doubted if I should ever come back.

I shall be telling this with a sigh
Somewhere ages and ages hence:
Two roads diverged in a wood, and I—
I took the one less traveled by,
And that has made all the difference.

가지 않은 길

노란 숲속에 두 길이 갈라져
둘 다 가보는
한 나그네가 될 수 없어 오래 서서
한 길이 덤불로 굽어드는 데까지
바라보고 있다가

다른 길을 택했다. 마찬가지로 예쁠 것이기에.
어쩌면 마음을 더 끄는 길일 듯싶어,
풀이 우거지고 발길에 닿지 않았기에.
하기야 이 길도 사람들이 다니다 보면
마찬가지로 발길에 닿기 마련인 것.

그런데 그날 아침 두 길은 똑같이
낙엽에 묻혀 발길에 더럽히지 않았나니.
자, 첫 번째 길은 후일로 미루기로 하지!
하지만 길을 걷다 보면 그 길 따라가는 것.
다시 되돌아 올 수 없는 것을 어이 하리.

먼 훗날 어디선가 이 일을
되뇌며 한숨지으리.
숲속에 두 갈래 길을 만나—나는
덜 다닌 길을 갔노라고.
그리고 그것 때문에 모든 것이 달라졌다고.

이 시는 숲길을 거닐고 있던 한 사람이 두 갈래로 갈라져 있는 길에서 어쩔 수 없이 할 수밖에 없는 하나의 '선택'에 관한 것이다. 그는 두 길을 다 가고 싶어 한다. 그는 스스로에게 말한다. 한쪽 길을 택한 후 다시 돌아와서 다른 길을 갈 것이라고. 그러나 그는 자신이 그렇게 할 수 없으리라는 것을 알고 있다. 우리는 마지막 연에서 이 시가 단순히 두 개로 나 있는 숲길에서 하나의 길을 선택하는 문제에 관한 것은 아니라는 것을 알게 된다. 실제 숲에서 길을 택하는 것은 중요하지 않다. 오히려 화자에게는 '선택', 즉 인생에서의 선택이 중요한 것이다. 왜냐하면 그 선택은 삶을 전혀 다른 길로 이끌기 때문이다. 이제 우리는 이 시에 나오는 'road'가 'life'의 symbol임을 알 수 있다. 즉 원래의 '길'과 그것을 넘어선 '인생'이 란 깊은 의미를 모두 지니고 있기에 상징이 될 수 있다.

또 다른 Robert Frost의 시에서도 symbol이 사용된 것을 확인할 수 있다.

Stopping by Woods on a Snowy Evening

Robert Frost(1874－1963)

Whose woods these are I think I know.
His house is in the village though;
He will not see me stopping here
To watch his woods fill up with snow.

My little horse must think it queer
To stop without a farmhouse near
Between the woods and frozen lake
The darkest evening of the year.

He gives his harness bells a shake
To ask if there is some mistake.
The only other sound's the sweep
Of easy wind and downy flake.

The woods are lovely, dark and deep.
But I have promises to keep,
And miles to go before I sleep,
And miles to go before I sleep.

눈 내리는 저녁 숲가에 서서

이게 누구의 숲인지 나는 알 것도 같다.
하기야 그의 집은 마을에 있지만
눈 덮인 그의 숲을 보느라고
내가 여기 멈춰 서 있는 걸 그는 모를 것이다.

내 조랑말은 농가 하나 안 보이는 곳에
일 년 중 가장 어두운 밤
숲과 얼어붙은 호수 사이에
이렇게 멈춰 서 있는 걸 이상히 여길 것이다.

무슨 착오라도 일으킨 게 아니냐는 듯
말은 목방울을 흔들어 본다.
방울 소리 외에는 솔솔 부는 바람과
솜처럼 부드럽게 눈 내리는 소리뿐.

숲은 어여쁘고, 어둡고, 깊다.
허나 나는 지켜야 할 약속이 있다.
잠자기 전에 가야 할 길이 있다.
잠자기 전에 가야 할 길이 있다.

Though there is no one overt symbol in the poem, **the entire journey** can represent **life's journey**. 또한 'sleep'은 문자 그대로(literally) '잠'이지만, 동시에 비유적으로 (figuratively) 영원한 안식처로서의 '죽음'을 나타내기도 한다.

Further Reading

The Boarding House

Mrs. Mooney was a butcher's daughter. She was a woman who was quite able to keep things to herself: a determined woman. She had married her father's foreman and opened a butcher's shop near Spring Gardens. But as soon as his father-in-law was dead Mr. Mooney began to go to the devil. He drank, plundered the till, ran headlong into debt. It was no use making him take the pledge: he was sure to break out again a few days after. By fighting his wife in the presence of customers and by buying bad meat he ruined his business. One night he went for his wife with the cleaver and she had to sleep a neighbour's house.

After that they lived apart. She went to the priest and got a separation from him with care of the children. She would give him neither money nor food nor house-room; and so he was obliged to enlist himself as a sheriff's man[1]. He was a shabby stooped little drunkard with a white face and a white moustache white eyebrows, pencilled above his little eyes, which were veined and raw; and all day long he sat in the bailiff's room, waiting to be put on a job. Mrs. Mooney, who had taken what remained of her money out of the butcher business and set up a boarding house in Hardwicke Street, was a

---

1) sheriff's man: a revenue and debt collector.

big imposing woman. Her house had a floating population made up of tourists from Liverpool and the Isle of Man and, occasionally, artistes from the music halls. Its resident population was made up of clerks from the city. She governed the house cunningly and firmly, knew when to give credit, when to be stern and when to let things pass. All the resident young men spoke of her as The Madam.

Mrs. Mooney's young men paid fifteen shillings a week for board and lodgings (beer or stout at dinner excluded). They shared in common tastes and occupations and for this reason they were very chummy with one another. They discussed with one another the chances of favourites and outsiders[2]. Jack Mooney, the Madam's son, who was clerk to a commission agent in Fleet Street, had the reputation of being a hard case. He was fond of using soldiers' obscenities: usually he came home in the small hours. When he met his friends he had always a good one to tell them and he was always sure to be on to a good thing-that is to say, a likely horse or a likely artiste. He was also handy with the mits[3] and sang comic songs. On Sunday nights there would often be a reunion in Mrs. Mooney's front drawing-room. The music-hall artistes would oblige; and Sheridan played waltzes and polkas and vamped accompaniments. Polly Mooney, the Madam's daughter, would also sing. She sang:

I'm a ⋯ naughty girl.
You needn't sham:
You know I am.

Polly was a slim girl of nineteen; she had light soft hair and a small full mouth. Her eyes, which were grey with a shade of green through them, had a habit of glancing upwards when she spoke with anyone, which made her look like a little perverse madonna. Mrs. Mooney had first sent her daughter to be a typist in a corn-factor's office[4] but, as a disreputable sheriff's man used to come every other day to the office, asking to be allowed to say a word to his daughter, she had taken her daughter home again and set her to do housework. As Polly was very lively the intention was to give her the run of the young men. Besides young men like to feel that there is a young woman not very far away. Polly, of course, flirted with the young men but Mrs. Mooney, who was a shrewd judge, knew that the young men were only passing the time away: none of them meant business. Things went on so for a long time and Mrs. Mooney began to think of sending Polly back to typewriting when she noticed that something was going on between Polly and one of the young men. She watched the pair and kept her own counsel.

---

2) favourites and outsiders: likely and less-likely winners in a horse race.
3) handy with the mits (slang): a good fighter.
4) corn-factor's: an agent for the sale of corn.

Polly knew that she was being watched, but still her mother's persistent silence could not be misunderstood. There had been no open complicity between mother and daughter, no open understanding but, though people in the house began to talk of the affair, still Mrs. Mooney did not intervene. Polly began to grow a little strange in her manner and the young man was evidently perturbed. At last, when she judged it to be the right moment, Mrs. Mooney intervened. She dealt with moral problems as a cleaver deals with meat: and in this case she had made up her mind.

It was a bright Sunday morning of early summer, promising heat, but with a fresh breeze blowing. All the windows of the boarding house were open and the lace curtains ballooned gently towards the street beneath the raised sashes. The belfry of George's Church sent out constant peals and worshippers, singly or in groups, traversed the little circus before the church, revealing their purpose by their self-contained demeanour no less than by the little volumes in their gloved hands. Breakfast was over in the boarding house and the table of the breakfast-room was covered with plates on which lay yellow streaks of eggs with morsels of bacon-fat and bacon-rind. Mrs. Mooney sat in the straw arm-chair and watched the servant Mary remove the breakfast things. She mad Mary collect the crusts and pieces of broken bread to help to make Tuesday's bread-pudding. When the table was cleared, the broken bread collected, the sugar and butter safe under lock and key, she began to reconstruct the interview which she had had the night before with Polly. Things were as she had suspected: she had been frank in her questions and Polly had been frank in her answers. Both had been somewhat awkward, of course. She had been made awkward by her not wishing to receive the news in too cavalier a fashion or to seem to have connived and Polly had been made awkward not merely because allusions of that kind always made her awkward but also because she did not wish it to be thought that in her wise innocence she had divined the intention behind her mother's tolerance.

Mrs. Mooney glanced instinctively at the little gilt clock on the mantelpiece as soon as she had become aware through her revery that the bells of George's Church had stopped ringing. It was seventeen minutes past eleven: she would have lots of time to have the matter out with Mr. Doran and then catch short twelve[5] at Marlborough Street. She was sure she would win. To begin with she had all the weight of social opinion on her side: she was an outraged mother. She had allowed him to live beneath her roof, assuming that he was a man of honour and he had simply abused her hospitality. He was thirty-four or thirty-five years of age, so that youth could not be pleaded as his excuse; nor could ignorance be his excuse since he was a man who had seen something of the world. He had simply taken advantage of Polly's youth and inexperience: that was evident. The question was: What reparation would he make?

5) short twelve: noon mass.

There must be reparation made in such case. It is all very well for the man: he can go his ways as if nothing had happened, having had his moment of pleasure, but the girl has to bear the brunt. Some mothers would be content to patch up such an affair for a sum of money; she had known cases of it. But she would not do so. For her only one reparation could make up for the loss of her daughter's honour: marriage.

She counted all her cards again before sending Mary up to Doran's room to say that she wished to speak with him. She felt sure she would win. He was a serious young man, not rakish or loud-voiced like the others. If it had been Mr. Sheridan or Mr. Meade or Bantam Lyons her task would have been much harder. She did not think he would face publicity. All the lodgers in the house knew something of the affair; details had been invented by some. Besides, he had been employed for thirteen years in a great Catholic wine-merchant's office and publicity would mean for him, perhaps, the loss of his job. Whereas if he agreed all might be well. She knew he had a good screw[6] for one thing and she suspected he had a bit of stuff put by.

Nearly the half-hour! She stood up and surveyed herself in the pier-glass[7]. The decisive expression of her great florid face satisfied her and she thought of some mothers she knew who could not get their daughters off their hands.

Mr. Doran was very anxious indeed this Sunday morning. He had made two attempts to shave but his hand had been so unsteady that he had been obliged to desist. Three days' reddish beard fringed his jaws and every two or three minutes a mist gathered on his glasses so that he had to take them off and polish them with his pocket-handkerchief. The recollection of his confession of the night before was a cause of acute pain to him; the priest had drawn out every ridiculous detail of the affair and in the end had so magnified his sin that he was almost thankful at being afforded a loophole of reparation. The harm was done. What could he do now but marry her or run away? He could not brazen it out. The affair would be sure to be talked of and his employer would be certain to hear of it. Dublin is such a small city: everyone knows everyone else's business. He felt his heart leap warmly in his throat as he heard in his excited imagination old Mr. Leonard calling out in his rasping voice: "Send Mr. Doran here, please."

All his long years of service gone for nothing! All his industry and diligence thrown away! As a young man he had sown his wild oats, of course; he had boasted of his free-thinking and denied the existence of God to his companions in public-houses. But that was all passed and done with··· nearly. He still bought a copy of Reynolds's Newspaper[8] every week but he attended to his religious duties and for nine-tenths of the year lived a regular life. He had money enough to settle down on; it was not that.

---

6) screw: (British slang) salary.
7) pier-glass: a tall mirror set in the pier, or section, between windows.
8) Reynold's Newspaper: a London newspaper that reported on scandalous events.

But the family would look down on her. First of all there was her disreputable father and then her mother's boarding house was beginning to get a certain fame[9]. He had a notion that he was being had. He could imagine his friends talking of the affair and laughing. She was a little vulgar; some times she said "I seen" and "If I had've known." But what would grammar matter if he really loved her? He could not make up his mind whether to like her or despise her for what she had done. Of course he had done it too. His instinct urged him to remain free, not to marry. Once you are married you are done for, it said.

While he was sitting helplessly on the side of the bed in shirt and trousers she tapped lightly at his door and entered. She told him all, that she had made a clean breast of it to her mother and that her mother would speak with him that morning. She cried and threw her arms round his neck, saying:

"O Bob! Bob! What am I to do? What am I to do at all?"

She would put an end to herself, she said.

He comforted her feebly, telling her not to cry, that it would be all right, never fear. He felt against his shirt the agitation of her bosom.

It was not altogether his fault that it had happened. He remembered well, with the curious patient memory of the celibate, the first casual caresses her dress, her breath, her fingers had given him. Then late one night as he was undressing for she had tapped at his door, timidly. She wanted to relight her candle at his for hers had been blown out by a gust. It was her bath night. She wore a loose open combing-jacket[10] of printed flannel. Her white instep shone in the opening of her furry slippers and the blood glowed warmly behind her perfumed skin. From her hands and wrists too as she lit and steadied her candle a faint perfume arose.

On nights when he came in very late it was she who warmed up his dinner. He scarcely knew what he was eating feeling her beside him alone, at night, in the sleeping house. And her thoughtfulness! If the night was anyway cold or wet or windy there was sure to be a little tumbler of punch ready for him. Perhaps they could be happy together···

They used to go upstairs together on tiptoe, each with a candle, and on the third landing exchange reluctant goodnights. They used to kiss. He remembered well her eyes, the touch of her hand and his delirium···

But delirium passes. He echoed her phrase, applying it to himself: "What am I to do?" The instinct of the celibate warned him to hold back. But the sin was there; even his sense of honour told him that reparation must be made for such a sin.

---

9) a certain fame: a bad reputation.
10) combing-jacket: a bathrobe.

While he was sitting with her on the side of the bed Mary came to the door and said that the missus wanted to see him in the parlour. He stood up to put on his coat and waistcoat, more helpless than ever. When he was dressed he went over to her to comfort her. It would be all right, never fear. He left her crying on the bed and moaning softly: "O my God!"

Going down the stairs his glasses became so dimmed with moisture that he had to take them off and polish them. He longed to ascend through the roof and fly away to another country where he would never hear again of his trouble, and yet a force pushed him downstairs step by step. The implacable faces of his employer and of the Madam stared upon his discomfiture. On the last flight of stairs he passed Jack Mooney who was coming up from the pantry nursing two bottles of Bass. They saluted coldly; and the lover's eyes rested for a second or two on a thick bulldog face and a pair of thick short arms. When he reached the foot of the staircase he glanced up and saw Jack regarding him from the door of the return-room [11].

Suddenly he remembered the night when one of the musichall artistes, a little blond Londoner, had made a rather free allusion to Polly. The reunion had been almost broken up on account of Jack's violence. Everyone tried to quiet him. The music-hall artiste, a little paler than usual, kept smiling and saying that there was no harm meant: but Jack kept shouting at him that if any fellow tried that sort of a game on with his sister he'd bloody well put his teeth down his throat, so he would.

Polly sat for a little time on the side of the bed, crying. Then she dried her eyes and went over to the looking-glass. She dipped the end of the towel in the water-jug and refreshed her eyes with the cool water. She looked at herself in profile and readjusted a hairpin above her ear. Then she went back to the bed again and sat at the foot. She regarded the pillows for a long time and the sight of them awakened in her mind secret, amiable memories. She rested the nape of her neck against the cool iron bed-rail and fell into a reverie. There was no longer any perturbation visible on her face.

She waited on patiently, almost cheerfully, without alarm. her memories gradually giving place to hopes and visions of the future. Her hopes and visions were so intricate that she no longer saw the white pillows on which her gaze was fixed or remembered that she was waiting for anything.

At last she heard her mother calling. She started to her feet and ran to the banisters.

"Polly! Polly!"

"Yes, mamma?"

"Come down, dear. Mr. Doran wants to speak to you."

Then she remembered what she had been waiting for.

---

11) return-room: a room, usually small, added to the wall of a house.

작품해설

The "**cleaver**(정육업자가 고기를 자를 때 쓰는 큰 칼)" symbolizes **the forceful and decisive power of social oppression**(사회적 억압의 강력하고도 단호한 힘). Mrs. Mooney, a butcher's daughter who would have grown up around cleavers, left her alcoholic husband after he "went for [her] with the cleaver" one night. Here, **the cleaver symbolizes the ways in which Dublin's patriarchal society**(더블린의 가부장적 사회) **oppressed and even terrorized women** in early 20th-century Dublin. Later, as a single mother and businesswoman, Mrs. Mooney learns to manipulate society's oppressive rules for her own gain, and deals with moral problems—like Polly and Mr. Doran's relationship—"**as a cleaver deals with meat.**"

한글번역

하숙집

무니 부인은 정육점 딸이었다. 그녀는 모든 것을 속에 담아 둘 수 있는 여자였고, 굳건한 의지를 가진 여자였다. 그녀는 아버지의 수제자와 결혼해서 스프링 가든 부근에 정육점을 차렸다. 그러나 장인이 죽자마자 무니 씨는 망하기 시작했다. 그는 술을 마시고 돈궤를 털고, 잔뜩 빚을 졌다. 맹세를 하게 해도 소용이 없었다. 그는 틀림없이 며칠 후에는 다시 퍼마시기 시작했다. 손님들 앞에서 아내와 싸우고 또 상한 고기를 사는 바람에 사업을 그르쳤다. 어느 날 밤 그는 큰 식칼을 들고 아내에게 덤벼들었고 그래서 그녀는 이웃집에서 자야만 했다.

그들은 그 일 이후로 갈라섰다. 그녀는 신부에게 가서 자녀를 맡긴다는 조건으로 별거 허락을 받아냈다. 그녀는 그에게 돈도 음식도 방도 주지 않았다. 그래서 그는 별 수 없이 집달리가 되지 않을 수 없었다. 초라하고 허리가 굽고 왜소한 주정뱅이인 그는 하얀 얼굴에 하얀 콧수염을 했고 하얀 눈썹이 작은 눈위에 그어져 있었다. 눈은 붉게 충혈됐고 흐릿했다. 하루 종일 그는 집행관 사무실에 앉아서 일감을 기다렸다. 무니 부인은 정육점을 처분하고 남은 돈 전부를 쥐고서 하드위키 가에 하숙집을 차려 이젠 당당한 한 여인이 되었다. 그녀의 집에는 리버풀과 만섬에서 오는 관광객이 주가 되는 뜨내기 손님들이 들었는데 이따금씩 연예관의 연예인들도 들었다. 상주 손님들은 시내에서 일하는 사무원들이었다. 그녀는 영리하고 빈틈없이 하숙을 운영했다. 그녀는 언제 외상을 주고 엄격해야 하고 모른 척해야 하는지 잘 알고 있었다. 모든 상주 하숙생들은 그녀를 마담이라고 불렀다.

무니 부인의 젊은 하숙생들은 주당 15실링을 숙식비(만찬비에서 맥주 또는 흑맥주는 제외)로 지불했다. 그들은 공통되는 취미와 직업들을 가졌고 그러한 이유로 서로 사이들이 퍽 좋았다. 서로 인기 있는 경마와 그렇지 못한 말들의 승률에 대해서도 토론했다. 잭 무니는 마담의 아들로서 플리트 가에 있는 중개인의 사무원인데 악당이라는 소문이나 있었다. 그는 군대식 욕을 잘 써먹었고 대체로 밤 한두 시경에야 귀가했다. 그는 친구를 만나면, 항상 이야기거리가 있었고 근사한 것에 정통해 있었다—즉, 우승 후보 말 아니면 그럴싸한 연예인에 대해서이다. 그는 또 주먹에도 가락이 있었고 웃기는 노래도 잘 불렀다. 일요일 밤이면 종종 하숙집의 앞쪽 응접실에서 친목회가 있곤 했었다. 연예관의 연예인들이 연주를 맡아주었다. 그래서 셰리던이 왈츠와 폴카를 연주했고 즉흥으로 반주곡을 쳤다. 마담의 딸인 폴리 무니도 노래를 부르곤 했다. 이런 노래였다.

> 나는…바람둥이 계집애
> 모른 체할 것 없어요.
> 내가 어떤 사람인지 아시잖아요.

폴리는 열아홉 날씬한 처녀였고 가볍고 부드러운 머리털과 작고 동그란 입을 하고 있었다. 눈은 회색바탕에 녹색의 그늘이 깃들어 있었는데 누구와 말을 할 때면 위쪽을 쳐다보는 습관이 있었다. 그래서 그 표정이 꼭 귀엽고 심술궂은 성모 마리아처럼 보이게 했다. 처음에 무니 부인은 딸을 곡물 도매상 사무실에 타이피스트로 보냈었다. 그러나 평판이 나쁜 집달리가 하루걸러 사무실로 와서 딸에게 한 마디 하게 해달라고 요구해 그녀는 딸을 집으로 데려와 집안일을 하게 했다. 폴리는 대단히 활발했으므로, 그 의도인 즉, 젊은 남자들과 어울리라는 것이었다. 게다가, 젊은 남자들이란 멀지 않은 곳에 젊은 여인이 있다고 느끼기를 좋아하는 법이다. 폴리는 물론 젊은이들과 시시닥거렸다. 그러나 영민한 판단가인 무니 부인은 젊은 것들이 그저 시간이나 보내자는 수작임을 알고 있었다. 아무도 진심은 아니었다. 그런 식으로 오랜 시간이 흘렀다. 그래서 무니 부인이 폴리를 다시 파이프 치는 일로 되돌려 보낼까 생각하던 참에 폴리와 젊은이 중의 하나 사이에 무엇인가 진행되고 있음을 눈치챘다. 그녀는 둘을 지켜보았고 혼자서만 알고 지냈다.

폴리는 자신이 감시받고 있음을 알았다. 그러나 어머니의 끈질긴 침묵은 달리 오해할 수 없었다. 모녀 간에 공개적인 음모가 있던 것도 아니고 터놓고 이해해 주는 것도 아니었다. 그러나 하숙생들이 그 연애 사건에 대해 말들을 하기 시작해도 무니 부인은 여전히 간섭하지 않았다. 폴리의 태도가 어딘지 이상해지기 시작했다. 그리고 그 젊은이는 분명히 좌불안석이었다. 드디어 지금 이때라고 판단했을 때 무니 부인이 개입을 했다. 그녀는 큰 식칼로 고기를 자르듯 도덕 문제를 다뤘다. 이번 경우에도 그녀는 이미 결심했다.

초여름 어느 화사한 일요일 아침이었다. 더위를 예고하고 있었지만 산뜻한 미풍이 불고 있었다. 하숙집 모든 창문이 열려 있었고 밀어올린 창틀 밑으로 레이스 커튼이 거리를 향해 가볍게 불룩하게 바람을 안았다. 조지 성당의 종탑이 계속 종소리를 울려 보냈고 예배 참석자들은 하나둘씩 성당 앞 작은 원형 마당을 가로질러 갔다. 그들의 목적은 장갑 긴 손에 들고 있는 작은 책 못지않게 그들의 침착한 태도에 의해서도 잘 드러났다. 하숙집 아침 식사가 끝났다. 조반 식당의 식탁은 베이컨 기름과 껍질 조각에다가 노란 계란 찌꺼기가 줄지어 묻어 있는 접시들로 뒤덮여 있었다. 무니 부인은 완골초로 만든 안락의자에 앉아서 하녀인 메리가 아침 식사 뒤처리하는 것을 지켜보고 있었다. 그녀는 메어리에게 빵 껍질과 부스러기를 주워 모으게 해서 화요일에 만들 빵 푸딩에 쓰도록 했다. 식탁을 치우고 빵 부스러기를 모으게 하고 설탕과 버터를 자물쇠로 안전하게 잠가둔 뒤 그녀는 전날 밤 폴리와 가졌던 회견을 재구성하기 시작했다. 그녀가 짐작했던 대로 사태가 벌어져 있었다. 그녀는 솔직한 질문을 했고 폴리는 솔직한 대답을 했다. 물론 둘 다 약간 거북했다. 그녀는 그 사실을 너무 가볍게 받아들인다거나 또는 묵인해 온 듯한 인상을 주기를 원치 않았기 때문에 거북했고, 폴리는 그런 종류의 암시가 항상 거북하게 만들기 때문만이 아니라 자기의 현명한 순진함 속에서 어머니의 관용 뒤에 숨어 있는 의도를 자기가 간과했다고 어머니가 생각하지를 바라지 않았기 때문에 거북했다.

무니 부인은 조지 성당의 종소리가 그쳤다는 것을 명상 속에서 깨닫는 순간 본능적으로 벽난로 장식대 위에 있는 작은 금도금 시계를 힐끗 봤다. 열한 시 십칠 분이었다. 도란 씨와 문제를 해결하고 말보로 가에서 열두 시의 짧은 미사를 드릴 시간은 충분히 되는 것이다. 그녀는 자기가 이길 것임을 확신했다. 우선, 그녀는 사회 여론의 무게를 자기편에 두고 있었다. 자신은 피해 입은 어머니이니까. 그녀는 그가 신사임을 믿고 한 지붕 밑에서 살게 했는데 그는 그녀의 호의를 완전히 악용했던 것이다. 그는 서른넷 아니면 서른다섯이었다. 그러므로 젊음을 핑계로 댈 수가 없다. 무지 또한 핑계가 될 수 없다. 세상 경험을 어느 정도 한 사람이니까. 그는 완전히 폴리의 젊음과 무경험을 이용했던 것이다. 그것은 분명했다. 문제는 그가 어떤 대가를 지불하냐였다.

이러한 경우에는 반드시 어떤 보상이 치뤄져야 한다. 남자의 경우에는 아무런 해가 없다. 재미를 보고 나서 마치 아무 일도 일어나지 않은 것처럼 제 할 일을 할 수도 있다. 그러나 여자는 그 상처를 견뎌야만 한다. 어떤 어머니들은 얼마의 돈을 받고 이런 일을 수습하고서 만족할지도 모른다. 그녀는 그런 경우들을 알고 있었다. 그러나 자기는 그런 식으로 하지는 않으리라. 그녀에게 있어서 오직 한 가지 대가만이 딸의 명예상실을 보상할 수 있었다. 결혼이다.

그녀는 도란 씨 방에 메어리를 보내서 자기가 그와 얘기하고 싶다고 말하라고 시키기 전에 자기의 카드를 모두 검토했다. 그녀는 자신이 틀림없이 이길 것이라고 느꼈다. 그는 진지한 청년으로서 다른 사람들처럼 난잡스럽지도 않고 목소리를 크게 내지도 않았다. 만약 상대가 셰리던 씨 또는 미드 씨 또는 반탐 라이온 씨였다면 그녀의 일은 훨씬 더 어려웠으리라. 그녀는 그가 널리 공표되는 것을 견뎌낼 거라 생각하지 않았다. 집에 있는 하숙생들은 모두 그 일을 약간씩 알고 있었다. 상세한 부분을 꾸며낸 사람도 있었다. 더구나 그는 굉장한 카톨릭 포도주 상인의 사무실에서 13년간 일해 왔다. 그래서 소문나는 것은 그에게 직업의 상실을 의미하는 것인지도 모른다. 반면에, 그가 동의만 한다면 모든 것이 잘 해결된다. 우선 첫째로 그가 꽤 좋은 봉급을 받고 있음을 알고 있었고 꽤 많은 돈을 저축해 놓지 않았을까 짐작하기도 했다.

거의 열한 시 반이 됐다. 그녀는 일어나서 전신용 거울에 자신을 비춰봤다. 자신의 크고 불그레한 얼굴의 단호한 표정이 마음에 들었다. 그리고 딸들을 차지하지 못하는 몇몇 아는 어머니들을 생각했다.

도란 씨는 이번 일요일 아침에 유난히 초조했다. 두 번이나 면도를 해보려고 했으나 손이 너무 떨려 그만두지 않을 수 없었다. 사흘 묵은 불그레한 수염이 턱을 빙 둘러 났고 2~3분마다 안경에 김이 서려서 안경을 벗어 들고 손수건으로 닦아야만 했다. 전날 밤 고해성사를 했던 기억이 그에게 지독한 고통의 원인이 되고 있다. 신부는 그 일의 시시콜콜한 세부 사항까지 모조리 끌어냈다. 종내는 그의 죄가 너무나 커지는 바람에 속죄(贖罪)의 돌파구가 제공되자 거의 고마울 지경이었다. 일은 저질러 놓았다. 결혼 아니면 도망치는 것 외에 무엇을 할 수 있겠는가? 뻔뻔스럽게 버틸 수는 없었다. 그 일은 틀림없이 사람들 입에 오르내릴 것이다. 그의 사장이 틀림없이 그 소문을 듣게 될 것이다. 더블린은 워낙 작은 도시인지라 모두들 남의 일을 알게 된다. 레오나드 사장이 카랑카랑한 목소리로 "도란 씨를 이리 오라고 해요."라고 소리치는 것이 겁먹은 상상 속에서 들리는 것 같아 심장이 목구멍까지 튀어 올라 뜨끈하게 느껴질 지경이었다.

오랜 세월의 봉직이 수포로 돌아가다니! 근면과 노력이 내던져지는 것일까! 젊었을 때는 물론 바람을 피웠었다. 술집에서는 동료들에게 자기의 자유사상을 뽐냈고 신의 존재를 부인했었다. 그러나 그것은 다 지나갔고 거의⋯근절된 것들이었다. 여전히 매주 레이놀즈 신문을 사보기는 하지만 교회 출석도 하고 있고 일년의 십분지구(十分之九)는 착실한 생활을 하고 있다. 정착해서 살 만한 돈도 있었다. 그것이 문제가 아니었다. 자기 가족들이 그녀를 깔볼 것이다. 우선 첫째로 평판이 나쁜 그녀의 아버지, 다음으로 그녀 어머니의 하숙집도 모종의 명성을 얻기 시작하고 있다. 그는 자기가 걸려든 것이라 생각하고 있다. 친구들이 이 일을 두고 말을 하며 웃는 것을 상상해 봤다. 그녀는 교양이 조금 없었다. 어떤 때는 "알았당께." 또는 "나가 알아뿌렸다문."이라고 했다. 그러나 자기가 그녀를 정말 사랑한다면 어찌 문법이 문제가 되랴! 그는 그녀가 한 짓에 대해 그녀를 좋아해야할지 멸시해야할지 갈피를 잡을 수 없었다. 물론 자기도 그짓을 했다. 본능이 결혼하지 말고 자유롭게 남아 있으라고 충동질했다. 일단 결혼하면 너는 끝장이다. 본능이 속삭였다.

그가 셔츠와 바지 차림으로 침대가에 망연히 앉아 있을 때, 그녀가 문을 가볍게 두드리고 들어왔다. 그녀는 어머니에게 그것을 모두 털어놓았다는 것이며 그날 아침 어머니가 그와 얘기하려고 할 것이라는 것 등을 그에게 다 말했다. 그녀는 울며 그의 목을 팔로 끌어안고 말했다.

"오 밥! 밥! 어떻게 해야 하지? 도대체 어떻게 하면 좋지?"

그녀는 죽어버리겠다고 말했다.

그는 힘없이 그녀를 위로하면서 울지 말고 모든 게 다 좋아질 테니 겁내지 말라고 말했다. 그는 셔츠를 통해서 그녀의 가슴의 동요를 느꼈다.

그 일이 벌어졌던 것은 애당초 그의 잘못이 아니었다. 그는 독신자의 괴상하고도 끈질긴 기억력으로 그녀의 옷자락, 숨결, 손가락에 의한 그 첫 번째 우발적인 접촉을 잘 기억하고 있었다. 그러자 어느 날 밤 늦게 그가 잠자리에 들려고 옷을 벗고 있을 때 그녀가 수줍게 그의 문을 두드렸다. 그녀는 양초가 갑작스러운 바람에 꺼져서 그의 초에서 불을 켜고 싶다는 것이었다. 그날은 그녀가 목욕하는 날이었다. 그녀는 무늬 있는 플란넬천의 느슨하고 앞이 터진 화장할 때 입는 옷을 입고 있었다. 하얀 발등이 털 슬리퍼의 밖에서 빛났고 향수 뿌린 피부 뒤로 혈색이 따뜻하게 빛나고 있었다. 그녀가 초를 똑바로 세우자 손과 손목에서도 희미한 향기가 피어올랐다.

그가 늦게 오는 밤이면 그의 저녁을 데워주는 사람이 바로 그녀였다. 숙소에서, 밤에, 자기 옆에 그녀만이 옆에 있음을 느낄 때 그는 무엇이 입에 들어가는지 알지 못했다. 게다가 그녀의 인정미라니! 밤에 약간 춥거나 비가 오거나 바람이라도 불면 그를 위해서 틀림없이 펀치술 한 잔이 준비돼 있었다. 함께 행복하게 살 수도 있지 않을까⋯

그들은 함께 초를 들고서 까치발을 하고 이층으로 올라가곤 했다. 세 번째 층계참에서 그들은 아쉬운 작별 인사를 나누었다. 보통 키스를 했다. 그는 그녀의 눈, 그녀의 손의 감각, 자기의 현기증을 잘 기억했다.

그러나 황홀감은 사라진다. 그는 그녀의 말을 자신에게 적용시키면서 되풀이 했다. "어떻게 하면 좋지?" 독신자의 본능이 그만두라고 경고했다. 그러나 죄는 저질러졌다. 그의 명예감이 이러한 죄에 대해서는 반드시 보상을 해야 한다고 그에게 말하고 있다.

그가 그녀와 같이 침대가에 앉아있을 때 메어리가 문께에 와서 주인 아주머니가 응접실에서 그를 보잔다고 말했다. 그는 여느 때보다도 더욱 난감한 상태로 일어나 윗옷과 조끼를 입었다. 옷을 다 입고서 그는 그녀 쪽으로 향해 위로를 했다. 다 괜찮을 거야, 걱정하지 마. 그녀가 침대에서 울며 가만히 "아이구 하느님!" 하고 신음하는 새에 그는 나갔다.

층계를 내려가는 동안 안경이 습기로 희미해지는 통에 그는 벗어 들고 닦아야만 했다. 그는 지붕을 뚫고 날아올라가 이 따위 고민은 다시는 듣지 않을 다른 나라로 가버렸으면 하고 바랐다. 그러나 어떤 힘이 그를 한발 한발 층계 아래쪽으로 밀어내고 있었다. 그의 사장과 마담의 무자비한 얼굴들이 그의 좌절을 노려보고 있었다. 마지막 층계에서 그는 잭 무니를 지나쳤다. 그는 주방창고에서 두 병의 바스 맥주를 안고 올라오고 있었다. 그들은 냉랭하게 인사했다. 사랑에 빠진 사나이의 눈은 순간적으로 두툼한 불독 같은 얼굴과 살찌고 짧은 두 팔에 머물렀다. 그가 층계의 바닥에 서서 올려다보니 잭이 곁방문에서 자기를 보고 있음을 봤다.

갑자기 그는 무도장 연예인 중의 하나인 작은 금발의 런던 남자가 폴리에게 접근했던 그날 밤이 기억났다. 그날 친목회는 잭의 난폭함 때문에 거의 파장이 돼버렸다. 모두 그를 진정시키려고 했다. 무도장 연예인은 평상시보다 더 창백해진 채 계속 웃으며 무슨 나쁜 뜻은 없었을 것이라고 말했다. 그러나 잭은 계속 그에게 소리지르면서 누구든 자기 누이와 그런 따위의 수작을 부린다면 이를 부러뜨려서 목구멍에 넣겠다고 했다. 그럴 만한 위인이었다.

폴리는 침대가에 앉아서 얼마 동안 울었다. 그리고서는 눈물을 닦고 거울 쪽으로 갔다. 그녀는 수건 끝을 물통 속에 얼른 담가서 시원한 물로 눈을 상쾌하게 했다. 그녀는 자신의 옆모습을 쳐다보고 귀 위쪽의 머리핀을 고쳐 찔렀다. 그녀는 다시 침대로 가서 침대 발치에 앉았다. 베개를 오랫동안 쳐다봤다. 베개를 보니 그 은밀하고 다정했던 추억들이 마음속에서 일깨워졌다. 그녀는 목덜미를 차가운 침대 쇠기둥에 대고 생각에 잠겼다. 얼굴에는 눈에 띌 만한 어떤 동요도 이젠 없었다.

그녀는 참을성 있게 거의 명랑하게 놀람도 없이 기다리고 있었다. 그녀에겐 추억 대신에 점차 미래에 대한 희망과 설계가 자리잡기 시작했다. 그녀의 희망과 설계는 너무나 아기자기해서 시선이 고정되어 있는 하얀 베개를 의식하지도 않았고 또 자기가 무엇인가를 기다리고 있음도 기억하지 못했다.

드디어 그녀는 어머니가 부르는 소리를 들었다. 벌떡 일어서서 난간 쪽으로 달려갔다.

"폴리! 폴리!"

"네, 어머니!"

"얘야, 내려오너라, 도란 씨가 너한테 할 말이 있다는구나."

그제서야 그녀는 무엇을 기다리고 있었던가를 기억했다.

05 | Allegory 알레고리

알레고리는 그리스어 알레고리아(Allegoria달리 표현하다)에 어원을 두고 있는데, 어느 사물을 직접적으로 표현하는 것이 아니라, 다른 사물에 의해서 암시적으로 표현하는 방법이다. 그래서 **구체적 표면**과 **추상적 이면**의 두 의미의 층이 **평행처럼 나란히 마주 보면서** 전개된다. 어떤 소재를 그것과 유사점을 갖고 있는 다른 소재의 탈을 빌어서 기술하는 것이다.

알레고리는 두 가지 층위에서 발생한다. 스토리를 말하는 **축어적 층위**와 그 스토리에 있는 알레고리적인 인물이 생각이나 관념 그리고 다른 어떤 특질을 나타내는 **비유적 층위**가 그것이다. 상징처럼 알레고리컬한 인물은 다른 것들을 암시한다. 하지만 **넓은 범위에서 다양한 의미를 지닐 수 있는 상징과는 다르게, 알레고리컬한 인물은 항상 어떤 특정한 의미만 지니고 있다.** 그 이유는 알레고리를 사용하는 저자의 목적은 교훈을 주는 것이므로, 알레고리의 의미는 명확하고, 복잡하지 않아야 한다. 따라서 상징처럼 다양하게 해석되면 안 되는 것이다.

대표적인 알레고리 작품으로는 John Bunyan의 *Pilgrim's Progress*천로역정을 들 수 있는데, 그는 이 작품을 쓸 때 주인공을 크리스천이라고 일부러 이름 붙여, 독자가 크리스천이 어떻게 살아가야 하는지를 깨달을 수 있도록 해주었다. 아니 그것이 작가의 목적이었다. 이 작품에서 복음 전도자의 경고를 받은 크리스천이 파멸의 도시에서 몸을 피하여 애써 천상의 도시를 찾아가는데, 도중에 '믿음', '소망', '큰 절망' 등의 작중 인물들을 만나고 '절망의 구렁텅이', '죽음의 그늘의 계곡', '허영의 시장' 등을 지니고 경위를 이야기함으로써 기독교적 구원의 교리를 알레고리로 표현하고 있다. 다음 인용문은 알레고리의 방법의 본성을 잘 보여준다.

> Now as Christian was walking solitary by himself, he espied one afar off come crossing over the field to meet him; and their hap was to meet just as they were crossing the way of each other. The Gentleman's name was Mr. Worldly-Wiseman; he dwelt in the Tower of Carnal-Policy, a very great Town, and also hard by from whence Christian came.
>
> 이제 크리스천이 혼자 걸어가고 있었을 때 한 사람이 자기를 만나기 위해 멀리에서 밭을 가로질러 걸어오는 것을 발견했다. 그 신사의 이름은 '세속의 현자'였는데, 그는 크리스천이 떠나온 도시 가까이 있는 대단히 큰 도시인 '세속 정치' 시에 살고 있었다.

다음으로 C. Rossetti의 시 "Up-hill"을 보자.

Does the road wind up-hill all the way?
    Yes, to the very end.
Will the day's journey take the whole long day?
    From morn to night, my friend.

But is there for the night a resting-place?
    A roof for when the slow dark hours begin.
May not the darkness hide it from my face?
    You cannot miss that inn.

Shall I meet other wayfarers at night?
    Those who have gone before.
Then must I knock, or call when just in sight?
    They will not keep you standing at that door.

Shall I find comfort, travel-sore and weak?
    Of labour you shall find the sum.
Will there be beds for me and all who seek?
    Yea, beds for all who come.

언덕 위

이 길은 마냥 언덕위로 굽이쳐 올라가나?
  그럼, 끝까지.
지금 가면 온종일 걸릴까?
  아침부터 밤까지, 내 벗이여.

한데 밤에 쉴 곳은 있을까?
  서서히 어두운 시간이 다가오면 집 한 채가 있어.
그게 어둠에 가려서 보이지 않을수도 있지 않을까?
  그 여인숙을 넌 꼭 찾을 거야.

밤에는 먼저 간 다른 길손들을 만나게 될까?
  그럼, 앞서 떠난 사람들을.
도착하면 문을 두드리거나 불러야 할까?
  문간에 널 그대로 세워두진 않을 거야.

여행에 지치고 괴로운 몸이 평안을 얻게 될까?
  고생한 보람을 얻고 말고.
나를 비롯해 찾아 온 모두에게 잠자리가 있을까?
  그럼, 찾아 온 사람이면 누구나.

이 시는 question-and-answer 구조를 사용하여 언덕 위를 향한 여정journey을 묘사하고 있다. 하지만 이 여정은 *Pilgrim's Progress*에서와 마찬가지로 실제 우리 현실 삶에서의 여정이 아니라 정신의 여정spiritual journey을 의미하는데, 이 세상에 살면서 우리 인간이 부딪히게 되는 (많은) 도전을 암시한다. 그 여정의 **day-tonight**은 바로 삶과 죽음을 나타내며, 그 길의 끝에 있는 여관inn은 하늘나라Heaven, 즉 세상을 떠날 때 마지막으로 가는 곳을 의미한다.

Chapter

06 Personification 의인법

Personification is a type of figurative language where non-humans are given human characteristics.

의인화에서는 무생물이나 추상적인 관념을 마치 인간적인 속성이나 감정 및 생명이 주어져 있는 것처럼 이야기한다. 비인격적인 것을 인격적인 것으로 전이한다는 의미에서 논리적으로는 이것도 은유의 특별한 경우라 할 수 있다. 다음의 시들에서 personification의 예를 보자.

Who hath not seen thee oft amid thy store?
Sometimes whoever seeks abroad may find
Thee sitting careless on a granary floor,
Thy hair soft-lifted by the winnowing wind;
Or on a half-reap'd furrow sound asleep,
Drowsed with the fume of poppies, while thy flowers:
And sometimes like a gleaner thou dost keep
Steady thy laden head across a brook;
Or by a cider-press, with patient look,
Thou watchest the last oozings, hours by hours.

J. Keats(1795−1821), "To Autumn"

누가 네 수확물 속에서 너를 자주 보지 못했으랴?
때때로 집 밖에서 찾는 사람은 누구나 보았으리.
곡물 창고 바닥에 태평스레 앉아
키질하는 바람에 머리칼이 부드러이 나부끼는 너를.
혹은 네 낫이 다음에 벨 줄과 온갖 꼬인 꽃들을
아껴두는 동안 양귀비 향연으로 졸려
반쯤 벤 이랑에 깊이 잠든 너를.
그리고 때때로 이삭 줍는 사람처럼 너는
짐을 진 머리를 개울 너머로 향하게 하고 있다.
혹은 사이다 압착기 곁에서 참을성 있는 표정으로,
너는 지켜본다, 마지막 방울을 몇 시간이고.

Keats는 이 시에서 한 여인이 가을 농촌의 고된 일을 하는 모양을 묘사하는 대목에서 추상적 존재인 가을을 의인화하고 있다.

How soon hath Time, **the subtle thief of youth**,
Stol'n on his wing my three-and-twentieth year.

J. Milton(1608−1674), "Sonnet 7"

젊음의 도적, 세월의 날개 달고 와
어느덧 나의 스물세 해를 훔쳐 갔도다.

시간(time)이 도둑(thief)으로 의인화되어 있다.

When light rode high, and the dew was gone,
And noon lay heavy on flowers and tree,
And **the weary Day turn'd to his rest**
Lingering like an unloved guest,
I sigh'd for thee.

P. B. Shelley(1792−1822), "To the Night"

햇볕이 높이 떠오르고 이슬이 지고
한낮이 꽃과 나무 위에 무겁게 누웠을 때,
피곤한 하루가 반갑지 않은 나그네인양
머뭇거리며 잠자리로 향할 그때에
그대가 무척 그리웠노라.

하루가 사람처럼(weary; 피곤한) 표현되어 있다.

02

Because I Could Not Stop for Death

Emily Dickinson(1830−1886)

Because I could not stop for Death
He kindly stopped for me—
The Carriage held but just Ourselves—
And Immortality.

We slowly drove—He knew no haste
And I had put away
My labor and my leisure too,
For His Civility—

We passed the School, where Children strove
At Recess—in the Ring—
We passed the Fields of Gazing Grain—
We passed the Setting Sun—

Or rather—He passed us—
The Dews drew quivering and chill—
For only Gossamer, my Gown—
My Tippet—only Tulle—

We paused before a House that seemed
A Swelling of the Ground—
The Roof was scarcely visible—
The Cornice—in the Ground—

Since then—'tis Centuries—and yet
Feels shorter than the Day
I first surmised the Horses' Heads
Were toward Eternity—

> **한글번역**

죽음을 위해 내가 멈출 수 없어

죽음을 위해 내가 멈출 수 없어
그가 나를 위해 친절히 멈추었다.
마차는 바로 우리 자신과
불멸을 실었다.

우리는 서서히 달렸다. 그는 서두르지도 않았다.
그가 너무 정중하여
나는 일과 여가도
제쳐 놓았다.

아이들이 휴식 시간에
원을 만들어 뛰노는 학교를 지났다.
응시하는 곡식 들판도 지났고
저무는 태양도 지나갔다.

아니 오히려 해가 우리를 지나갔다.
이슬이 스며들어
얇은 명주, 나의 겉옷과
명주 망사 숄로는 떨리고 차가웠다.

부푼 둔덕처럼
보이는 집 앞에 우리는 멈추었다.
지붕은 거의 볼 수 없고
박공은 땅 속에 묻혀 있었다.

그 후 수 세기가 흘렀으나
말 머리가 영원을
향한 듯 짐작되던
바로 그 날보다 더 짧게 느껴진다.

Chapter

07   Apostrophe 돈호법

Apostrophe is a figure of speech in which **someone absent or dead or something nonhuman is addressed as if it were alive and present and was able to reply.** By employing apostrophe in their literary works, writers try to bring abstract ideas or non-existent persons to life so that the nature of emotions they want to communicate get across in a better way because it is more convenient for the readers to relate themselves to the abstract emotions when they observe it in their natural surroundings. In addition, the use of apostrophe motivates the readers to develop a perspective that is fresh as well as creative.

Ode on a Grecian Urn

John Keats(1795−1821)

1.
Thou still unravish'd bride of quietness,
   Thou foster-child of silence and slow time,
Sylvan historian, who canst thus express
   A flowery tale more sweetly than our rhyme:
What leaf-fring'd legend haunt about thy shape
   Of deities or mortals, or of both,
      In Tempe or the dales of Arcady?
   What men or gods are these? What maidens loth?
What mad pursuit? What struggle to escape?
      What pipes and timbrels? What wild ecstasy?

2.

Heard melodies are sweet, but those unheard
    Are sweeter; therefore, ye soft pipes, play on;
Not to the sensual ear, but, more endear'd,
    Pipe to the spirit ditties of no tone:
Fair youth, beneath the trees, thou canst not leave
    Thy song, nor ever can those trees be bare;
      Bold Lover, never, never canst thou kiss,
Though winning near the goal—yet, do not grieve;
    She cannot fade, though thou hast not thy bliss,
      For ever wilt thou love, and she be fair!

3.

Ah, happy, happy boughs! that cannot shed
    Your leaves, nor ever bid the Spring adieu;
And, happy melodist, unwearied,
    For ever piping songs for ever new;
More happy love! more happy, happy love!
    For ever warm and still to be enjoy'd,
      For ever panting, and for ever young;
All breathing human passion far above,
    That leaves a heart high-sorrowful and cloy'd,
      A burning forehead, and a parching tongue.

4.

Who are these coming to the sacrifice?
    To what green altar, **O mysterious priest**,
Lead'st thou that heifer lowing at the skies,
    And all her silken flanks with garlands drest?
What little town by river or sea shore,
    Or mountain-built with peaceful citadel,
      Is emptied of this folk, this pious morn?
And, little town, thy streets for evermore
    Will silent be; and not a soul to tell
      Why thou art desolate, can e'er return.

02

5.

O Attic shape! Fair attitude! with brede
    Of marble men and maidens overwrought,
With forest branches and the trodden weed;
    Thou, silent form, dost tease us out of thought
As doth eternity: Cold Pastoral!
    When old age shall this generation waste,
      Thou shalt remain, in midst of other woe
    Than ours, a friend to man, to whom thou say'st,
"Beauty is truth, truth beauty," —that is all
    Ye know on earth, and all ye need to know.

한글번역

그리스 항아리에 바치는 노래

너 여전히 더럽혀지지 않은 정적의 신부여,
너 침묵과 느린 시간의 양자여,
우리들의 시보다 더 감미롭게 꽃다운 이야기를
이처럼 표현할 수 있는 숲의 역사가여.
가장자리에 잎이 달린 그 어떤 신들의 혹은 인간들의
혹은 그 둘 다의 전설이 네 모습에 떠도는가.
템페인가 아니면 아카디아의 골짜기인가?
이들은 무슨 사람들 혹은 신들인가? 무슨 처녀들이 싫어하는가?
얼마나 미친 듯한 추적인가? 얼마나 도망치려 몸부림치는가?
무슨 피리와 북들인가? 얼마나 격렬한 황홀인가?

들리는 선율은 아름답지만, 들리지 않는 선율은
더욱 아름답다. 그러니 부드러운 피리들아 계속 불어라,
육체의 귀에다 불지 말고, 더욱 사무치게,
소리 없는 노래를 영혼에게 불어라.
나무 밑에 있는 아름다운 젊은이여, 그대는 노래를
그칠 수 없고, 또 저 나무들의 잎들도 질 수 없으리.
대담한 연인이여, 그대 결코 키스할 수 없으리,
비록 목표 가까이 이른다 해도—허나 슬퍼하지 말라.
그대 비록 행복은 갖지 못한다 해도 그녀는 시들 수 없으리
영원히 그대는 사랑할 것이며 그녀는 아름다우리!

아 행복한, 행복한 가지여! 너희들은 잎들을
벗어버릴 수도 없고 봄에 작별을 고할 수도 없으리.
그리고 행복한 연주자여, 지칠 줄 모르고,
영원히 언제나 새로운 노래를 부르는 자여.
보다 행복한 사랑! 보다 행복하고 행복한 사랑이여!
영원히 따뜻하고 언제나 즐길 수 있는,

영원히 헐떡이며 영원한 젊은,
매우 슬프고 싫증난 가슴,
불타는 이마, 타오르는 혀를 남기는
모든 살아 있는 인간의 정열을 초월한 사랑이여!

제사 드리는 곳으로 오고 있는 이들은 누군가?
어느 푸른 제단으로, 오 신비로운 사제여,
그대는 하늘을 보고 우는, 그 비단 같은 허리에
온통 꽃다발로 단장한 저 송아지를 데리고 가는가?
강가나 혹은 바닷가 혹은 평화로운 성채로
산 위에 세워진 어떤 작은 부락이,
이 경건한 아침, 텅 비게 되었는가?
작은 부락이여, 네 거리는 영원히
조용하리라, 그리고 어느 한 사람도
왜 네가 쓸쓸하게 되었는가를 말하러 돌아올 수 없으리라.

오 아티카의 형체여! 아름다운 자태여!
대리석의 남자와 처녀들을 섞어 조각한,
숲의 나뭇가지와 짓밟힌 잡초로 장식된,
말 없는 형상이여, 너는 영원히 그런 것처럼
우리를 생각이 미칠 수 없게 괴롭히는구나, 차가운 목가여!
늙음이 이 세대를 황폐케 할 때
너는 우리의 고통과는 다른 괴로움의 한가운데
인간의 친구로 남아 인간에게 말하리,
"미는 진리고, 진리는 미"라고—이것이
너희들이 이 세상에서 알고, 알 필요가 있는 전부니라.

Chapter

08 Synecdoche / Metonymy 제유 / 환유

01 Synecdoche

Synecdoche는 어떤 것의 한 부분을 가지고 전체를 나타내는 비유법이다. 하지만 어떤 사물에서 부분이 전체를 뜻하는 것만이 아니라 많진 않지만 전체가 부분을 의미할 때도 마찬가지이다. Synecdoche에는 여러 가지가 있지만 임용시험에서는 보통 세 가지만 알면 된다.

① 개체로 전체를 나타냄 : 미국의 용사들 → 미국 군대
② 전체로 개체를 나타냄 : creature → man
③ 일부로 전체를 나타냄 : 돛 → 배, 칼날 → 칼, 빵 → 음식

Shakespeare의 다음 시를 보자.

> Nay, if you read this line, remember not
> **The hand** that writes it.
>
> 아니, 그대가 이 글을 읽는다 해도
> 글을 쓴 이 손만은 잊어주오

여기에서 'hand'는 이 글을 쓴 작가를 가리키는 것으로, 부분으로 전체를 나타내는 예라 하겠다. man 대신에 hand를 사용함으로써 man이 표현하는 것 이상으로 글을 쓰고 있는 작가의 모습을 더욱 생생하게 보여주고 있다. 다음에 나오는 Tennyson의 "Break, Break, Break" 의 첫 부분에 등장하는 'tongue'도 제유의 한 예가 된다.

> Break, break, break,
> On thy cold gray stones, O Sea!
> And I would that **my tongue** could utter
> The thoughts that arise in me.
>
> 철썩, 철썩, 철썩 그대의 차가운 회색 바위에 부서져라, 오 바다여! 혀로 표현할 수 있었으면 좋으련만 마음속에 일어나는 오만 가지 생각을

Tell that its sculptor well those passions read
Which yet survive, stamped on these lifeless things,
The hand that mocked them.

Percy Bysshe Shelley(1792−1822), "Ozymandias"

"The hand" in the above lines refers to the sculptor who carved the "lifeless things" into a grand statue.

Prepar'd to scrub the entry and the stairs.
The youth with **broomy stumps** began to trace.

Jonathan Swift(1667−1745), "The description of the Morning"

이 시에서 'broomy stumps'는 'whole broom'을 의미한다. 마지막으로 T.S. Eliot의 유명한 시 "The Love Song of J. Alfred Prufrock"에 나오는 synecdoche의 예를 보자.

Let us go then, you and I,
When the evening is spread out against the sky
Like a patient etherized upon a table;

          ……

And indeed there will be time
For the yellow smoke that slides along the street,
Rubbing its back upon the window-panes;
There will be time, there will be time
To prepare a face to meet **the faces** that you meet;

자 우리 가볼까, 당신과 나와
수술대 위의 마취된 환자처럼
저녁이 하늘을 배경으로 누워있는 지금 …

정말이지 시간은 있으리.
등을 창유리에 비비며
거리를 따라 미끄러져 가는 노란 안개에도
시간은 있으리, 시간은 있으리.
당신이 만날 사람들을 만나기 위해 얼굴을 꾸밀

이 시에서 'faces'는 'human beings'를 가리킨다. 우리는 '얼굴'만 있는 것을 보기 위해 밖에 나가는 것이 아니라 '사람'을 보기 위해 나가는 것이기 때문이다.

02 Metonymy

환유는 원어로 'metonymia', 즉 '이름을 바꿈'이다. 한 사물의 용어(이름)가 그 사물과 경험상 밀접한 연관관계를 지니게 된 다른 사물에 적용되는 것을 말한다. 즉, 왕 대신에 왕관the crown 또는 홀the scepter, 미국 대통령 대신 '백악관', 장성은 '별', 바지는 '남자'라 표현하는 것들이다.

> A little rule, a little sway
> A sunbeam in a winter's day,
> Is all the proud and mighty have
> Between **the cradle** and **the grave**.
>
> John Dyer(1699－1757), "Gronger Hill"

4행의 the cradle and the grave는 birth and death를 의미한다.

> **Sceptre and crown**
> Must tumble down,
> And in the dust be equal made
> With the poor crooked **scythe and spade**.
>
> J. Shirley(1596－1666), "Contention of Ajax and Ulysses"
>
> 홀과 왕관은 굴러 떨어져서
> 먼지 속에서 보잘것없는 굽은 낫이나 삽과
> 평등해지게 마련이다.

홀과 왕관은 왕이 반드시 지니는 상징적인 것으로서 이는 왕을 뜻하고, 낫과 삽은 농민이나 노동자를 뜻하는 것으로 환유의 예이다.

> The buzz saw snarled and rattled in the yard
> And made dust and dropped stove-length sticks of wood,
> Sweet-scented stuff when the breeze drew across it.
> And from there those that lifted eyes could count
> Five mountain ranges one behind the other
> Under the sunset far into Vermont.
> And the saw snarled and rattled, snarled and rattled,
> As it ran light, or had to bear a load.
> And nothing happened: day was all but done.

Call it a day, I wish they might have said
To please the boy by giving him the half hour
That a boy counts so much when saved from work.
His sister stood beside him in her apron
To tell them 'Supper.' At the word, the saw,
As if to prove saws knew what supper meant,
Leaped out at the boy's hand, or seemed to leap—
He must have given the hand. However it was,
Neither refused the meeting. But the hand!
The boy's first outcry was a rueful laugh,
As he swung toward them holding up the hand
Half in appeal, but half **as if to keep**
The life from spilling. Then the boy saw all—
Since he was old enough to know, big boy
Doing a man's work, though a child at heart—
He saw all spoiled. 'Don't let him cut my hand off—
The doctor, when he comes. Don't let him, sister!'
So. But the hand was gone already.
The doctor put him in the dark of ether.
He lay and puffed his lips out with his breath.
And then—the watcher at his pulse took fright.
No one believed. They listened at his heart.
Little—less—nothing!—and that ended it.
No more to build on there. And they, since they
Were not the one dead, turned to their affairs.

Robert Frost(1874−1963), "Out, Out−"

꺼져라, 꺼져라—

전기톱이 작업장에서 으르렁거리고 덜컹거리며
톱밥을 만들며, 난로 길이에 맞는 나뭇조각을 떨어뜨렸다.
미풍이 지나갈 때에 향그러운 내음이 나는 목재들을.
그곳으로부터 눈을 들어올려 보면
연이어 있는 다섯 개의 산맥들이
멀리 버몬트에 지는 일몰 아래 있는 것을 볼 수 있다.
그리고 톱은 으르렁거리고 덜컹거리고, 으르렁거리고 덜컹거렸다.
그 톱이 가볍게 지나갈 때나 또는 하중을 견뎌야만 할 때.
아무 일도 일어나지 않았다. 하루가 거의 끝나가고 있었다.
"오늘은 그만"하고 그 아이를 기쁘게 해주기 위해
그들이 말해주었더라면……

02

그 또래의 아이들은 일에서 풀려나 갖게 되는 반 시간을
매우 소중히 여기는 법이니.
그의 누이는 어른들 옆에서 앞치마를 두른 채
"저녁 드세요"라고 말했다. 그 말에, 톱이.
저녁이라는 것이 무슨 말인지 안다는 것을 증명이라도 하듯이
소년의 손에서 뛰쳐나왔다. 아니 뛰쳐나오는 것처럼 보였다.
소년이 손을 집어넣었음에 틀림없었다. 그게 어찌되었든 간에,
어느 쪽도 만남을 회피하지 않았다. 하지만 그 손은!
그 소년의 첫 번째 외마디는 애처로운 웃음소리였다.
손을 받쳐 들고 어른들을 향해 몸을 돌렸다.
반쯤은 호소하듯이 허나 반쯤은
생명이 흘러나오는 것을 막아보기라도 하려는 듯.
그때 소년은 모든 것을 알아버렸다.
어른 몫의 일은 하지만 마음은 아직 어린아이인
몸만 큰 소년도 이제 알 만큼은 나이를 먹었다.
모든 것이 망쳐져 버렸다는 것을. "손만은 제발 자르지 말라고 해줘……
의사 선생님이 오더라도…… 제발…… 누나!"
그러나 손은 이미 떨어져 나갔다.
의사는 마취제의 어둠 속에 그를 가뒀다.
그는 누워서 입술을 부풀어 올리며 푹푹 숨을 내쉬고 있었다.
그런데 의사는 맥박을 짚고는 깜짝 놀랐다.
아무도 믿지 못했다. 모두들 그의 심장에 귀를 갖다 대었다.
희미하게—더 희미하게—그리고는 아무 소리도!—그리고 그것이 끝이었다.
더 이상 어떻게 할 수가 없었다. 그리고 사람들은, 자신들이
죽은 사람이 아니었으므로, 각자 일로 되돌아갔다.

이 시에서 the life는 the blood를 말한다. 보통 피는 생명을 나타낸다.

Chapter 09 Paradox / Oxymoron 역설 / 모순어법

시에서의 역설은 겉으로는 모순되고 불합리하게 보이지만(즉, 형식논리학적으로 볼 때는 말이 되지 않지만), 삶의 측면에서는 말이 되는 것을 말한다. "A statement or situation containing apparently contradictory or incompatible elements, but on closer inspection may be true." 역설은 시의 표면적인 진술과 그것이 가리키는 내적의미 사이에서 모순이 발생한다.

논리학에서 역설이란 자기 모순적인 진술self-contradictory statement이다. 크레타 사람인 에피메니데스Epimenides의 유명한 패러독스를 예로 들어보자. 그는 "All Cretans are liars모든 크레타 사람은 거짓말쟁이다"라 주장했다. 그가 진실을 말했다면 모든 크레타 사람은 거짓말쟁이가 된다. 그렇다면 자신도 크레타 사람이므로 거짓말쟁이가 되는 논리적 오류에 빠지게 된다. 또 하나의 유명한 패러독스의 예는 제논Zenon의 'the arrow in flight날아가는 화살'에서 찾을 수 있다. '시간의 어떤 순간에 화살은 어떤 정확한 점에 있다고 말할 수 있을 것이다. 그러므로 화살은 그러한 점의 연속점에서 계속 정지해 있다. 고로 화살은 결코 화살보다 먼저 달려간 사람을 맞출 수 없다.' 이런 것들이 패러독스이다.

역설paradox과 반어irony의 차이에 대한 질문이 해마다 학생들로부터 제기되는데, 우선, 패러독스paradox는 희랍어 para초월와 doxa의견의 두 낱말이 모여서 이루어진 합성어이다. 고대 그리스의 수사학은 이 역설을 아이러니와 함께 중요한 표현법의 하나로 다루고 있다. 그리고 현실적으로도 역설은 자주 아이러니와 혼동되고 있기에 둘을 구별하는 것이 쉽진 않을 수 있다. 아이러니와 역설은 다 같이 '이것(A)'을 말하면서 실은 '이것'과 상반 모순되는 '저것(B)'을 드러내는 표현법이기 때문이다.

paradox와 irony의 차이는, 깊이 들어가면 매우 복잡한 논의가 필요하지만, 개론서 수준에서 간략히 살펴보면, 다음과 같다. 즉, 아이러니는 **진술 자체는 모순이 없는 데** 반해 역설은 **진술 자체가 모순을 드러내고 있다**는 점이다.

> I must be cruel to be kind.
>
> William Shakespeare(1564−1616), *Hamlet*

The earth that's nature's mother is her tomb; What is her burying grave, that is her womb;

William Shakespeare(1564—1616), Romeo and Juliet

I dwell in a lonely house I know
That vanished many a summer ago,
And left no trace but the cellar walls,
And a cellar in which the daylight falls,
And the purple-stemmed wild raspberries grow.
O'er ruined fences the grape-vines shield
The woods come back to the mowing field;
The orchard tree has grown one copse
Of new wood and old where the woodpecker chops;
The footpath down to the well is healed.

Robert Frost(1874—1963), "Ghost House"

The child is father of the man;
And I could wish my days to be
Bound each to each by natural piety.

There was a time when meadow, grove, and stream,
The earth, and every common sight,
To me did seem
Apparelled in celestial light,
The glory and the freshness of a dream.
It is not now as it hath been of yore;—
Turn wheresoe'er I may,
By night or day.
The things which I have seen I now can see no more.

......

What though the radiance which was once so bright
Be now for ever taken from my sight,
Though nothing can bring back the hour
Of splendour in the grass, of glory in the flower;
We will grieve not, rather find
Strength in what remains behind;
In the primal sympathy
Which having been must ever be;
In the soothing thoughts that spring
Out of human suffering;
In the faith that looks through death,
In years that bring the philosophic mind.

William Wordsworth(1770−1850), "Ode: Intimations of Immortality
from Recollections of Early Childhood"

어린 시절을 회상하면서 영생불멸을 깨닫는 노래

어린이는 어른의 아버지
바라노니 나의 하루하루가
자연에 대한 경외로 살아지기를.

초원과 숲, 시냇물이
땅과 모든 흔한 광경들이 나에게
천상의 빛과 꿈속의 영광과 생동감으로
차려입은 듯한 때가 있었노라.
지금은 그 옛날과 같지 않아
밤이나 낮
그 어디를 돌아보아도
내 눈길 닿았던 것들 죄다 사라지고 없나니.

한때 그처럼 찬란했던 광채가
이제 눈앞에서 영원히 사라진다 한들 어떠랴
초원의 빛, 꽃의 영광 어린 시간을
그 어떤 것도 되불러올 수 없다 한들 어떠랴
우리는 슬퍼하지 않으리, 오히려
그 뒤에 남은 것에서 힘을 찾으리라
지금까지 있었고 앞으로도 영원히 있을
본원적인 공감에서
인간의 고통으로부터 솟아나
마음을 달래주는 생각에서
죽음 너머를 보는 신앙에서
그리고 지혜로운 정신을 가져다주는 세월에서

Chapter

10 Hyperbole 과장

Hyperbole is the counterpart of understatement, deliberately exaggerates conditions for emphasis or effect. In formal writing the hyperbole must be clearly intended as an exaggeration, and should be carefully restricted. That is, do not exaggerate everything, but treat hyperbole like an exclamation point, to be used only once a year. Then it will be quite effective as a table-thumping attention getter:

- You could have knocked me over with a feather.
- I am so hungry I could eat a horse.
- If I can't buy that new game, I will die.
- He is as skinny as a toothpick.
- This car goes faster than the speed of light.
- He is older than the hills.

As I Walked Out One Evening

W. H. Auden(1907−1973)

As I walked out one evening,
Walking down Bristol Street,
The crowds upon the pavement
Were fields of harvest wheat.

And down by the brimming river
I heard a lover sing
Under an arch of the railway:
'Love has no ending.'

**'I'll love you, dear, I'll love you
Till China and Africa meet,
And the river jumps over the mountain
And the salmon sing in the street',**

'I'll love you till the ocean
Is folded and hung up to dry
And the seven stars go squawking
Like geese about the sky.

한글번역

어느 날 저녁 산책을 하며

어느 날 저녁 난
브리스톨 거리를 산책하고 있었네.
인도 위에 있는 군중은
추수대의 밀밭.

넘실거리는 강 쪽으로 내려가
기찻길의 아치 아래에서
한 연인이 노래하는 것을 들었네.
"사랑은 끝이 없네"

"난 당신을 사랑할 거여요. 내 사랑. 난 당신을 영원히 사랑하겠어요.
중국과 아프리카가 만날 때까지
강이 산을 뛰어 넘고
연어가 길거리에서 노래할 때까지"

난 당신을 사랑할 거여요. 바다가
접혀 올려져 완전히 마를 때까지
북두칠성이 거위처럼
하늘에서 꺼억 꺼억 울어댈 때까지"

Further Reading

O My Love's like a Red Red Rose

Robert Burns(1759－1796)

O my Luve's like a red, red rose
That's newly sprung in June;
O my Luve's like the melodie
That's sweetly played in tune.

As fair art thou, my bonnie lass,
So deep in luve am I;
And I will luve thee still, my dear,
Till a' the seas gang dry:

Till a' the seas gang dry, my dear,
And the rocks melt wi' the sun;
I will luve thee still, my dear,
While the sands o' life shall run.

And fare thee weel, my only Luve,
And fare thee weel awhile!
And I will come again, my Luve,
Tho' it were ten thousand mile.

한글번역

내 사랑은 빨갛고 빨간 한 송이 장미꽃

오, 내 사랑은 유월에 새로이 피어난
빨갛고 빨간 한 송이 장미꽃
오, 내 사랑은 고운 선율
곡조 맞춰 달콤히 흐르는 가락

그대 정녕 아름답다, 나의 귀여운 소녀
이토록 깊이 나 너를 사랑하노라.
바닷물이 다 말라 버릴 때까지
한결같이 그대를 사랑하리라.

바닷물이 다 말라 버릴 때까지
바위가 햇볕에 녹아 스러질 때까지
한결같이 그대를 사랑하리라.
시간의 모래가 흐를 때까지

그럼 안녕, 내 하나뿐인 사랑이여
우리 잠시 헤어져 있을 동안!
천리만리 멀리 떨어져 있다 해도
나는야 다시 돌아오련다.

11 | Understatement 줄여말하기

Understatement **deliberately expresses an idea as less important than it actually is,** either for ironic emphasis or for politeness and tact. When the writer's audience can be expected to know the true nature of a fact which might be rather difficult to describe adequately in a brief space, the writer may choose to understate the fact as a means of employing the reader's own powers of description.

For example, instead of endeavoring to describe in a few words the horrors and destruction of the 1906 earthquake in San Francisco, a writer might state:

> The 1906 San Francisco earthquake interrupted business somewhat in the downtown area.

The effect is not the same as a description of destruction, since understatement like this necessarily smacks of flippancy to some degree; but occasionally that is a desirable effect.

> Last week I saw a woman flayed, and you will hardly believe how much it altered her person for the worse.
>
> 지난주에 나는 껍질이 벗겨진 한 여인을 보았소. 그것이 그녀를 얼마나 보기 흉하게 변화시켜 놓았는지를 아마 믿기 어려울 거요.

> ## The History Teacher
>
> Billy Collins(1941 −)
>
> Trying to protect his students' innocence
> he told them the Ice Age was really just
> the Chilly Age, a period of a million years
> when everyone had to wear sweaters.

And the Stone Age became the Gravel Age,
named after the long driveways of the time.

The Spanish Inquisition was nothing more
than an outbreak of questions such as
"How far is it from here to Madrid?"
"What do you call the matador's hat?"

The War of the Roses took place in a garden,
and the Enola Gay dropped one tiny atom on Japan.

The children would leave his classroom
for the playground to torment the weak
and the smart,
mussing up their hair and breaking their glasses,

while he gathered up his notes and walked home
past flower beds and white picket fences,
wondering if they would believe that soldiers
in the Boer War told long, rambling stories
designed to make the enemy nod off.

한글번역

역사 교사

아이들의 순수함을 보호하려
그는 아이들에게 빙하기는 사실 그저
꽤 쌀쌀한 시기여서 수백만 년의 세월 동안
사람들이 스웨터를 입고 지냈다고 설명했다.

그리고 석기시대는 그저 자갈의 시대로
그 시대의 긴 진입로 때문에 유래한 말이다.

스페인 종교재판(이단 심문)은 사람들에게
"마드리드는 여기서 얼마나 멀지?"
"투우사의 모자를 뭐라고 부르지?"
따위의 질문 공세를 퍼붓는 시대였다.

장미 전쟁은 정원에서 벌어진 사건이고
에놀라 게이는 원자 하나를 일본에 떨어뜨렸다.

수업이 끝나자 아이들은 놀이터로 나가
약한 아이들과 똑똑한 아이들을 괴롭히며
머리 모양을 망쳐놓고 안경을 깨트리곤 했다.

그러는 한편 그는 노트들을 챙기고
화단과 하얀 울타리들을 지나 집으로 걸어가며
아이들에게 보어 전쟁은 서로 상대방에게
지루한 이야기들을 해주며 지쳐 나가떨어지게 한
전쟁이었다는 이야기를 해주면 과연 믿을까 자문한다.

Further Reading

Fire and Ice

Robert Frost(1874－1963)

Some say the world will end in fire,
Some say in ice.
From what I've tasted of desire
I hold with those who favor fire.
But if it had to perish twice,
I think I know enough of hate
To say that for destruction ice
Is also great
And would suffice.

작품해설

우리가 살고 있는 세상이 불로 망하리라는 사람도 있고, 얼음으로 망하리라는 사람도 있다. 둘 중에 하나라면 어느 쪽일까? 시인은 경험으로 안다. 시인 자신이 가졌던 불타는 욕망을 생각하건대 불로 망할 것 같다. 하지만 다시 생각하면 증오의 파괴력 또한 세상을 침몰시킬 만큼 위력이 있다. 역사를 돌이켜 보면 인간은 욕망과 증오의 지배를 받아왔다. 욕망은 불이고 증오는 얼음이다. 우리는 결국 불에 타서 재가 되거나 얼음에 미라가 되고 말 것이다. 하지만 시인은 흥분하지 않는다. '어떤 이는 세상이 불로 끝난다 하고, / 어떤 이는 얼음으로 끝난다고 한다.' 대립되는 두 가지 설을 담담한 어조로 제시한다. '욕망을 맛본 바로는'이라는 말로 시인은 자신이 가졌던 불타는 욕망의 달콤한 '맛'과 불쾌한 충격을 암시한다. 시인의 경험으로 '욕망'과 '증오'의 파괴력은 막상막하다. '두 번 멸망한다면' 이번에는 '증오'로 멸망할 차례다. '얼음 또한 그 파괴력이 / 엄청나고 충분하다고 / 말할 수 있다.' 얼음의 파괴력이 그저 '충분하다'고 낮추어 말함(understament)으로써, 인간의 생존에서 증오의 파괴력이 더욱 가공스럽다는 시인의 경험을 강조한다.

한글번역

불과 얼음

어떤 이는 세상이 불로 끝난다 하고,
어떤 이는 얼음으로 끝난다고 한다.
내가 욕망을 맛본 바로는
나는 불을 지지하는 사람들 편이다.
그러나 세상이 두 번 멸망한다면,
증오도 충분히 안다는 생각에
얼음 또한 그 파괴력이
엄청나고 충분하다고
말할 수 있다.

Chapter

12 Irony 아이러니

일반적으로 아이러니는 언어적 아이러니verbal irony, 구조적(또는 상황의) 아이러니structural irony or situational irony, 극적 아이러니dramatic irony, 소크라테스 풍의 아이러니Socratic irony, 우주적 아이러니 cosmic irony 또는 숙명의 아이러니the irony of fate, 낭만적 아이러니romantic irony로 구별하고 있다. 이것들은 긴장이나 충돌이 등장인물이 하는 말과 작가가 의미하는 것 사이에 일어나는가, 아니면 동일한 인물이 한 말과 그가 의미했던 것 사이에 일어나는가, 아니면 한 등장인물이 한 말과 여러분이 진실이라고 알고 있는 것 사이에 일어나는가, 아니면 여러분이 예상한 것과 실제의 경우 사이에 일어나는가에 따라서 달라진다. 임용시험에서는 특히 언어적 아이러니, 극적 아이러니, 상황의 아이러니 이 셋만 알면 된다.

01 Verbal Irony

Verbal irony occurs the discrepancy between **what one says** and **what she really means**.

표현된 말what a person says과 그 말이 진짜로 의도하는 것what a person really means이 서로 다르며, 익살이나 비꼼의 효과를 '언어적 아이러니'라고 말한다. 아이러니는 표현과 의미 사이의 긴장 또는 상충을 포함하며, 이 긴장은 사소한 차이가 아니라 진정한 대조가 된다. 오랜만에 만난 친한 친구가 "Hey, you old son of beach how've you been?야, 개자식아, 그동안 어떻게 지냈어?" 라고 말한다 해도 기분이 상하지 않는다. 그 친구가 정말로 내 모계 쪽에 개의 조상이 있다고 생각하여 그렇게 말하는 것이 아님을 잘 알기 때문이다. T. S. Eliot이 "Whispers of Immortality영원불멸의 속삭임"에서 "Grishkin is nice그리쉬킨은 예쁘다"라고 썼을 때, 'nice'란 형용사 는 혐오감의 아이러니한 찌푸림을 나타낼 수 있도록 세심하게 선택된 것이다.

Barbie Doll

Marge Piercy(1936−)

This girlchild was born as usual
and presented dolls that did pee-pee
and miniature GE stoves and irons
and wee lipsticks the color of cherry candy.
Then in the magic of puberty, a classmate said:
You have a great big nose and fat legs.

She was healthy, tested intelligent,
possessed strong arms and back,
abundant sexual drive and manual dexterity.
She went to and fro apologizing.
Everyone saw a fat nose on thick legs.

She was advised to play coy,
exhorted to come on hearty,
exercise, diet, smile and wheedle.
Her good nature wore out
like a fan belt.
So she cut off her nose and her legs
and offered them up.

In the casket displayed on satin she lay
with the undertaker's cosmetics painted on,
a turned-up putty nose,
dressed in a pink and white nightie.
Doesn't she look pretty? everyone said.
Consummation at last.
To every woman a happy ending.

한글번역

바비 인형

이 여자아이는 여느 아이와 다름이 없이 태어났다
오줌을 누는 인형과
GE 상표의 난로와 다리미 모형을
그리고 아주 작은 연분홍빛 체리 캔디 색깔의 립스틱을 선물받았다
그런 다음 사춘기의 마력의 시기에, 한 급우가 말했다:
넌 정말 코가 크고 다리가 뚱뚱해.

이 아이는 건강했고 머리도 좋았으며,
강한 팔과 등을 지녔고,
풍부한 성적 욕망을 지녔고 손재주가 뛰어났다.
이 아이는 사과하느라 이곳저곳 정신없이 다녔다.
모든 이가 두툼한 코와 두꺼운 다리를 보았다.

이 아이는 다소곳해야 한다고 들었고,
(동시에) 쾌활하고,

운동하고, 다이어트하고, 미소 짓고, 비위를 맞출 줄 알아야 한다고 권고받았다.
그 아이의 좋은 성품은 마모되어 못쓰게 되었다
팬 벨트처럼.
그래서 그 아이는 자기 코와 다리를 자르고
그들에게 제물로 바쳤다.

공단으로 장식된 채 관 속에 그 아이는 누워있다
장의사에 의해 얼굴에 화장이 된 채
접착제를 바른 조그만 (가짜) 코와
분홍빛과 흰색의 잠옷을 입은 채.
이 아이 정말 예쁘지 않아? 모든 이가 말했다.
드디어 완성.
모든 여성에게 행복한 결말.

02 | Dramatic Irony

Dramatic irony occurs when there is discrepancy between what a character knows and what the reader (the writer) knows. 극적 아이러니는 작중 인물 또는 화자가 말하는 것과 독자(또는 시인, 극작가, 소설가)가 알고 있는 것 사이의 불일치(간극)에서 발생한다.

예컨대 Sophocles의 *Oedipus*에서 모든 사람이 위대하다고 칭하는 오이디푸스 왕은 테베에 재난을 가져온 죄인을 찾아내는 일에 착수한다. 그러나 그 수색의 대상은 관객들이 처음부터 알고 있었던 대로 그것을 찾아내려는 사람이 자기 자신임이 밝혀진다. 왕은 무서운 진실을 목격하고 난 후 스스로 자신의 눈을 파내 장님이 된다. 극적 아이러니의 효과는 희생자의 말이, 스스로가 모르게, 그가 알지 못하고 있는 참된 상황에 적합한 것이 될 때에 더욱더 고양된다. 오이디푸스가 스스로를 저주하는 예를 보자.

As for the criminal, I pray to God—
Whether it be a lurking thief, or one of a number—
I pray that man's life be consumed in evil and wretchedness.
And as for me, this curse applies no less
If it should turn out that the culprit is my guest here,
Sharing my hearth.
You have heard the penalty.
I lay it on you now to attend to this
For my sake, for Apollo's, for the sick
Sterile city that heaven has abandoned.
Suppose the oracle had given you no command:
Should this defilement go uncleansed for ever?

그리하여, 나는 엄숙히 기도한다. 살인범이 그 누구든,
감추어진 범죄를 혼자 저질렀든 일당과 함께 저질렀든 간에
그가 악했던 만큼 흉악하게 저주받은 생애를 끝맺게 되기를!
그리고 나 자신에 대해서도, 만일 내가 알면서도
그 자를 내 집에 들여놓는다면
방금 다른 사람에게 내려 달라고 빌었던 것과
똑같은 일을 나 자신이 당하게 되기를!
그리고 그대들에게 나는 나 자신을 위해서, 신을 위해서
재앙 속에 허덕이는 이 나라를 위해서
내 명령을 준수할 것을 당부한다.

My Last Dutchess

Robert Browning(1812−1889)

That's my last Duchess painted on the wall,
Looking as if she were alive. I call
That piece a wonder, now: Fra Pandolf's hands
Worked busily a day, and there she stands.
Will't please you sit and look at her? I said
"Fra Pandolf" by design, for never read
Strangers like you that pictured countenance,
The depth and passion of its earnest glance,
But to myself they turned (since none puts by
The curtain I have drawn for you, but I)
And seemed as they would ask me, if they durst,
How such a glance came there; so, not the first
Are you to turn and ask thus. Sir, 'twas not
Her husband's presence only, called that spot
Of joy into the Duchess' cheek: perhaps
Fra Pandolf chanced to say "Her mantle laps
Over my lady's wrist too much," or "Paint
Must never hope to reproduce the faint
Half fl ush that dies along her throat": such stuff
Was courtesy, she thought, and cause enough
For calling up that spot of joy. She had
A heart—how shall I say?—too soon made glad,

Too easily impressed; she liked whate'er
She looked on, and her looks went everywhere.
Sir, 'twas all one! My favour at her breast,
The dropping of the daylight in the West,
The bough of cherries some officious fool
Broke in the orchard for her, the white mule
She rode with round the terrace—all and each
Would draw from her alike the approving speech,
Or blush, at least. She thanked men,—good! but thanked
Somehow—I know not how—as if she ranked
My gift of a nine-hundred-years-old name
With anybody's gift. Who'd stoop to blame
This sort of trifling? Even had you skill
In speech—(which I have not)—to make your will
Quite clear to such an one, and say, "Just this
Or that in you disgusts me; here you miss,
Or there exceed the mark"—and if she let
Herself be lessoned so, nor plainly set
Her wits to yours, forsooth, and made excuse,
—E'en then would be some stooping; and I choose
Never to stoop. Oh sir, she smiled, no doubt,
Whene'er I passed her; but who passed without
Much the same smile? This grew; I gave commands;
Then all smiles stopped together. There she stands
As if alive. Will't please you rise? We'll meet
The company below, then. I repeat,
The Count your master's known munificence
Is ample warrant that no just pretence
Of mine for dowry will be disallowed;
Though his fair daughter's self, as I avowed
At starting, is my object. Nay, we'll go
Together down, sir. Notice Neptune, though,
Taming a sea-horse, thought a rarity,
Which Claus of Innsbruck cast in bronze for me!

┃ 작품해설

This poem is loosely based on historical events involving Alfonso, the Duke of Ferrara, who lived in the 16th century. The Duke is the speaker of the poem, and tells us he is entertaining an emissary who has come to negotiate the Duke's marriage (he has recently been widowed) to the daughter of another powerful family.

┃ 한글번역

내 죽은 전처

저 벽화는 내 전처의 초상화입니다.
생전의 모습 그대로이지요.
보아하니, 걸작이요. 판돌프 수사가 하루 동안
화필을 놀린 덕분이지요. 저 모습 말입니다.
앉아서 그녀를 보시오. 일부러 나는
'판돌프 수사'라 말했소, 왜냐하면
선생처럼 저 그림을 처음 보는 사람들은 저 그림에 그려진 얼굴 표정,
그 깊은 감정이 담긴 열렬한 눈빛을 보게 되면, 영락없이
나를 보고(왜냐하면 나 이외엔 아무도
내가 선생을 위해 당긴 커튼을 열지 못하니까),
감히 그럴 용기가 있다면 내게 묻고 싶어 하는 듯한 기색이 보이더군요.
어떻게 생기게 되었는가를. 그러니
이렇게 내게 향하여 묻는 것이 선생이 처음은 아니오. 선생,
남편 앞에서만 저 기쁨의 강조가
공작부인의 볼에 떠오르는 것은 아니었소. 어쩌다가
판돌프 수사가 "공작부인님의 망토가
팔목에 너무 많이 덮여 있습니다."라고 말하거나, "그림으로서는
부인의 목가로 내려가 사라지는
홍조를 재생시킬 엄두도 못내겠습니다." 이런 헛소리를
전처는 예의이며 강조를 띨
이유라고 생각했단 말이오. 전처는
뭐랄까, 너무 빨리 기뻐하고,
너무 쉽사리 감명을 받는 마음을 가지고 있었소. 그녀는 바라보는 건
무엇이나 좋아했고, 눈길을 돌리지 않는 데가 없었소.
선생, 매한가지였단 말이오! 내가 선물로 준 브로치,
서편에 지는 저녁노을,
알랑거리는 어떤 바보가 그녀를 위해 과수원에서
꺾어다 바친 벚나무 가지, 그녀가 타고
테라스 주위를 돌아다니던 흰 노새─이 모두가 하나같이
감탄사를 그녀에게서 자아냈소,
혹은 얼굴을 붉혔소, 적어도. 그녀는 남자들에게 고마워했소─좋소!
그러나 고마워했소. 뭐랄까─어땠는지는 모르지만─마치 그녀가
900년 되는 가문의 명예라는 나의 선물을 다른 사람의
선물과 대등하게 생각한다는 듯. 누가 구차하게 꾸짖고 어쩌고 하겠소.
이런 사소한 것을? 만약 당신이 말재주가
있어─(난 그런 재주는 없지만) 당신의 의지를
이런 사람에게 아주 분명히 한다면, 그리고 말한다면, "바로 당신의
이런저런 점이 내 비위를 거스르게 해요. 여기는 모자라고,
저기는 지나쳐요." 그리고 만약 그녀가
그런 것을 교훈으로 받아들이며, 대놓고

맞서지 않고, 정말로, 그리고 사과한다면
—그것은 약간 굴욕적인 것이 될 것이오. 그리고 나는 택했소.
전혀 굴복하지 않기로. 오, 선생, 그녀는 웃었소, 틀림없이,
내가 그녀 곁을 지날 때마다, 그러나 누가 지나갔겠소.
똑같은 미소 받지 않고서? 이런 일이 잦아졌소, 나는 명령을 내렸소,
그러자 모든 미소가 일순간 멈췄소. 거기에 그녀는 서 있소.
마치 살아 있는 듯이. 일어나실까요? 아래층에 있는
손님들을 만나러 갑시다. 자. 거듭 말씀드립니다,
당신 주인 백작의 널리 알려진 선심은
결혼 지참금에 대한 나의 정당한 요구를 전혀
거부하지 않으리라는 충분한 보증이 되오.
비록 그의 아름다운 따님의 자아가, 내가 처음에
말했듯이, 내 목적이라 할지라도. 아니, 아래로 함께
내려갑시다, 선생, 헌데, 해마를 길들이고 있는,
넵튠 상을, 그건 진품인 것 같소.
인스부르크의 클라우스가 날 위해 청동으로 빚어 주었소!

03 | Situational Irony

Situational irony exists when there is an incongruity between what is expected to happen and what actually happens (due to forces beyond human comprehension or control).

　상황의 아이러니란 ① 실제의 상황과 적절하다고 생각되는 상황 사이의 불일치(간극 또는 거리) 또는 ② 어떤 사람(또는 일)이 기대했던 것과 실제로 발생된 것 사이의 불일치에서 발생한다. ①의 예로, 한 남자가 그의 두 번째 부인과 극장에 갔는데 우연히 첫 번째 부인의 바로 옆 좌석에 앉게 되었을 때를 상황의 아이러니라 부를 수 있다. 가장 일반적으로 알려진 ②의 예는 O. Henry의 "The Gift of the Magi현자의 선물"이다. 가난한 남편은 아내의 긴 머리에 어울리는 빗을 선물하기 위해 자신이 가장 아끼는 시계를 전당포에 팔았는데, 아내는 남편의 시곗줄을 사기 위해 머리칼을 자르게 된다.

P. B. Shelley(1792-1822)의 유명한 시 "Ozymandias"를 통해 상황의 아이러니를 다시 확인해 보자.

> I met a traveler from an antique land
> Who said: Two vast and trunkless legs of stone
> Stand in the desert. Near them, on the sand,
> Half sunk, a shattered visage lies, whose frown,
> And wrinkled lip, and sneer of cold command,
> Tell that its sculptor well those passions read
> Which yet survive, stamped on these lifeless things,
> The hand that mocked them, and the heart that fed;
> And on the pedestal these words appear:
> "My name is Ozymandias, king of kings:
> Look on my works, ye Mighty, and despair!"
> Nothing beside remains. Round the decay
> Of that colossal wreck, boundless and bare
> The lone and level sands stretch far away.

오지만디어스

고대의 나라로부터 온 한 여행자를 만났는데
그는 말했다. 두 거대하고 동체 없는 돌다리가
사막에 서 있다. 그 옆에, 모래 위에,
부서진 얼굴이 반쯤 묻힌 채 있고, 그 얼굴의 찡그린 표정,
주름 잡힌 입술, 그리고 싸늘한 명령의 냉소는
그 조각가가 왕의 정열을 읽었음을 말해주며,
아직도 그 정열은 그러나, 이 생명 없는 물체에 찍혀,
그 정열을 비웃은 손과, 그 일을 시켰던 심장보다 더 오래 살아남아 있다.
그리고 대좌엔 이런 말이 새겨져 있다.
"내 이름은 오지만디어스, 왕 중의 왕이로다.
내 업적을 보라, 너희 강대한 자들아, 그리고 절망하라!"
아무것도 그 옆엔 남아 있는 것이 없다. 그 거대한 잔해의
부식 주위에 끝없는, 풀 한 포기 없이
쓸쓸하고 평평한 사막이 저 멀리 뻗어있다.

한 여행자를 끌어들임으로써 시인의 주관적인 생각을 떠나 객관적인 입장을 택하는 기교를 사용하였다. 이 시는 **폭정과 야망의 허망함**(권력무상)을 나타내고, 시간과 공간의 사막은 어떻게 Ozymandias와 같은 강력한 왕의 자부심에 아무런 존경도 할 수 없는지를 보여준다. 이 시를 통해 시인은 **당시 국민들을 향해 총부리를 겨눈 왕과 지배계급을 비판**하고 있다.

Further Reading

Richard Cory

Edwin Arlington Robinson(1869—1935)

Whenever Richard Cory went down town,
We people on the pavement looked at him:
He was a gentleman from sole to crown,
Clean-favoured and imperially slim.

And he was always quietly arrayed,
And he was always human when he talked;
But still he fluttered pulses when he said,
"Good Morning!" and he glittered when he walked.

And he was rich, yes, richer than a king,
And admirably schooled in every grace:
In fine—we thought that he was everything
To make us wish that we were in his place.

So on we worked and waited for the light,
And went without the meat and cursed the bread,
And Richard Cory, one calm summer night,
Went home and put a bullet in his head.

│ 한글번역

리처드 코리

리처드 코리가 시내로 올 때면
길거리의 우리들은 늘 그를 쳐다봤어요.
그는 머리부터 발끝까지 신사였지요.
참 깔끔하고 왕 같은 풍채에 몸도 날씬했었죠.

그 사람은 언제나 옷차림이 얌전했고
그가 말하면 늘 인간적인 풍모가 배어 나왔지요.
하지만 그 사람이 "안녕하세요"라고 말하면
뭔가 마음에 와닿는 기분이었어요. 걸을 땐 빛이 났었죠.

그 사람은 참 부자였어요.
예, 정말이지 왕보다 더 부자였어요.
그리고 온갖 품위 있는 교육을 훌륭하게 받은 사람이었답니다.
한 마디로, 그는 우리가 되고 싶어 하는 모든 것을 가지고 있었죠.

여느 때처럼 우리는 계속 일했고, 언젠가는 볕들 날을 기다렸죠.
고기도 못 먹고 살던 우리는 빵을 저주했습니다.
그런데 어느 조용한 여름밤에 리처드 코리는
집에 가서 자기 머리에 총탄을 박았지요.

Can-can

Arturo Vivante(1923—2008)

"I'm going to go for a drive," he said to his wife. "I'll be back in an hour or two."

He didn't often leave the house for more than the few minutes it took him to go to the post office or to a store, but spent his time hanging around doing odd jobs — Mr. Fix-it, his wife called him — and also, though not nearly enough of it, painting — which he made his living from.

"All right," his wife said brightly, as though he were doing her a favor. As a matter of fact, she didn't really like him to leave; she felt safer with him at home, and he helped look after the children, especially the baby.

"You're glad to be rid of me, aren't you?" he said.

"Uh-huh," she said with a smile that suddenly made her look very pretty — someone to be missed. She didn't ask him where he was going for his drive. She wasn't the least bit inquisitive, though jealous she was in silent, subtle ways.

As he put his coat on, he watched her. She was in the living room with their elder daughter. "Do the can-can, mother," the child said, at which she held up her skirt and did the can-can, kicking her legs up high in his direction.

He wasn't simply going out for a drive, as he had said, but going to a café, to meet Sarah, whom his wife knew but did not suspect, and with her go to a house on a lake his wife knew nothing about — a summer cottage to which he had the key.

"Well, goodbye," he said.

"Bye," she called back, still dancing.

This wasn't the way a husband expected his wife — whom he was about to leave at home to go to another woman — to behave at all, he thought. He expected her to be sewing or washing, not doing the can-can, for God's sake. Yes, doing something uninteresting and unattractive, like darning children's clothes. She had no stockings on, no shoes, and her legs looked very white and smooth, secret, as though he had never touched them or come near them. Her feet, swinging up and down high in the air, seemed to be nodding to him. She held her skirt bunched up, attractively. Why was she doing that of all times now? He lingered. Her eyes had mockery in them, and she laughed. The child laughed with her as she danced. She was still dancing as he left the house.

He thought of the difficulties he had had arranging this rendezvous··· going out to a call box; phoning Sarah at her office (she was married, too); her being out; his calling her again; the busy signal; the coin falling out of sight, his opening the door of the phone box in order to retrieve it; at last getting her on the line; her asking him to call again next week, finally setting a date.

Waiting for her at the café, he surprised himself hoping that she wouldn't come. The appointment was at three. It was now ten past. Well, she was often late. He looked at the clock, and at the picture window for her car. A car like hers, and yet not hers — no luggage rack on it. The smooth hardtop gave him a peculiar pleasure. Why? It was 3:15 now. Perhaps she wouldn't come. No, if she was going to come at all, this was the most likely time for her to arrive. Twenty past. Ah, now there was some hope. Hope? How strange he should be hoping for her absence. Why had he made the appointment if he was hoping she would miss it? He didn't know why, but simpler, simpler if she didn't come. Because all he wanted now was to smoke that cigarette, drink that cup of coffee for the sake of them, and not to give himself something to do. And he wished he could go for a drive, free and easy, as he had said he would. But he waited, and at 3:30 she arrived. "I had almost given up hope," he said.

They drove to the house on the lake. As he held her in his arms he couldn't think of her; for the life of him he couldn't.

"What are you thinking about?" she said afterwards, sensing his detachment.

For a moment he didn't answer, then he said, "You really want to know what I was thinking of?"

"Yes," she said, a little anxiously.

He suppressed a laugh, as though what he was going to tell her was too absurd or silly. "I was thinking of someone doing the can-can."

"Oh," she said, reassured. "For a moment I was afraid you were thinking of your wife."

작품해설

Irony is embedded in "Can-Can", with respect both to the situations in which the characters find themselves and to their comments and thoughts. For example, the author writes of the husband as he sits waiting for his lover's car.

A car like hers, and yet not like hers—no luggage rack on it. The smooth hardtop gave him a peculiar pleasure.

Here we have an ironic contrast between **the husband's earlier excited anticipation of the meeting and his surprising feeling of relief that it is not his lover's car arriving.**

한글번역

캉캉 춤

"드라이브하러 나갔다 올게." 아내에게 그가 말했다. "한두 시간쯤 있다가 돌아올 거야."

그는 가끔 우체국이나 가게에 가느라 몇 분쯤 나갔다 오는 것을 제외하면 주로 집에서 잡다한 일을 하며 시간을 보냈다—아내는 그를 미스터 수리공이라 불렀다. 또 결코 많이는 아니었지만 그림도 그렸다—이것이 그의 생계 수단이었다.

"그래, 알았어." 아내는 마치 남편이 무슨 호의를 베풀어 주기라도 한 듯 명랑하게 대답했다. 사실 그녀는 남편이 밖으로 나가는 것을 별로 달가워하지 않았다. 남편이 집에 있으면 더 마음이 편안해지기도 하고, 그가 아이들, 특히 아기 보는 일을 도와주었기 때문이다.

"귀찮은 사람이 없어져서 기분 좋은가 보네?" 그가 말했다.

"으응—" 그녀는 대답과 함께 미소를 지었는데, 그 미소가 갑자기 그녀를 무척 예뻐 보이게 했다 — 집을 나서기가 아쉬울 만큼. 아내는 그에게 어디로 드라이브를 가느냐고 묻지 않았다. 그녀는 꼬치꼬치 캐묻는 것과는 거리가 먼 여자였다. 질투심이 없는 것은 아니었지만 그녀는 그것을 조용하고 미묘하게 드러내는 편이었다.

그는 코트를 입으면서 아내를 바라보았다. 그녀는 큰딸과 함께 거실에 있었다. "엄마, 캉캉 춤 한번 춰줘요." 아이의 말을 들은 그녀는 스커트를 치켜들고 그가 있는 쪽으로 다리를 높이 차올리며 캉캉을 추기 시작했다.

그는 그냥 드라이브를 하러 나가는 게 아니라 카페에서 사라를 만나러 갈 작정이었다. 아내도 사라를 알고 있었지만 둘 사이를 의심하지는 않았다. 그는 사라와 함께 아내가 전혀 모르는 호숫가의 자그마한 오두막으로 갈 생각이었다. 피서용으로 지어진 별장으로, 그에게 열쇠가 있었다.

"그럼 다녀 올게." 그가 말했다.

"잘 다녀 와." 그녀는 아직도 춤을 추고 있었다.

이건 남편이 — 다른 여자를 만나기 위해 집을 나서는 남편이 — 아내에게 기대할 만한 행동이 아니잖아, 그는 생각했다. 그는 아내가 캉캉 춤 대신 바느질이나 빨래 같은 걸 하고 있기를 바랐다. 캉캉 춤이라니, 맙소사. 그래, 시시하고 매력 없는 일을 해야지, 아이 옷을 꿰맨든가 하는 그런 일. 스타킹도 신발도 신지 않은 그녀의 다리는 새하얗고, 매끈하고, 마치 그가 만진 적도 가까이 다가간 적도 없는 것처럼 비밀스러워 보였다. 공중으로 휙휙 오르내리는 발은 마치 그에게 고개를 끄덕이는 것 같았다. 그녀는 스커트 자락을 관능적으로 걷어잡았다. 왜 하필이면 지금 캉캉 춤을 출까? 그는 선뜻 발을 떼지 못하고 머뭇거렸다. 그녀는 마치 조롱하는 듯한 눈빛을 띤 채 소리 내어 웃었다. 곁에 있던 아이도 춤추는 그녀와 함께 웃었다. 그가 집을 막 나왔을 때에도 아내는 여전히 춤을 추고 있었다.

그는 이번 만남을 준비하며 겪었던 어려움을 떠올렸다 — 공중전화 박스로 가서, 사라의 사무실로 전화를 걸었으나 (그녀 역시 기혼이었다), 그녀가 자리에 없어서, 다시 걸었더니, 통화 중이었고, 동전이 눈에 띄지 않는 곳으로 굴러 떨어져, 동전을 찾기 위해 전화박스의 문까지 열어 놓고, 드디어 연결이 되었나 했더니, 그녀가 다음 주에 다시 통화하자고 했고, 그러던 끝에 마침내 날짜를 잡았던 것이다.

카페에서 사라를 기다리던 그는 그녀가 오지 않기를 바라는 자신의 마음을 깨닫고 깜짝 놀랐다. 약속 시간은 3시였다. 이제 10분이 지났다. 뭐, 사라는 약속에 늦는 일이 흔하니까. 그는 벽에 걸린 시계를 한 번 보고는 카페 전망 창으로 시선을 돌려 그녀의 차를 찾았다. 비슷한 차가 보였지만 그녀의 것은 아니었다 — 수하물 선반이 달려 있지 않았다. 미끈한 하드톱을 보니 기묘한 즐거움이 느껴졌다. 왜일까? 시간은 이제 3시 15분이었다. 어쩌면 그녀는 오지 않을지도 모른다. 그래, 올 것 같았으면 분명 지금쯤 도착했을 것이다. 20분이 지났다. 아아, 이제 어느 정도 희망이 있었다. 희망이라고? 그녀가 오지 않기를 바라다니 얼마나 이상한 노릇인가. 그녀가 나타나지 않기를 바랐다면 약속은 왜 했을까? 그도 이유는 알 수 없었다. 하지만 마음이 편했다. 그녀가 오지 않는 게 마음이 더 편했다. 그저 눈앞에 있는 담배를 피우고 커피를 마시고 싶을 뿐, 달리 할 일을 만들고 싶지는 않았기 때문이다. 아내에게 말한 것처럼 마음 편히 드라이브나 갔으면 좋겠다는 생각이 들었다. 하지만 그는 기다렸고, 3시 30분이 되자 그녀가 도착했다. "이제 막 희망을 버리려던 참이었는데." 그가 말했다.

그들은 차를 몰고 호숫가 별장으로 갔다. 그는 사라를 껴안았지만, 머릿속에선 그녀 생각이 나질 않았다. 아무리 애를 써도 할 수가 없었다.

"무슨 생각해?" 그가 딴 생각에 빠져있음을 눈치챈 그녀가 물었다.

잠시 대답이 없던 그는 곧 이렇게 말했다. "내가 뭘 생각했는지 정말 알고 싶어?"

"응." 조금 불안해하는 기색으로 그녀가 말했다.

그는 이제부터 하려는 말이 너무 터무니없고 우스꽝스럽다는 듯 웃음을 참으며 말했다. "캉캉을 추는 어떤 사람을 생각하고 있었어."

"아," 그녀가 안도의 한숨을 내쉬며 말했다. "난 당신이 부인 생각을 하는 줄 알고 걱정했지."

The Unknown Citizen

W. H. Auden(1907—1973)

(To JS/07 M 378
This Marble Monument
Is Erected by the State)

He was found by the Bureau of Statistics to be
One against whom there was no official complaint,
And all the reports on his conduct agree
That, in the modern sense of an old-fashioned word, he was a saint,
For in everything he did he served the Greater Community.
Except for the War till the day he retired
He worked in a factory and never got fired,
But satisfied his employers, Fudge Motors Inc.
Yet he wasn't a scab or odd in his views,
For his Union reports that he paid his dues,
(Our report on his Union shows it was sound)
And our Social Psychology workers found
That he was popular with his mates and liked a drink.
The Press are convinced that he bought a paper every day
And that his reactions to advertisements were normal in every way.
Policies taken out in his name prove that he was fully insured,
And his Health-card shows he was once in hospital but left it cured.
Both Producers Research and High-Grade Living declare
He was fully sensible to the advantages of the Instalment Plan
And had everything necessary to the Modern Man,
A phonograph, a radio, a car and a frigidaire.
Our researchers into Public Opinion are content
That he held the proper opinions for the time of year;
When there was peace, he was for peace: when there was war, he went.
He was married and added five children to the population,
Which our Eugenist says was the right number for a parent of his generation.
And our teachers report that he never interfered with their education.
Was he free? Was he happy? The question is absurd:
Had anything been wrong, we should certainly have heard.

작품해설

In this poem, the poet satires the automaton-like modern existence of human beings without individuality 개인적 특질이 결핍된 인간들이 자동기계처럼 살아가고 있는 것을 풍자. The poem is a satire on the "programmed" existence of **a modern factory worker.**

To intensify **the irony** found throughout the poem, the speaker of the poem시적화자 is very judicious분별력 있는 and careful in the depiction of this unknown factory worker, just another nameless face in modern world 현대사회의 흔하디흔한 이름 없는 존재. **This unknown citizen is depicted as having never been fired, which translates, in the total context of the pervasive irony, he did not have a spine to stand up for his rights** 자신의 권리를 위해 싸울 용기가 없다. **Such conformity**순응, common among the "programmed automatons" in today's society, is further strengthened by the facts that he was a due-paying union member, he was popular with his drinking buddies, he subscribed a daily newspaper, he was a law-abiding citizen, and he owned a "phonograph, a radio, a car and a Frigidaire," just like the rest of the population. **Yet nobody knows his name; rather, he is known by only, say, his social security number**사회보장번호(출생과 함께 공식적으로 부여되는 개인 신원 번호): **"To JS/07/M/378/."** He is a truly unknown citizen. Although the speaker tells us he was married, we do not know who his wife was, let alone his children. **Now then why or who would erect a marble monument for such nameless faces in the crowd?**

The speaker of the poem further robs **any sense of individuality** in the unknown citizen by carefully blurring **any particularity** in his description; in fact, he has never been allowed to speak anything for himself as all the depictions about him have been rendered by **an observer, possibly a federal or state agent,** looking at bureaucratic records or reports. In fact, "He was found by the Bureau of Statistics to be," and not by his family or his friends. **There is nothing particular about this nameless face in the crowd.** Furthermore, he was found by the Bureau of Statistics—to intensify the fact that he was just another number, and not a breathing human being. **Such impersonalization** further distances **this nameless face in the crowd** into obscurity.

By intentionally capitalizing common words that should not be capitalized대문자를 써서는 안 되는 일상어에다가 대문자를 의도적으로 씀으로서, the speaker of the poem punctures구멍을 내다; 망쳐놓다 the true meaning of these words, making them sound empty, meaningless, sarcastic, and ironic: "the Greater Community," "Union," "Social Psychology," "Producers Research," "High Grade Living," "Public Opinion" and "Eugenist." They all sound so pompous젠체하는; 과장하는, formal, arrogant, and bureaucratic, thus accentuating the fact **these public agencies are far more important than any individual humans for whom they had been originally designed to serve.** Rather, it is now we, the human ants, who must serve these offices instead. In short, **the irony is how we humans have been enslaved by these public or government agencies that were supposed to serve us.** 아이러니한 것은 우리 인간이 어떻게 우리에게 봉사해야 할 공공 기관이나 정부 기관에 의해 노예가 되었는가 하는 것이다. (Situational irony)

On the surface, the speaker of the poem appears to celebrate and memorialize the death of this automaton-like factory worker—with a good measure of sincerity. Now that is the meaning on the surface. The real meaning is hidden in the irony.
이 시의 화자는 겉으로는 자동기계처럼 생긴 이 공장 노동자의 죽음을 축하하고 추모하는 것처럼 보인다. 이것은 표면상의 의미이다. 진짜 의미는 아이러니 속에 숨겨져 있다. As a government-programmed unthinking and thoughtless one, **the unknown citizen has never stood up for his own rights as he lacked spine.** 정부에 의해 모든 것이 프로그램되어 있는 무분별하고 생각 없는 존재로서, 이 "알려지지 않은 시민"은 용기가 부족했기 때문에 자신의 권리를 옹호하지 않았다. He "held proper opinions for the time of year,"/ "He was married and added five children to the population, Which our Eugenist says was the right number for a parent of his generation"/ "And our teachers report that he never interfered with their education." **The ironic tone here is condescending: all his personal and private actions were "approved by the government or its public agencies."** The real meaning is, "What a moron this guy really was!"

What kind of society are we living in if we must get approval from the government for every personal action we take? **The unknown citizen has lived under a police state, watched by Big Brother, deprived of individual freedom.**

The speaker of the poem then questions **the sanity of such a dead society** with cut-throat sarcasm시적화자는 그런 죽은 사회가 정상적일 수 있을까에 대한 질문을 던진다. 날카로운 비아냥거림으로 "Was he free? Was he happy? The question is absurd: / Had anything been wrong, we should certainly have heard."

It becomes clear that the citizen is "unknown" because in this statistical gathering of data, **the man's individuality and identity are lost.** This bureaucratic society, focused on its official view of the common good, assesses a person using **external, easily-catalogued characteristics** rather than **respect for one's uniqueness, one's particular thoughts, feelings, hopes, fears, and goals.**

한글번역

이름 없는 시민

통계국은 그를
그 사람에 대한 당국의 불만은 없는 시민으로 판명했다.
그리고 그의 행위에 관한 모든 보고는 일치한다.
낡은 단어의 현대적 의미에서 그가 성인(聖人)이었다는 점에,
왜냐면 그는 그가 한 모든 일에서 대공동사회에 봉사했으니까.
전쟁 때를 빼놓고 은퇴했던 날까지
공장에서 일했으며, 한 번도 해고당한 적 없이,
퍼지 자동차 회사의 고용주들을 만족시켰었다.
그러나 그는 비노동조합원도 아니고 이상한 견해도 갖지 않았다.
왜냐면 그의 조합은 그가 회비를 냈다고 보고했고,
(그의 조합에 관한 우리 보고서가 그것이 올바름을 입증한다)
그리고 우리 사회심리학 연구원들은
그가 동료 간에 인기가 있고 술을 좋아했음을 발견했다.
신문사는 그가 매일 신문을 샀고
광고에 대한 그의 반응이 모든 면에서 정상적임을 확신한다.
그의 명의로 든 보험증권은 그가 피보험자임을 입증해주고,
그의 보건증은 그가 한 번 입원한 적 있으나 치료받고 퇴원했음을 보여준다.
생산성 연구와 고급 생활은 선언한다.
그가 월부의 편리에 대해 분별력 있고
현대인에게 필요한 전부인
축음기, 라디오, 자동차, 냉장고를 갖고 있다고.
우리 여론조사들은 흡족해 한다.
그가 시사에 관해 올바른 의견을 갖고 있음에.
평상시에는 평화를 지지했고, 전시에는 출전했다.
그는 결혼하여 인구에 다섯 아이를 첨가했다.
우리 우생학자는 그것이 그 세대의 아버지에게 알맞은 수였다고 말한다.
그리고 선생님들은 그가 그들의 교육에 한 번도 방해하지 않았다고 보고한다.
그가 자유로왔냐구? 그가 행복했냐구? 이런 질문은 당치도 않다.
뭔가 잘못된 데가 있었다면 우리는 어김없이 보고받았을 테니까.

Chapter

13 | Allusion 인유

인유는 고대 신화, 고전, 역사, 성서, 다른 문학 작품 등에서 잘 알려진 이야기, 인물, 문구 등을 명백하게 또는 간접적으로 언급하거나 인용해서 비유로 사용하고 있는 것을 말한다.

Keats의 "Ode on a Grecian Urn"에 사용된 인유의 예를 보자.

Thou still unravish'd bride of quietness,
Thou foster-child of silence and slow Time,
Sylvan historian, who canst thus express
A flowery tale more sweetly than our rhyme,
What leaf-fringed legend haunts about thy shape
Of deities or mortals, or of both,
In Tempe or the dales of Arcady?

John Keats(1795-1821), "Ode on a Grecian Urn"

너 여전히 더럽혀지지 않은 정숙한 신부여,
너 침묵과 느린 시간의 양자여,
우리의 시보다 더 감미롭게 꽃다운 이야기를
이처럼 표현할 수 있는 숲의 역사가여.
가장자리에 잎이 둘린 그 어떤 신들의 혹은 인간들의
혹은 그 둘 다의 전설이 네 모습에 떠도는가
템페인가 아니면 아르카디아의 골짜기인가?

"Sylvan": Silvanus—a tutelary deity수호신 of woods and uncultivated lands in Greek and Roman mythology—의 형용사. "Tempe" alludes to the "vale of Tempe" in Greece, a place, as believed in Greek mythology, frequently visited by Apollo and other gods. Also, "the dales of Arcady아카디아 계곡" refers to home of god "Pan", the god of rustic music시골 음악.

다음으로 18C 신고전주의 시대의 최고 시인으로 평가받던 Pope의 "Sound and Sense"에도 인유의 예가 들어 있음을 살펴보자.

True ease in writing comes from art, not chance,
As those move easiest who have learned to dance.
'Tis not enough no harshness gives offense,
The sound must seem an echo to the sense:
Soft is the strain when Zephyr gently blows,
And the smooth stream in smoother numbers flows;
But when loud surges lash the sounding shore,
The hoarse, rough verse should like the torrent roar;
When Ajax strives some rock's vast weight to throw,
The line too labors, and the words move slow;
Not so, when swift Camilla scours the plain,
Flies o'er the unbending corn, and skims along the main.
Hear how Timotheus' varied lays surprise,
And bid alternate passions fall and rise!

소리와 의미

쓰기에 있어서의 진정한 자연스러움은, 우연이 아니라 기술에서 온다.
마치 춤추기를 배운 사람이 자연스럽게 움직이는 것처럼.
거친 소리가 귀를 거스르지 않는 것만으로는 충분치 않고
소리는 의자에 대한 메아리처럼 들려야 한다.
서풍이 솔솔 불 때 가락은 부드럽고
매끄러운 냇물이 한층 더 매끄러운 노래로 흐른다.
그러나 소리 높은 파도가, 울리는 해안에 부딪칠 때는
소란하고 거친 시가 노도처럼 고함쳐야 한다.
아작스가 거대한 무게의 바위를 던지려고 애를 쓸 때
시행도 역시 고통스러워야 하고, 말은 느리게 움직인다.
저 재빠른 카밀라가 평야를 내달리고, 보리밭 위를
이삭도 꺾지 않고 날아가고, 바다 위를 스치며 달릴 때는 그렇지 않다.
들어라, 디모디우스의 변화 많은 노래가 사람을 놀래고
번갈아 감정을 가라앉혔다 솟아오르게 함을!

Pope는 고전에 등장하는 사람들이나 사물들(Zephyr, Ajax, Camilla, Timotheus)을 인용함으로써 **인유**의 큰 장점 중 하나인 **언어의 경제**를 실현하고 있다.

유희태 영미문학 ❶

영미문학개론

literature

Phase

02

Literary Device

01 Imagery 심상

이미저리(여러 이미지들의 집합적 명칭)는 현대 비평에 있어서 가장 애매한 용어 중의 하나이다. 그 적용 범위는 시의 독자가 경험하는 심상mental picture에서부터 한 편의 시를 형성하는 요소들의 총체에까지 달한다. 특히 이미저리는 명확한 개념으로서 언어로 전달된 감각 경험을 가리킨다. 가장 흔한 것은 **시각적 이미지**visual image, 즉 말로 만들어지는 그림으로, 생생한 묘사는 어떤 것이든 이러한 이미지를 창조할 수 있다. 이 외에도 **audible**청각, **tactile**촉각, **olfactory**후각, **gustatory**미각 등이 있다.

심상image은 추상적 의미보다는 대상을 감각적으로 인식하도록 자극하는 말을 통칭한다. 작가가 느끼고 체험한 것을 그대로 서술하거나 설명하는 것이 아니라 **어떤 감각적·지적 표상으로 간접화하는 것**이다. '인생은 허무한 것'이란 말 대신에 '인생은 걸어 다니는 그림자'로 표현할 때 독자는 삶의 속성을 더욱 선명하게 인식하게 된다. 즉 '걸어 다니는 그림자'는 삶의 허무함을 **좀 더 생생하고 구체적으로 인식하게 한다**. 이것이 바로 이미지의 역할이며 본질이다.

Tennyson의 "Ulysses"를 예로 들어보자.

The lights begin to twinkle from the rocks;
The long day wanes; the slow moon climbs; the deep
Moans round with many voices.
Come, my friends,
Tis not too late to seek a newer world.

저 해안 절벽에서 등대불이 반짝이기 시작한다.
긴 하루가 저문다, 달이 천천히 떠오른다.
깊은 바다는 수많은 소리를 내며 신음한다.
친구들이여, 떠나자.
신천지를 찾아가는 것이 아직 너무 늦지 않았다.

이 시를 읽으면 우리의 시각과 청각에 그려지는 것이 있다. 이렇게 독자의 뇌리에 그려지는 상이 곧 이미지이며, 개개의 상을 나타내는 낱말 또는 어구를 이미지image라 부르고, 또 몇 개의 상과 그것을 나타내는 어구를 통틀어서 이미저리imagery라 한다. 가장 일반적인 이미저리의 용법은 세 가지인데, 어느 경우에 있어서나 이미지는 시를 추상화하는 것이 아니라 구체화한다.

① 이미저리는 축어적 묘사에 의해서든 인유allusion에 의해서든 직유나 은유를 통해서든, 시나 그 외의 문학 작품에서 지시된 감각적 지각의 모든 대상이나 특질을 의미하기 위해서 사용되는 말이다. Tennyson의 "In Memoriam A. H. H"에 나오는 예를 보자.

Unloved, that beech will gather brown······
And many a rose-carnation feed
With summer spice the humming air;

사랑받지 못한 너도밤나무는 갈색으로 변할 것이고······
수없는 장미 카네이션은
윙윙거리는 대기에 여름 기운을 준다.

여기에서 지시하고 있는 것은 시각적인 것뿐만 아니라 후각적·청각적 특질의 지시와 아울러 'summer'라는 형용사를 통하여 더위에 대한 암시까지 하고 있다.

② 이미저리는 좀 더 좁은 의미로는 시각적 대상이나 장면의 묘사만을 의미한다. Coleridge의 "The Rime of the Ancient Mariner"에서처럼 묘사가 선명하고 특수화되었을 때 그렇다.

The rock shone bright, the kirk no less,
That stands above the rock:
The moonlight steeped in silentness
The steady weathercock.

바위는 밝게 빛났고,
바위 위의 교회도 그에 못지않았다.
달빛은 움직이지 않는 바람개비를
고요 속에 잠기게 했다.

③ 이미저리는 비유적 언어figurative language, 특히 은유나 직유의 보조 관념vehicle이 되기도 한다. 신비평new criticism에서는 이런 의미에 있어서의 이미저리를 시의 본질적 성분으로서, 그리고 시의 의미와 구조의 효과를 평가하기 위한 주요한 단서로서 강조하고 있다.

I

The grey sea and the long black land;
And the yellow half-moon large and low;
And the startled little waves that leap
In fiery ringlets from their sleep,
As I gain the cove with pushing prow,
And quench its speed i' the slushy sand.

II

Then a mile of warm sea-scented beach;
Three fields to cross till a farm appears;
A tap at the pane, the quick sharp scratch
And blue spurt of a lighted match,
And a voice less loud, thro' its joys and fears,
Than the two hearts beating each to each!

Robert Browning(1812−1889), "Meeting at Night"

A powerfully romantic mood is built almost exclusively by direct images which involve virtually all the senses. Only in the language of the third and fourth lines is there a hint of a metaphor in the implied analogy between waves and living creatures.

Dust of Snow

Robert Frost(1874−1963)

The way a crow
Shook down on me
The dust of snow
From a hemlock tree

Has given my heart
A change of mood
And saved some part
Of a day I had rued.

눈가루

까마귀 한 마리
독미나리 가지를 흔들어
내 위에
눈가루 떨어지니

내 마음
한결 나아지고
후회스런 하루
다소 보상해주었네

Frost는 보잘것없는 우리의 일상에서 아름다움이나 의미를 포착해 낼 줄 아는 시인이다. 이 시를 보자. 때는 어느 겨울, 시인은 하얗게 눈이 쌓인 나무에서 까마귀 한 마리가 날면서 털어내는 눈을 맞는다. 그 눈이 그의 우울했던 마음을 금세 바꾸어 놓는다.

In a Station of the Metro

Ezra Pound(1885−1972)

The apparition of these faces in the crowd;
Petals on a wet, black bough.

지하철 역에서

난데없이 나타난 뭇 사람들 속의 얼굴;
검게 젖은 가지 위에 핀 꽃잎이네.

Metro는 파리의 지하철이다. 이 시는 시인이 주도한 Imagism의 기법을 잘 보여주고 있다. 지하철에서 나오는 사람들의 모습을 꽃잎으로 표현하고 있듯이 시각적 이미지가 주류를 이루고 있다.

Red Wheelbarrow

William Carlos Williams(1883−1963)

So much depends
Upon

a red wheel
barrow

glazed with rain
water

beside the white
chickens.

빨간 손수레

아주 많은 것을
담은

빨간색
손수레

빗물로
아롱져

흰 병아리
곁에 있네.

이 시는 한편의 그림을 보는 것 같다. 이 시에서 'red wheelbarrow'에 의지하고 있는 것이 무엇인지는 명확하지 않다. 시인은 자신이 가지고 있던 생각을 날카로운 상념으로 나타내기 위해 상념의 대상을 일단 수수께끼로 만들어 놓는다. 그리고 나서 그는 자신의 세계로 가서 그 대상을 스스로 분석해서 그 속의 비밀을 밝혀내려 한다. wheelbarrow는 일을 할 때 도구로 쓰이는 '바퀴가 하나인 손수레'이다.

Chapter

02 | Alliteration / Onomatopoeia 두운/의성어

01 | Alliteration

Alliteration is the repetition of a consonant in any syllables that, according to the poem's meter, are stressed.

Snake

D. H. Lawrence(1885 — 1930)

A snake came to my water-trough
On a hot, hot day, and I in pyjamas for the heat,
To drink there.

In the deep, strange-scented shade of the great dark carob tree
I came down the steps with my pitcher
And must wait, must stand and wait, for there he was at the trough before me.

He reached down from a fissure in the earth-wall in the gloom
And trailed his yellow-brown slackness soft-bellied down, over the edge of the stone trough
And rested his throat upon the stone bottom,
And where the water had dripped from the tap, in a small clearness,
He sipped with his straight mouth,
Softly drank through his straight gums, into his slack long body,
Silently.

Someone was before me at my water-trough,
And I, like a second-comer, waiting.

He lifted his head from his drinking, as cattle do,
And looked at me vaguely, as drinking cattle do,
And flickered his two-forked tongue from his lips, and mused a moment,

And stooped and drank a little more,
Being earth-brown, earth-golden from the burning bowels of the earth
On the day of Sicilian July, with Etna smoking.

The voice of my education said to me
He must be killed,
For in Sicily the black, black snakes are innocent, the gold are venomous.

And voices in me said, if you were a man
You would take a stick and break him now, and finish him off.

But must I confess how I liked him,
How glad I was he had come like a guest in quiet, to drink at my water-trough
And depart peaceful, pacified, and thankless,
Into the burning bowels of this earth?

Was it cowardice, that I dared not kill him?
Was it perversity, that I longed to talk to him?
Was it humility, to feel so honoured?
I felt so honoured.

And yet those voices:
If you were not afraid, you would kill him!

And truly I was afraid, I was most afraid,
But even so, honoured still more
That he should seek my hospitality
From out the dark door of the secret earth.

뱀

뱀 한 마리가 내 물통으로 왔다
덥고 더운 날에, 나도 더위 때문에 파자마 바람으로 갔다,
거기에 물 마시러.

크고 잎이 무성한 캐롭나무의 짙은, 이상한 향기가 나는 그늘 아래로
나는 주전자를 들고 층계를 내려왔다
그리고 기다려야, 서서 기다려야 했다, 왜냐면 거기에 그가 나보다 먼저 물통에 있었기에.

그는 어둠 속에 있는 흙담의 갈라진 틈에서 아래로 내려와
부드러운 배 지닌 황갈색 늘어진 몸을 아래로 끌고 내려와, 돌 물통 가장자리 위에 걸치고
그의 목을 돌 밑바닥 위에 쉬게 했다,
그리고 물이 꼭지에서 떨어져, 작고 맑은 곳에서,
그는 곧은 입으로 홀짝거렸다,
부드럽게 곧은 잇몸을 통해 마셨다, 그의 늘어진 긴 몸 속으로,
조용히.

누군가가 나보다 먼저 내 물통에 있었다
그래서 나는, 뒤에 온 사람처럼, 기다렸다.

그는 마시다가 머리를 쳐들었다, 소들처럼,
그리곤 나를 막연히 바라보았다, 물 마시는 소들처럼,
그리곤 두 갈래 진 혀를 입술에서 날름거리며, 잠시 생각에 잠겼다,
그리곤 몸을 구부려 좀 더 마셨다,
지구의 불타는 창자에서 나온 흙-갈색, 흙-금색 뱀이었다
시실리의 7월의 날에, 에트나산은 연기를 뿜고 있었다.

내 교육의 목소리는 내게 말했다
그는 죽여야 한다고,
왜냐면 시실리에선 검은, 검은색 뱀들은 무해하지만, 황금색 뱀은 해롭기에.

그리고 내 내면의 목소리들은 말했다, 만일 네가 남자라면
막대기를 집어 들어 지금 그를 때려야 한다고, 그를 죽여야 한다고.

그러나 고백해야 하나 그가 손님처럼 조용히 와서 내 물통에서 마시고,
평화로이, 만족스러이, 그리고 감사도 없이,
이 지구의 불타는 창자 속으로 떠나기에
얼마나 내가 그를 좋아했는지, 얼마나 내가 기뻤는지를?

비겁 때문이었나, 내가 그를 감히 죽이지 못한 것은?
괴팍함 때문이었나, 내가 그에게 말하고 싶어한 것은?
비굴 때문이었나, 그리도 영광스럽게 느낀 것은?
나는 지극히 영광스럽게 느꼈다.

그러나 그 목소리들:
네가 두려워 않는다면, 너는 그를 죽일 텐데!

진정 나는 두려웠다, 나는 매우 두려웠다,
그러나 그래도 더욱더 영광스러웠다
그가 은밀한 지구의 컴컴한 문 밖으로 나와
내 환대를 찾은 것은.

The rhythm and length of the above lines along with the use of **"hissing" sounds** create a picture of a snake in the minds of the readers.

02 Onomatopoeia

Onomatopoeia is a word that phonetically imitates or suggests the source of the sound that it describes. Onomatopoeia refers to the property of such words. Common occurrences of onomatopoeias include animal noises such as "oink", "meow", "roar" or "chirp".

1. Words Related to Water

These words often begin with **sp-** or **dr-**. Words that indicate a small amount of liquid often end in **-le** (sprinkle / drizzle).

> bloop / splash / spray / sprinkle / squirt / drip / drizzle

Running Water

Lee Emmett

Water plops into pond
splish-splash downhill
warbling magpies in tree
trilling, melodic thrill.

Whoosh, passing breeze
flags flutter and flap
frog croaks, bird whistles
babbling bubbles from tap

An onomatopoeia poem illustrates many onomatopoeia related to water.

2. Words Related to the Voice

Sounds that come from the back of the throat tend to start with a **gr-** sound whereas sounds that come out of the mouth through the lips, tongue and teeth begin with **mu-**.

> giggle / growl / grunt / gurgle / mumble / murmur / bawl / belch / chatter / blurt

3. Words Related to Collisions

Collisions can occur between any two or more objects. Sounds that begin with **cl-** usually indicate collisions between metal or glass objects, and words that end in **-ng** are sounds that resonate. Words that begin with th- usually describe dull sounds like soft but heavy things hitting wood or earth.

> bam / bang / clang / clank / clap / clatter / click / clink / ding / jingle / screech / slap / thud / thump

4. Words Related to Air

Because air does not really make a sound unless it blows through something, these words describe the sounds of air blowing through things or of things rushing through the air. 'Whisper' is on this list and not the voice list because we do not use our voices to whisper. We only use the air from our lungs and the position of our teeth, lips and tongues to form audible words.

> flutter / fwoosh / gasp / swish / swoosh / whiff / whoosh / whizz / whip / whisper

5. Animal Sounds

If you've spent significant amounts of time with people from other countries, you know that animals speak different languages too. Depending on where a chicken is from, for example, she might cluck-cluck, bok-bok, tok-tok, kot-kot or cotcotcodet. In the United States, however, animals speak English:

> arf / baa / bark / bray / buzz / cheep / chirp / chortle / cluck / cock-a-doodle-doo / cuckoo / hiss / meow / moo / neigh / oink / purr / quack / ribbit(개구리·두꺼비 소리) / tweet / warble

Chapter

03 | Epiphany 현현

Epiphany현현는 그리스어 'epipháneia(귀한 것이) 나타난다'에서 유래하며, 기독교에서는 신의 존재가 현세에 드러난다는 의미로 사용되어 왔다. 평범하고 일상적인 대상 속에서 갑자기 경험하는 영원한 것에 대한 감각 혹은 통찰an experience of a sudden and striking realization을 뜻한다. 평범한 대상이나 풍경이 주는 돌연한 계시의 체험은 영국의 낭만파 시인들에 의해 일찌감치 주목된 바 있다. W. Wordsworth의 *Prelude*에는 현현의 순간들이 인상적으로 묘사되어 있으며, P. B. Shelley는 이러한 경험이 시를 영원하게 만드는 계시의 '순간들moments'이라 말했다.

하지만 이 epiphany 개념을 현대문학의 중요한 용어로 정립하는 데 공헌한 사람은 James Joyce이다. 그는 자신의 소설 *Stephen Hero*에서 현현을 언어나 몸짓의 비속성 또는 마음 자체의 인상적인 국면에서 나타나는 **"돌연한 정신적 현시**sudden spiritual manifestation"로 정의하고, 문학자의 임무는 세심한 주의를 기울여 이를 기록하는 것이라 강조했다. Joyce는 원래 종교적 색채가 강했던 이 용어를 세속적인 경험에 끌어들여 독특한 미학이론으로 발전시켰을 뿐만 아니라, *A Portrait of the Artist as a Young Man, Ulysses, Finnegan's Wake* 등 자신의 중요한 소설 창작에 현현의 기법을 직접 적용시켰다.

Joyce 이후 이 용어는 미학적 경험, 소설의 기법 등과 관련하여 폭넓게 사용되고 있으며, Virginia Woolf와 William Faulkner, Raymond Carver를 비롯한 현대 작가들에게 커다란 영향을 미쳤다.

I Want to Know Why

Sherwood Anderson(1876─1941)

We got up at four in the morning, that first day in the east. On the evening before we had climbed off a freight train at the edge of town, and with the true instinct of Kentucky boys had found our way across town and to the race track and the stables at once. Then we knew we were all right. Hanley Turner right away found a nigger we knew. It was Bildad Johnson who in the winter works at Ed Becker's livery barn in our home town, Beckersville. Bildad is a good cook as almost all our niggers are and of course he, like everyone in our part of Kentucky who is anyone at all, likes the horses. In the spring Bildad begins to scratch around. A nigger from our country can flatter and wheedle anyone into letting him do most anything he wants. Bildad wheedles the stable men and the trainers from the horse farms in our country around Lexington. The trainers come into town in the evening to stand around and talk and maybe get into a poker game. Bildad gets in with them. He is always doing little favors and telling about things to eat, chicken browned in a pan, and how is the best way to cook sweet potatoes and corn bread. It makes your mouth water to hear him.

When the racing season comes on and the horses go to the races and there is all the talk on the streets in the evenings about the new colts, and everyone says when they are going over to Lexington or to the spring meeting at Churchhill Downs or to Latonia, and the horsemen that have been down to New Orleans or maybe at the winter meeting at Havana in Cuba come home to spend a week before they start out again, at such a time when everything talked about in Beckersville is just horses and nothing else and the outfits start out and horse racing is in every breath of air you breathe, Bildad shows up with a job as cook for some outfit. Often when I think about it, his always going all season to the races and working in the livery barn in the winter where horses are and where men like to come and talk about horses, I wish I was a nigger. It's a foolish thing to say, but that's the way I am about being around horses, just crazy. I can't help it.

Well, I must tell you about what we did and let you in on what I'm talking about. Four of us boys from Beckersville, all whites and sons of men who live in Beckersville regular, made up our minds we were going to the races, not just to Lexington or Louisville, I don't mean, but to the big eastern track we were always hearing our Beckersville men talk about, to Saratoga. We were all pretty young then. I was just turned fifteen and I was the oldest of the four. It was my scheme. I admit that and I talked the others into trying it. There was Hanley Turner and Henry Rieback and Tom Tumberton and myself. I had thirty-seven dollars I had earned during the winter working nights and Saturdays in Enoch Myer's grocery. Henry Rieback had eleven dollars and the others, Hanley and Tom had only a dollar or two each. We fixed it all up and laid low until the Kentucky spring meetings were over and some of our men, the sportiest ones, the ones we envied the most, had cut out— then we cut out too.

I won't tell you the trouble we had beating our way on freights and all. We went through Cleveland and Buffalo and other cities and saw Niagara Falls. We bought things there, souvenirs and spoons and cards and shells with pictures of the falls on them for our sisters and mothers, but thought we had better not send any of the things home. We didn't want to put the folks on our trail and maybe be nabbed.

We got into Saratoga as I said at night and went to the track. Bildad fed us up. He showed us a place to sleep in hay over a shed and promised to keep still. Niggers are all right about things like that. They won't squeal on you. Often a white man you might meet, when you had run away from home like that, might appear to be all right and give you a quarter or a half dollar or something, and then go right and give you away. White men will do that, but not a nigger. You can trust them. They are squarer with kids. I don't know why.

At the Saratoga meeting that year there were a lot of men from home. Dave Williams and Arthur Mulford and Jerry Myers and others. Then there was a lot from Louisville and Lexington Henry Rieback knew but I didn't. They were professional gamblers and Henry Rieback's father is one too. He is what is called a sheet writer and goes away most of the year to tracks. In the winter when he is home in Beckersville he don't stay there much but goes away to cities and deals faro. He is a nice man and generous, is always sending Henry presents, a bicycle and a gold watch and a boy scout suit of clothes and things like that.

My own father is a lawyer. He's all right, but don't make much money and can't buy me things and anyway I'm getting so old now I don't expect it. He never said nothing to me against Henry, but Hanley Turner and Tom Tumberton's fathers did. They said to their boys that money so come by is no good and they didn't want their boys brought up to hear gamblers' talk and be thinking about such things and maybe embrace them.

That's all right and I guess the men know what they are talking about, but I don't see what it's got to do with Henry or with horses either. That's what I'm writing this story about. I'm puzzled. I'm getting to be a man and want to think straight and be O. K., and there's something I saw at the race meeting at the eastern track I can't figure out.

I can't help it, I'm crazy about thoroughbred horses. I've always been that way. When I was ten years old and saw I was growing to be big and couldn't be a rider I was so sorry I nearly died. Harry Hellinfinger in Beckersville, whose father is Postmaster, is grown up and too lazy to work, but likes to stand around in the street and get up jokes on boys like sending them to a hardware store for a gimlet to bore square holes and other jokes like that. He played one on me. He told me that if I would eat a half a cigar I would be stunted and not grow any more and maybe could be a rider. I did it. When father wasn't looking I took a cigar out of his pocket and gagged it down some way. It made me awful sick and the doctor had to be sent for, and then it did no good. I kept right on growing. It was a joke. When I told what I had done and why most fathers would have whipped me but mine didn't.

Well, I didn't get stunted and didn't die. It serves Harry Hellinfinger right. Then I made up my mind I would like to be a stable boy, but had to give that up too. Mostly niggers do that work and I knew father wouldn't let me go into it. No use to ask him.

If you've never been crazy about thoroughbreds it's because you've never been around where they are much and don't know any better. They're beautiful. There isn't anything so lovely and clean and full of spunk and honest and everything as some race horses. On the big horse farms that are all around our town Beckersville there are tracks and the horses run in the early morning. More than a thousand times I've got out of bed before daylight and walked two or three miles to the tracks. Mother wouldn't of let me go but father always says, "Let him alone." So I got some bread out of the bread box and some butter and jam, gobbled it and lit out.

At the tracks you sit on the fence with men, whites and niggers, and they chew tobacco and talk, and then the colts are brought out. It's early and the grass is covered with shiny dew and in another field a man is plowing and they are frying things in a shed where the track niggers sleep, and you know how a nigger can giggle and laugh and say things that make you laugh. A white man can't do it and some niggers can't but a track nigger can every time.

And so the colts are brought out and some are just galloped by stable boys, but almost every morning on a big track owned by a rich man who lives maybe in New York, there are always, nearly every morning, a few colts and some of the old race horses and geldings and mares that are cut loose.

It brings a lump up into my throat when a horse runs. I don't mean all horses but some. I can pick them nearly every time. It's in my blood like in the blood of race track niggers and trainers. Even when they just go slop-jogging along with a little nigger on their backs I can tell a winner. If my throat hurts and it's hard for me to swallow, that's him. He'll run like Sam Hill when you let him out. If he don't win every time it'll be a wonder and because they've got him in a pocket behind another or he was pulled or got off bad at the post or something. If I wanted to be a gambler like Henry Rieback's father I could get rich. I know I could and Henry says so too. All I would have to do is to wait 'til that hurt comes when I see a horse and then bet every cent. That's what I would do if I wanted to be a gambler, but I don't.

When you're at the tracks in the morning—not the race tracks but the training tracks around Beckersville—you don't see a horse, the kind I've been talking about, very often, but it's nice anyway. Any thoroughbred, that is sired right and out of a good mare and trained by a man that knows how, can run. If he couldn't what would he be there for and not pulling a plow?

Well, out of the stables they come and the boys are on their backs and it's lovely to be there. You hunch down on top of the fence and itch inside you. Over in the sheds the niggers giggle and sing. Bacon is being fried and coffee made. Everything smells lovely. Nothing smells better than coffee and manure and horses and niggers and bacon frying and pipes being smoked out of doors on a morning like that. It just gets you, that's what it does.

But about Saratoga. We was there six days and not a soul from home seen us and everything came off just as we wanted it to, fine weather and horses and races and all. We beat our way home and Bildad gave us a basket with fried chicken and bread and other eatables in, and I had eighteen dollars when we got back to Beckersville. Mother jawed and cried but Pop didn't say much. I told everything we done except one thing. I did and saw that alone. That's what I'm writing about. It got me upset. I think about it at night. Here it is.

At Saratoga we laid up nights in the hay in the shed Bildad had showed us and ate with the niggers early and at night when the race people had all gone away. The men from home stayed mostly in the grandstand and betting field, and didn't come out around the places where the horses are kept except to the paddocks just before a race when the horses are saddled. At Saratoga they don't have paddocks under an open shed as at Lexington and Churchill Downs and other tracks down in our country, but saddle the horses right out in an open place under trees on a lawn as smooth and nice as Banker Bohon's front yard here in Beckersville. It's lovely. The horses are sweaty and nervous and shine and the men come out and smoke cigars and look at them and the trainers are there and the owners, and your heart thumps so you can hardly breathe.

Then the bugle blows for post and the boys that ride come running out with their silk clothes on and you run to get a place by the fence with the niggers.

I always am wanting to be a trainer or owner, and at the risk of being seen and caught and sent home I went to the paddocks before every race. The other boys didn't but I did.

We got to Saratoga on a Friday and on Wednesday the next week the big Mullford Handicap was to be run. Middlestride was in it and Sunstreak. The weather was fine and the track fast. I couldn't sleep the night before.

What had happened was that both these horses are the kind it makes my throat hurt to see. Middlestride is long and looks awkward and is a gelding. He belongs to Joe Thompson, a little owner from home who only has a half dozen horses. The Mullford Handicap is for a mile and Middlestride can't untrack fast. He goes away slow and is always way back at the half, then he begins to run and if the race is a mile and a quarter he'll just eat up everything and get there.

Sunstreak is different. He is a stallion and nervous and belongs on the biggest farm we've got in our country, the Van Riddle place that belongs to Mr. Van Riddle of New York. Sunstreak is like a girl you think about sometimes but never see. He is hard all over and lovely too. When you look at his head you want to kiss him. He is trained by Jerry Tillford who knows me and has been good to me lots of times, lets me walk into a horse's stall to look at him close and other things. There isn't anything as sweet as that horse. He stands at the post quiet and not letting on, but he is just burning up inside. Then when the barrier goes up he is off like his name, Sunstreak. It makes you ache to see him. It hurts you. He just lays down and runs like a bird dog. There can't anything I ever see run like him except Middlestride when he gets untracked and stretches himself.

Gee! I ached to see that race and those two horses run, ached and dreaded it too. I didn't want to see either of our horses beaten. We had never sent a pair like that to the races before. Old men in Beckersville said so and the niggers said so. It was a fact.

Before the race I went over to the paddocks to see. I looked a last look at Middlestride, who isn't such a much standing in a paddock that way, then I went to see Sunstreak.

It was his day. I knew when I see him. I forgot all about being seen myself and walked right up. All the men from Beckersville were there and no one noticed me except Jerry Tillford. He saw me and something happened. I'll tell you about that.

I was standing looking at that horse and aching. In some way, I can't tell how, I knew just how Sunstreak felt inside. He was quiet and letting the niggers rub his legs and Mr. Van Riddle himself put the saddle on, but he was just a raging torrent inside. He was like the water in the river at Niagara Falls just before its goes plunk down. That horse wasn't thinking about running. He don't have to think about that. He was just thinking about holding himself back 'til the time for the running came. I knew that. I could just in a way see right inside him. He was going to do some awful running and I knew it. He wasn't bragging or letting on much or prancing or making a fuss, but just waiting. I knew it and Jerry Tillford his trainer knew. I looked up and then that man and I looked into each other's eyes. Something happened to me. I guess I loved the man as much as I did the horse because he knew what I knew. Seemed to me there wasn't anything in the world but that man and the horse and me. I cried and Jerry Tillford had a shine in his eyes. Then I came away to the fence to wait for the race. The horse was better than me, more steadier, and now I know better than Jerry. He was the quietest and he had to do the running.

Sunstreak ran first of course and he busted the world's record for a mile. I've seen that if I never see anything more. Everything came out just as I expected. Middlestride got left at the post and was way back and closed up to be second, just as I knew he would. He'll get a world's record too some day. They can't skin the Beckersville country on horses.

I watched the race calm because I knew what would happen. I was sure. Hanley Turner and Henry Rieback and Tom Tumberton were all more excited than me.

A funny thing had happened to me. I was thinking about Jerry Tillford the trainer and how happy he was all through the race. I liked him that afternoon even more than I ever liked my own father. I almost forgot the horses thinking that way about him. It was because of what I had seen in his eyes as he stood in the paddocks beside Sunstreak before the race started. I knew he had been watching and working with Sunstreak since the horse was a baby colt, had taught him to run and be patient and when to let himself out and not to quit, never. I knew that for him it was like a mother seeing her child do something brave or wonderful. It was the first time I ever felt for a man like that.

After the race that night I cut out from Tom and Hanley and Henry. I wanted to be by myself and I wanted to be near Jerry Tillford if I could work it. Here is what happened.

The track in Saratoga is near the edge of town. It is all polished up and trees around, the evergreen kind, and grass and everything painted and nice. If you go past the track you get to a hard road made of asphalt for automobiles, and if you go along this for a few miles there is a road turns off to a little rummy-looking farm house set in a yard.

That night after the race I went along that road because I had seen Jerry and some other men go that way in an automobile. I didn't expect to find them. I walked for a ways and then sat down by a fence to think. It was the direction they went in. I wanted to be as near Jerry as I could. I felt close to him. Pretty soon I went up the side road—I don't know why—and came to the rummy farm house. I was just lonesome to see Jerry, like wanting to see your father at night when you are a young kid. Just then an automobile came along and turned in. Jerry was in it and Henry Rieback's father, and Arthur Bedford from home, and Dave Williams and two other men I didn't know. They got out of the car and went into the house, all but Henry Rieback's father who quarreled with them and said he wouldn't go. It was only about nine o'clock, but they were all drunk and the rummy looking farm house was a place for bad women to stay in. That's what it was. I crept up along a fence and looked through a window and saw.

It's what give me the fantods. I can't make it out. The women in the house were all ugly mean-looking women, not nice to look at or be near. They were homely too, except one who was tall and looked a little like the gelding Middlestride, but not clean like him, but with a hard ugly mouth. She had red hair. I saw everything plain. I got up by an old rose bush by an open window and looked. The women had on loose dresses and sat around in chairs. The men came in and some sat on the women's laps. The place smelled rotten and there was rotten talk, the kind a kid hears around a livery stable in a town like Beckersville in the winter but don't ever expect to hear talked when there are women around. It was rotten. A nigger wouldn't go into such a place.

I looked at Jerry Tillford. I've told you how I had been feeling about him on account of his knowing what was going on inside of Sunstreak in the minute before he went to the post for the race in which he made a world's record.

Jerry bragged in that bad woman house as I know Sunstreak wouldn't never have bragged. He said that he made that horse, that it was him that won the race and made the record. He lied and bragged like a fool. I never heard such silly talk.

And then, what do you suppose he did! He looked at the woman in there, the one that was lean and hard-mouthed and looked a little like the gelding Middlestride, but not clean like him, and his eyes began to shine just as they did when he looked at me and at Sunstreak in the paddocks at the track in the afternoon. I stood there by the window— gee!—but I wished I hadn't gone away from the tracks, but had stayed with the boys and the niggers and the horses. The tall rotten looking woman was between us just as Sunstreak was in the paddocks in the afternoon.

Then, all of a sudden, I began to hate that man. I wanted to scream and rush in the room and kill him. I never had such a feeling before. I was so mad clean through that I cried and my fists were doubled up so my finger nails cut my hands.

And Jerry's eyes kept shining and he waved back and forth, and then he went and kissed that woman and I crept away and went back to the tracks and to bed and didn't sleep hardly any, and then next day I got the other kids to start home with me and never told them anything I seen.

I been thinking about it ever since. I can't make it out. Spring has come again and I'm nearly sixteen and go to the tracks mornings same as always, and I see Sunstreak and Middlestride and a new colt named Strident I'll bet will lay them all out, but no one thinks so but me and two or three niggers.

But things are different. At the tracks the air don't taste as good or smell as good. It's because a man like Jerry Tillford, who knows what he does, could see a horse like Sunstreak run, and kiss a woman like that the same day. I can't make it out. Darn him, what did he want to do like that for? I keep thinking about it and it spoils looking at horses and smelling things and hearing niggers laugh and everything. Sometimes I'm so mad about it I want to fight someone. It gives me the fantods. What did he do it for? I want to know why.

한글번역

나는 이유를 알고 싶다

우리가 잠자리에서 일어난 시간은 새벽 네 시였다. 동부로 넘어온 첫날 아침이었다. 전날 밤, 우리는 시내의 접경에 이르러 화물 열차에서 뛰어내려 켄터키 출신답게 정확한 육감으로 시내를 가로질러 당장에 경마장과 마구간을 찾아올 수가 있었다. 그때 우리는 이제 아무 걱정할 필요가 없음을 알게 되었다. 헨리 터너가 우리가 알고 있던 흑인 한 사람을 즉시 찾아냈던 것이다. 빌다드 존슨이라는 이름의 그 흑인은 겨울만 되면 우리 고장 벡커스빌에 내려와 에드 벡커 씨네 말 사육장 축사에서 일을 하는 사람이었다. 빌다드는 다른 흑인처럼 요리를 썩 잘할 뿐 아니라 켄터키에서도 우리 고장 사람이 다 그러하듯 말을 무척 사랑했다. 봄이면 빌다드는 일거리를 찾아 나서기 시작한다. 우리 고장 출신의 흑인들은 말재주가 좋아서 어느 사람에게나 빌붙어 구워삶아서는 자기가 하고 싶은 일을 무엇이든지 할 수 있도록 허락을 받아내고 있었다. 빌다드는 렉싱턴 근처의 우리 고장에 있는 말 사육장의 마부들과 조련사들을 구워삶는 방법을 알고 있다. 조련사들은 저녁 때마다 시내에 내려와 서성거리다 사람들과 얘기를 나누기도 하고 때로는 포커 게임에 끼어들기도 한다. 빌다드는 그들과 친하게 지내고 있다. 빌다드는 언제나 사소한 친절을 베풀어 주기도 하고, 음식을 먹는 법, 프라이팬으로 닭고기를 익히는 법, 고구마와 옥수수빵을 만드는 방법 등에 대해 얘기해 주기도 한다. 그의 이야기를 들으면 사람들은 군침을 삼키기 마련이었다.

경마 시즌이 찾아와 말들은 모두 경마에 참가하고, 저녁마다 거리에는 새로운 망아지 이야기가 오가면서 사람들은 그 말들이 언제나 렉싱턴 혹은 처칠 다운스의 경마회, 혹은 라토니아로 이송될 것인가에 대해 의견이 분분할 때, 그리고 겨울 휴가차 뉴올리언즈에 가 있었거나 혹은 쿠바의 하바나의 경마 대회에 출전했던 기사들이 다시 일을 시작하기 전 일주일을 보내기 위해서 고향으로 돌아올 때, 그리고 벡커스빌에서는 모든 화제가 오로지 말에 대한 것으로 가득 차 있고 출전 팀들의 활동이 시작되어 경마의 숨 막히는 열전이 시작되는 때가 되면, 빌다드는 어떤 출전 팀의 요리사 자격으로 그 모습을 드러내는 것이다. 그가 시즌만 되면 빼놓지 않고 경마에 참가하며, 겨울이면 말이 있고 사람들이 모여들어 말에 대한 이야기로 밤을 새우는 곳에서 일하는 것을 생각해 볼 때, 나는 가끔 내가 흑인이었으면 좋았을 걸 하는 생각을 해보기도 했다. 어리석은 이야기겠지만, 말 주위에 있고 싶어하는 내 생각이 그런 식이었으니, 나는 꼭 미쳤다고밖에는 말할 수 없다. 하지만 어쩔 도리가 없다.

어쨌든, 여러분에게 우리가 무슨 일을 했는지, 그리고 앞으로 내가 어떤 이야기를 할지에 대해 말해야 할 것 같다. 우리 네 명은 모두 벡커스빌 출신이고 모두 백인이며 벡커스빌의 남부럽지 않은 집안에서 살고 있었다. 우리는 멋진 경마 구경을 하기로 결심했다. 그러나 렉싱턴이나 루이스빌이 아니라 마을 사람들이 귀가 따갑도록 떠들어 대던 동부의 사라토가로 가서 커다란 트랙에서 벌어지는 근사한 경마를 한번 구경하기로 결심했던 것이다. 당시 우리는 상당히 어린 나이였다. 내 나이 그때 갓 열다섯이 넘었는데, 우리 네 명 중에서는 그래도 나이가 제일 많았다. 계획은 모두 내가 세워 두었다. 그리고 다른 아이들을 설득시켜 내 계획에 참여하도록 유도했다. 헨리 터너, 헨리 리이백, 톰 텀버튼 그리고 나, 이렇게 네 명은 나의 계획을 실행에 옮기고자 마음을 먹었던 것이다. 당시 내 주머니에는 겨울 동안 이노크 마이어 씨의 식료품 가게에서 매일 밤, 그리고 토요일마다 심부름을 해주며 벌어둔 돈 37달러가 들어 있었다. 헨리 리이백은 11달러, 그리고 헨리와 톰은 고작 1달러인가 2달러밖에 가지고 있지 않았다. 우리는 모두 적은 돈이었지만 경마에 돈을 걸었다. 켄터키의 경마가 끝나고, 몇몇 화려하고 사나이다운 기수들 — 그들은 우리의 우상이기도 하였다 — 이 우승을 했을 때, 우리도 역시 경마에 이겨 상금을 타게 되었다.

우리가 화물 열차를 몰래 타고 오는 동안 어떤 고생을 했는지에 대해선 말하지 않겠다. 우리는 열차를 타고 클리블랜드와 버펄로, 그리고 여러 도시를 지나쳤다. 도중에 나이아가라 폭포도 보았다. 우리는 나이아가라 폭포에서 누나와 어머니에게 보낼 여러 가지 물건들, 폭포의 그림이 실린 카드, 스푼, 조개껍질, 그리고 몇 가지 기념품들을 샀지만 집에 보내는 것이 좋지 않을 거라 생각하고는, 아무것도 보내지 않았다. 우리는 사람들이 뒤를 쫓아와 붙잡히는 것을 원하지 않았기 때문이다.

앞에서 말했듯이 우리는 밤에 사라토가에 도착하여 곧장 경마장으로 달려갔다. 빌다드 덕분에 우리는 허기를 면할 수 있었다. 그는 우리를 축사 위의 건초 더미로 데리고 가서 잘 곳을 마련해주고, 비밀을 지키겠다고 약속했다. 흑인들이라면 그런 약속은 꼭 지켜준다. 사람들을 배반하는 흑인은 별로 없다. 우리같이 집을 도망쳐 나온 아이들이 어떤 백인을 만났다고 하면, 그 백인은 처음에는 아무렇지도 않은 듯한 표정으로 쿼터 동전이나 50달러, 혹은 무엇인가 주기까지 하지만, 그런 다음 즉시 돌아서서 들통내버리기 일쑤였다. 백인들이라면 능히 그러고도 남지만 흑인은 다르다. 흑인은 믿을 만하다. 아이들에게는 더욱 정직한 사람들이 바로 흑인이다. 그 이유는 잘 모르겠지만, 여하튼 그렇다.

그해 사라토가 경마 대회에는 고향에서도 많은 사람들이 구경하러 와 있었다. 데이브 윌리엄스, 아더 멀포드, 제리 마이어스 그리고 다른 사람들의 모습도 보였다. 헨리 리이백은 그 이외에도 루이스빌과 렉싱턴에서 온 여러 사람을 알아보았지만 나는 모르는 사람들이었다. 그들은 직업적인 도박꾼이었다. 헨리 리이백의 아버지도 역시 마찬가지였다. 그의 아버지는 소위 대서라는 직업을 가지고 있었지만 연중 대부분의 시간을 경마장에서 보내는 사람이었다. 겨울이 되어 벡커스빌의 집에 머무는 동안에는 그는 오래 머물지 않고 이웃 도시마다 찾아다니며 페어로(faro)를 즐기는 사람이었다. 그러나 그는 자비롭고 다정한 사람이었다. 언제나 아들 헨리에게 자전거, 금시계, 보이스카우트 제복 등의 선물을 보내주는 사람이었다.

내 아버지는 변호사이다. 아버지는 좋은 사람이지만 많은 돈을 벌지는 못해서 내게 이것저것 선물을 사 주지는 못한다. 그리고 나 역시 이제 나이가 들었기 때문에 그러한 선물을 기대하지도 않는다. 아버지는 내게 헨리에 대해 나쁜 이야기를 해준 적은 없었지만 헨리 터너와 톰 텀버튼의 아버지들은 달랐다. 그들은 자식들에게 그렇게 버는 돈은 좋을 것이 없다고 말해주었고 아들들이 도박사의 이야기를 들으며 자라서 그런 것을 생각하다가 그런 길로 빠지는 것을 원하지 않았다.

그것도 옳은 이야기이고 그들 역시 나름대로 생각이 있어서 그런 말을 하는 것이라 생각도 하지만, 나는 그렇다고 그것이 꼭 헨리나 말 어느 쪽과도 무슨 상관이 있어야 하는지는 이해하지 못한다. 그것이 내가 말하고자 하는 이야기의 내용이다. 내 생각은 너무 복잡해져 있다. 나는 어른이 되어가고 있으나, 골치 아픈 생각에 시달리고 싶지 않고 만사를 순조롭게 살고 싶다. 그리고 내가 당장 이해할 수는 없었지만 동부의 트랙에서 벌어지는 경마 대회에서는 무엇인가 내가 본 것이 있을 것이다.

나는 순종 경마에 대해서는 미칠 정도의 사랑을 갖고 있다. 어쩔 수 없는 노릇이다. 언제나 그랬으니까. 열 살이 되었을 때, 나는 체구가 커서 기수가 되기에는 거의 불가능하다는 말을 듣고 안타까운 나머지 미칠 지경이었던 적도 있었다. 아버지가 벡커스빌 우체국장인 해리 헬린핑거는 성인이 되었음에도 너무 게을러 일을 할 줄 모르지만 길거리를 어슬렁거리면서 아이들에게 네모난 구멍을 뚫어준다고 철물점에 가서 송곳을 훔쳐오라고 시키는 등 아이들을 데리고 장난치는 것을 좋아한다. 그는 나에게도 한 번 장난을 쳤다. 그는 만일 내가 시가 반쪽만 먹어치우면 더 이상 체구가 커지지 않아서 어쩌면 기수가 될 수도 있을 거라고 말해주었다. 나는 그가 시키는 대로 시가 반쪽을 먹어치웠다. 아버지가 한눈을 파는 사이 아버지의 주머니 속에서 시가 하나를 꺼내 어떻게 그렇게 했는지 모르지만 여하튼 구역질을 해가며 시가를 뱃속으로 집어넣었다. 그리고는 그만 속이 뒤집혀 결국 의사가 왕진을 오고 말았다. 그래도 효과는 없었다. 나의 체구는 계속 커지기만 했다. 그의 장난에 그만 넘어가고 만 것이었다. 내가 한 일을 솔직하게 털어놓았을 때, 아버지는 다른 아버지들과는 달리 아무런 벌도 주지 않았다.

아무튼, 나는 성장을 멈추지 않았고 그렇다고 미치지도 않았다. 그로써 해리 헬린핑거도 할 말이 없게 되었다. 그 후 나는 마부가 되어야겠다고 마음먹었지만, 그것도 역시 포기해야만 했다. 그 일은 대부분 흑인이 맡고 있었기 때문에 아버지가 반대하리라는 것을 알고 있기 때문이었다. 아버지에게는 물어보나마나였다.

여러분이 순종 말에 미쳐 본 적이 없다면, 그것은 여러분이 그놈들 곁에 있어본 적이 없기 때문이다. 그 순종 말에 대해서 아는 것이 별로 없을 테니까. 순종 말은 무척 아름다운 동물이다. 몇몇 경주용 말처럼, 그렇게 사랑스럽고, 깨끗하고, 용기에 넘치고, 정직하며 온갖 매력을 지닌 것은 없을 것이다. 우리 고장 벡커스빌 주위에 있는 커다란 말 사육장 안에는 트랙이 있고, 새벽이면 그 트랙을 달리는 말을 볼 수가 있다. 나는 천 번도 더 이른 새벽에 잠자리에서 일어나 2~3마일씩이나 걸어 트랙을 찾곤 했다. 어머니는 늘 만류하였지만, 아버지는 어머니에게 "내버려 두라"고 말씀하셨다. 나는 바구니에서 빵 몇 개와 잼, 버터를 꺼내 게걸스럽게 먹고는 줄행랑을 치고는 했다.

트랙에 다다르면, 나는 울타리 위에서 담배를 씹고, 잡담을 나누는 흑인 또는 백인들의 옆에 앉았다. 조금만 기다리면 망아지들이 끌려 나오는 모습을 볼 수 있다. 아직도 이른 시간이라 잔디는 빛나는 이슬로 덮여 있고, 건너편 들에서는 밭을 가는 사람들의 모습도 보인다. 흑인 기수들이 잠자는 헛간에서는 아침 식사로 뭔가를 튀기는 모습도 볼 수가 있다. 나는 흑인들이 킥킥거리거나 웃어대는 모습을 알고 있다. 그들은 사람을 웃기는 이야기도 곧잘 한다. 백인과 일부 흑인에게는 그런 재주가 없으나 경마장이나 말사육장에서 일하는 흑인에게는 있는 것이다.

망아지들이 끌려 나오고 몇 마리는 마부에 의해 질주되기도 하지만, 뉴욕에 사는 것으로 믿어지는 부자가 소유하고 있는 커다란 트랙에서는 거의 매일 아침 망아지 몇 마리와 늙은 경주마, 거세마, 그리고 암말들이 고삐에서 풀려나 자유롭게 뛰어 노는 모습을 볼 수가 있다.

말이 질주하는 모습을 볼 때면 나는 목이 메어오는 것을 느끼곤 한다. 모든 말들이 다 그렇다는 것이 아니라, 몇몇 특정한 말이 달리는 모습을 볼 때 그렇다는 이야기이다. 나는 거의 매번 그 말들을 곧 식별하곤 한다. 흑인 기수와 조련사들의 핏속에 생생하게 살아있는 그러한 기질이 내 핏속에도 존재하고 있는 것이다. 내가 유심히 관찰하던 말 중에는 조그마한 체구의 흑인을 등에 태우고 단절의 속보로 걸어가는 것만 보아도 그날의 승리마가 될 것이라고 점칠 수 있는 말도 있다. 갑자기 내 목이 아프고 침을 삼키기 어렵게 만드는 녀석이 있으면 바로 그 녀석은 그날의 승리마가 되는 것이다. 그 녀석은 풀어놓기만 하면 미친 듯이 달리기 마련이다. 만약 그 녀석이 우승하지 못한다면, 거기에는 반드시 이유가 있을 것이다. 기수가 그 녀석이 다른 말보다 처지도록 장난을 쳤거나, 고삐를 바짝 당겨 주춤하게 만들었거나, 아니면 표주에서부터 출발을 망쳐놓았을 것이다. 만일 내가 헨리 리이백의 아버지처럼 도박사가 되려고 했다면, 나는 부자가 되었을 것이다. 나는 그렇게 되었으리라 확신하고 있다. 헨리도 내 생각에 반대하지 않는다. 오로지 나는 여러 말 중에서 내 목을 타게 만드는 말에다가 걸기만 하면 되는 것이다. 만일 내가 도박사가 되기로 마음을 먹는다면, 그렇게 하기만 하면 될 터이지만, 나는 도박사가 되고 싶은 생각은 없다.

여러분이 아침에 트랙에 나가본다고 하더라도 — 경기장 트랙이 아니라 벡커스빌 근처에 널려 있는 사육장 트랙을 말한다 — 내가 말하고 있는 말들을 쉽게, 그리고 자주 식별할 수는 없을 것이다. 그러나 말이 달리는 것을 보는 일은 언제나 즐거운 일이다. 훌륭한 종마의 씨를 받아 건강한 암말에서 태어나 제대로 훈련시킬 줄 아는 조련사를 만난 순종 말들은 어느 녀석이나 달릴 줄 알고 있는 것이다. 만약 잘 달릴 줄 모른다면 쟁기나 끌지 그런 트랙에서 왜 훈련을 받겠는가?

마구간에서 녀석들이 나와 마부를 등에 태우고 걸어다니는 것을 보는 것도 즐거운 일이 아닐 수 없다. 울타리 위에 앉아 있어도 마음속으로 긴장감을 느끼게 된다. 위쪽 헛간에서는 흑인들이 킥킥거리며 노래를 부르는 소리가 들려온다. 베이컨이 기름에 튀겨지는 소리, 커피 끓는 냄새 등이 다가온다. 모든 냄새가 다 사랑스럽다. 그런 아침에는 커피 냄새, 분뇨 냄새, 말, 흑인, 베이컨, 문 밖으로 새어나오는 파이프 담배 냄새 같은 것보다 더 좋은 냄새를 풍기는 것은 없다. 그런 것들이 사람들의 마음을 사로잡는 것이다. 그리고 이것은 틀림없는 사실이다.

그건 그렇고, 사라토가에서 있었던 이야기를 하자. 우리는 그곳에 엿새 동안 머물면서 동네 사람 눈에 띈 적이 없었다. 날씨도 좋고 경주도 보고 훌륭한 말들도 보고…… 여하튼 우리가 바라던 대로 모든 일이 순조로웠다. 우리는 다시 돈을 들이지 않고 집으로 돌아왔다. 빌다드는 우리에게 닭튀김, 빵, 기타 먹을 것이 든 바구니를 하나 주었다. 우리가 벡커스빌에 돌아왔을 때 내 수중에는 18달러가 남아 있었다. 어머니는 잔소리와 함께 눈물을 보였지만 아버지는 별로 말이 없었다. 나는 한 가지만 빼고 모든 것을 다 말했다. 왜냐하면, 나 혼자만이 그것을 실행하고 보았기 때문이다. 내가 이야기하고자 하는 내용이 바로 그것이다. 나는 그 일로 머리가 혼란해져 있었다. 밤이면 밤마다 그 일을 생각한다. 이야기는 이런 것이다.

사라토가에서 머무는 동안, 우리는 빌다드가 마련해준 건초 더미 위에서 잠을 청했고, 이른 새벽 그리고 경마인들이 모두 떠나버린 저녁 늦게 흑인 틈에 끼어 밥을 먹었다. 고향 사람들은 주로 특별관람석이나 내기 마장에 머물고 있었고, 경마가 시작되기 바로 직전 말에 안장을 얹을 때나 마구간 근처에서 잠시 얼씬거리는 것이 고작이었다. 사라토가에는 렉싱턴이나 처칠 다운스, 혹은 우리 고장에 있는 트랙에서처럼 노천 축사 밑에 부속 잔디밭이 없었지만, 잔디밭에 있는 나무 밑 공지에 나와서 말에게 안장을 얹었다. 그 잔디밭은 우리 고장 뱅커 부혼 씨 집 앞만큼 매끄럽고 부드러웠다. 그 광경은 참으로 볼 만했다. 말들은 땀을 흘리며 힘에 넘치는 듯이 보인다. 몸매도 아름답게 보인다. 사람들이 나타나 시가를 피우며 말을 바라본다. 조련사와 말 주인들의 모습도 보인다. 그 광경을 지켜보는 사람들은 가슴이 두근거려 숨도 쉴 수 없을 지경이 된다.

그리고 출발 준비를 알리는 나팔 소리가 들리면, 기수들은 비단옷을 입고 뛰어나오고, 사람들은 흑인과 함께 울타리 끝에 자리를 잡기 위해 줄달음치기 시작한다.

나는 언제나 조련사 혹은 말 주인이 되고 싶은 희망을 갖고 있다. 그래서 고향 사람의 눈에 띄어 그 자리에서 붙잡혀 집으로 보내질지도 모르는 위험을 무릅쓰고, 경마가 시작되기 전 매번 보조 잔디밭으로 갔다. 다른 아이들은 감히 따라 나서지 못했다.

우리가 사라토가에 도착한 것은 금요일이었다. 그리고 그 다음 주 수요일은 큰 경기인 멀포드 핸디캡 대회가 열리게 되어 있었다. 미들스트라이드와 선스트리크가 참가할 예정이었다. 날씨도 무척 좋았다. 트랙 상태도 무척 양호했다. 전날 밤, 나는 좀처럼 잠을 이루지 못했다.

묘하게도, 이 두 마리 경주마는 모두 내 목을 타게 만드는 말들이었다. 미들스트라이드는 몸이 길고 다루기 힘든 말처럼 보였고 거세된 말이었다. 그것은 우리 고향 사람, 조 톰슨의 소유였다. 조 톰슨에게는 말이라고는 고작 여섯 마리밖에 없었다. 멀포드 핸디캡은 1마일을 달리는 경기인데, 미들스트라이드는 초반부터 힘을 낼 줄 아는 경주마는 아니었다. 녀석은 천천히 출발하여 반 마일까지는 언제나 뒤처지다가 힘을 내기 시작하여, 코스가 1마일에다 1/4이 더 길기만 하면 언제나 결승점에 제일 먼저 들어오는 것이었다.

선스트리크는 달랐다. 녀석은 종마였고 신경질적이었다. 우리 고장에서 제일 큰, 뉴욕에 사는 반 리들 씨 소유의 반 리들 사육장 소속이었다. 선스트리크는 우리가 상상해볼 수는 있으나 결코 만날 수 없는 소녀와 같았다. 녀석은 건강미가 넘쳐흘렀고, 또한 아름답기도 하였다. 그 녀석 머리만 쳐다보아도 키스를 해주고 싶을 정도였다. 녀석은 또 나를 잘 알고 여러 번이나 친절을 베풀어주던 제리 틸포드에 의해서 훈련된 말이었다. 제리 틸포드는 나를 데리고 마구간으로 들어가 녀석을 가까이서 쳐다볼 수 있도록 해주었다. 그 녀석처럼 사랑스러운 말도 별로 많지 않다. 녀석은 아무 표정 없이 조용히 표주에 서 있지만, 몸속에서는 불을 뿜고 있었다. 그러나 일단 표주의 가로 막대가 올라가기만 하면 자기 이름처럼 햇빛 줄기가 뻗쳐나가듯 튀어나오는 것이다. 녀석을 바라보면 온몸이 쑤시는 것 같은 느낌마저 받는다. 때로는 그 느낌이 고통처럼 아프기도 하다. 녀석은 만사 제쳐놓고, 새를 쫓는 사냥개처럼 달리기만 할 뿐이다. 나는 미들스트라이드가 힘을 내기 시작하여 스퍼드하는 모습을 제외하고는 그 녀석처럼 달리는 녀석을 본 적이 없다.

나는 그 경주에서 두 녀석이 함께 달리는 것을 보고 몸이 쑤셔오는 것을 느꼈다. 두려운 마음도 들었다. 두 녀석 중 하나는 반드시 패배하리라는 생각을 하는 것이 무척 싫었다. 전에 두 녀석이 함께 달린 경마 대회는 없었다. 벡커스빌의 노인들도, 흑인들도 같은 말을 했다. 그것은 움직일 수 없는 사실이었다.

경주가 시작되기 전, 나는 두 녀석을 가까이에서 보려고 보조 잔디장으로 나갔다. 나는 미들스트라이드를 한참 동안 쳐다보았다. 녀석은 보조 잔디 위에 그다지 오래 서 있는 것을 좋아할 녀석이 아니었다. 나는 선스트리크를 찾아보았다.

그날은 녀석의 날이었다. 나는 그 녀석을 보는 순간 그것을 알 수 있었다. 나는 사람들 눈에 띄면 어떻게 할까 하는 염려도 망각하고 그 녀석에게 바짝 다가섰다. 벡커스빌에서 온 고향 사람 중에 나를 알아본 사람은 아무도 없었다. 단지 제리 틸포드만 나를 알아보았다. 그리고 어떤 일이 벌어졌던 것이다. 이제 그 일에 대해 얘기를 하려고 한다.

나는 그 녀석을 바라보면서 마음속으로 애가 타는 것을 느끼고 있었다. 무어라고 설명할 도리는 없지만, 나는 선스트리크가 내면적으로 어떤 느낌을 갖고 있는지 정확하게 알 수 있었다. 녀석은 얌전하게 서 있었다. 흑인들이 녀석의 다리를 주물러주고, 반 리들 씨는 손수 말안장을 얹고 있었다. 그러나 녀석의 마음 상태는 나이아가라 폭포 아래로 굴러떨어지기 바로 직전의 강물과도 같았다. 그 녀석은 트랙을 달리게 된다는 생각은 하지 않고 있었다. 사실 그런 생각을 할 필요도 없었다. 녀석은 오로지 달리게 될 시간이 다가올 때까지 제 자신을 진정시키는 문제에만 골똘히 생각하고 있었다. 나는 녀석의 심중을 간파하고 있었다. 녀석의 심중을 꿰뚫어 보고 있었던 것이다. 녀석이 사람들에게 무서운 질주란 어떤 것인가를 보여주려 하고 있음도 알았다. 녀석은 자만하거나 대단한 척 뽐내지도 않았고, 껑충대거나 소란을 피우지도 않았다. 조용히 때를 기다리고 있었을 뿐이었다. 나뿐만 아니라 녀석의 조련사 제리 틸포드도 알고 있었다. 고개를 쳐들고 나는 조련사 제리 틸포드를 쳐다보았다. 그리고 녀석의 눈도 들여다보았다. 무엇인가가 나에게 일어나고 있었다. 나는 그 녀석을 좋아했던 것만큼 그를 똑같이 좋아했다고 생각한다. 왜냐하면 내가 알고 있는 모든 것을 그 역시 알고 있었기 때문이다. 세상에는 아무도 없고 오로지 녀석과 조련사 제리 틸포드와 나만이 숨을 쉬고 있는 것처럼 느껴졌다. 나는 외마디 소리를 질렀다. 제리 틸포드의 눈빛이 빛나는 것이 보였다. 그리고 나는 울타리로 되돌아와 경주가 시작되기를 기다렸다. 녀석은 나보다 더 침착해 보였고 흐트러짐이 없는 것 같았다. 이쯤이면 그 녀석에 대해 내가 제리보다 더 잘 알고 있었다. 녀석은 아무 소리도 내지 않고 얌전했지만, 곧 달리게 될 것임을 알고 있었다.

선스트리크는 예상했던 대로 1등으로 달렸고, 게다가 1마일 세계 기록을 깨뜨렸다. 그 밖의 다른 것을 보지는 못했다고 하더라도 나는 녀석이 달리는 것만은 똑똑히 보았다. 모든 것이 내가 예상했던 대로였다. 미들스트라이드는 내가 짐작했던 것처럼 출발점에서부터 멍하니 서 있다가 뒤에서 달려 결국 2위를 차지했다. 녀석도 언젠가는 세계 기록을 갖게 될 것이라고 생각했다. 말에 관한 한 벡커스빌을 따라 올 고장은 없었다.

나는 어떤 결과가 일어나게 될 것인지 미리 알고 있었기 때문에 침착하게 경주를 관람할 수 있었다. 틀림이 없으리라는 확신까지 갖고 있었으니까. 헨리 터너, 헨리 리이백, 톰 텀버튼은 나보다 더 흥분된 상태였다.

그런데 나에게 아주 묘한 일이 생기고 말았다. 나는 제리 틸포드를 생각하고 있었다. 경주가 벌어지는 동안 그가 얼마나 행복했을까를 상상해보았다. 그날 오후, 나는 아버지보다도 그를 더 좋아하게 되었다. 나는 그에 관한 생각 때문에 말에 대해서는 깜빡 잊고 있었다. 그것은 경주가 시작되기 전 보조 잔디밭에서 선스트리크 옆에 서 있던 그의 눈동자로부터 내가 본 느낌 때문이었다. 나는 그가 선스트리크를 새끼 망아지 때부터 돌보고 지켜보면서 함께 생활해 오는 동안 녀석에게 달리는 법, 인내하는 법, 포기하지 않는 법, 그리고 언제 진면목을 보여주어야 하는가까지 가르쳐 왔음을 알고 있다. 그것은 마치 자식이 어떤 용감하고 훌륭한 일을 치러내는 모습을 바라보는 어머니의 심정과 같았으리라는 것을 나는 알고 있었다. 내가 지금껏 어느 남자에게서 그러한 감정을 느꼈던 적은 결코 없었다.

경주가 끝난 그날 밤, 나는 톰과 헨리, 헨리로부터 빠져나왔다. 나는 혼자 있고 싶었다. 그리고 제리 틸포드의 곁에 있었으면 하고 바랐다. 지금 말하려고 하는 것이 그때 일어난 일이다.

사라토가의 경주 트랙은 시 외곽에 자리 잡고 있었다. 깨끗하게 단장된 데다가 주위에는 상록수 종류의 나무들이 늘어서 있었고, 잔디 등 모든 것들이 그림을 그려놓은 듯 아름다웠다. 트랙을 벗어나 조금 나아가면 자동차를 위한 아스팔트 포장 도로가 나오고, 그 아스팔트 길을 따라 몇 마일 걸어 내려가면 공터 위에 세워진 작고 괴상한 모습의 농가로 꺾어져 들어가는 길이 나타난다.

그날 저녁, 나는 그 길을 따라 걸어 내려갔다. 왜냐하면 제리 틸포드와 다른 사람들이 자동차를 타고 그 길을 간 것을 보았기 때문이다. 그들을 만나게 되리라고는 생각하지 않았다. 나는 한참 걸어 내려가다가 잠시 쉬려고 길가 울타리 옆에 앉아 생각을 해보았다. 그들이 자동차를 타고 간 방향은 바로 그 길 쪽이었다. 나는 제리와 되도록이면 가까운 거리에 있기를 원했고 사실 그와 멀리 떨어져 있지는 않다고 느꼈다. 얼마 지나지 않아 나는 샛길을 따라 걷다가 그 농가에 다다랐다. 지금 도 내가 왜 그랬는지 그 까닭을 알지 못한다. 나는 밤이면 아빠를 기다리는 어린 아이처럼 제리를 만나지 않고는 외로워 견딜 수 없는 것처럼 느꼈다. 바로 그 순간 자동차 한 대가 다가오더니 내 쪽으로 방향을 트는 게 아닌가. 그 차 안에는 제리뿐만 아니라 헨리 리이백의 아버지, 아더 베드포드, 데이브 윌리엄스 그리고 내가 모르는 낯선 남자 두 명이 타고 있었다. 그들은 모두 차에서 내리더니 집안으로 들어갔다. 그런데 헨리 리이백의 아버지는 그들과 말다툼을 하며 들어가지 않겠다고 말하는 것이었다. 시간은 불과 9시밖에 되지 않았지만 그 사람들은 모두 술에 취해 있었다. 이상하게 생긴 농가는 바로 질이 좋지 않은 여자들이 기거하는 집이었다. 나중에 알게 된 일이었다. 나는 담장을 기어올라가 창문을 통해 집 안을 들여다 보았다.

집안에서 벌어지는 장면을 보고 나는 속이 메스꺼워지는 것을 느꼈다. 차마 말을 할 수 없을 정도였다. 집안에 있던 여자들 은 한결같이 추악하고 천박해보여, 쳐다보거나 곁에 있기만 해도 하나도 즐거울 것이 없을 것 같았다. 한 여자만 빼놓고는 모두 얼굴도 못생긴 여자들이었다. 그 여자도 키가 크고 거세마인 미들스트라이드를 조금 닮기는 했지만 녀석처럼 깨끗하지 못하고 부드러움이라고는 전혀 없는 흉측한 입 모양을 하고 있었다. 그녀의 머리카락은 붉은 색이었다. 열린 창문가의 오래 된 덩굴장미를 잡고 올라가 집안을 들여다봄으로써 나는 모든 것을 분명하게 바라볼 수 있었다. 여자들은 헐렁한 드레스를 입고 여기저기 널려있는 의자에 걸터앉아 있었다. 남자들이 방 안으로 들어오더니 몇 사람은 여자의 무릎 위에 걸터앉았다. 집안에서는 썩은 냄새가 풍겨왔다. 들리는 이야기도 썩어빠진 것들이었다. 겨울만 되면 벡커스빌 같은 마을의 말 사육장 축사 주위에서 들을 수 있기는 했지만, 곁에 여자가 있을 때에는 전혀 들을 수 없는 종류의 이야기들이었다. 그것은 한 마디 로 썩어 빠진 광경이었다. 흑인들이라도 그런 곳에는 출입하지 않을 듯했다.

나는 제리 틸포드를 찾아보았다. 이미 나는 선스트리크가 세계 기록을 세우는 경주에 출전하기 직전, 제리 틸포드가 이미 녀석의 심중이 어떠한가를 알아차리고 있었다고 이야기하면서 내가 그에 대하여 어떠한 감정을 가지고 있었던가 고백한 바 가 있다.

그런데 그런 제리 틸포드가 그곳에서 허풍을 떨고 있었다. 그의 말 선스트리크는 허풍을 떤 적이 없는데⋯⋯. 그는 선스트 리크를 기른 사람이 바로 자기였다고 이야기하고 있었다. 그리고 그날 경주에서 우승한 것은 바로 자기가 우승한 것이나 다름 바 없고, 자기가 아니었으면 선스트리크가 세계 기록을 세울 수 없었을 것이라고 큰소리 치고 있었다. 그는 허풍을 떠는 것이 아니라 아예 거짓말을 하고 있었다. 그가 바보처럼 보였다. 그가 그렇게 어리석은 말을 하는 것을 나는 본 적이 없었다.

그런 다음, 그가 하는 짓이 더욱 놀라웠다. 그는 한 여자를 응시하기 시작했다. 그 여자는 깡마른 몸매와 부드러움이라고는 찾아볼 수 없는 입모양에다 거세마인 미들스트라이드를 조금 닮기는 했지만, 녀석처럼 깨끗해 보이지는 않는 여자였다. 그런 데 그의 눈이, 그날 오후 트랙의 보조 잔디밭에서 나와 선스트리크를 바라보던 때와 조금도 다름없이 빛나기 시작했다. 나는 놀랍기도 하고 어리둥절하기도 하여 창가에 꼼짝 않고 서 있었다. 그러나 마음속으로는 트랙에 그냥 남아 친구와 흑인들, 그리고 경주마들 틈에 끼어 시간을 보냈다면 얼마나 좋았을까 하고 후회하고 있었다. 그 키가 크고 지저분하게 보이는 여자 는 제리 틸포드와 내가 서 있던 창가의 가운데에 서 있어서 그의 모습을 가리고 있었다. 그날 오후, 경주가 시작되기 직전, 선스트리크가 가운데 서서 그의 모습을 가리던 생각이 떠올랐다.

그때, 내 마음속에는 갑자기 그를 싫어하는 감정이 치솟기 시작했다. 나는 소리를 지르며 집안으로 들어가 그의 목을 부러 뜨리고 싶었다. 전에는 그런 충동을 받은 기억이 없었는데도 불구하고 나는 치를 떨다 못해 울음을 터뜨렸고 주먹을 너무 세게 쥐는 바람에, 손바닥이 손톱에 긁혀 상처가 나고 말았다.

02

그러나 제리의 눈은 전혀 빛을 잃지 않았다. 그는 이리저리 서성거리다 그 여자에게 다가가 키스를 했다. 나는 기어서 그 집에서 빠져나와 트랙으로 돌아왔다. 잠자리에 눕기는 했지만 좀처럼 잠을 이룰 수 없었다. 다음날 아침, 자리에서 일어나자마자 친구들을 재촉하여 집으로 돌아오는 길에 올랐다. 그러나 친구들에게 내가 목격한 일에 대해 아무런 이야기도 해주지 않았다.

그 후, 나는 줄곧 내가 목격한 일에 대해서 생각했다. 그것을 떨쳐버릴 수가 없었다. 다시 봄이 찾아오고 나는 열여섯 살에 가까워졌다. 아침마다 사육장 트랙을 찾는 습관은 계속되었다. 선스트리크와 미들스트라이드를 보기도 한다. 그리고 나는 스트라이던트라는 이름의 새 망아지를 보고 있다. 그 녀석은 앞의 두 녀석을 능가할 것이다. 사람들은 그렇게 생각하고 있지 않지만 나와 두세 명의 흑인은 확신을 갖고 있다.

그러나 변해버린 것이 있다. 사육장 트랙을 찾을 때마다, 나는 공기도 예전처럼 산뜻하게 느껴지지 않는다고 생각하곤 한다. 냄새도 옛날의 것이 아니다. 나는 그 이유를 알고 있다. 선스트리크가 멋지게 달리는 것을 보고도 그런 기분이 드는 건 바로 그날 지저분한 여자에게 키스나 해줄 수 있는 제리 틸포드 같은 사람이 있기 때문이다. 나는 그러한 행위를 이해할 수가 없다. 빌어먹을! 그는 무엇 때문에 그런 짓을 하고 싶었을까? 나는 여태껏 이런 생각을 떨쳐 버리지 못하고 있다. 떨쳐 버리지 못하면 못할수록 경주마들을 살펴보아도 즐겁지가 않고, 냄새도 신경을 건드리고, 흑인들이 웃는 소리를 들어도 같이 웃고 싶지 않고, 아무튼 아무것도 마음에 들지 않는다. 때때로 화가 치밀어 오르기도 하고, 그럴 때면 그 누구랄 것도 없이 아무하고나 싸움을 하고 싶어진다. 그때의 일을 생각하면 언제나 속이 메스껍게 느껴진다. 그는 무엇 때문에 그 짓을 했을까? 나는 그 이유를 알고 싶다.

04 Flashback 플래쉬백

A flashback is **an interruption in a narrative to present a scene that occurred at a previous time**. Flashbacks are used to move back in time and show an event relevant to the current moment in time.

A flashback is involuntary recurrent memory, which is a psychological phenomenon in which an individual has **a sudden, usually powerful, reexperiencing of a past experience or elements of a past experience.** These experiences can be happy, sad, exciting, or any other emotion one can consider. The term is used particularly when the memory is recalled involuntarily, and/or when it is so intense that the person "relives" the experience, unable to fully recognize it as memory and not something that is happening in "real time".

The difference between **a flashback** and **a simple memory** is, the flashback is presented **as action—as a live scene**. A memory is **a recollection portrayed that way.**

For example, a memory would be:

Richard got out of the truck, remembering the last time he and Simon dove into the swimming hole. Thirty years ago. They were eleven. No, he was eleven, Simon was ten. He always rubbed Simon's nose in the six months he had on him.

But not that day. That day, Simon had been crying, again, and Richard pretended he didn't notice, again. He also pretended not to notice the fresh swelling on Simon's cheek. He just threw an old towel at him and said it was too hot to work, even though his dad had told him the hay had to be lofted that day, before the next rain. It was the last time they skipped out on chores, because Simon was taken away by Child Services the next day.

A memory is told. This is backstory because it happened in the past and is being presented as a factual experience, not a live scene shown blow-by-blow as it happened. This moment is important to the story. It belongs in this spot, and it tells the reader important information necessary to fully understand the dynamics between Richard and Simon.

Now let's look at the same scene as a flashback.

Richard stood at the edge of the swimming hole and remembered the last time he and Simon had come here. They were both eleven. No—he was eleven. Simon was still ten. He never missed a chance to rag on Simon about the six months he had on him.

"Here," he'd said when Simon showed up red-faced and panting at the barn. Richard looked away when the sun hit the red mark swelling fast on Simon's cheek. He threw a towel at Simon. "Come on, it's too hot to pitch hay."

Simon grabbed the towel and bent backwards to peek out the barn door. "Your dad's not around? He won't get mad?"

Richard tossed the pitchfork against the pile of hay bales. "Nah," he said. "He won't care."

A lie. Later, when he came home, his dad was in the barn, pitching the hay up into the loft.

"Dad," Richard said from the door of the barn. From behind, the sun prickled the back of his neck. His shoulders already felt tender. Tomorrow he'd pay for this sunburn.

Dad whipped around. His face was a red as Simon's had been. "Where the hell have you been?" he demanded. "Didn't I tell you the hay had to be put up today?"

"I know, I know." Richard held his hands up like he was surrendering. He walked into the coolness of the barn, and because he didn't want Mom to hear if she was around.

"I'm sorry. Simon came after I got started. He was running, and his face was all⋯ you know. I was afraid his dad would come after him, so we went swimming. I'm sorry. I thought it⋯" He trailed off.

Dad's face changed, from angry at him to a different kind of angry. He stared at Richard a moment and then nodded at the other pitchfork hanging on the wall.

"Come on then. Help me finish."

When they were done, Dad stopped him at the back porch and put a hand on his shoulder. Richard winced, but he felt relieved too.

"Next time, son, just tell your mom or me before you take off," Dad said. "But you did the right thing. Simon needs a good friend. That's more important than getting the hay in, I reckon."

A good friend. The words came back to Richard now. How good a friend was he, when it was his telling Dad about Simon's face that led to the Child Services visit?

A flashback is written as **a proper scene**, albeit a sparse one. This one uses "later" as a transition to skip over the part where Richard and Simon swim. That's not important, or the goal of the scene. The scene goal is to show Richard's guilt at causing Simon to be taken from his home by Child Services. The reader gets to experience more of Richard's feelings first hand, and to better understand why Simon can manipulate him now.

The Snows of Kilimanjaro

Ernest Hemingway(1899−1961)

"THE MARVELLOUS THING IS THAT IT'S painless," he said. "That's how you know when it starts."

"Is it really?"

"Absolutely. I'm awfully sorry about the odor though. That must bother you."

"Don't! Please don't."

"Look at them," he said. "Now is it sight or is it scent that brings them like that?"

The cot the man lay on was in the wide shade of a mimosa tree and as he looked out past the shade onto the glare of the plain there were three of the big birds squatted obscenely, while in the sky a dozen more sailed, making quick-moving shadows as they passed.

"They've been there since the day the truck broke down," he said. "Today's the first time any have lit on the ground. I watched the way they sailed very carefully at first in case I ever wanted to use them in a story. That's funny now."

"I wish you wouldn't," she said.

"I'm only talking," he said. "It's much easier if I talk. But I don't want to bother you."

"You know it doesn't bother me," she said. "It's that I've gotten so very nervous not being able to do anything. I think we might make it as easy as we can until the plane comes."

"Or until the plane doesn't come."

"Please tell me what I can do. There must be something I can do."

"You can take the leg off and that might stop it, though I doubt it. Or you can shoot me. You're a good shot now. I taught you to shoot, didn't I?"

"Please don't talk that way. Couldn't I read to you?"

"Read what?"

"Anything in the book that we haven't read."

"I can't listen to it," he said. "Talking is the easiest. We quarrel and that makes the time pass."

"I don't quarrel. I never want to quarrel. Let's not quarrel any more. No matter how nervous we get. Maybe they will be back with another truck today. Maybe the plane will come."

"I don't want to move," the man said. "There is no sense in moving now except to make it easier for you."

"That's cowardly."

"Can't you let a man die as comfortably as he can without calling him names? What's the use of clanging me?"

"You're not going to die."

"Don't be silly. I'm dying now. Ask those bastards." He looked over to where the huge, filthy birds sat, their naked heads sunk in the hunched feathers. A fourth planed down, to run quick-legged and then waddle slowly toward the others.

"They are around every camp. You never notice them. You can't die if you don't give up."

"Where did you read that? You're such a bloody fool."

"You might think about some one else."

"For Christ's sake," he said, "that's been my trade."

He lay then and was quiet for a while and looked across the heat shimmer of the plain to the edge of the bush. There were a few Tommies that showed minute and white against the yellow and, far off, he saw a herd of zebra, white against the green of the bush. This was a pleasant camp under big trees against a hill, with good water, and close by, a nearly dry water hole where sand grouse flighted in the mornings.

"Wouldn't you like me to read?" she asked. She was sitting on a canvas chair beside his cot. "There's a breeze coming up.

"No thanks."

"Maybe the truck will come."

"I don't give a damn about the truck."

"I do."

"You give a damn about so many things that I don't."

"Not so many, Harry."

"What about a drink?"

"It's supposed to be bad for you. It said in Black's to avoid all alcohol. You shouldn't drink."

"Molo!" he shouted.

"Yes Bwana."

"Bring whiskey-soda."

"Yes Bwana."

"You shouldn't," she said. "That's what I mean by giving up. It says it's bad for you. I know it's bad for you."

"No," he said. "It's good for me."

So now it was all over, he thought. So now he would never have a chance to finish it. So this was the way it ended, in a bickering over a drink. Since the gangrene started in his right leg he had no pain and with the pain the horror had gone and all he felt now was a great tiredness and anger that this was the end of it. For this, that now was coming, he had very little curiosity. For years it had obsessed him; but now it meant nothing in itself. It was strange how easy being tired enough made it.

Now he would never write the things that he had saved to write until he knew enough to write them well. Well, he would not have to fail at trying to write them either. Maybe you could never write them, and that was why you put them off and delayed the starting. Well he would never know, now.

"I wish we'd never come," the woman said. She was looking at him holding the glass and biting her lip. "You never would have gotten anything like this in Paris. You always said you loved Paris. We could have stayed in Paris or gone anywhere. I'd have gone anywhere. I said I'd go anywhere you wanted. If you wanted to shoot we could have gone shooting in Hungary and been comfortable."

"Your bloody money," he said.

"That's not fair," she said. "It was always yours as much as mine. I left everything and I went wherever you wanted to go and I've done what you wanted to do But I wish we'd never come here."

"You said you loved it."

"I did when you were all right. But now I hate it. I don't see why that had to happen to your leg. What have we done to have that happen to us?"

"I suppose what I did was to forget to put iodine on it when I first scratched it. Then I didn't pay any attention to it because I never infect. Then, later, when it got bad, it was probably using that weak carbolic solution when the other antiseptics ran out that paralyzed the minute blood vessels and started the gangrene." He looked at her, "What else"

"I don't mean that."

"If we would have hired a good mechanic instead of a half-baked Kikuyu driver, he would have checked the oil and never burned out that bearing in the truck."

"I don't mean that."

"If you hadn't left your own people, your goddamned Old Westbury Saratoga, Palm Beach people to take me on."

"Why, I loved you. That's not fair. I love you now. I'll always love you Don't you love me?"

"No," said the man. "I don't think so. I never have."

"Harry, what are you saying? You're out of your head."

"No. I haven't any head to go out of."

"Don't drink that," she said. "Darling, please don't drink that. We have to do everything we can."

"You do it," he said. "I'm tired."

Now in his mind he saw a railway station at Karagatch and he was standing with his pack and that was the headlight of the Simplon-Offent cutting the dark now and he was leaving Thrace then after the retreat. That was one of the things he had saved to write, with, in the morning at breakfast, looking out the window and seeing snow on the mountains in Bulgaffa and Nansen's Secretary asking the old man if it were snow and the old man looking at it and saying, No, that's not snow. It's too early for snow. And the Secretary repeating to the other girls, No, you see. It's not snow and them all saying, It's not snow we were mistaken. But it was the snow all right and he sent them on into it when he evolved exchange of populations. And it was snow they tramped along in until they died that winter.

It was snow too that fell all Christmas week that year up in the Gauertal, that year they lived in the woodcutter's house with the big square porcelain stove that filled half the room, and they slept on mattresses filled with beech leaves, the time the deserter came with his feet bloody in the snow. He said the police were right behind him and they gave him woolen socks and held the gendarmes talking until the tracks had drifted over.

In Schrunz, on Christmas day, the snow was so bright it hurt your eyes when you looked out from the Weinstube and saw every one coming home from church. That was where they walked up the sleigh-smoothed urine-yellowed road along the river with the steep pine hills, skis heavy on the shoulder, and where they ran down the glacier above the Madlenerhaus, the snow as smooth to see as cake frosting and as light as powder and he remembered the noiseless rush the speed made as you dropped down like a bird.

They were snow-bound a week in the Madlenerhaus that time in the blizzard playing cards in the smoke by the lantern light and the stakes were higher all the time as Herr Lent lost more. Finally he lost it all. Everything, the Skischule money and all the season's profit and then his capital. He could see him with his long nose, picking up the cards and then opening, "Sans Voir." There was always gambling then. When there was no snow you gambled and when there was too much you gambled. He thought of all the time in his life he had spent gambling.

But he had never written a line of that, nor of that cold, bright Christmas day with the mountains showing across the plain that Barker had flown across the lines to bomb the Austrian officers' leave train, machine-gunning them as they scattered and ran. He remembered Barker afterwards coming into the mess and starting to tell about it. And how quiet it got and then somebody saying, "You bloody murderous bastard."

Those were the same Austrians they killed then that he skied with later. No not the same. Hans, that he skied with all that year, had been in the Kaiser Jagers and when they went hunting hares together up the little valley above the saw-mill they had talked of the fighting on Pasubio and of the attack on Perticara and Asalone and he had never written a word of that. Nor of Monte Corona, nor the Sette Communi, nor of Arsiero.

How many winters had he lived in the Vorarlberg and the Arlberg? It was four and then he remembered the man who had the fox to sell when they had walked into Bludenz, that time to buy presents, and the cherry-pit taste of good kirsch, the fast-slipping rush of running powder-snow on crust, singing "Hi! Ho! said Rolly!' 'as you ran down the last stretch to the steep drop, taking it straight, then running the orchard in three turns and out across the ditch and onto the icy road behind the inn. Knocking your bindings loose, kicking the skis free and leaning them up against the wooden wall of the inn, the lamplight coming from the window, where inside, in the smoky, new-wine smelling warmth, they were playing the accordion.

"Where did we stay in Paris?" he asked the woman who was sitting by him in a canvas chair, now, in Africa.

"At the Crillon. You know that."

"Why do I know that?"

"That's where we always stayed."

"No. Not always."

"There and at the Pavillion Henri-Quatre in St. Germain. You said you loved it there."

"Love is a dunghill," said Harry. "And I'm the cock that gets on it to crow."

"If you have to go away," she said, "is it absolutely necessary to kill off everything you leave behind? I mean do you have to take away everything? Do you have to kill your horse, and your wife and burn your saddle and your armour?"

"Yes," he said. "Your damned money was my armour. My Sword and my Armour."

"Don't."

"All right. I'll stop that. I don't want to hurt you."

"It's a little bit late now."

"All right then. I'll go on hurting you. It's more amusing. The only thing I ever really liked to do with you I can't do now."

"No, that's not true. You liked to do many things and everything you wanted to do I did."

"Oh, for Christ sake stop bragging, will you?"

He looked at her and saw her crying.

"Listen," he said. "Do you think that it is fun to do this? I don't know why I'm doing it. It's trying to kill to keep yourself alive, I imagine. I was all right when we started talking. I didn't mean to start this, and now I'm crazy as a coot and being as cruel to you as I can be. Don't pay any attention, darling, to what I say. I love you, really. You know I love you. I've never loved any one else the way I love you."

He slipped into the familiar lie he made his bread and butter by.

"You're sweet to me."

"You bitch," he said. "You rich bitch. That's poetry. I'm full of poetry now. Rot and poetry. Rotten poetry."

"Stop it. Harry, why do you have to turn into a devil now?"

"I don't like to leave anything," the man said. "I don't like to leave things behind."

* * *

It was evening now and he had been asleep. The sun was gone behind the hill and there was a shadow all across the plain and the small animals were feeding close to camp; quick dropping heads and switching tails, he watched them keeping well out away from the bush now. The birds no longer waited on the ground. They were all perched heavily in a tree. There were many more of them. His personal boy was sitting by the bed.

"Memsahib's gone to shoot," the boy said. "Does Bwana want?"

"Nothing."

She had gone to kill a piece of meat and, knowing how he liked to watch the game, she had gone well away so she would not disturb this little pocket of the plain that he could see. She was always thoughtful, he thought. On anything she knew about, or had read, or that she had ever heard.

It was not her fault that when he went to her he was already over. How could a woman know that you meant nothing that you said; that you spoke only from habit and to be comfortable? After he no longer meant what he said, his lies were more successful with women than when he had told them the truth.

It was not so much that he lied as that there was no truth to tell. He had had his life and it was over and then he went on living it again with different people and more money, with the best of the same places, and some new ones.

You kept from thinking and it was all marvellous. You were equipped with good insides so that you did not go to pieces that way, the way most of them had, and you made an attitude that you cared nothing for the work you used to do, now that you could no longer do it. But, in yourself, you said that you would write about these people; about the very rich; that you were really not of them but a spy in their country; that you would leave it and write of it and for once it would be written by some one who knew what he was writing of. But he would never do it, because each day of not writing, of comfort, of being that which he despised, dulled his ability and softened his will to work so that, finally, he did no work at all. The people he knew now were all much more comfortable when he did not work. Africa was where he had been happiest in the good time of his life, so he had come out here to start again. They had made this safari with the minimum of comfort. There was no hardship; but there was no luxury and he had thought that he could get back into training that way. That in some way he could work the fat off his soul the way a fighter went into the mountains to work and train in order to burn it out of his body.

She had liked it. She said she loved it. She loved anything that was exciting, that involved a change of scene, where there were new people and where things were pleasant. And he had felt the illusion of returning strength of will to work. Now if this was how it ended, and he knew it was, he must not turn like some snake biting itself because its back was broken. It wasn't this woman's fault. If it had not been she it would have been another. If he lived by a lie he should try to die by it. He heard a shot beyond the hill.

She shot very well this good, this rich bitch, this kindly caretaker and destroyer of his talent. Nonsense. He had destroyed his talent himself. Why should he blame this woman because she kept him well? He had destroyed his talent by not using it, by betrayals of himself and what he believed in, by drinking so much that he blunted the edge of his perceptions, by laziness, by sloth, and by snobbery, by pride and by prejudice, by hook and by crook. What was this? A catalogue of old books? What was his talent anyway? It was a talent all right but instead of using it, he had traded on it. It was never what he had done, but always what he could do. And he had chosen to make his living with something else instead of a pen or a pencil. It was strange, too, wasn't it, that when he fell in love with another woman, that woman should always have more money than the last one? But when he no longer was in love, when he was only lying, as to this woman, now, who had the most money of all, who had all the money there was, who had had a husband and children, who had taken lovers and been dissatisfied with them, and who loved him dearly as a writer, as a man, as a companion and as a proud possession; it was strange that when he did not love her at all and was lying, that he should be able to give her more for her money than when he had really loved.

We must all be cut out for what we do, he thought. However you make your living is where your talent lies. He had sold vitality, in one form or another, all his life and when your affections are not too involved you give much better value for the money. He had found that out but he would never write that, now, either. No, he would not write that, although it was well worth writing.

Now she came in sight, walking across the open toward the camp. She was wearing jodpurs and carrying her rifle. The two boys had a Tommie slung and they were coming along behind her. She was still a good-looking woman, he thought, and she had a pleasant body. She had a great talent and appreciation for the bed, she was not pretty, but he liked her face, she read enormously, liked to ride and shoot and, certainly, she drank too much. Her husband had died when she was still a comparatively young woman and for a while she had devoted herself to her two just-grown children, who did not need her and were embarrassed at having her about, to her stable of horses, to books, and to bottles. She liked to read in the evening before dinner and she drank Scotch and soda while she read. By dinner she was fairly drunk and after a bottle of wine at dinner she was usually drunk enough to sleep.

That was before the lovers. After she had the lovers she did not drink so much because she did not have to be drunk to sleep. But the lovers bored her. She had been married to a man who had never bored her and these people bored her very much.

Then one of her two children was killed in a plane crash and after that was over she did not want the lovers, and drink being no anaesthetic she had to make another life. Suddenly, she had been acutely frightened of being alone. But she wanted some one that she respected with her.

It had begun very simply. She liked what he wrote and she had always envied the life he led. She thought he did exactly what he wanted to. The steps by which she had acquired him and the way in which she had finally fallen in love with him were all part of a regular progression in which she had built herself a new life and he had traded away what remained of his old life.

He had traded it for security, for comfort too, there was no denying that, and for what else? He did not know. She would have bought him anything he wanted. He knew that. She was a damned nice woman too. He would as soon be in bed with her as any one; rather with her, because she was richer, because she was very pleasant and appreciative and because she never made scenes. And now this life that she had built again was coming to a term because he had not used iodine two weeks ago when a thorn had scratched his knee as they moved forward trying to photograph a herd of waterbuck standing, their heads up, peering while their nostrils searched the air, their ears spread wide to hear the first noise that would send them rushing into the bush. They had bolted, too, before he got the picture.

Here she came now. He turned his head on the cot to look toward her. "Hello," he said.

"I shot a Tommy ram," she told him. "He'll make you good broth and I'll have them mash some potatoes with the Klim. How do you feel?"

"Much better."

"Isn't that lovely? You know I thought perhaps you would. You were sleeping when I left."

"I had a good sleep. Did you walk far?"

"No. Just around behind the hill. I made quite a good shot on the Tommy."

"You shoot marvellously, you know."

"I love it. I've loved Africa. Really. If you're all right it's the most fun that I've ever had. You don't know the fun it's been to shoot with you. I've loved the country."

"I love it too."

"Darling, you don't know how marvellous it is to see you feeling better. I couldn't stand it when you felt that way. You won't talk to me like that again, will you? Promise me?"

"No," he said. "I don't remember what I said."

"You don't have to destroy me. Do you? I'm only a middle-aged woman who loves you and wants to do what you want to do. I've been destroyed two or three times already. You wouldn't want to destroy me again, would you?"

"I'd like to destroy you a few times in bed," he said.

"Yes. That's the good destruction. That's the way we're made to be destroyed. The plane will be here tomorrow."

"How do you know?"

"I'm sure. It's bound to come. The boys have the wood all ready and the grass to make the smudge. I went down and looked at it again today. There's plenty of room to land and we have the smudges ready at both ends."

"What makes you think it will come tomorrow?"

"I'm sure it will. It's overdue now. Then, in town, they will fix up your leg and then we will have some good destruction. Not that dreadful talking kind."

"Should we have a drink? The sun is down."

"Do you think you should?"

"I'm having one."

"We'll have one together. Molo, letti dui whiskey-soda!" she called.

"You'd better put on your mosquito boots," he told her.

"I'll wait till I bathe⋯"

While it grew dark they drank and just before it was dark and there was no longer enough light to shoot, a hyena crossed the open on his way around the hill.

"That bastard crosses there every night," the man said. "Every night for two weeks."

"He's the one makes the noise at night. I don't mind it. They're a filthy animal though."

Drinking together, with no pain now except the discomfort of lying in the one position, the boys lighting a fire, its shadow jumping on the tents, he could feel the return of acquiescence in this life of pleasant surrender. She was very good to him. He had been cruel and unjust in the afternoon. She was a fine woman, marvellous really. And just then it occurred to him that he was going to die.

It came with a rush; not as a rush of water nor of wind; but of a sudden, evil-smelling emptiness and the odd thing was that the hyena slipped lightly along the edge of it.

"What is it, Harry?" she asked him.

"Nothing," he said. "You had better move over to the other side. To windward."

"Did Molo change the dressing?"

"Yes. I'm just using the boric now."

"How do you feel?"

"A little wobbly."

"I'm going in to bathe," she said. "I'll be right out. I'll eat with you and then we'll put the cot in."

So, he said to himself, we did well to stop the quarrelling. He had never quarrelled much with this woman, while with the women that he loved he had quarrelled so much they had finally, always, with the corrosion of the quarrelling, killed what they had together. He had loved too much, demanded too much, and he wore it all out.

He thought about alone in Constantinople that time, having quarrelled in Paris before he had gone out. He had whored the whole time and then, when that was over, and he had failed to kill his loneliness, but only made it worse, he had written her, the first one, the one who left him, a letter telling her how he had never been able to kill it ⋯ How when he thought he saw her outside the Regence one time it made him go all faint and sick inside, and that he would follow a woman who looked like her in some way, along the Boulevard, afraid to see it was not she, afraid to lose the feeling it gave him. How every one he had slept with had only made him miss her more. How what she had done could never matter since he knew he could not cure himself of loving her. He wrote this letter at the Club, cold sober, and mailed it to New York asking her to write him at the office in Paris. That seemed safe. And that night missing her so much it made him feel hollow sick inside, he wandered up past Maxim's, picked a girl up and took her out to supper. He had gone to a place to dance with her afterward, she danced badly, and left her for a hot Armenian slut, that swung her belly against him so it almost scalded. He took her away from a British gunner subaltern after a row. The gunner asked him outside and they fought in the street on the cobbles in the dark. He'd hit him twice, hard, on the side of the jaw and when he didn't go down he knew he was in for a fight. The gunner hit him in the body, then beside his eye. He swung with his left again and landed and the gunner fell on him and grabbed his coat and tore the sleeve off and he clubbed him twice behind the ear and then smashed him with his right as he pushed him away. When the gunner went down his head hit first and he ran with the girl because they heard the M.P. 's coming. They got into a taxi and drove out to Rimmily Hissa along the Bosphorus, and around, and back in the cool night

and went to bed and she felt as over-ripe as she looked but smooth, rose-petal, syrupy, smooth-bellied, big-breasted and needed no pillow under her buttocks, and he left her before she was awake looking blousy enough in the first daylight and turned up at the Pera Palace with a black eye, carrying his coat because one sleeve was missing.

That same night he left for Anatolia and he remembered, later on that trip, riding all day through fields of the poppies that they raised for opium and how strange it made you feel, finally, and all the distances seemed wrong, to where they had made the attack with the newly arrived Constantine officers, that did not know a god-damned thing, and the artillery had fired into the troops and the British observer had cried like a child.

That was the day he'd first seen dead men wearing white ballet skirts and upturned shoes with pompons on them. The Turks had come steadily and lumpily and he had seen the skirted men running and the of ficers shooting into them and running then themselves and he and the British observer had run too until his lungs ached and his mouth was full of the taste of pennies and they stopped behind some rocks and there were the Turks coming as lumpily as ever. Later he had seen the things that he could never think of and later still he had seen much worse. So when he got back to Paris that time he could not talk about it or stand to have it mentioned. And there in the cafe as he passed was that American poet with a pile of saucers in front of him and a stupid look on his potato face talking about the Dada movement with a Roumanian who said his name was Tristan Tzara, who always wore a monocle and had a headache, and, back at the apartment with his wife that now he loved again, the quarrel all over, the madness all over, glad to be home, the office sent his mail up to the flat. So then the letter in answer to the one he'd written came in on a platter one morning and when he saw the hand writing he went cold all over and tried to slip the letter underneath another. But his wife said, "Who is that letter from, dear?" and that was the end of the beginning of that.

He remembered the good times with them all, and the quarrels. They always picked the finest places to have the quarrels. And why had they always quarrelled when he was feeling best? He had never written any of that because, at first, he never wanted to hurt any one and then it seemed as though there was enough to write without it. But he had always thought that he would write it finally. There was so much to write. He had seen the world change; not just the events; although he had seen many of them and had watched the people, but he had seen the subtler change and he could remember how the people were at different times. He had been

in it and he had watched it and it was his duty to write of it; but now he never would.

"How do you feel?" she said. She had come out from the tent now after her bath.

"All right."

"Could you eat now?" He saw Molo behind her with the folding table and the other boy with the dishes.

"I want to write," he said.

"You ought to take some broth to keep your strength up."

"I'm going to die tonight," he said. "I don't need my strength up."

"Don't be melodramatic, Harry, please," she said.

"Why don't you use your nose? I'm rotted half way up my thigh now. What the hell should I fool with broth for? Molo bring whiskey-soda."

"Please take the broth," she said gently.

"All right."

The broth was too hot. He had to hold it in the cup until it cooled enough to take it and then he just got it down without gagging.

"You're a fine woman," he said. "Don't pay any attention to me."

She looked at him with her well-known, well-loved face from Spur and Town & Country, only a little the worse for drink, only a little the worse for bed, but Town & Country never showed those good breasts and those useful thighs and those lightly small-of-back-caressing hands, and as he looked and saw her well-known pleasant smile, he felt death come again. This time there was no rush. It was a puff, as of a wind that makes a candle flicker and the flame go tall.

"They can bring my net out later and hang it from the tree and build the fire up. I'm not going in the tent tonight. It's not worth moving. It's a clear night. There won't be any rain."

So this was how you died, in whispers that you did not hear. Well, there would be no more quarrelling. He could promise that. The one experience that he had never had he was not going to spoil now. He probably would. You spoiled everything. But perhaps he wouldn't.

"You can't take dictation, can you?"

"I never learned," she told him.

"That's all right."

There wasn't time, of course, although it seemed as though it telescoped so that you might put it all into one paragraph if you could get it right.

There was a log house, chinked white with mortar, on a hill above the lake. There was a bell on a pole by the door to call the people in to meals. Behind the house were fields and behind the fields was the timber. A line of lombardy poplars ran from the house to the dock. Other poplars ran along the point. A road went up to the hills along the edge of the timber and along that road he picked blackberries. Then that log house was burned down and all the guns that had been on deer foot racks above the open fire place were burned and afterwards their barrels, with the lead melted in the magazines, and the stocks burned away, lay out on the heap of ashes that were used to make lye for the big iron soap kettles, and you asked Grandfather if you could have them to play with, and he said, no. You see they were his guns still and he never bought any others. Nor did he hunt any more. The house was rebuilt in the same place out of lumber now and painted white and from its porch you saw the poplars and the lake beyond; but there were never any more guns. The barrels of the guns that had hung on the deer feet on the wall of the log house lay out there on the heap of ashes and no one ever touched them.

In the Black Forest, after the war, we rented a trout stream and there were two ways to walk to it. One was down the valley from Triberg and around the valley road in the shade of the trees that bordered the white road, and then up a side road that went up through the hills past many small farms, with the big Schwarzwald houses, until that road crossed the stream. That was where our fishing began.

The other way was to climb steeply up to the edge of the woods and then go across the top of the hills through the pine woods, and then out to the edge of a meadow and down across this meadow to the bridge. There were birches along the stream and it was not big, but narrow, clear and fast, with pools where it had cut under the roots of the birches. At the Hotel in Triberg the proprietor had a fine season. It was very pleasant and we were all great friends. The next year came the inflation and the money he had made the year before was not enough to buy supplies to open the hotel and he hanged himself. You could dictate that, but you could not dictate the Place Contrescarpe where the flower sellers dyed their flowers in the street and the dye ran over the paving where the autobus started and the old men and the women, always drunk on wine and bad mare; and the children with their noses running in the cold; the smell of dirty sweat and poverty and drunkenness at the Cafe' des Amateurs and the whores at the Bal Musette they lived above. The concierge who entertained the trooper of the Garde Republicaine in her loge, his horse-hair-plumed helmet on a chair. The locataire across the hall whose husband was a bicycle racer and her joy that morning at the cremerie when she had opened

L'Auto and seen where he placed third in Paris-Tours, his first big race. She had blushed and laughed and then gone upstairs crying with the yellow sporting paper in her hand. The husband of the woman who ran the Bal Musette drove a taxi and when he, Harry, had to take an early plane the husband knocked upon the door to wake him and they each drank a glass of white wine at the zinc of the bar before they started. He knew his neighbors in that quarter then because they all were poor.

Around that Place there were two kinds; the drunkards and the sportifs. The drunkards killed their poverty that way; the sportifs took it out in exercise. They were the descendants of the Communards and it was no struggle for them to know their politics. They knew who had shot their fathers, their relatives, their brothers, and their friends when the Versailles troops came in and took the town after the Commune and executed any one they could catch with calloused hands, or who wore a cap, or carried any other sign he was a working man. And in that poverty, and in that quarter across the street from a Boucherie Chevaline and a wine cooperative he had written the start of all he was to do. There never was another part of Paris that he loved like that, the sprawling trees, the old white plastered houses painted brown below, the long green of the autobus in that round square, the purple flower dye upon the paving, the sudden drop down the hill of the rue Cardinal Lemoine to the River, and the other way the narrow crowded world of the rue Mouffetard. The street that ran up toward the Pantheon and the other that he always took with the bicycle, the only asphalted street in all that quarter, smooth under the tires, with the high narrow houses and the cheap tall hotel where Paul Verlaine had died. There were only two rooms in the apartments where they lived and he had a room on the top floor of that hotel that cost him sixty francs a month where he did his writing, and from it he could see the roofs and chimney pots and all the hills of Paris.

From the apartment you could only see the wood and coal man's place. He sold wine too, bad wine. The golden horse's head outside the Boucherie Chevaline where the carcasses hung yellow gold and red in the open window, and the green painted co-operative where they bought their wine; good wine and cheap. The rest was plaster walls and the windows of the neighbors. The neighbors who, at night, when some one lay drunk in the street, moaning and groaning in that typical French ivresse that you were propaganded to believe did not exist, would open their windows and then the murmur of talk.

"Where is the policeman? When you don't want him the bugger is always there. He's sleeping with some concierge. Get the Agent." Till some one threw a bucket of water from a window and the moaning stopped. "What's that? Water. Ah, that's intelligent." And the windows shutting. Marie, his femme de menage, protesting against the eight-hour day saying, "If a husband works until six he gets only a riffle drunk on the way home and does not waste too much. If he works only until five he is drunk every night and one has no money. It is the wife of the working man who suffers from this shortening of hours."

"Wouldn't you like some more broth?" the woman asked him now.

"No, thank you very much. It is awfully good."

"Try just a little."

"I would like a whiskey-soda."

"It's not good for you."

"No. It's bad for me. Cole Porter wrote the words and the music. This knowledge that you're going mad for me."

"You know I like you to drink."

"Oh yes. Only it's bad for me."

When she goes, he thought, I'll have all I want. Not all I want but all there is. Ayee he was tired. Too tired. He was going to sleep a little while. He lay still and death was not there. It must have gone around another street. It went in pairs, on bicycles, and moved absolutely silently on the pavements.

No, he had never written about Paris. Not the Paris that he cared about. But what about the rest that he had never written?

What about the ranch and the silvered gray of the sage brush, the quick, clear water in the irrigation ditches, and the heavy green of the alfalfa. The trail went up into the hills and the cattle in the summer were shy as deer. The bawling and the steady noise and slow moving mass raising a dust as you brought them down in the fall. And behind the mountains, the clear sharpness of the peak in the evening light and, riding down along the trail in the moonlight, bright across the valley. Now he remembered coming down through the timber in the dark holding the horse's tail when you could not see and all the stories that he meant to write.

About the half-wit chore boy who was left at the ranch that time and told not to let any one get any hay, and that old bastard from the Forks who had beaten the boy when he had worked for him stopping to get some feed. The boy refusing and the old man saying he would beat him again. The boy got the rifle from the kitchen and shot him when he tried to come into the barn and when they came back to the ranch he'd been dead a week, frozen in the corral, and the dogs had eaten part of him. But what was left you packed on a sled wrapped in a blanket and roped on and you got the boy to help you haul it, and the two of you took it out over the road on skis, and sixty miles down to town to turn the boy over. He having no idea that he would be arrested. Thinking he had done his duty and that you were his friend and he would be rewarded. He'd helped to haul the old man in so everybody could know how bad the old man had been and how he'd tried to steal some feed that didn't belong to him, and when the sheriff put the handcuffs on the boy he couldn't believe it. Then he'd started to cry. That was one story he had saved to write. He knew at least twenty good stories from out there and he had never written one. Why?

"You tell them why," he said.

"Why what, dear?"

"Why nothing."

She didn't drink so much, now, since she had him. But if he lived he would never write about her, he knew that now. Nor about any of them. The rich were dull and they drank too much, or they played too much backgammon. They were dull and they were repetitious. He remembered poor Julian and his romantic awe of them and how he had started a story once that began, "The very rich are different from you and me." And how some one had said to Julian, Yes, they have more money. But that was not humorous to Julian. He thought they were a special glamourous race and when he found they weren't it wrecked him just as much as any other thing that wrecked him.

He had been contemptuous of those who wrecked. You did not have to like it because you understood it. He could beat anything, he thought, because no thing could hurt him if he did not care.

All right. Now he would not care for death. One thing he had always dreaded was the pain. He could stand pain as well as any man, until it went on too long, and wore him out, but here he had something that had hurt frightfully and just when he had felt it breaking him, the pain had stopped.

He remembered long ago when Williamson, the bombing officer, had been hit by a stick bomb some one in a German patrol had thrown as he was coming in through the wire that night and, screaming, had begged every one to kill him. He was a fat man, very brave, and a good officer, although addicted to fantastic shows. But that night he was caught in the wire, with a flare lighting him up and his bowels spilled out into the wire, so when they brought him in, alive, they had to cut him loose.

Shoot me, Harry. For Christ sake shoot me. They had had an argument one time about our Lord never sending you anything you could not bear and some one's theory had been that meant that at a certain time the pain passed you out automatically. But he had always remembered Williamson, that night. Nothing passed out Williamson until he gave him all his morphine tablets that he had always saved to use himself and then they did not work right away.

Still this now, that he had, was very easy; and if it was no worse as it went on there was nothing to worry about. Except that he would rather be in better company.

He thought a little about the company that he would like to have.

No, he thought, when everything you do, you do too long, and do too late, you can't expect to find the people still there. The people all are gone. The party's over and you are with your hostess now.

I'm getting as bored with dying as with everything else, he thought.

"It's a bore," he said out loud.

"What is, my dear?"

"Anything you do too bloody long."

He looked at her face between him and the fire. She was leaning back in the chair and the firelight shone on her pleasantly lined face and he could see that she was sleepy. He heard the hyena make a noise just outside the range of the fire.

"I've been writing," he said. "But I got tired."

"Do you think you will be able to sleep?"

"Pretty sure. Why don't you turn in?"

"I like to sit here with you."

"Do you feel anything strange?" he asked her.

"No. Just a little sleepy."

"I do," he said.

He had just felt death come by again.

"You know the only thing I've never lost is curiosity," he said to her.

"You've never lost anything. You're the most complete man I've ever known."

"Christ," he said. "How little a woman knows. What is that? Your intuition?"

Because, just then, death had come and rested its head on the foot of the cot and he could smell its breath.

"Never believe any of that about a scythe and a skull," he told her. "It can be two bicycle policemen as easily, or be a bird. Or it can have a wide snout like a hyena."

It had moved up on him now, but it had no shape any more. It simply occupied space.

"Tell it to go away."

It did not go away but moved a little closer.

"You've got a hell of a breath," he told it. "You stinking bastard."

It moved up closer to him still and now he could not speak to it, and when it saw he could not speak it came a little closer, and now he tried to send it away without speaking, but it moved in on him so its weight was all upon his chest, and while it crouched there and he could not move or speak, he heard the woman say, "Bwana is asleep now. Take the cot up very gently and carry it into the tent."

He could not speak to tell her to make it go away and it crouched now, heavier, so he could not breathe. And then, while they lifted the cot, suddenly it was all right and the weight went from his chest.

It was morning and had been morning for some time and he heard the plane. It showed very tiny and then made a wide circle and the boys ran out and lit the fires, using kerosene, and piled on grass so there were two big smudges at each end of the level place and the morning breeze blew them toward the camp and the plane circled twice more, low this time, and then glided down and levelled off and landed smoothly and, coming walking toward him, was old Compton in slacks, a tweed jacket and a brown felt hat.

"What's the matter, old cock?" Compton said.

"Bad leg," he told him. "Will you have some breakfast?"

"Thanks. I'll just have some tea. It's the Puss Moth you know. I won't be able to take the Memsahib. There's only room for one. Your lorry is on the way."

Helen had taken Compton aside and was speaking to him. Compton came back more cheery than ever.

"We'll get you right in," he said. "I'll be back for the Mem. Now I'm afraid I'll have to stop at Arusha to refuel. We'd better get going."

"What about the tea?"

"I don't really care about it, you know."

The boys had picked up the cot and carried it around the green tents and down along the rock and out onto the plain and along past the smudges that were burning brightly now, the grass all consumed, and the wind fanning the fire, to the little plane. It was difficult getting him in, but once in he lay back in the leather seat, and the leg was stuck straight out to one side of the seat where Compton sat. Compton started the motor and got in. He waved to Helen and to the boys and, as the clatter moved into the old familiar roar, they swung around with Compie watching for warthog holes and roared, bumping, along the stretch between the fires and with the last bump rose and he saw them all standing below, waving, and the camp beside the hill, flattening now, and the plain spreading, clumps of trees, and the bush flattening, while the game trails ran now smoothly to the dry waterholes, and there was a new water that he had never known of. The zebra, small rounded backs now, and the wildebeeste, big-headed dots seeming to climb as they moved in long fingers across the plain, now scattering as the shadow came toward them, they were tiny now, and the movement had no gallop, and the plain as far as you could see, gray-yellow now and ahead old Compie's tweed back and the brown felt hat. Then they were over the first hills and the wildebeeste were trailing up them, and then they were over mountains with sudden depths of green-rising forest and the solid bamboo slopes, and then the heavy forest again, sculptured into peaks and hollows until they crossed, and hills sloped down and then another plain, hot now, and purple brown, bumpy with heat and Compie looking back to see how he was riding. Then there were other mountains dark ahead.

And then instead of going on to Arusha they turned left, he evidently figured that they had the gas, and looking down he saw a pink sifting cloud, moving over the ground, and in the air, like the first snow in at ii blizzard, that comes from nowhere, and he knew the locusts were coming, up from the South. Then they began to climb and they were going to the East it seemed, and then it darkened and they were in a storm, the rain so thick it seemed like flying through a waterfall, and then they were out and Compie turned his head and grinned and pointed and there, ahead, all he could see, as wide as all the world, great, high, and unbelievably white in the sun, was the square top of Kilimanjaro. And then he knew that there was where he was going.

Just then the hyena stopped whimpering in the night and started to make a strange, human, almost crying sound. The woman heard it and, stirred uneasily. She did not wake. In her dream she was at the house on Long Island and it was the night before her daughter's debut. Somehow her father was there and he had been very rude. Then the noise the hyena made was so loud she woke and for a moment she did not know where she was and she was very afraid. Then she took the flashlight and shone it on the other cot that they had carried in after Harry had gone to sleep. She could see his bulk under the mosquito bar but somehow he had gotten his leg out and it hung down alongside the cot. The dressings had all come down and she could not look at it.

"Molo," she called, "Molo! Molo!"

Then she said, "Harry, Harry!" Then her voice rising, "Harry! Please. Oh Harry!"

There was no answer and she could not hear him breathing.

Outside the tent the hyena made the same strange noise that had awakened her.

But she did not hear him for the beating of her heart.

한글번역

킬리만자로의 눈

"신기하게 전혀 아프지 않아." 그가 말했다. "이런 식으로 떠날 시간을 알려주는군."

"정말요?"

"물론이지. 그나저나 냄새 때문에 너무 미안해. 괴로울 텐데."

"제발 그렇지 말아요!"

"저 녀석들 좀 봐." 그가 말했다. "녀석들이 저렇게 오는 건 이런 몰골 때문일까, 아니면 냄새 때문일까?"

미모사나무의 넓은 그늘 아래 남자가 누워 있는 침상이 자리하고 있었다. 그늘 너머 뙤약볕이 내리쬐는 평원 위를 바라보니, 몸집이 튼 새 세 마리가 흉측한 모습으로 쭈그려 앉아있고, 그 사이 하늘에는 열두 마리가 넘는 새들이 경쾌하게 미끄러지듯 날아다니며 빠르게 움직이는 그림자를 만들었다.

"저 녀석들은 트럭이 고장난 그날부터 쭉 저기 있었지." 그가 말했다. "그런데 오늘 처음으로 죄다 땅에 내려와있네. 혹시나 녀석들 이야기를 소설에 써먹을까 싶어 처음에는 날아가는 방식을 유심히 관찰했었는데, 이제 그건 웃기는 짓이야."

"그러지 말아요." 그녀가 말했다.

"말이 그렇다는 거지 뭐." 그가 말했다. "말이라도 하면 훨씬 편해지거든. 그렇다고 당신을 귀찮게 하고 싶지는 않아."

"귀찮을 게 뭐 있어요." 그녀가 대답했다. "해줄 수 있는 게 하나도 없어서 속상할 뿐이죠. 비행기 올 때까지 우리 가능한 한 맘 편히 있어요."

"아니면 비행기가 오지 않을 때까지."

"내가 할 수 있는 일이나 말해줘요. 분명 내가 할 수 있는 일이 있을 거예요."

"다리 좀 잘라줘. 그럼 그걸 멈추게 할 수 있을지도 몰라. 확실하진 않지만 말이야. 아님 총으로 쏴 주든가. 이제 당신도 명사수잖아. 내가 총 쏘는 법 가르쳐주지 않았소?"

"제발 그런 식으로 말하지 말아요. 책 읽어줄까요?"

"뭐 읽을 건데?"

"가방에 있는 책 중에서 읽지 않은 거 아무거나요."

"그게 귀에 들어오겠어?" 그가 말했다. "얘기하는 게 제일 편해. 말싸움도 하고, 그러다 보면 시간도 빨리 가고 말이야."

"난 안 싸워요. 정말 싸우기 싫다고요. 더는 우리 싸우지 말아요. 아무리 불안해도 말이죠. 아마 오늘쯤 사람들이 다른 트럭을 가지고 돌아올 거예요. 아마 비행기가 올 거예요."

"난 움직일 생각 없어." 남자가 말했다. "이제 움직이는 건 아무 의미가 없어. 당신 맘이야 편하겠지만."

"그건 비겁해요."

"험담하지 말고, 가능한 한 맘 편히 죽도록 내버려 둘 순 없어? 나한테 욕해봤자 무슨 소용이 있어!"

"당신은 죽지 않아요."

"바보 같이 굴지 마. 난 지금 죽어가고 있어. 저 녀석들한테 물어보라고." 그는 벗겨진 머리가 구부러진 깃털 속에 파묻혀 있는 덩치 큰 더러운 새들이 앉아 있는 곳을 건너다보았다. 네 번째 새가 내려와서 종종걸음으로 뛰더니 다른 무리들이 있는 곳으로 천천히 뒤뚱거리며 걸어갔다.

"저런 녀석들은 어느 캠프에나 있어요. 신경 쓰지 마세요. 포기하지 않는 한 당신은 안 죽어요."

"그런 건 어디서 읽었어? 당신은 형편없는 바보구먼."

"다른 사람 생각도 좀 해줘요."

"맙소사!" 그가 말했다. "그게 내 일이었어."

그는 그런 다음 누워서 잠시 말없이 평원의 아지랑이 너머 덤불 가장자리로 시선을 옮겼다. 노란색 바탕에 흰색의 왜소해 보이는 톰슨 가젤 몇 마리가 있었고 저 멀리 녹색 덤불을 배경으로 흰색 얼룩말 무리가 보였다. 이곳은 언덕을 등지고 커다란, 아래에 있는 쾌적한 야영지로, 깨끗한 물도 있고 근처에 말라 버린 물웅덩이에 아침마다 사막 꿩들이 날아들었다.

"책 읽지 말까요?" 그녀가 물었다. 그녀는 그의 침상 옆 캔버스 천 의자에 앉아있었다. "산들바람이 부네요."

"응! 그만 둬."

"아마 트럭이 올 거예요."

"염병할 트럭 같은 거 관심 없어."

"난 있어요."

"내가 관심도 없는 것들에 당신은 아주 관심이 많지."

"그렇게 많지는 않아요, 해리!"

"술 한잔 할까?"

"당신한테 해로워요. 블랙이 쓴 책에 알코올은 죄다 피하라고 쓰여있어요. 당신, 술 마시면 안 돼요."

"몰로!" 그가 소리쳤다.

"네, 브와나(주인님)."

"위스키소다 가져와."

"네, 브와나!"

"안 돼요." 그녀가 말했다. "그게 바로 내가 말한 포기라는 거예요. 술이 당신한테 나쁘다고 책에 나와 있다니까요. 술이 당신에게 나쁘다는 정도는 나도 안다고요."

"아니야." 그가 말했다. "나한테는 괜찮아."

그래, 이제 다 끝났어, 그는 생각했다. 이제 그는 끝낼 기회도 가지지 못할 것이다. 술 가지고 언쟁이나 벌이다가 이렇게 끝나는 거지. 오른쪽 다리에 괴저가 시작되면서부터 그는 아무런 통증도 느끼지 못했고 통증과 함께 공포도 사라졌다. 이제 그가 느끼는 거라고는 극도의 피곤함과 이게 인생의 끝이라는 분노뿐이다. 지금 다가오고 있는 이것에 대해, 그는 궁금한 게 거의 없었다. 오랫동안 그토록 집착해오던 것이었는데. 하지만 이제 그 자체는 아무런 의미가 없었다. 피곤하다는 이유로, 쉽게 그렇게 된다는 게 신기했다.

이제 그는 충분히 파악하여 제대로 쓰기 위해 아껴뒀던 이야기들을 결코 쓰지 못하게 될 것이다. 아마 그 이야기들을 쓰려고 시도하다가 실패하는 일도 없을 것이다. 어쩌면 그것들은 절대 쓸 수 없었던 것들이었는지도 모른다. 그래서 계속 미루면서 시작도 못하고 있었던 건지도, 아무튼 이제 그는 알 수가 없었다.

"우리 오지 말걸 그랬어요." 여자가 말했다. 그녀는 남자를 바라보면서 잔을 들고 입술을 깨물었다. "파리에 있었더라면 이런 일은 절대 겪지 않았을 텐데, 당신 파리를 사랑한다고 입버릇처럼 말했잖아요. 파리에 있든 다른 어딘 갈 수 있었는데, 나는 어디라도 갈 수 있었어요. 당신이 원하는 곳 어디든 가겠다고 했었죠. 당신이 사냥을 하고 싶으면, 헝가리에 가서 사냥이나 하면서 편하게 지냈을 텐데."

"당신의 그 염병할 돈으로 말이지!" 그가 말했다.

"부당해요." 그녀가 말했다. "내 돈이 늘 당신 돈이잖아요. 나는 모든 걸 내려놓고 당신이 가고 싶어 하는 곳이면 어디든 갔고 당신이 하고 싶어 하는 것도 다 했어요. 하지만 여기만은 오지 말았어야 했어요."

"여기가 좋다고 했잖아."

"당신이 괜찮을 때는 그랬죠. 하지만 이젠 싫어요. 당신 다리가 왜 그렇게 돼야 하는지 모르겠어요. 우리가 무슨 짓을 했다고, 이런 일을 당하는 거죠?"

"처음에 내가 다리를 긁혔을 때 요오드를 바르는 걸 깜박해서 일거야. 그때 이후로 다리에 관심이 없었어. 감염된 적이 한 번도 없었으니까. 그러다가 후에 상태가 점점 악화되었을 때 다른 소독제는 동이 났고 아마 상처 주위에 약한 석탄산수를 사용했을 거야. 그게 미세한 혈관을 마비시키고 괴사를 유발한 거지. 그는 그녀를 바라보았다. "또 뭐가 있겠어?"

"그런 의미가 아니잖아요."

"만일 우리가 풋내기 키쿠유족 운전사 대신 솜씨 좋은 정비공을 고용했더라면, 그는 오일을 체크했을 테고 트럭의 그 베어링이 고장 나는 일도 없었겠지."

"내 말은 그런 의미가 아니에요."

"당신이 당신 집안사람들, 그러니까 그 빌어먹을 트베리, 새러토가, 팜비치 사람들을 버리고 나를 떠맡지 않았어도……"

"맙소사! 난 당신을 사랑했어요. 그건 부당해요. 난 지금도 당신을 사랑해요. 평생 당신을 사랑할 거예요. 당신은 날 사랑하지 않나요?"

"응. 남자가 말했다. "난 안 그런 것 같소. 그래 본 적이 없어."

"해리! 무슨 얘기 하는 거예요? 정신 나갔군요?"

"아니. 나갈 정신도 없는 걸."

"그거 마시지 말아요." 그녀가 말했다. "여보, 제발 마시지 마세요. 우리가 할 수 있는 건 다 해봐야 하잖아요."

"당신이나 해." 그가 말했다. "난 지쳤어."

이제 그의 머릿속에 카라가치 기차역이 떠올랐고 그가 가방을 메고 서 있었다. 지금 심플론 오리엔트(파리에서 이스탄불까지 1883~1977년에 운행된 고급열차)의 전조등이 어둠을 가르고 있었고 그는 퇴각 이후 트라키아를 떠나고 있는 중이었다. 이 것은 그가 쓰려고 아껴뒀던 이야기들 중 하나였다. 거기에 더하여 불가리아에서 아침 식사 때 창밖을 보다가 산에 쌓인 눈을 바라보면서 엔의 비서가 노인에게 저것이 눈인지 아닌지 묻자 노인은 그것을 보고 "네, 저건 눈이 아닙니다. 눈이 내리기에는 너무 이르죠."라고 말했다는 얘기도 그중 하나다. 그 비서는 다른 여자들에게 "아니래. 알겠지? 저건 눈이 아니래."라고 되풀 이했다. 그들 모두 "저건 눈이 아니래. 우리가 잘못 안 거야."라고 말했단다. 하지만 그것은 틀림없이 눈이었고 주민 교환이 진행될 때 그는 여자들을 그곳으로 보냈다. 그리고 그해 겨울 그들이 죽을 때까지 밟고 다녔던 것은 눈이었다.

그해 크리스마스 주간 내내 가우어탈에 내렸던 것 역시 눈이었다. 그들은 도자기 재질의 네모나고 큼직한 난로가 방 절반 을 차지하는 나무꾼 숙소에서 지내며 너도밤나무 잎으로 가득 채운 매트리스에서 잤다. 그 즈음 발이 피투성이가 되어 눈 속을 헤치며 나타난 도망병이 있었다. 그는 헌병이 바로 뒤쫓아 온다고 말했고 그에게 그들의 양모 양말을 건넸고, 발자국 위에 눈이 쌓여 지워질 때까지 헌병들에게 이야기를 시키면서 붙잡아두었다.

슈룬츠에서는 크리스마스 날, 술집에서 밖을 내다보며 교회에서 귀가하는 사람들을 하나하나 지켜봤는데, 하얀 눈이 하도 빛나서 눈이 시릴 정도였다. 스키를 어깨에 짊어진 사람들은 가파른 소나무 언덕을 낀 강가를 따라 썰매로 반들반들해져 노란 오줌 색깔이 나는 도로를 걸어갔고, 마들레너 산장 위의 얼음 같은 눈 위를 멋지게 달려 내려갔다. 설탕 입힌 케이크처 럼 부드러워 보이고 분말처럼 가벼운 눈, 그리고 그는 새처럼 아래로 내려올 때 그 속도가 만들어 낸 소리 없는 질주를 기억 했다.

그 당시, 그들은 눈보라가 몰아치는 가운데 마들레너에 갇혀 지냈다. 랜턴 불빛 옆 자욱한 담배 연기 속에 카드놀이를 하면서 말이다. 헤르 렌트 씨가 돈을 많이 잃을 때면 매번 판돈이 점점 커졌다. 결국 그는 가진 돈을 전부 잃고 말았다. 스키 강습으로 번 돈이며 그 시즌의 수익에 자본금까지 몽땅 말이다. 코가 긴 렌트 씨가 카드를 뽑아들고 바로 펼치던 모습이 떠올랐다. 판을 직접 보지 않고, 머릿속으로 게임을 하는 일명 "상 브아르"말이다. 그 후로 늘 도박판이 벌어졌다. 눈이 오지 않아도 도박을 했고 눈이 너무 와도 도박을 했다. 그는 살면서 도박을 하며 보낸 그 모든 시간들에 대해 생각했다.

하지만 그는 이런 이야기를 한 번도 쓴 적이 없었다. 게다가 그 춥고 눈부셨던 크리스마스 날 바커가 비행기를 타고 오스트 리아 장교들의 휴가 열차를 폭파시키고 그들이 황급히 흩어져 도망갈 때 그들에게 기관총을 난사하며, 전선을 횡단했던 그 평원 너머 보이는 산들에 대해서도 쓴 적이 없었다. 나중에 바커가 식당으로 들어와 그 이야기를 시작한 게 생각났다. 당시 주변이 너무나 조용해졌고 누군가가 이런 말을 했다. "이 염병할 살인자 새끼야."

그가 후에 같이 스키를 탔던 사람들이 그때 그들이 죽였던 같은 오스트리아인들이었다. 아니, 똑같은 사람은 아니다. 그해 내내 그와 함께 스키를 탔던 한스는 카이저 경보병대에 있었기 때문이다. 그리고 그들은 제재소 위쪽 작은 계곡에서 토끼 사냥을 하면서 파수 비오 전투, 페르티카라와 아살로네 공격에 대한 이야기를 나눴지만 그는 그런 이야기들도 쓴 적이 없었 다. 몬테 코로나나 세테 코르니, 아르시에로에 대해서도 마찬가지였다.

그는 포어아를베르크 산과 아를베르크 산에서 몇 번의 겨울을 보았던가? 네 번이었다. 당시 선물을 사기 위해 블루덴츠로 걸어가다 만난, 여우를 팔러 나온 남자와 체리 씨 맛이 나는 맛있는 키르시(체리로 만든 독한 술), 딱딱한 표면 위에 쌓인 가루눈이 계속해서 흩날리던 모습도 생각났다. 사람들은 "하이! 호! 롤리는 말했지"라고 노래를 부르면서 가파른 비탈길을 따라 마지막 구간을 직선으로 내려와 과수원을 세 번쯤 돌고 배수로를 지나 여관 뒤쪽 얼음으로 뒤덮인 도로까지 스키를 타고 내려갔다. 스키 바인딩을 느슨하게 풀고 스키를 벗어 여관 나무 벽에 기대 놓았다. 전등 불빛이 창문을 통해 비쳤고 집안에서는 새 와인의 향기가 풍기는 연기 자욱한 온기 속에서 사람들이 아코디언을 연주하고 있었다.

"우리가 파리 어디에 묵었었지?" 아프리카에서 이제 그의 옆 캔버스 천 의자에 앉아 있는 여자에게 그가 물었다.

"크리용에서요. 당신도 알잖아요."

"어째서 내가 그걸 알지?"

"우리가 늘 거기서 지냈으니까요."

"아니, 늘은 아니지."

"거기랑 생제르맹에 있는 파비용 앙리 카트르에서요. 당신 그곳을 사랑한다고 했잖아요."

"사랑은 똥 더미야." 해리가 말했다. "그리고 난 그 위에 올라가 꼬끼오 울어대는 수탉이고."

"만에 하나 당신이 죽는다 해도," 그녀가 말했다. "당신이 남긴 모든 걸 완전히 없앨 필요가 있을까요? 그러니까 모든 걸 버려야 하나요? 당신의 말과 아내까지 죽이고 안장과 갑옷까지 불태워야 하느냔 말이에요?"

"그래." 그가 말했다. "당신의 그 빌어먹을 돈이 내 갑옷이었어. 내 스위프트고 내 갑옷이라고"

"그러지 말아요."

"좋아. 그만 할게. 당신한테 상처 주고 싶진 않아."

"이젠 좀 늦었네요."

"그럼 좋아. 계속 상처를 주지. 그게 더 재미있겠군. 내가 당신이랑 유일하게 즐겨 했던 그걸 이제 할 수 없으니 말이야."

"아니, 그렇지 않아요. 당신은 많은 걸 하고 싶어 했고 당신이 하고 싶어 하는 일이라면 나도 전부 했다고요."

"이런! 제발 공치사 좀 그만 늘어놔."

그가 그녀를 쳐다보니 울고 있었다.

"잘 들어." 그가 말했다. "내가 재미로 이러는 것 같아? 나도 내가 왜 이러는지 모르겠어, 살고 싶어 안달하고 있는 것 같아. 우리 이야기를 시작할 때는 괜찮았어. 나도 이러려고 시작한 건 아니니까. 이제 나는 멍청이처럼 미쳐버렸고 있는 대로 당신에게 잔인하게 굴고 있어. 내가 무슨 말을 지껄이든 신경 쓰지 마, 여보, 난 당신을 사랑해, 진심이야. 알잖아. 내가 당신을 사랑한다는 거. 난 당신만큼 다른 누군가를 사랑해 본 적도 없어."

그는 밥벌이 수단인 익숙한 거짓말로 빠져들었다.

"당신은 내게 참 다정해요."

"나쁜 년." 그가 말했다. "이 돈 많은 암캐. 그건 시야. 이제 내 머릿속은 시로 꽉 찼어. 헛소리와 시, 헛소리 같은 시 말이야."

"그만해요, 해리 어쩌자고 이젠 악마로 변하는 거죠?"

"아무것도 남겨 두기 싫어." 남자가 말했다. "남기고 싶지 않다고."

이제 저녁이었고 그는 잠이 들었다. 해는 산등성이 너머로 사라졌고 평원 전체에 어둠이 짙게 내려앉았다. 작은 동물들이 캠프 근처에서 먹이를 먹고 있었다. 그는 녀석들이 머리를 재빠르게 낮추고 꼬리를 흔들면서 이젠 덤불에서 멀리 떨어져 나와있는 것을 지켜보았다. 새들은 더 이상 땅에서 기다리지 않았다. 녀석들은 나무 위에 무겁게 자리를 잡고 앉았다. 수가 더 늘었다. 그의 시중을 드는 소년이 침대 옆에 앉는 중이었다.

"마님은 사냥하러 가셨어요." 소년이 말했다. "주인님, 필요하신 거 있으세요?"

"없어."

그녀는 고기를 잡으러 갔다. 그가 사냥 구경을 얼마나 좋아하는지 잘 알고 있지만 그가 볼 수 있는 평원의 이 조그만 지역을 소란스럽게 하지 않으려고 그녀는 먼 곳으로 갔다. 생각이 깊은 사람이야, 그는 생각했다. 그녀가 알고 있거나 읽고 들은 것들에 대해서. 깊은 사람이야, 그는 생각했다.

그녀를 만났을 무렵 그가 이미 폐인이었던 것은 그녀 잘못이 아니다. 남자가 하는 말에 아무 의미가 없으며 그저 습관적으로, 맘 편하자고 내뱉은 말이라는 걸 대체 어느 여자가 알 수 있겠는가? 자기가 한 말에 더 이상 의미를 두지 않기 시작하면서부터 그의 거짓말은 진실을 말할 때보다 여자들에게 더 잘 먹혔다.

그가 거짓말을 했다기보다는 오히려 말할 진실이 없었다는 편이 더 정확할 것이다. 그는 제 생활을 즐기다가 그것이 시들해지면 다시 사람들과 함께 더 많은 돈을 가지고, 예전에 갔던 곳 중 최고의 장소와 몇몇 새로운 곳에서 다시 삶을 계속 이어갔다.

생각을 하지 않으니 모든 게 기가 막히게 좋았다. 맘도 편하다 보니 그런 식으로, 그러니까 대부분의 사람들이 그랬던 것처럼 허물어지지도 않았고, 전에 하던 일을 더 이상 할 수 없을 때는 그 일에 관심 없는 척했다. 하지만 내심 이런 사람들, 갑부들에 대해 글을 써보리라, 실제로 자기는 그들 중 한 사람이 아닌 그들 세계에 들어간 스파이며, 그곳을 떠나면 그곳에 대해 쓸 것이고, 이번에는 자기가 쓰려고 하는 것에 대해 알고 있는 사람에 의해 그 얘기가 쓰일 거라고 생각했다. 하지만 그렇게 하지 못했다. 매일 글은 쓰지 않고 요령이나 피우면서 자기를 경멸하여 제 능력을 깎아먹고 일할 의지를 꺾어버리는 짓이나 하고 돌아다니면서 결국에는 일을 전혀 하지 않았기 때문이다. 지금 그가 알고 있는 사람들은 그가 일을 하지 않을 때 훨씬 더 편안해 했다. 아프리카는 그가 한창때 가장 행복하게 지내던 곳이었기 때문에, 그는 다시 시작하려고 이곳 변방으로 왔다. 사람들은 편안함을 최소한으로 줄여 이 사파리 여행을 계획했다. 힘든 점은 없었지만 이런 식으로 다시 훈련을 시작할 수 있다고 생각했다. 어떤 점에서 보면, 그가 이런 식으로 자신의 영혼에서 지방을 빼려고 하는 것은 권투 선수가 운동과 훈련으로 제 몸에서 지방을 태우려고 산으로 가는 것과 일맥상통했다.

그녀는 그걸 반겼다. 그런 태도가 너무 마음에 든다고 했다. 그녀는 신나는 일, 환경을 바꿔 새로운 사람들을 만나고 즐거운 일들이 펼쳐지는 곳과 관련된 것은 무엇이든 사랑했다. 그리고 그는 일할 의지가 다시 생길 거라는 착각에 빠졌다. 그렇다면, 설령 이렇게 끝난다 해도, 그렇다는 걸 알았다 해도, 등뼈가 부러졌다고 자신을 무는 뱀처럼 돌변해선 안 된다. 그것은 이 여자 잘못이 아니니까. 만일 이 여자가 아니었다면 다른 여자였겠지. 거짓말로 먹고 살았다면, 죽을 때도 그렇게 해야 할 것이다. 언덕 너머에서 총소리가 들렸다.

그녀는 총을 아주 잘 쐈다. 이 멋지고 돈 많은 암캐, 친절한 보호자이면서 그의 재능의 파괴자. 말도 안 되는 소리. 그는 스스로 자기 재능을 파괴했다. 그녀가 그를 잘 돌봐줬다고 어째서 이를 탓해야 한단 말인가? 그는 자기 재능을 사용하지도 않음으로써, 자기 자신과 자신이 믿는 것을 배신함으로써, 날카롭던 통찰력을 무디게 할 정도로 폭음을 함으로써, 게으름과 나태로, 속물근성으로, 오만과 편견으로, 갖가지 방법으로써 자신의 재능을 파괴해버렸다. 도대체 이게 뭐야? 헌책들의 목록? 아무튼 그의 재능은 무엇이었을까? 그것은 괜찮은 재능이었지만 그는 그것을 사용하는 대신 부당하게 이용했다. 그는 그것을 사용해 본 적이 없지만 언제든 사용할 수 있었다. 그는 펜이나 연필 대신 그 밖의 다른 것으로 생계를 꾸려나가기로 결정했다. 참 신기하게도, 그는 여자와 사랑에 빠지면 그 여자는 가장 최근 여자보다 돈이 항상 더 많았다. 신기하지 않은가! 하지만 이제 이 여자, 그러니까 여자들 중 돈이 가장 많은 이 여자, 가진 게 돈뿐인 여자, 남편과 아이도 있는 여자, 애인들도 있지만 그들에게 만족을 못하는 여자, 그를 작가로, 남자로, 친구로, 자랑스러운 소유물로 진정 사랑했던 이 여자를 그는 더 이상 사랑하지 않고 거짓말만 하고 있을 때가, 그녀를 진심으로 사랑했을 때보다 그녀의 돈 때문에 그녀에게 더 많은 것을 줄 수 있다니 신기할 따름이다.

우리 모두 자기가 하는 일에 적임자임에 틀림없다고 그는 생각했다. 어떤 식으로 생계를 꾸리든 그것은 제 능력에 달려 있다. 그는 평생 이런저런 형태로 정력을 팔아왔고 그다지 정이 가지 않을 때는 돈에 더 많은 가치를 두었다. 그 사실을 깨달았지만 그는 지금 또한 그것에 대해 글은 쓰지 않을 작정이다. 아니, 그는 그것이 제아무리 쓸 만한 가치가 있더라도 쓰지 않을 것이다.

그때 그녀가 나타났고 들판을 지나 캠프를 향해 걸어왔다. 그녀는 승마 바지를 입고 엽총을 들고 있었다. 하인 두 명이 톰슨 가젤을 어깨에 짊어지고 그녀 뒤를 따라오고 있었다. 여전히 멋져, 그가 생각했다. 게다가 몸매도 매력적이야. 그녀는 잠자리에서도 대단한 능력과 진가를 발휘했다. 예쁘지는 않지만 그는 그녀의 얼굴을 좋아했고 그녀는 독서광인데다 승마와 사냥을 좋아했으며 물론 술도 잘 마셨다. 그녀의 남편은 그녀가 비교적 젊은 나이였을 때 죽었고, 한동안 그녀는 말들이 있는, 마구간과 책, 술에 그리고 이미 자란 두 아이들에게 헌신했지만 아이들은 그녀를 필요로 하지 않았고 그녀가 주변에 있는 것을 어색해 했다. 그녀는 식사 전 저녁나절에 책을 즐겨 읽었고 책을 읽는 동안 스카치 소다를 마셨다. 저녁 식사 때쯤이면 이미 술에 거나하게 취해 있었고 식사 때 와인 한 병을 마신 후에는 대개 술에 곯아떨어졌다.

애인들이 생기기 전에는 그랬다. 애인을 사귄 후로는 술을 그다지 많이 마시지 않았는데, 잠들기 위해 취할 필요가 없었기 때문이다. 하지만 그녀에게 애인들은 따분했다. 따분하지 않은 남자와 결혼했지만 이 사람들이 이제는 너무 지루했다.

그러다가 두 자녀 중 한 명이 비행기 사고로 숨졌고 그 일이 있은 후 그녀는 애인을 원치 않았다. 술도 마취제가 아니었으므로 그녀는 또 다른 삶을 살아야 했다. 갑자기 혼자라는 게 몹시 두려워졌다. 하지만 그녀는 자신이 존경할 만한 사람을 원했다.

시작은 아주 평범했다. 그녀는 그가 쓴 것을 좋아했고 그가 살아온 삶을 늘 부러워했다. 그는 자기가 원하는 바로 그런 삶을 살고 있다고 생각했던 것이다. 그녀가 그의 마음을 얻어가는 과정과 마침내 그와 사랑에 빠졌던 상황은 모두 평범하게 진행됐고 그 속에서 그녀는 새 인생을 설계했고 그는 자신의 오래된, 삶에 남아있던 잔재들을 처분했다.

그는 안정과 안락한 삶을 위해 그것을 거래했고 그것을 부정하지 않았다. 그 밖에 무슨 다른 이유가 있겠는가? 그는 알지 못했다. 그녀는 그가 원하는 거라면 뭐든지 사줬을 것이다. 그는 그걸 알고 있었다. 그녀는 또한 끝내주게 멋진 여자였다. 그는 다른 사람처럼 그녀와도 바로 잠자리를 가졌다. 그녀와는 다소 빨랐는데 그녀는 더 부자였고 아주 유쾌하고 안목도 있었으며 큰 소동을 부린 적도 없었기 때문이다. 그런데 이제 그녀가 재설계한 인생이 고이 다가오고 있었다. 2주 전, 대형 영양 무리의 사진을 찍으려 앞으로 이동하던 중 그의 무릎에 가시가 긁혔는데, 그때 소독약을 바르지 않았기 때문이다. 그 영양들은 고개를 쳐들고는 콧구멍으로 분위기를 살피며 귀를 활짝 펼친 채, 무슨 소리라도 들리면 덤불 속으로 냅다 튈 기세로 앞을 응시하고 있었다. 녀석들은 또한 그가 사진을 찍기 전에 쏜살같이 달아났다.

이제 그녀가 여기 있었다. 그는 간이침대 쪽으로 고개를 돌려 그녀를 바라보았다. "다녀 왔어?" 그가 말했다.

"수놈 톰슨가젤 한 마리를 잡았어요." 그녀가 그에게 말했다. 맛있는 스프가 될 거예요. 하인들에게 감자 몇 개를 으깨서 크림과 섞으라고 시킬게요. 기분은 어때요?"

"훨씬 나아졌어."

"그거 반가운 얘기네요. 그럴 거라 생각했어요. 내가 나갈 때 당신 자고 있었거든요."

"푹 잤어, 멀리 갔다 왔어?"

"아뇨, 언덕 뒤쪽까지만요. 톰슨가젤을 꽤 잘 맞혔어요."

"당신, 총 솜씨 대단하네."

"난 사냥이 좋아요. 아프리카도 사랑하고, 진짜. 만약 당신만 괜찮으면 이게 가장 재미있는 일인데, 당신과 사냥하는 게 얼마나 즐거운 일인지 당신은 모를 걸요. 나는 이 나라가 너무 좋았어요."

"나도 무척 좋아해."

"여보! 당신 기분이 훨씬 나아진 것 같아서 얼마나 좋은지 몰라요. 당신이 아까 같은 기분이었을 때는 못 견디겠더라고요. 다시는 그런 식으로 말하지 말아요. 약속하죠?"

"아니." 그가 말했다. "내가 무슨 말을 했는지 기억이 안 나."

"당신은 나를 무너뜨릴 필요가 없어요. 알았죠? 난 그저 당신을 사랑하고 당신이 원하는 걸 해주고 싶은 중년 여자일뿐이라고요. 나는 이미 두세 번 무너졌어요. 다시 나를 무너뜨리고 싶진 않겠죠?"

"나는 당신을 침대에서 여러 번 무너뜨리고 싶은데." 그가 말했다.

"그래요. 그런 무너짐이라면 환영이죠. 우리는 그런 식으로 무너지도록 만들어졌어요. 내일쯤 비행기가 이곳에 올 거예요:

"당신이 어떻게 알아?"

"확실해요. 반드시 와요. 일꾼들이 연기를 피우도록 나무와 풀을 이미 준비해뒀어요. 오늘 내려가서 한 번 더 확인했어요. 착륙할 여유 공간도 충분하고 양쪽 끝에서 연기를 피울 준비도 해뒀어요."

"어째서 당신은 비행기가 내일 올 거라고 생각하지?"

"틀림없이 올 거예요. 이미 왔어야 해요. 그럼 그때 시내에서 당신 다리를 치료한 다음 무너져보죠. 그런 지겨운 얘기는 말고요."

"우리 술 한잔 해야 하잖아? 해도 졌는데."

"그래야 한다고 생각해요?"

"난 한잔 할 거야."

"같이 한잔 마셔요. 몰로! 레티 두이 위스키소다!" 그녀가 소리쳤다.

"당신 모기 부츠를 신는 게 낫겠어." 그가 그녀에게 말했다.

"목욕하고 나서……"

점점 어두워지자 그들은 술을 마셨고 완전히 캄캄해지기 직전, 총을 쏠 수 없을 만큼 어두워졌을 때, 하이에나 한 마리가 언덕 주변을 어슬렁거리며 들판을 가로질렀다.

"저 녀석이 매일 밤 저기를 지나가네." 남자가 말했다. "2주 동안 밤마다."

"녀석이 밤에 시끄러운 소리를 내는 주범이군요. 난 신경 안 써요. 하지만 녀석들은 더러운 동물이죠."

함께 술을 마셨고 한 자세로 누워있는 불편함을 제외하면 이제 아무 통증도 없었다. 일꾼들은 불을 피웠고 그 그림자가 텐트 위에서 넘실거렸다. 그는 이 유쾌한 굴복의 삶을 잠자코 따르고자 하는 마음이 되살아나는 것 같았다. 그녀는 그에게 지극정성이었다. 오후 나절, 그는 잔인하고 부당했다. 그녀는 좋은 여자, 정말 최고다. 바로 그때, 자신이 죽을 거라는 생각이 그의 머리를 스치고 지나갔다.

그 생각은 갑작스레 들이닥쳤다. 물이나 바람이 들이닥치는 것과는 달랐다. 그것은 갑작스레 사악한 냄새를 풍기는 공허함의 급습이었고 이상한 것은 하이에나가 그것의 가장자리를 따라 살금살금 움직였다.

"왜 그래요? 해리!" 그녀가 그에게 물었다.

"아무것도 아니야." 그가 대답했다. "당신, 건너편으로 옮기는 편이 낫겠어. 바람이 부는 방향으로."

"몰로가 붕대 갈아줬어요?"

"응. 이제 붕산을 쓰고 있어."

"기분 어때요?"

"조금 불안하네."

"들어가서 목욕할래요." 그녀가 말했다. "금방 올게요. 같이 저녁 먹고 난 다음 침상을 안에 들여놓죠."

그는 혼잣말을 했다. 그만 다투길 아주 잘했어. 그는 이 여자와 심하게 다툰 적은 없지만 예전에 사랑했던 여자들과는 아주 심하게 다투는 바람에 결국, 언제나 그들과 함께 했던 것들은 다툼의 부식 작용으로 사라져버렸다. 그는 너무 많이 사랑했고 너무 많은 것을 요구했으며 그 모든 것을 지쳐버리게 했다.

그는 파리에서 싸운 후 집을 나가 콘스탄티노플에서 혼자 지내던 때를 생각했다. 날마다 매춘부와 관계를 가지면서도 관계가 끝나면 외로움이 사라지기는커녕 더욱 심해졌을 때, 자기를 떠난 첫 번째 여자에게 편지를 썼다. 허전함을 떨쳐버릴 수 없다고…… 자기가 예전에 레장스 카페 밖에서 그녀를 봤다고 생각한 순간 그는 완전히 기절할 정도로 마음이 너무 아팠고 어쩌다 큰 가로수 길에서 그녀를 닮은 여자를 뒤따라가다 그녀가 아닌 것을 알게 될까 봐, 그리고 그 여자가 자기에게 준 느낌을 잃게 될까봐 두려웠다고. 자기와 잤던 사람들은 하나같이 그녀를 더욱 그립게 했다. 그녀를 사랑하는 마음을 없앨 수 없다는 걸 알기 때문에 그녀가 했던 행동은 결코 중요하지 않았다. 그는 클럽에서 정신이 말짱한 상태에서 이 편지를 썼고 파리에 있는 자신의 사무실로 답장을 보내라며 편지를 뉴욕으로 보냈다. 그 편이 안전할 것 같았다. 그리고 그날 밤 공복의 메스꺼움을 느낄 정도로 그녀를 너무나 많이 그리워하면서 그는 레스토랑 막심 주변을 어슬렁거리다가 여자를 하나 잡아 늦은 저녁 식사에 데려갔다. 그 후 그는 그녀와 함께 춤추는 곳에 갔지만 그녀는 춤을 못 췄고, 그래서 그녀를 차고 화끈한 아르메니아 매춘부를 만났는데, 그 매춘부는 자기가 거의 데일 정도로 그에게 찰싹 달라붙어 흔들어댔다. 그는 싸움 끝에 영국 포병 중위한테서 그녀를 빼앗았다. 포병은 그에게 밖으로 나가자고 했고 그들은 어둠이 내린 밤에 자갈이 깔린 거리에서 싸웠다. 그는 포병의 턱 언저리를 두 번, 그것도 심하게 가격했고 그래도 그가 쓰러지지 않자 포병이 한판 붙으려고 한다는 것을 알아챘다. 포병은 그의 몸에 이어, 눈 옆을 가격했다. 그리고 다시 한번 왼손을 휘둘러 가격했고 그에게 덤벼들어 코트를 잡아채다가 소매 부분을 찢었다. 그는 포병의 뒤통수를 두 차례나 몽둥이로 내려친 뒤 포병을 밀쳐내면서 오른손으로 그를 흠씬 두들겨 팼다. 포병은 쓰러지면서 머리가 먼저 부딪쳤고, 헌병이 다가오는 소리에 그는 여자와 함께 달아났다. 그들은 택시를 타고 보스포루스 해협을 따라 리말리 히사로 향했다. 그렇게 그 주변을 돌아다니다가 추운 밤에 다시 돌아와 잠자리에 들었다. 그녀는 겉모습처럼 아주 노련해 보였지만 부드럽고 장미 꽃잎 같았고 달콤했으며 배는 매끈했고 가슴은 컸으며 엉덩이 밑에 베개를 받칠 필요가 없었다. 그리고 그는 첫 동이 트자 그녀가 헝클어진 모습으로 일어나기 전 그녀를 떠났고 한쪽 소매 부분이 뜯겨나갔기 때문에 코트를 들고 멍든 눈을 한 채 페라 궁에 도착했다.

그날 밤 그는 아나톨리아로 향했고 그 여행 막판에 아편용으로 재배하는 양귀비 밭 전체를 온종일 돌아다녔던 일이 생각났다. 그때 갑자기 기분이 묘해지면서 급기야 거리 감각에 이상이 생겼는지, 어느 순간 새로 발령 받은 콘스탄티노스의 장교들과 격했던 곳에 있었다. 그 장교들은 쥐뿔 아는 게 하나도 없었고 병대는 군대에 포를 발사했고 영국군 포격 지시관은 아이처럼 소리를 질러댔다.

그 당시, 그는 흰색 발레 스커트에 방울 술이 달리고 끝이 위로 올라간 신발을 신고 죽은 사람들을 처음 보았다. 터키 군들은 굼뜨지만 계속해서 다가왔고, 그는 스커트를 입은 사람들이 도망치는 모습과 장교들이 그들에게 총을 쏘는 모습, 그 후 장교들도 도망가는 모습을 지켜보았다. 그리고 그와 영국군 포격 지시관 역시 폐가 따끔거리고 입 안에 단내가 가득할 때까지 뛰다가 바위 뒤에서 멈췄는데 그곳으로 터키 군들이 여전히 굼뜨게 다가왔다. 나중에 그는 전혀 생각지도 못했던 일들을 겪게 되었고 그 후에는 더 심각한 장면들도 많이 보았다. 그래서 당시 그가 파리로 돌아왔을 때, 차마 그 얘기를 입에 담지도 못했고, 그것이 언급되는 것 조차 못 견뎠다. 지나가던 어느 카페에서 그의 앞에 접시를 잔뜩 쌓아둔, 미국 시인은 감자 같은 얼굴에 멍한 표정으로 어느 루마니아인과 다다이즘 운동에 대해 이야기를 나누고 있었는데, 그 루마니아인은 트리스탄 차라라는 사람으로 늘 외알 안경을 끼고 두통을 달고 살았다. 그리고 해리는 그때 다시 사랑의 감정을 느낀 아내와 함께 아파트로 돌아갔고, 싸움도, 광기도 다 끝나고 집에 오니 참 좋았다. 사무실에서는 그의 우편물을 아파트로 보냈다. 그러던 어느 날 아침 그가 썼던 편지의 답장이 접시 사이에 끼어있었고 그 필체를 보았을 때 완전히 얼어붙은 그는 다른 접시 아래에 그 편지를 살짝 넣어두려 했다. 그러자 아내가 "여보 그 편지 누구한테서 온 거예요?" 하고 물었고 그것으로 그 시작은 끝나버렸다.

그리고 그들 모두와 보냈던 좋은 시간들, 그리고 그 싸움들을 잊지 못했다. 그들은 항상 싸우기 위한 최적의 장소들을 찾아냈다. 그리고 그들은 어째서 그의 기분이 최고일 때 항상 싸웠던 것일까? 그는 그것에 대해 어떤 이야기도 쓰지 않았는데, 처음에는 어느 누구에게도 상처를 주고 싶지 않았기 때문이고 나중에는 그 일 말고도 쓸 이야기가 충분한 것 같았기 때문이다. 하지만 결국에는 그 이야기를 쓰게 될 거라고 항상 생각해왔다. 쓸 거리는 아주 많았다. 그는 세상이 변하는 것을 보았다. 단지 사건들뿐만 아니다. 그는 많은 것을 접했고 사람들도 많이 관찰했지만 좀 더 미묘한 변화를 감지했고 때에 따라 사람들이 어떻게 변하는지 깨닫게 되었다. 그는 그 변화 속에 있었고 그것을 지켜보았으며 그것에 대해 글을 쓰는 것이 그의 의무였다. 하지만 이제 그럴 수 없게 되었다.

"기분이 어때요?" 그녀가 물었다. 그녀는 목욕을 끝낸 후 방금 텐트에서 나왔다.

"좋아."

"이제 먹을 수 있겠어요?" 그녀 뒤로 몰로가 접이식 식탁을, 다른 일꾼이 접시를 들고 있는 게 보였다.

"글을 쓰고 싶어." 그가 말했다.

"기운을 차리려면 스프를 좀 먹어야 해요."

"난 오늘 밤 죽을 거야." 그가 말했다. "기운을 차릴 필요가 없어."

"해리, 제발 지나치게 감상적으로 굴지 말아요. 제발." 그녀가 말했다.

"코는 뒀다 뭐해? 이제 허벅지의 반 이상이 썩어 문드러졌다고, 뭣 때문에 내가 그 따위 스프나 먹으면서 바보짓을 해야 하냐고? 몰로! 위스키소다 가져와."

"스프 좀 먹어요." 그녀가 다정하게 말했다.

"좋아."

02

스프는 너무 뜨거웠다. 그는 스프가 든 컵을 들고 있다가 먹을 수 있을 정도로 식힌 후 구역질도 하지 않고 그냥 삼켜버렸다.

"당신은 좋은 여자야." 그가 말했다. "내게 더 이상 신경 쓰지 마."

그녀는 술과 잠자리 때문에 얼굴이 약간 상했을 뿐, 〈스퍼〉와 〈타운 & 컨트리〉 같은 잡지에 실릴 만큼 너무나 사랑스러운 얼굴로 그를 바라보았다. 하지만 〈타운 & 컨트리〉에서는 그렇게 풍만한 가슴과 잘빠진 허벅지, 그리고 등을 부드럽게 애무하는 작은 손을 보여준 적이 없었다. 그가 그녀의 친숙하고 유쾌한 미소에 눈길이 미쳤을 때 다시 죽음이 다가오는 것을 느꼈다. 이번에는 어떤 급습도 없었다. 촛불이 잠깐 깜박이다가 다시 길어진 정도의 한 번 훅 부는 바람이었다.

"이따 모기장을 가져오라고 해서 그걸 나무에 걸고 모닥불을 피울 거야. 오늘 밤에는 텐트에 가지 않으려고, 움직일 이유가 없어. 쾌청한 밤이군. 비도 오지 않을 거야."

그래, 이렇게 죽는 것이다. 들리지 않는 속삭임들 속에서. 자, 이제 더 이상의 싸움은 없을 것이다. 장담할 수 있다. 그가 한 번도 겪어 보지 못한 경험, 이제 그는 망치지 않을 것이다. 어쩌면 망칠지도 모른다. 넌 모든 걸 망쳤어. 하지만 그는 망치지 않을지도 모른다.

"당신 받아쓰기 못하지?"

"배운 적 없어요." 그녀가 그에게 말했다.

"그럼 됐어."

물론 제대로만 하면 그것을 모두 한 문장 안에 밀어 넣어 압축할 수 있을 것도 같았지만 시간이 없었다.

호수 위 언덕 쪽에 회반죽으로 하얗게 틈을 메운 통나무집 한 채가 있었다. 문 옆 기둥에는 사람들에게 식사 시간을 알리기 위한 종이 달려 있었다. 집 뒤쪽에는 들판이 있고 그 들판 너머로 숲이 있었다. 쭉 늘어선 양버들이 그 집에서 부두까지 이어졌다. 다른 양버들도 곶을 따라 펼쳐졌다. 숲 가장자리를 따라 언덕까지 도로가 나 있고, 그는 그 도로를 따라 블랙베리들을 땄다. 그런데 그 통나무집에 화재가 났고 덮개 없는 벽난로 위 사슴 발걸이에 있던 총들도 전부 불타버렸다. 탄창 속 총알도 녹아버렸고 총신과 개머리판도 다 타버린 채, 커다란 철제 감화 가마에서 잿물을 만들기 위해 사용하던 잿더미 위에 나동그라져 있었다. 그리고 할아버지에게 그것들을 가지고 놀아도 되는지 묻자 안 된다고 하셨다. 여전히 그것들은 당신 총들이었고 할아버지는 다른 총들은 전혀 구입하지 않았다. 그는 더 이상 사냥도 할 수 없었다. 이제 같은 장소에 나무로 새 집을 지어 흰색으로 칠을 했고 현관에서 양버들과 저 멀리 호수가 보였지만 총은 한 자루도 없었다. 통나무집 벽 위 사슴 발에 걸려 있던 총의 총신들은 잿더미 위에 그대로 나뒹굴고 있었고 어느 누구도 그것을 건드리지 않았다.

전쟁이 끝난 후, 우리는 슈바르츠발트에서 송어 낚시터를 빌렸는데 그곳으로 걸어가는 방법은 두 가지였다. 하나는 트리베르그에서 골짜기를 내려가 흰색 도로와 접해있는 나무 그늘 속 계곡길을 따라 가다가, 커다란 슈바르츠발트 주택들이 있는 작은 농장들을 지나 그 옆 언덕을 따라 위로 올라가면 측면 도로가 나타난다. 그 도로를 타고 쭉 위로 올라가다 보면 강을 가로지를 때가 올 것이다. 그곳이 우리의 낚시질이 시작된 곳이었다.

다른 방법은 숲 가장자리 급경사를 오르다가 소나무 숲을 지나 언덕 꼭대기를 넘어가면 초원이 나타나고 그 초원을 가로질러 다리 쪽으로 내려가면 된다. 강을 따라 자작나무들이 늘어서 있는데, 그 강은 별로 크지 않고 좁았지만 강물은 맑고 유속도 빨랐다. 자작나무 뿌리 아래쪽에는 물살에 패인 웅덩이들이 있었다. 트리베르그의 호텔 주인에게는 좋은 시절이었다. 그곳은 아주 즐거웠고 우리는 모두 친한 친구였다. 그러나 다음 해에 인플레이션이 왔고 지난해에 그가 벌었던 돈으로는 물자를 사서 호텔을 꾸리는 것이 여의치 않아 결국 그는 목을 매달아 죽고 말았다. 이런 일들은 받아쓸 수 있겠지만 콩트레스카르프 광장 이야기는 받아쓸 수 없을 것이다. 이곳에서는 꽃 장수들이 거리에서 꽃에 물을 들였고 그 염료가 포장도로에 흘러넘쳤으며, 그 도로로 버스가 처음으로 다니기 시작했다. 항상 와인과 질 낮은 마크에 취해있는 노인들과 여자들, 추위 때문에 콧물을 줄줄 흘리고 다니는 아이들, 카페 데 자마퇴르에 진동하는 더러운 땀과 빈곤, 취기에 악취, 그 아래층 발 뮈제트에 사는 매춘부들. 프랑스 공화국 근위대 기병을 자신의 칸막이 방으로 맞아들이고 그의 말털 장식이 달린 헬멧을 의자 위에 놓는 여자 관리인, 남편이 사이클 선수인 보도 건너편에 사는 세입자, 그리고 그날 아침 유제품 가게에서 그녀가 〈로토 L'Auto〉 잡지를 펼치며 남편이 자신의 첫 번째 큰 경기인 파리-뚜르에서 3위에 입상한 것을 보고 그녀가 느꼈던 기쁨, 그녀는 황색 스포츠 신문을 들고 얼굴을 붉혔다가 웃더니 다시 울면서 위층으로 올라갔다. 발 뮈제트를 운영하는 여자의 남편은 택시 운전사였는데, 해리가 일찍 비행기를 타야 했을 때, 그 남편은 문을 두드려 그를 깨웠고 출발하기 전 두 사람은 술집 카운터에서 화이트 와인 한잔씩을 마셨다. 그는 당시 그 지역에 사는 이웃들의 사정을 잘 알고 있었는데 그들 모두 가난했기 때문이다.

광장 주변에는 두 종류의 사람들이 있었다. 주정뱅이들과 스포츠를 좋아하는 사람들. 주정뱅이들은 그런 식으로 가난을 잊었고 스포츠를 좋아하는 사람들은 운동으로 그것을 지워버렸다. 그들은 파리 코뮌 지지자들의 후손이었고 그들의 정치적 견해는 고민할 것도 없이 확실했다. 그들은 파리 코뮌 이후 베르사유 군대가 들어와 도시를 점령하면서 자기 아버지와 친척,

형제들과 친구들에게 총을 쏜 사람이 누구인지, 그리고 손에 못이 박혔거나 아니면 모자를 썼거나 노동자라는 다른 표식이 있는 사람들을 모두 사형했던 사람이 누구인지 알고 있었다. 그리고 그는 그런 가난 속에서, 어느 말고기 전문점과 와인 조합이 있는 거리 건너편 지역에서 자기가 쓰고자 한 모든 이야기의 첫 부분을 썼다. 파리에서 그곳만큼 그가 사랑했던 곳은 없었다. 제멋대로 뻗어있는 나무들, 아래 부분을 갈색으로 칠하고 흰색 회반죽을 바른 낡은 집들, 원형 광장에 있는 기다란 녹색 버스, 포장도로 위에 묻어있는 보라색 꽃 염료, 카르디날 르무안 거리의 언덕에서 강으로 이어지는 급경사, 반대로 무프타르 거리의 좁고 북적이는 세상. 팡테옹을 향해 난 거리와 그가 늘 자전거를 타고 다녔던 또 다른 거리. 이 거리에는 그 지역 전체에서 유일하게 아스팔트가 깔려 있어 바퀴가 부드럽게 굴러갔고, 높고 좁은 집들과 프랑스 시인 폴 베를렌이 숨을 거둘 당시 묵었던 싸구려 고층 호텔들이 있었다. 사람들이 사는 아파트에는 방이 달랑 두 개뿐이었고, 폴 베를렌은 한 달에 60프랑 하는 호텔 꼭대기 층 방 하나를 얻어 그곳에서 작품을 썼다. 그 방에 있으면 지붕과 굴뚝, 파리의 나지막한 산들이 훤히 보였다.

아파트에 있으면 목재와 석탄을 파는 가게만 보였다. 그곳에서 와인도 팔았는데, 질 나쁜 와인이었다. 말고기 전문점 밖에는 금색 말 머리상이 걸려있고, 그곳의 열린 창문에 누런 황금빛과 붉은빛의 말고기가 매달려 있었다. 그리고 사람들은 녹색으로 칠한 협동서 맛 좋고 값싼 와인을 구입했다. 그 외에 회반죽 벽과 이웃집 창문이 보였다. 밤에 누군가 술에 취해 거리에 쓰러진 채 널리 알려진 프랑스인 특유의 취기가 사라졌다며 한탄하거나 투덜대면, 알려진 프랑스인 특유 동네 사람들은 창문을 열고 수군대곤 했다.

"대체 경찰은 어디 있는 거야? 그놈은 필요 없을 때만 꼭 거기 있더라. 어떤 여자 관리인이랑 붙어있을걸. 지배인 불러!" 누군가 물 한 양동이를 창밖으로 퍼붓자 투덜대는 소리가 멈췄다. "저기 뭐야? 물이잖아. 이야! 똑똑한데." 그리고 창문들이 닫혔다. 해리의 파출부인 마리는 하루 8시간 노동에 대해 항의하며 이렇게 주장했다. "남편이 6시까지 일하면 집에 오는 길에 술을 조금만 마시니 돈을 펑펑 쓸 일이 없죠. 그런데 5시까지만 일하게 되면 밤마다 술에 취해 돈이 남아나질 않아요. 이렇게 시간이 짧아져서 고통받는 사람은 결국 일하는 남자들의 마누라들이라고요."

"스프 좀 더 먹어요?" 이제 여자가 남자에게 물었다.
"아니야, 너무 고마워. 진짜 맛있군."
"좀 더 먹어봐요."
"위스키소다가 먹고 싶은데."
"몸에 안 좋다니까요."
"그래. 나한테 안 좋아. 콜 포터가 작사 작곡을 했을 거야. 나 때문에 미쳐갈 거라는 내용이었지."
"알잖아요. 난 당신 술 먹는 거 좋아해요."
"아 그래. 그저 내 몸에 해롭다는 거잖아."

그녀가 가면 내가 원하는 건 뭐든 할 수 있겠지. 물론 내가 원하는 모든 건 아니겠지만, 여기 있는 건 뭐든 말이야. 아! 그는 피곤했다. 너무 피곤해. 잠시 눈 좀 붙일 생각이었다. 그는 조용히 누워있었고 죽음은 거기 없었다. 분명 다른 거리를 쏘다니고 있을 것이다. 그것은 자전거를 타고 짝을 지어다녔고 포장도로 위를 아주 조용히 움직였다.

없었다. 그는 파리에 대해 쓴 적이 한 번도 없었다. 그가 관심을 갖던 파리에 대해서. 그렇다면 그가 한 번도 쓴 적 없는 것들은 어떨까?

목장과 은회색의 산쑥 지대, 관개수로를 흐르는 물살이 빠른 맑은 물, 짙은 녹색의 자주개자리들은 어떨까. 언덕 위로 작은 길이 나 있고 여름철에 소들은 사슴처럼 겁이 많았다. 가을에 녀석들을 데리고 내려올 때 시끄럽게 끊임없이 울어대는 소리와 먼지를 일으키며 느릿느릿 이동하는 소떼들, 석양빛 속에 선명하게 보이는 산 너머 가파른 산봉우리, 골짜기 전체를 밝게 비쳐주는 달빛을 받으며 내려왔던 오솔길, 이제 어두워 아무것도 보이지 않으면 말꼬리를 잡은 채 캄캄한 숲 속을 내려왔던 일 등, 그가 쓰려고 생각했던 이야기들이 전부 떠올랐다.

당시 목장에 남아 아무도 건초에 손도 못대게 하라는 지시를 받은 잔심부름을 하는 그 멍청한 소년과 예전에 그 소년을 부리면서 때리기도 했던 포크스 집안의 늙은이가 사료를 얻으러 들렀던 이야기도 있었다. 소년이 거절하자 노인은 또 때릴 거라고 엄포를 놓았다. 노인이 헛간으로 들어가려 하자 소년이 부엌에서 권총을 가져와 그를 쏘았고, 사람들이 목장으로 돌아왔을 때 노인은 울타리 안에서 꽁꽁 언 채로 죽은 지 일주일이 지난 상태였다. 주검 일부는 개들이 뜯어먹었다. 당신은 남은 부분을 모포로 싸서 바지 묶은 다음 썰매에 싣고 소년에게 그것을 끄는 걸 도와달라고 부탁했다. 스키를 신고 썰매를 도로로 끌어낸 다음 60마일 떨어져 있는 시내로 가서 소년을 경찰에 넘겼다. 소년은 체포될 거라고는 상상도 못했다. 자신의 의무를 다 했고 당신이 친구이며 사례금을 받을 거라고 생각했다. 그는 노인이 얼마나 악질이었는지 그리고 자기 것도 아닌 사료를 어떻게 훔치려고 했는지 사람들에게 알릴 수 있다는 생각에 노인을 끌고 가는 것을 도와줬던 것이다. 그래서 보안관이 소년에게 수갑을 채웠을 때, 도저히 믿을 수가 없었다. 그러면서 그는 울기 시작했다. 이것도 그가 쓰려고 아껴뒀던 이야기이다. 그는 그곳에서 겪은 최소한 스무 가지의 재미있는 이야기들을 알고 있었지만, 단 한 번도 쓴 적이 없었다. 왜 그랬을까?

"사람들에게 이유를 알려줘." 그가 말했다.
"무슨 이유요?"
"아무것도 아냐."
그녀는 그를 만난 이후부터 이제 술을 많이 마시지 않았다. 하지만 자신이 산다 해도, 그녀에 대한 글은 쓰지 않을 거라는 것을 그는 이제 깨달았다. 그들 중 어느 누구에 대해서도 쓰지 않을 것이다. 돈 많은 사람들은 재미도 없는 데다 술을 너무 많이 마시고, 주사위 놀이에 푹 빠져 살았다. 그들은 재미없고, 지루하게 반복된 생활을 했다. 그는 가난한 줄리앙과 돈 많은 사람들에 대한 그의 낭만적인 경외감, 그리고 한때 그가 "갑부들은 당신이나 나와는 다르다."로 시작하는 소설을 썼던 일이 생각났다. 그리고 누군가 줄리앙에게 "그렇죠. 그들은 우리보다 돈이 더 많잖아요."라고 말했던 것도 기억났다. 하지만 줄리앙은 그 말이 전혀 재미있지 않았다. 그는 갑부들이 매력 넘치는 특별한 부류라고 생각했고 그러다가 그렇지 않다는 걸 깨닫게 되면서, 그를 망가뜨린 다른 모든 것들과 마찬가지로 그를 만신창이로 만들고 말았다.

해리는 만신창이가 된 그런 사람들을 경멸했다. 뭔가를 이해한다고 해서 반드시 좋아해야 하는 건 아니다. 그는 뭐든 이겨낼 수 있다고 생각했다. 그가 신경 쓰지 않는 한, 그 어떤 것도 그를 괴롭힐 수 없기 때문이다.

맞다. 이제 그는 죽음에 관해 신경 쓰지 않기로 했다. 그가 늘 두려워했던 한 가지는 통증이었다. 그는 누구 못지않게 통증을 잘 견딜 수 있었다. 통증이 너무 오래 지속되어 그를 지치게 만들지 않는 한 말이다. 하지만 이곳에서 그는 몹시 고통스러운 뭔가를 느꼈고 그것이 자신을 끝장낼 거라고 느끼는 찰나, 고통이 사라졌다.

오래전, 척탄병 장교 윌리엄슨이 밤에 철조망을 넘어 안으로 들어가려다 독일 순찰대의 어떤 병사가 던진 수류탄에 맞고, 사람들에게 자기를 죽여달라고 애걸복걸하며 소리쳤던 일이 떠올랐다. 그는 말도 안되는 허풍쟁이였지만 살집도 있고 아주 용감하고 훌륭한 장교였다. 그런데 그날 밤 철조망에 걸렸고 환한 조명등이 그를 비추는 가운데 그의 내장이 철조망으로 흘러내려서 사람들이 그를 산 채로 데려올 때, 내장을 잘라내야 했다. 나를 쏴 해리, 제발 나를 쏘라고, 그들은 언젠가 하나님은 감내할 수 없는 것은 어떤 것도 보내시지 않는다는 문제에 대해 논쟁을 벌인 적이 있었는데, 그건 어느 순간이 되면 고통이 저절로 사라진다는 의미로 보는 사람도 있었다. 하지만 그는 그날 밤의 윌리엄슨을 잊을 수가 없었다. 윌리엄슨의 통증은 사라질 기미가 보이지 않았고, 결국 해리는 자신이 사용하려고 늘 아껴두었던 모르핀 알약을 윌리엄스에게 전부 먹였다. 약효는 바로 나타나지 않았다.

그럼에도 불구하고 지금 그가 겪는 이것은 아주 수월한 편이었다. 만일 계속 이 상태로 더 악화되지만 않는다면 걱정할 게 없었다. 좀 더 괜찮은 사람과 있었으면 좋겠다는 것 빼고는.
그는 함께 있고 싶은 사람에 대해 잠깐 생각했다.
아니야. 그는 생각했다. 무슨 일이든, 너무 오래 걸리고 너무 지체되면 사람들이 여전히 거기 있어 주기를 기대해선 안 된다. 사람들은 모두 가 버렸다. 파티는 끝났고 당신은 이제 안주인과 함께 있다.
다른 모든 것들처럼 죽는 것도 점점 지겨워지네, 그는 생각했다.
"지겨워." 그는 큰소리로 말했다.
"뭐가요?"
"염병할 너무 질질 끄는 일들 전부 다"
그는 자기와 모닥불 사이에 있는 그녀의 얼굴을 바라보았다. 그녀는 의자에 기대어 있었고 모닥불이 보기 좋게 주름진 그녀의 얼굴을 비췄다. 그가 보기에 그녀는 졸린 것 같았다. 모닥불 바로 근처에서 하이에나 소리가 들렸다.
"계속 글을 쓰고 있었지." 그는 말했다. "하지만 이젠 지쳤어."
"잘 수 있겠어요?"
"물론이지. 당신도 자는 게 어때?"
"난 당신과 여기 앉아있는 게 좋아요."
"기분이 이상하지 않아?" 그가 그녀에게 물었다.
"아뇨. 약간 졸린 것 빼곤."
"난 이상한데." 그가 말했다.
그는 다시금 죽음이 다가온 듯한 느낌이 들었다.
"알다시피 내가 잃어버리지 않은 딱 하나는 호기심뿐이야." 그는 그녀에게 말했다.

"당신은 아무것도 잃어버리지 않았어요. 당신은 내가 알고 있는 남자 중 가장 완벽한 남자라고요."

"맙소사." 그가 말했다. "여자들이란 너무 몰라. 그게 뭐야? 당신 직감?"

왜냐하면 바로 그때, 죽음이 다가와 간이침대 발치에 머리를 받치고 있었고 그는 죽음의 숨 냄새를 맡을 수 있었기 때문이다.

"큰 낫이나 두개골 같은 건 절대 믿지 마." 그가 그녀에게 말했다. "그것은 어쩌면 자전거 탄 두 명의 경찰관일 수도 있고 새일 수도 있지. 아니면 하이에나처럼 넓은 주둥이를 가지고 있을 수도 있어."

이제 죽음은 그의 위로 올라왔지만 더 이상 어떤 형태도 없었다. 그것은 그저 공간만 차지했다.

"꺼지라고 말해줘."

죽음은 사라지기는커녕 더 가까이 다가왔다.

"입냄새 한번 지독하군." 그가 죽음에게 말했다. "이 역겨운 자식."

죽음은 계속해서 그에게 점점 가까이 다가왔고 이제 그는 죽음에게 아무 말도 할 수 없었다. 그가 자신에게 말을 할 수 없다는 걸 알게 된 죽음은 좀 더 가까이 다가갔고, 이제 그는 말없이 죽음을 멀리 보내려 했지만 그것은 그의 몸 위로 움직이면서 그 무게 전체로 그의 가슴을 짓눌렀다. 죽음이 거기에 쭈그리고 앉아있어 그는 움직일 수도, 말을 할 수도 없었다. 그때 여자의 말소리가 들렸다. "이런, 브와나가 잠들었네, 침상을 아주 살살 들어서 텐트 안으로 옮겨."

그는 그녀에게 죽음을 꺼지게 해달라고 말할 수도 없었고, 쭈그리고 있는 죽음은 이제 더 무거워져서 그는 숨조차 쉴 수 없었다. 그런데 사람들이 침상을 들어올리는 순간 갑자기 편안해졌고 가슴을 짓누르던 무게감도 사라졌다.

아침이었고 날이 밝은 지 한참을 지났다. 그는 비행기 소리를 들었다. 비행기는 아주 작게 보였고 큰 원을 그리며 빙빙 돌았다. 하인들은 달려나와 등유를 사용해서 불을 피우고 풀을 쌓아 올렸다. 그렇게 해서 평평한 장소 양 가장자리에 두 개의 커다란 모닥불이 생겼고 아침 산들바람에 모닥불이 캠프 쪽으로 흩날렸다. 비행기는 두 번 더 빙빙 돌더니 이번에는 낮게 돌다가 미끄러져 내려오며 수평 비행을 한 후 순조롭게 착륙했다. 그를 향해 걸어오고 있는 사람은 바지에 트위드 재킷을 걸치고 갈색 펠트 모자를 쓴 옛 친구 콤프턴이었다.

"이봐, 어떻게 된 거야?" 콤프턴이 물었다.

"다리가 안 좋아." 그가 콤프턴에게 말했다. "자네 아침 식사 하겠나?"

"고맙지만, 차나 좀 마실게, 저건 퍼스 모스 기종이야. 마님은 데려갈 수 없을 거야. 딱 한 자리만 있거든. 자네 트럭이 오고 있군."

헬렌은 콤프턴을 한쪽으로 데려가서 그와 이야기를 나누고 있었다. 콤프턴은 이전보다 훨씬 즐거워하며 돌아왔다.

"바로 태워줄게." 그가 말했다. "마님은 내가 다시 데리러 올 거야. 근데 연료를 보충하기 위해 아루샤에서 정차해야 해. 출발하는 게 좋겠군."

"차는 어떻게 하고?"

"사실 별 생각 없어."

일꾼들은 침상을 들고 녹색 텐트 주변을 돌아 바위를 따라 내려가서 평원 쪽으로 나온 다음, 이제 풀은 전부 탔지만 여전히 활활 타고 있는 모닥불 옆을 지나갔다. 바람이 불면서 소형 비행기가 있는 쪽으로 일렁거렸다. 비행기에 그를 태우는 것이 쉬운 일이 아니었지만 일단 비행기에 타자 그는 가죽 의자에 등을 기댔고 콤프턴이 앉을 의자 한쪽 옆으로 다리를 쭉 뻗었다. 콤프턴은 모터에 시동을 건 다음 비행기에 올라탔다. 그는 헬렌과 일꾼들에게 손을 흔들었다. 달그락거리는 소리가 익숙한 굉음으로 바뀌자, 콤피는 흑멧돼지 구덩이에 주의하면서 주변을 빙 돌았고, 굉음과 함께 모닥불들 사이의 공간을 따라 덜컹거리며 이동하더니 마지막 쿵 소리와 함께 힘차게 날아올랐다. 그리고 그는 사람들이 모두 아래에 서서 손을 흔들고 있는 모습과 지금은 납작해진 언덕 옆의 야영지와 쫙 펼쳐진 평원, 숲속, 쓰러져 가는 덤불을 둘러보았다. 이제 사냥감들이 다니는 오솔길이 메마른 물웅덩이 쪽으로 곧장 뻗어있었고 그가 전혀 몰랐던 새로운 물웅덩이도 보였다. 얼룩말은 이제 작고 둥근 등만 보였고, 영양들이 긴 손가락 대형으로 평원을 가로지르며 달릴 때 그들의 커다란 머리 부분은 마치 점점이 하늘로 오르는 것처럼 보였다. 비행기 그림자가 그들을 향해 다가가자 녀석들은 뿔뿔이 흩어졌고, 이젠 하도 작아져서 빠르게 뛰는 것 같지도 않았다. 저 멀리 보이는 평원은 이제 잿빛과 노란색으로 어우러져 있고 앞에는 옛 친구 콤피의 트위드 재킷의 등판과 갈색 펠트 모자가 보였다. 얼마 후, 그들은 첫 번째 능선들을 넘었고 영양들도 그 능선을 따라 올라갔다. 이윽고 산꼭대기에 다다르자 느닷없이 짙은 녹색의 숲과 대나무가 빽빽이 들어선 산비탈이 나타났고 다시 내리막 언덕에 봉우리와 분지들로 이뤄진 우거진 숲을 지나면서 산을 넘었다. 내리막 언덕에 이어 이제 보랏빛이 감도는 갈색을 띠며 열기로 울퉁불퉁해진 뜨거운 평원이 또 다시 나타났고 콤피는 그의 상태를 보기 위해 뒤를 돌아보았다. 그때, 앞쪽으로 거무스름한 다른 산들이 보였다.

그들은 아루샤로 가는 대신 왼쪽으로 방향을 틀었는데, 아무래도 연료가 있다고 생각하는 모양이었다. 아래쪽으로 고개를 돌린 그는, 체로 친 듯한 분홍색 구름이 땅 위에서 움직이다가 공중으로 올라가는 것을 보았는데, 마치 느닷없이 나타난 눈보라 속 첫눈 같았다. 그는 메뚜기들이 남쪽에서 올라오는 거라는 걸 알게 되었다. 어느덧 비행기는 고도를 높이기 시작했고 동쪽으로 가고 있었다. 그러다가 날이 어두워졌고 그들은 폭풍을 만났는데, 비가 하도 많이 내리는 바람에 마치 폭포를 헤치며 날아가는 것 같았다. 얼마 후, 그들은 그곳을 빠져 나왔고 콤피는 고개를 돌려 웃으면서 손가락으로 어딘가를 가리켰다. 저 앞쪽으로 보이는 것이라고는 세상만큼 넓고 크고 높으며, 햇빛을 받아 믿을 수 없을 정도로 하얗게 빛나는 킬리만자로의 평평한 꼭대기뿐이었다. 그제야 그는 자기가 가고 있는 곳이 저기라는 걸 알게 되었다.

그때, 밤마다 킹킹거리던 하이에나가 그 소리를 멈추고, 거의 인간이 우는 듯한 이상한 소리를 내기 시작했다. 여자는 거의 인간이 우는 듯한 소리를 듣고 불안해하며 뒤척였지만 깨지는 않았다. 꿈에 그녀는 롱 아일랜드에 있는 집에 있었고 딸의 사교계 데뷔 전날 밤이었다. 웬일인지 그녀의 아버지도 그곳에 있었는데 아주 무례한 사람이었다. 그때 하이에나의 우는 소리가 너무 커서 그녀는 잠에서 깼고 순간 자기가 있는 곳이 어딘지 몰라 무척 두려웠다. 그러다가 그녀는 손전등을 들고 해리가 잠든 후 안에 들여놓은 반대편 침상에 불을 비췄다. 그녀는 모기장 아래 그의 몸을 볼 수 있었지만 어찌된 일이지 그의 다리가 밖으로 나온 채 침상 옆에 늘어져 있었다. 붕대가 다 내려와 있었고 그녀는 차마 그것을 쳐다볼 수 없었다.
"몰로." 그녀가 소리쳤다. "몰로! 몰로!"
그녀가 소리쳤다. "해리! 해리!" 그녀의 목청이 높아졌다. "해리! 제발! 오 해리!"
아무런 대답도 없었고 그의 숨소리도 들리지 않았다.
텐트 밖에 있던 하이에나는 좀 전에 그녀를 깨웠던 똑같은 이상한 소리를 냈다. 하지만 그녀는 제 심장 뛰는 소리 때문에 그 소리가 들리지 않았다.

01 What function do the flashbacks have in the story?

02 How many flashbacks are there in the story?

03 What does Harry recall in the second flashback?

04 What does snow symbolize in the story?

05 What do hyenas symbolize in the story?

06 What does vultures symbolize in the story?

07 What is the point of view used in the story?

08 What happens at the end of The Snows of Kilimanjaro?

Answer

01 The flashbacks illustrate how Harry, dying of an infected leg wound in Africa, mentally processes the fact that he is going to die, and the effect of that realization on his consciousness.

02 In total, there are five flashbacks that Harry has in Ernest Hemingway's "The Snows of Kilimanjaro." In the first flashback, Harry remembers his time serving in World War I.

03 In the second flashback there is a theme of loneliness and escapism. Harry remembers being alone in Constantinople after quarrelling with a woman in Paris. He remembers writing her a letter and asking her to write to him in his office.

04 Harry associates snow with Christmas celebrations, lights, music, and purity but also with obstacles and populations freezing to death in the war. This contrast of lightness and darkness, kindness and cruelty, good and evil, demonstrates the moral ambiguity Harry finds in life. The snow can be innocent, "as smooth to see as cake frosting and as light as powder"; adventurous, in "the fast-slipping rush of running powder-snow on crust"; and menacing, when it prevents migrants' progress through the mountains and leaves a deserter's feet "bloody in the snow."

05 Hyenas are often associated with savagery and death in literature. In this short story, the hyena circling Harry and Helen's campsite represents(symbolizes) Harry's psychological or spiritual death and foreshadows his physical demise. It also represents Harry's gradual dependence on the life provided by Helen's money. "Scavenging" off her wealth has stifled any efforts to reenter his former writing life.

06 Vultures symbolize Harry's impending death. Where the hyena that haunts Harry and Helen's camp is at first seen only as darkness descends, the vultures are far bolder. They arrive at the moment their truck breaks down, sensing perhaps that the humans are now isolated and at risk. Once the gangrenous smell of Harry's infected leg begins drifting around, a growing number of vultures circles closer.

07 It is told by a third-person narrator. The story is told from Harry's perspective, with the exception of the ending, which is told from Helen's perspective.

08 Hemingway ends his story with Harry's spirit triumphant, as when Harry dies, his spirit is released and travels to the summit of the mighty mountain where the square top of Kilimanjaro is "wide as all the world"; it is incredibly white as it shines dazzlingly in the sunlight.

Chapter 05 Satire 풍자

어떤 대상을 우스꽝스럽게 만들거나 재미, 멸시, 분노, 냉소 등의 태도를 적용하여 그 대상을 깎아 내리는 문학적 기법을 풍자라고 한다. 코믹한 것the Comic은 웃음 그 자체를 목적으로 해서 웃음을 유발하지만, 풍자는 '조소'를 유발한다는 점에서 그것과 다르다. 다시 말해서 풍자는 웃음을 무기로 사용하고, 그것으로서 작품의 외부에 존재하는 어떤 목표물을 겨냥하는 것이다. 그 목표물은 한 개인일 수도 있고, 인물 유형, 특정 계층, 제도, 국가, 인류 전체일 수도 있다. 풍자가는 그가 사악하다고 보는 행위나 사물을 지적하고 비난함에 있어서 **독자의 공감**widely spread value system**을 얻어야 한다. 그것은 풍자가 인간의 악을 개선하는 것을 목적**으로 그것을 공격한다는 점에서 더욱 그렇다. John Dryden은 *Discourse Concerning Satire*에서 '풍자의 진정한 목적은 악의 교정'이라고 말했고 Daniel Defoe는 *The True Born Englishman*의 서문에서 '풍자의 목적은 개심시키는 데 있다. 비록 나는 교정의 사업이 전반적으로 중단 상태에 있다고 느끼지만, 그 일에 착수해 보려는 것이다'라고 말하고 있는데, 그들은 풍자에 **치료하고 회복시키는 힘**이 있다고 믿었다.

따라서 냉소(야유)와 아이러니verbal irony는 풍자가 될 수 없다. 냉소sarcasm는 대상을 교정하려는 의도가 없는 심술이고, 아이러니는 말과 뜻이 반대인 것을 뜻하기 때문이다. 만일 교사가 학생에게 "Well, Jones, don't you want to ask another stupid question?그래, 존스, 너 멍텅구리 같은 질문을 다시 하고 싶지는 않겠지?"라고 말할 때 그는 야유적이지만, 아이러니컬하거나 풍자적이지는 않다. 또는 교사가 "You will all be disappointed to hear that we are not having a quiz this morning오늘 아침, 시험을 보지 않는다는 말을 듣고 여러분은 모두 실망할 거야."라고 말해도 그 역시 아이러니컬하긴 하지만 야유적이거나 풍자적이지는 않다. 그러나 만일 교사가 "It's wonderful! You sit there with your notebooks and faces open and your minds closed!훌륭하군! 여러분이 모두 공책과 얼굴을 펼쳐 놓고, 마음의 문을 닫고 앉아 있으니!"라고 한다면, 그는 아이러니컬하고(왜냐하면 실제로는 훌륭하다고 생각하지 않기 때문에) 풍자적이다(학생들이 마음의 문을 열기를 원하기 때문에).

이처럼 풍자는 **인간의 우행이나 악덕의 교정책으로서 신랄한 조소와 비난을 통해 불합리한 것을 공격하고 배격한다.** 풍자가 주장하는 바는 개인이 아니라 그 개인의 결점을 웃음거리로 만들자는 것이고, 그 조소의 대상도 사람에게 책임이 없는 것은 제외하고, 교정할 수 있는 결점에만 제한한다는 것이다.

풍자는 보통 둘로 분류되는데, 로마 시대의 대풍자가 호라티우스와 유베날리스의 이름을 따서 붙여진 이름이다.

① 호라티우스 풍의 풍자(Horatian Satire) : 풍자를 하는 화자가 인간의 어리석음이나 허세, 위선을 보고 모멸을 느끼기보다 심술궂은 재미를 느끼고, 또 때로는 자신의 것을 포함해서 인간의 어처구니없는 우행을 보고 웃음을 짓게 하는 격의 없는 언어를 사용하며, 세련되고 위트가 있는 풍자

② 유베날리스 풍의 풍자(Juvenalian Satire) : 경멸에 가득차고 독설이 넘치는 풍자

Fresh Air Will Kill You

Art Buchwald(1925−2007)

Smog, which was once the big attraction of Los Angeles, can now be found all over the country from Butte, Montana, to New York City, and people are getting so used to polluted air that isn't very difficult for them to breathe anything else.

I was lecturing recently, and one of my stops was Flagstaff, Arizona, which is about 7,000 miles above sea level.

As soon as I got out of the plane, I smelled something peculiar.

"What's that smell?" I asked the man who met me at the plane.

"I don't smell anything," he replied.

"There's a definite odor that I'm not familiar with," I said.

"Oh, you must be talking about the fresh air. A lot of people come out here who have never smelled fresh air before."

"What's it supposed to do?" I asked suspiciously.

"Nothing. You just breathe it like any other kind of air. It's supposed to be good for your lungs."

"I've heard that story before," I said. "How come if it's air, my eyes aren't watering?"

"Your eyes don't water with fresh air. That's the advantage of it. Saves you a lot in paper tissues."

I looked around and everything appeared crystal clear. It was a strange sensation and made me feel very uncomfortable.

My host, sensing this, tried to be reassuring. "Please don't worry about it. Tests have proved that you can breathe fresh air day and night without its doing any harm to the body."

"You're just saying that because you don't want me to leave," I said. "Nobody who has lived in a major city can stand fresh air for a very long time. He has no tolerance for it."

"Well, if the fresh air bothers you, why don't you put a handkerchief over your nose and breathe through your month?"

"Okay, I'll try it. If I'd known I was coming to a place that had nothing but fresh air, I would have brought a surgical mask."

We drove in silence. About 15 minutes later he asked, "How do you feel now?"

"Okay, I guess, but I sure miss sneezing."

"We don't sneeze too much here," the man admitted. "Do they sneeze a lot where you come from?"

"All the time. There are some days when that's all you do."

"Do you enjoy it?"

"Not necessarily, but if you don't sneeze, you'll die. Let me ask you something. How come there's no air pollution around here?"

"Flagstaff can't seem to attract industry. I guess we're really behind the times."

The fresh air was making me feel dizzy. "Isn't there a diesel bus around here that I could breathe into for a couple of hours?"

"Not at this time of day. I might be able to find a truck for you."

We found a truck driver, and slipped him a five-dollar bill, and he let me put my head near his exhaust pipe for a half hour. I was immediately revived and able to give my speech.

Nobody was as happy to leave Flagstaff as I was. My next stop was Los Angeles, and when I got off the plane, I took one big deep breath of the smog filled air, my eyes started to water, I began to sneeze, and I felt like a new man again.

한글번역

신선한 공기 때문에 죽겠어요

스모그는 한때 로스앤젤레스의 커다란 관심거리이기도 했었는데 이제는 몬태나의 뷰트에서 뉴욕에 이르기까지 전국에서 발견되는 현상이다. 그래서 사람들은 오염된 공기를 접촉하는 데 익숙해져 있어 어떤 다른 공기를 호흡하는 데 어려움을 겪는다.

나는 최근에 강의를 하고 다녔는데, 내가 머문 곳 가운데 하나가 애리조나주 플래그스태프라는 곳으로 해발 약 700마일의 고지대이다.

비행기에서 내리자마자 뭔가 특별한 냄새가 났다.

"이거 무슨 냄새죠?" 비행기에서 만난 그 남자에게 물었다.

"아무 냄새도 안 나는데요," 그가 대답했다.

"내가 알지 못하는 특이한 냄새가 나는 걸요." 내가 말했다.

"아, 신선한 공기에 관해 말씀하시는군요. 전에 신선한 공기를 전혀 맡아 보지 못했던 많은 사람들이 이곳으로 나옵니다."

"그건 어떤 건가요?" 나는 미심쩍어하면서 물었다.

"아무렇지도 않습니다. 그저 다른 공기를 들이마시듯이 숨을 쉬기만 하면 됩니다. 폐에 좋을 겁니다."

"전에 그런 이야기를 들은 적이 있습니다만," 내가 말했다. "근데 그게 다른 것과 다름이 없는 것이라면 어째서 내 눈에 눈물이 고이지 않죠?"

"신선한 공기는 눈에 눈물이 고이지 않습니다. 그 점이 신선한 공기의 장점이죠. 화장지를 아끼게 됩니다."

"신선한 공기는 눈에 눈물이 고이지 않습니다. 그 점이 신선한 공기의 장점이죠. 화장지를 아끼게 됩니다."

주변을 둘러보았다. 모든 것이 아주 수정같이 맑고 깨끗하게 보였다. 그것은 이상한 감정이었으며 그것으로 난 아주 불안해졌다.

그 사람이 이를 알아차리고는 나를 안심시키려고 애썼다. "걱정하지 마십시오. 이미 (과학적으로) 검증이 됐습니다. 밤낮으로 신선한 공기를 마셔도 인체에 어떤 해를 끼치지 않는다는 사실이 말입니다."

"내가 이곳을 떠나지 않기를 바라기 때문에 그렇게 말하는군요," 나는 말했다. "대도시에 사는 어느 누구라도 아주 오랫동안 신선한 공기를 마시는 건 참을 수 없을 겁니다. 참을 수가 없을 거라는 거죠."

"그런데요. 신선한 공기가 괴로우시다면 코에 손수건을 대고 입으로 숨 쉬는 건 어때요?"

"예, 그렇게 해 보죠. 신선한 공기만이 있는 곳으로 온다는 것을 알았더라면 외과용 마스크를 갖고 왔을 텐데요."

우린 침묵을 지키며 차를 몰았다. 약 15분쯤 뒤에 그가 물었다. "지금은 어떠세요?"

"괜찮은 것 같네요. 하지만 재채기가 안 나네요."

"여기에서는 별로 재채기를 하지 않습니다," 그 사람은 동의를 했다. "그곳에서는 재채기를 많이 합니까?"

"내내 하죠. 재채기만 하는 날도 있죠."

"그거 좋으세요?"

"꼭 그런 것은 아닙니다만, 재채기를 하지 않으면 죽을 겁니다. 물어 보겠는데, 이곳은 어떻게 대기오염이 되지 않았죠?"

"플래그스태프는 산업을 유치할 수 없을 겁니다. 사실상 시대에 뒤떨어져 있다고 봅니다."

그 신선한 공기에 현기증을 느꼈다. 그래서 물었다. "이 근처에 두 시간 동안 숨을 쉴 디젤 버스 어디 없나요?"

"낮 시간에는 없는데요. 트럭을 잡을 수는 있을지 모르겠군요."

우리는 트럭 한 대를 발견하고는 그 운전사에게 5달러짜리 지폐 한 장을 찔러주었다. 그랬더니 그는 내가 30분 동안 배기관 근처에 머리를 대게 해주었다. 나는 금방 생기를 되찾았고 연설을 할 수 있었다.

어느 누구도 플래그스태프를 떠나는 나만큼 행복할 수는 없었다. 다음 기착지는 로스앤젤레스였다. 비행기에서 내려서는 스모그로 가득 찬 공기로 긴 심호흡을 했다. 나의 눈에는 눈물이 고이고 재채기가 시작되었다. 그제야 다시 새사람이 된 것 같은 느낌이 들었다.

Further Reading

A Modest Proposal:
for Preventing the Children of Poor People in Ireland From Being a Burden to Their Parents or Country, and for Making Them Beneficial to the Public

Jonathan Swift(1667−1745)

It is a melancholy object to those, who walk through this great town[1], or travel in the country, when they see the streets, the roads and cabbin-doors crowded with beggars of the female sex, followed by three, four, or six children, all in rags, and importuning every passenger for an alms. These mothers instead of being able to work for their honest livelihood, are forced to employ all their time in stroling to beg sustenance for their helpless infants who, as they grow up, either turn thieves for want of work, or leave their dear native country, to fight for the Pretender[2] in Spain, or sell themselves to the Barbadoes.

---

1) Dublin
2) The *Pretender* was the descendant of King James II of the House of Stuart, expelled from Britain in 1689. James and his descendants were Catholic, so they took refuge in Catholic countries. (Many poor Irish were forced to seek a living in the New World.)

I think it is agreed by all parties, that this prodigious number of children in the arms, or on the backs, or at the heels of their mothers, and frequently of their fathers, is in the present deplorable state of the kingdom, a very great additional grievance; and therefore whoever could find out a fair, cheap and easy method of making these children sound and useful members of the common-wealth, would deserve so well of the publick, as to have his statue set up for a preserver of the nation.

But my intention is very far from being confined to provide only for the children of professed beggars: it is of a much greater extent, and shall take in the whole number of infants at a certain age, who are born of parents in effect as little able to support them, as those who demand our charity in the streets.

As to my own part, having turned my thoughts for many years, upon this important subject, and maturely weighed the several schemes of our projectors, I have always found them grossly mistaken in their computation. It is true, a child just dropt from its dam, may be supported by her milk, for a solar year, with little other nourishment: at most not above the value of two shillings, which the mother may certainly get, or the value in scraps, by her lawful occupation of begging; and it is exactly at one year old that I propose to provide for them in such a manner, as, instead of being a charge upon their parents, or the parish, or wanting food and raiment for the rest of their lives, they shall, on the contrary, contribute to the feeding, and partly to the cloathing of many thousands.

There is likewise another great advantage in my scheme, that it will prevent those voluntary abortions, and that horrid practice of women murdering their bastard children, alas! too frequent among us, sacrificing the poor innocent babes, I doubt, more to avoid the expence than the shame, which would move tears and pity in the most savage and inhuman breast.

The number of souls in this kingdom being usually reckoned one million and a half, of these I calculate there may be about two hundred thousand couple whose wives are breeders; from which number I subtract thirty thousand couple, who are able to maintain their own children, (although I apprehend there cannot be so many, under the present distresses of the kingdom) but this being granted, there will remain an hundred and seventy thousand breeders. I again subtract fifty thousand, for those women who miscarry, or whose children die by accident or disease within the year. There only remain an hundred and twenty thousand children of poor parents annually born. The question therefore is, How this number shall be reared, and provided for? which, as I have already said, under the present situation of affairs, is utterly impossible by all the methods hitherto proposed. For we can neither employ them in handicraft or agriculture; we neither build houses, (I mean in the country) nor cultivate land: they can very seldom pick up a livelihood by stealing till they arrive at six years old; except where they are of towardly parts, although I confess they learn the rudiments much earlier; during which time they can however be properly looked upon only as probationers: As I have been informed by a principal gentleman in the county of Cavan, who protested to me, that he never knew above one or two instances under the age of six, even in a part of the kingdom so renowned for the quickest proficiency in that art.

I am assured by our merchants, that a boy or a girl before twelve years old, is no saleable commodity, and even when they come to this age, they will not yield above three pounds, or three pounds and half a crown at most, on the exchange; which cannot turn to account either to the parents or kingdom, the charge of nutriments and rags having been at least four times that value.

I shall now therefore humbly propose my own thoughts, which I hope will not be liable to the least objection.

I have been assured by a very knowing American of my acquaintance in London, that a young healthy child well nursed, is, at a year old, a most delicious nourishing and wholesome food, whether stewed, roasted, baked, or boiled; and I make no doubt that it will equally serve in a fricasie[3], or a ragoust[4].

I do therefore humbly offer it to publick consideration, that of the hundred and twenty thousand children, already computed, twenty thousand may be reserved for breed, whereof only one fourth part to be males; which is more than we allow to sheep, black cattle, or swine, and my reason is, that these children are seldom the fruits of marriage, a circumstance not much regarded by our savages, therefore, one male will be sufficient to serve four females. That the remaining hundred thousand may, at a year old, be offered in sale to the persons of quality and fortune, through the kingdom, always advising the mother to let them suck plentifully in the last month, so as to render them plump, and fat for a good table. A child will make two dishes at an entertainment for friends, and when the family dines alone, the fore or hind quarter will make a reasonable dish, and seasoned with a little pepper or salt, will be very good boiled on the fourth day, especially in winter.

I have reckoned upon a medium, that a child just born will weigh 12 pounds, and in a solar year, if tolerably nursed, encreaseth to 28 pounds.

I grant this food will be somewhat dear, and therefore very proper for landlords, who, as they have already devoured most of the parents, seem to have the best title to the children.

Infant's flesh will be in season throughout the year, but more plentiful in March, and a little before and after; for we are told by a grave author, an eminent French physician,

---

3) A dish made by cutting chickens or other small things in pieces, and dressing them with strong sauce
4) Meat stewed and highly seasoned

that fish being a prolifick dyet, there are more children born in Roman Catholick countries about nine months after Lent, the markets will be more glutted than usual, because the number of Popish infants, is at least three to one in this kingdom, and therefore it will have one other collateral advantage, by lessening the number of Papists among us.

I have already computed the charge of nursing a beggar's child (in which list I reckon all cottagers, labourers, and four-fifths of the farmers) to be about two shillings per annum, rags included; and I believe no gentleman would repine to give ten shillings for the carcass of a good fat child, which, as I have said, will make four dishes of excellent nutritive meat, when he hath only some particular friend, or his own family to dine with him. Thus the squire will learn to be a good landlord, and grow popular among his tenants, the mother will have eight shillings neat profit, and be fit for work till she produces another child.

Those who are more thrifty (as I must confess the times require) may flea the carcass; the skin of which, artificially dressed, will make admirable gloves for ladies, and summer boots for fine gentlemen.

As to our City of Dublin, shambles may be appointed for this purpose, in the most convenient parts of it, and butchers we may be assured will not be wanting; although I rather recommend buying the children alive, and dressing them hot from the knife, as we do roasting pigs.

A very worthy person, a true lover of his country, and whose virtues I highly esteem, was lately pleased, in discoursing on this matter, to offer a refinement upon my scheme. He said, that many gentlemen of this kingdom, having of late destroyed their deer, he conceived that the want of venison might be well supply'd by the bodies of young lads and maidens, not exceeding fourteen years of age, nor under twelve; so great a number of both sexes in every country being now ready to starve for want of work and service: And these to be disposed of by their parents if alive, or otherwise by their nearest relations. But with due deference to so excellent a friend, and so deserving a patriot, I cannot be altogether in his sentiments; for as to the males, my American acquaintance assured me from frequent experience, that their flesh was generally tough and lean, like that of our school-boys, by continual exercise, and their taste disagreeable, and to fatten them would not answer the charge. Then as to the females, it would, I think, with humble submission, be a loss to the publick, because they soon would become breeders themselves: And besides, it is not improbable that some scrupulous people might be apt to censure such a practice, (although indeed very unjustly) as a little bordering upon cruelty, which, I confess, hath always been with me the strongest objection against any project, how well soever intended.

But in order to justify my friend, he confessed, that this expedient was put into his head by the famous Salmanaazor, a native of the island Formosa, who came from thence to London, above twenty years ago, and in conversation told my friend, that in his country, when any young person happened to be put to death, the executioner sold the carcass to persons of quality, as a prime dainty; and that, in his time, the body of a plump girl of fifteen, who was crucified for an attempt to poison the Emperor, was sold to his imperial majesty's prime minister of state, and other great mandarins of the court in joints from the gibbet, at four hundred crowns. Neither indeed can I deny, that if the same use were made of several plump young girls in this town, who without one single groat to their fortunes, cannot stir abroad without a chair, and appear at a play-house and assemblies in foreign fineries which they never will pay for; the kingdom would not be the worse.

Some persons of a desponding spirit are in great concern about that vast number of poor people, who are aged, diseased, or maimed; and I have been desired to employ my thoughts what course may be taken, to ease the nation of so grievous an incumbrance. But I am not in the least pain upon that matter, because it is very well known, that they are every day dying, and rotting, by cold and famine, and filth, and vermin, as fast as can be reasonably expected. And as to the young labourers, they are now in almost as hopeful a condition. They cannot get work, and consequently pine away from want of nourishment, to a degree, that if at any time they are accidentally hired to common labour, they have not strength to perform it, and thus the country and themselves are happily delivered from the evils to come.

I have too long digressed, and therefore shall return to my subject. I think the advantages by the proposal which I have made are obvious and many, as well as of the highest importance.

For first, as I have already observed, it would greatly lessen the number of Papists, with whom we are yearly over-run, being the principal breeders of the nation, as well as our most dangerous enemies, and who stay at home on purpose with a design to deliver the kingdom to the Pretender, hoping to take their advantage by the absence of so many good Protestants, who have chosen rather to leave their country, than stay at home and pay tithes against their conscience to an episcopal curate.

Secondly, The poorer tenants will have something valuable of their own, which by law may be made liable to a distress, and help to pay their landlord's rent, their corn and cattle being already seized, and money a thing unknown.

Thirdly, Whereas the maintainance of an hundred thousand children, from two years old, and upwards, cannot be computed at less than ten shillings a piece per annum, the nation's stock will be thereby encreased fifty thousand pounds per annum, besides the profit of a new dish, introduced to the tables of all gentlemen of fortune in the kingdom, who have any refinement in taste. And the money will circulate among our selves, the goods being entirely of our own growth and manufacture.

02

Fourthly, The constant breeders, besides the gain of eight shillings sterling per annum by the sale of their children, will be rid of the charge of maintaining them after the first year.

Fifthly, This food would likewise bring great custom to taverns, where the vintners will certainly be so prudent as to procure the best receipts for dressing it to perfection; and consequently have their houses frequented by all the fine gentlemen, who justly value themselves upon their knowledge in good eating; and a skilful cook, who understands how to oblige his guests, will contrive to make it as expensive as they please.

Sixthly, This would be a great inducement to marriage, which all wise nations have either encouraged by rewards, or enforced by laws and penalties. It would encrease the care and tenderness of mothers towards their children, when they were sure of a settlement for life to the poor babes, provided in some sort by the publick, to their annual profit instead of expence. We should soon see an honest emulation among the married women, which of them could bring the fattest child to the market. Men would become as fond of their wives, during the time of their pregnancy, as they are now of their mares in foal, their cows in calf, or sow when they are ready to farrow; nor offer to beat or kick them (as is too frequent a practice) for fear of a miscarriage.

Many other advantages might be enumerated. For instance, the addition of some thousand carcasses in our exportation of barrel'd beef: the propagation of swine's flesh, and improvement in the art of making good bacon, so much wanted among us by the great destruction of pigs, too frequent at our tables; which are no way comparable in taste or magnificence to a well grown, fat yearly child, which roasted whole will make a considerable figure at a Lord Mayor's feast, or any other publick entertainment. But this, and many others, I omit, being studious of brevity.

Supposing that one thousand families in this city, would be constant customers for infants flesh, besides others who might have it at merry meetings, particularly at weddings and christenings, I compute that Dublin would take off annually about twenty thousand carcasses; and the rest of the kingdom (where probably they will be sold somewhat cheaper) the remaining eighty thousand.

I can think of no one objection, that will possibly be raised against this proposal, unless it should be urged, that the number of people will be thereby much lessened in the kingdom. This I freely own, and 'twas indeed one principal design in offering it to the world. I desire the reader will observe, that I calculate my remedy for this one individual Kingdom of Ireland, and for no other that ever was, is, or, I think, ever can be upon Earth. Therefore let no man talk to me of other expedients: Of taxing our absentees at five shillings a pound: Of using neither cloaths, nor houshold furniture, except what is of our own growth and manufacture: Of utterly rejecting the materials and instruments that promote foreign luxury: Of curing the expensiveness of pride, vanity, idleness, and gaming in our women: Of introducing a vein of parsimony, prudence and temperance: Of learning to love our country, wherein we differ even from Laplanders, and the inhabitants of Topinamboo: Of quitting our animosities and factions, nor acting any longer like the Jews, who were murdering one another at the very moment their city was taken: Of being a little cautious not to sell our country and consciences for nothing: Of teaching landlords to have at least one degree of mercy towards their tenants. Lastly, of putting a spirit of honesty, industry, and skill into our shop-keepers, who, if a resolution could now be taken to buy only our native goods, would immediately unite to cheat and exact upon us in the price, the measure, and the goodness, nor could ever yet be brought to make one fair proposal of just dealing, though often and earnestly invited to it.

Therefore I repeat, let no man talk to me of these and the like expedients, 'till he hath at least some glympse of hope, that there will ever be some hearty and sincere attempt to put them into practice.

But, as to my self, having been wearied out for many years with offering vain, idle, visionary thoughts, and at length utterly despairing of success, I fortunately fell upon this proposal, which, as it is wholly new, so it hath something solid and real, of no expence and little trouble, full in our own power, and whereby we can incur no danger in disobliging England. For this kind of commodity will not bear exportation, and flesh being of too tender a consistence, to admit a long continuance in salt, although perhaps I could name a country, which would be glad to eat up our whole nation without it.

After all, I am not so violently bent upon my own opinion, as to reject any offer, proposed by wise men, which shall be found equally innocent, cheap, easy, and effectual. But before something of that kind shall be advanced in contradiction to my scheme, and offering a better, I desire the author or authors will be pleased maturely to consider two points. First, As things now stand, how they will be able to find food and raiment for a hundred thousand useless mouths and backs. And secondly, There being a round million of creatures in humane figure throughout this kingdom, whose whole subsistence put into a common stock, would leave them in debt two million of pounds sterling, adding those who are beggars by profession, to the bulk of farmers, cottagers and labourers, with their wives and children, who are beggars in effect; I desire those politicians who dislike my overture, and may perhaps be so bold to attempt an answer, that they will first ask the parents of these mortals, whether they would not at this day think it a great happiness to have been sold for food at a year old, in the manner I prescribe, and thereby have avoided such a perpetual scene of misfortunes, as they have since gone through, by the oppression of landlords, the impossibility of paying rent without money or trade, the want of common sustenance, with neither house nor cloaths to cover them from the inclemencies of the weather, and the most inevitable prospect of intailing the like, or greater miseries, upon their breed for ever.

I profess, in the sincerity of my heart, that I have not the least personal interest in endeavouring to promote this necessary work, having no other motive than the publick good of my country, by advancing our trade, providing for infants, relieving the poor, and giving some pleasure to the rich. I have no children, by which I can propose to get a single penny; the youngest being nine years old, and my wife past child-bearing.

▌작품해설

"보잘것없는 제안"(1729)은 무기력한 아일랜드인들에 대한 좌절감과 전혀 태도의 변화가 없는 식민종주국 영국에 대한 분노감이 극치에 달한 작가의 냉소와 조소가 잘 드러나 있는 작품이다. 〈걸리버 여행기〉(1726)와 함께 스위프트의 작품으로 가장 널리 알려진 작품으로, 영문학 사상 최대의 잔혹한 풍자라 평가되는 이 작품은 경제 통계학자로 위장한 작중 화자의 냉정한 문체, 작품 전체를 지배하고 있는 특유의 식인 이미지, 곳곳에 박혀 있는 독설과 아이러니 등으로 음미해 볼 요소가 많은 작품이다.

▌한글번역

보잘것없는 제안 :
아일랜드 가난한 아이들이 그들의 부모나 국가에 부담이 되는 것을 예방하고, 그들을 대중들에게 유익한 존재로 만들기 위한 제안

누구든지 이 위대한 도시(더블린 시)를 거닐거나 혹은 이 나라를 여행하게 된다면, 길거리와 대로변, 남루한 오두막집 문간에, 온통 누더기를 걸친 아이들 서너 명 심지어는 대여섯 명을 달고서, 지나가는 모든 행인들에게 적선을 구걸하고 있는 여자 거지들이 득실거리는 광경을 보게 될 것이다. 이것은 아주 우울한 모습이다. 이 아이들의 어머니들은 자신들의 정직한 생계 유지를 위하여 일을 할 수가 없기 때문에, 부득이 모든 시간을 거리를 배회하는 데 쓰면서 속수무책인 아이들을 위하여 양식을 구걸하지 않을 수가 없는 것이다. 그리고 이 아이들이 성장하게 되면 이들은 일자리 부족으로 인하여 도둑이 되든지, 자신들을 위해 싸우든지, 아니면 바베이도즈(서인도 섬나라, 당시 해적들의 온상)에다 자신을 팔아먹는 일을 할 수밖에 없게 된다.

나는 자선기관에 수용되어 있건, 어머니나 아버지의 등에 업혀 있건 아니면 그들의 발꿈치를 따라다니건 간에, 이 엄청난 숫자의 아이들이 지금과 같이 비참한 이 왕국의 상황하에서 국가의 또 하나의 큰 불안요소가 되고 있다는 사실에 대하여 당파를 초월하여 모든 사람들이 동의하고 있으리라고 생각한다. 따라서 누구라도 이 아이들을 건강하고 유용한 국가 구성원으로 만드는 멋지고, 값싸고, 손쉬운 방법을 발견해 내는 사람이 있다면, 그는 '국가를 구해낸 위인'으로 인정되어 동상이 건립될 정도로 대중들로부터 대접받을 자격이 충분히 있을 것이다.

그러나 내 제안의 의도는 결코 이런 공공연한 거지들의 아이들만을 고려하고 대비하는 일에만 국한된 것이 아니며, 그보다 훨씬 더 광범위한 것이다. 즉 내 계획은 길거리에서 우리의 자선을 요구하는 거지들만큼 실질적으로 스스로 먹고 살 능력이 거의 없는 부모들에게서 태어난, 일정한 연령에 이른 모든 아이들을 전부 망라하는 것이다.

나는 여러 해 동안 이 중요한 문제에 대해 숙고해 왔으며, 또한 다른 제안자들의 여러 가지 계획들을 충분히 검토해 보았다. 이제 내 입장을 말해본다면, 나는 이들 제안자들이 중대한 계산상의 실수를 저질렀다고 생각한다. 이제 막 어미에게서 떨어져 나온 아이가 다른 특별한 자양분 없이 1년 동안 어미 젖만 먹고서 양육될 수 있다는 것은 물론 사실이다. 그리고 그 비용은 기껏해야 2실링을 넘지 않을 것이며, 이정도면 그 엄마가 구걸이라는 그녀의 합법적인 직업으로 분명히 벌 수 있는 액수, 또 동냥한 먹다 남은 음식 찌꺼기로도 충당할 수 있는 가치일 것이다. 그런데 내가 이 아이들에 대해 대비를 하자고 제안하는 것은 바로 아이들이 정확하게 한 살 나이가 되는 바로 이때이다. 즉, 바로 이 나이의 아이들이 자신들의 부모나 교구에 부담이 되고, 또한 평생 동안 음식과 의복이 결핍된 채 살아가야 할 운명을 맞이하는 대신에, 오히려 반대로 그들이 수많은 사람들을 먹여 살리기 위한 식량을 제공하고, 또 부문적으로 의복 공급에도 기여하게 만들자는 것이다.

마찬가지로 나의 이 계획에는 또 다른 큰 이점 하나가 있다. 즉 그것이 우리나라에서 자행되고 있는 자발적인 낙태 행위들과, 자신들의 사생아 자녀들을 살해하는 여성들의 끔찍한 관행을 막아 줄 거라는 점이다. 아아! 이런 일이 우리들 사이에서 얼마나 빈번하게 자행되고 있는가! 나는 가엾고 무고한 아이들을 희생시키는 이런 일이 어머니들의 부끄러움 때문이 아니라 오히려 아이들의 양육 비용에 대한 부담을 회피하기 위한 것 때문이 아닌가 하는 의심이 든다.

이것은 가장 몰인정하고 비인간적인 심성의 소유자라도 눈물과 연민을 자아내게 하기에 충분하다.

아일랜드의 총 인구 수는 대략 150만 명으로 추산된다. 내 계산으로는 그 중에서 부인이 가임기에 있는 부부의 숫자가 대략 20만 쌍은 될 것이다. 그중에서 나는 다시 자신들의 자녀를 부양할 능력이 있는 3만 정도를 빼겠다. 물론 지금과 같이 비참한 우리 나라의 상황하에서 그런 부부가 과연 그렇게 많을지 걱정이 되기는 한다. 어쨌든 이 숫자(3만)를 인정한다면 나머지 아이들 양육할 부모 17만 명이 남게 될 것이다. 나는 다시 이 중에서 유산을 하거나, 혹은 출산 후 1년 내에 아이들을 사고나 질병으로 잃게 될 여성들 5만을 빼겠다. 그러면 매년 빈민층 부모로부터 태어나는 영아들의 숫자는 겨우 12만 명이 남게 된다. 따라서 바로 이 숫자의 아이들을 어떻게 양육하고 부양하는가가 문제가 되는 것이다. 내가 이미 말했듯이, 지금 현 상황에서 이 일은 지금까지 제안된 어떠한 방법에 의해서도 완전히 불가능한 일이다. 즉 우리나라로서는 이들을 수공업이건 농업이건 고용할 길이 없고, 또한 이들이 살 집을 지을 수도 없으며(시골 지역을 말하는 것이다), 토지를 개간할 수도 없다. 그리고 아주 전도가 유망한 재능을 지닌 아이들을 제외하고는, 이들은 여섯 살이 될 때까지는 도둑질로 생계를 이어나가기도 거의 불가능하다. 물론 고백하지만, 이 아이들이 여섯 살 보다 훨씬 이전에 도둑질의 싹수를 배우기도 한다. 하지만 내가 카반 지방에 사는 주요 인사에게 들은 바에 의하면, 이들은 당연히 이 기간 동안에 단지 수습생으로서만 여겨질 뿐이라는 것이다. 이 신사 분은 심지어 이 기술(절도 기술)에 있어서 재빠른 능한 솜씨로 가장 유명한 나라(영국)에서조차도, 아직 여섯 살이 안 된 아이가 도둑이 되는 예를 결코 한두 건 이상은 알지 못한다고 주장했었다.

나는 또 열두 살이 되기 이전에 소년이나 소녀는 판매할 제품이 못 된다는 이야기를 우리 상인들에게서 듣고 확신하게 되었다. 그리고 이 소년 소녀들은 거래 시장에 나온다 하더라도 3파운드 이상의 값을 받지 못하며, 최대한도로 받더라도 3파운드 반 이상을 받지 못한다. 이런 금액은 부모에게도, 우리나라에도 이익이 되지 못한다. 아이를 먹이고 누더기를 입히는 데 든 비용이 적어도 그 액수보다 네 배는 더 들기 때문이다.

따라서 나는 이제부터 겸손한 마음으로 내 생각을 제시해보려고 하며, 이런 생각에 대해서는 최소한의 반대 의견도 제기될 가능성이 없으리라고 희망한다.

나는 런던에 살고 있는 아주 박식한 내 미국 친구로부터 분명하게 다음과 같은 이야기를 들은 바 있다. 즉, 잘 양육된 어리고 건강한 한 살배기 어린 아기는 스튜로 요리하건, 오븐에 굽건, 찌건, 끓이건 간에 아주 맛있고, 영양 많고 건강에 유익한 훌륭한 식품이 된다는 사실이다. 그리고 나는 이 아기가 프리까스 요리나 라구 요리에도 마찬가지로 훌륭하게 이용될 수 있다는 점도 의심하지 않는다.

따라서 나는 공공 대중들의 고려 대상으로 다음 제안을 겸손하게 제시하는 바이다. 우선 앞서 이미 계산했던 12만 명의 아이들 중에서 2만 명은 번식용으로 남겨 놓자는 것이다. 그런데 이 번식용 아이들 중 남자아이는 1/4만 남겨 놓으면 된다. 그 이유는, 우리나라의 천박한 평민들이 별로 신경을 쓰지도 않는 상황이긴 하지만, 이 아이들이 (합법적인) 결혼의 산물인 경우가 결코 없기 때문이다. 따라서 남자 한 명이면 여자 네 명은 족히 감당할 수 있을 것이다. 그런 다음 나머지 10만 명의 아이들이 한 살이 되었을 때, 그들을 전국에 있는 높은 지위와 재산을 가진 인사들에게 판매용으로 제공할 수 있을 것이다. 나는 이 아이들의 어머니들에게 특히 아이들을 판매하기 직전인 마지막 열두 달째에 아이들을 배불리 젖먹이라고 늘 충고하려고 한다. 그래야 이들이 멋진 식탁에 어울리게 통통하게 살이 찌고 토실토실해질 수 있기 때문이다. 아기 한 명분이면 친구들을 위한 접대용으로 두 접시의 요리는 충당할 수 있을 것이다. 그리고 가족들끼리만 식사할 때에는 앞다리나 뒷다리 하나면 꽤 괜찮은 요리를 만들 수 있을 것이다. 그리고 고기에 약간의 후춧가루나 소금으로 간을 맞추면, 특히 겨울철에 나흘 정도 지나서 아주 맛있게 끓여 먹을 수 있을 것이다.

나는 대략 평균 잡아서 갓 태어난 아기의 무게가 12파운드쯤 나가며, 그럭저럭 양육이 잘 되면 1년쯤 지났을 때 28파운드까지 는다고 계산하고 있다.

이 식품이 어느 정도 고가라는 점은 나도 인정한다. 따라서 이것은 지주들에게 아주 적합한 식품일 거라고 생각한다. 이미 이 아기들의 부모들을 게걸스럽게 집어삼켜 먹어치우고 있는 이들 지주들이야말로 이 아기들을 먹어치우기에 가장 높은 자격을 지닌 자들로 보인다.

아기들의 고기는 1년 내내 항시 제공되겠지만, 특히 3월과 그 달을 전후한 시기에 더욱 풍성하게 제공될 것이다. 프랑스의 점잖으신 저명한 의사 작가 선생님이 말씀하신 바에 의하면, 물고기가 매우 다산성(성욕을 증진시키는) 식품이기 때문에 로마 가톨릭 국가들에서는 특히 사순절이 지난 후 대략 9개월 후에 아기들이 다른 때보다 더욱 많이 태어난다는 것이다. 따라서 사순절이 지난 후 1년쯤 되면 이 아기고기 시장이 평상시보다 더욱 과잉 공급될 것이라는 것이다. 우리나라에는 가톨릭교도들의 아기들 숫자가 적어도 3:1의 비율로 많기 때문이다. 따라서 나의 이 제안은 우리나라에 있는 가톨릭교도들의 숫자를 감소시키는 부수적인 이익도 가져다 줄 것이다.

나는 이 거지(여기엔 오두막살이 하는 모든 사람들, 노동자들, 농부들의 3/4가 포함된다)의 아이를 부양하는 비용이

(누더기 의복 비를 포함하여) 연간 2실링 정도가 든다고 앞서 계산한 바 있다. 그러나 나는 훌륭하게 살찐 이 아기고기 한 마리에 10실링을 낸다고 불평할 신사 분은 그 누구도 없을 거라고 믿는다. 이미 이야기했듯이 아기 한 명 분량이면, 그가 특별한 친구와 식사를 하거나 혹은 가족들과 식사를 할 때 빼어나게 영양 만점인 고기 요리 네 접시는 만들 수 있을 것이다. 그리고 이렇게 하면 그 신사 분은 훌륭한 지주가 되는 법을 배우게 되는 것이며, 자신의 소작농들 사이에서 점점 더 인기를 끌게 될 것이다. 아기의 어머니로서는 순이익으로만 8실링을 챙기는 셈이며, 또 다른 아기를 생산할 때까지 일을 할 수 있는 건강도 챙기게 되는 것이다.

좀 더 검소한 사람들이라면(고백하지만 이것이야말로 우리 시대가 바로 요구하고 있는 태도이다) 이 아기고기의 가죽도 벗길 것이다. 아기의 가죽은 인공적으로 잘 다듬어진다면 멋진 숙녀용 장갑을 만들거나 고명하신 신사 분들의 여름용 장화를 만드는 데 사용될 수도 있다.

우리 더블린 시만 놓고 말한다면, 이런 목적을 위하여 가장 편리한 지역들에 도살장들이 지정될 수 있을 것이다. 그리고 우리가 확신하는 바이지만 도축업자들도 부족함이 없을 것이다. 물론 나는 아기들을 산채로 구입하여, 우리가 마치 통돼지 바비큐 구이를 해먹을 때 하는 것처럼, 칼로 바로 잡아서 따뜻한 고기 상태로 조리해 먹을 것을 권장하겠다.

이름이 드높은, 자신의 나라를 진정으로 사랑하는 애국자이시며, 내가 그 도덕성을 흠모해 마지않는 한 인사께서 최근에 나와 이 문제에 관하여 이야기를 나누다가 흔쾌히 나의 이 계획을 좀 더 세련되게 개선해 주겠다고 제안하였다. 그의 말인즉슨, 우리나라의 많은 신사 분들이 최근 들어 사슴들을 다 절멸시켜버렸기 때문에, 자신의 생각으로는, 부족한 사슴 고기가 아직 열네 살은 넘지 않고 열두 살은 넘은 소년 소녀들의 몸통 고기로 충분히 대체 공급될 수 있을 거라는 것이다. 각 지역의 수많은 소년 소녀들이 일자리와 서비스가 부족하여 지금 굶어죽기 직전의 상태가 아니냐는 것이다. 하지만 나는 너무나도 훌륭한 친구이자 자격 있는 애국자인 그에게 적절한 경의를 표하면서, 그의 생각에 전적으로 동의할 수 없음을 밝힌다. 우선 소년들에 대하여 말한다면, 내 미국 친구는 자신의 빈번한 경험을 통하여 내게 이런 확신을 심어주었었다. 즉, 우리의 학생들이 그러하지만 이 소년들의 살코기가 계속되는 운동에 의하여 일반적으로 질기고 기름기가 없으며, 맛도 형편없다는 것이다. 또 그들을 살찌우는 일이 그 비용만큼 이득이 빠지지 않는다는 것이다. 또한 소녀들에 대해 말해본다면, 겸손하고 정중하게 말하는 바이지만, 그녀들을 식품으로 쓰는 일은 공공 대중에게 손해가 되는 일일 것이다. 그녀들 자신들이 곧 아기를 낳을 수 있는 가임 여성들이 될 것이기 때문이다. 게다가 몇몇 양심적인 사람들이 그런 일(소년 소녀들을 식량으로 삼는 일)을 가혹한 잔혹 행위와 유사한 행위라고 쉽게 비난할지도 모른다는 가능성마저 있는 것이다. 고백하지만 이런 비난이야말로 내게 있어서 의도가 아무리 좋은 것이었다 할지라도 늘 어떤 계획에 대한 가장 강력한 반대였다.

하지만 내 친구를 위하여 다음과 같은 사실은 밝히겠다. 즉 그의 고백에 의하면 그가 제안한 이 방법은 사실 약 20년쯤 전에 런던으로 온, 그 유명한 대만 섬 원주민 살마나자가 자신의 머릿속에 주입시켜 주었다는 것이다. 그와 대화를 나누던 중 그가 내 친구에게 다음과 같은 이야기를 해주었다는 것이다. 즉, 그의 조국에서는 혹 어떤 젊은이가 사형에 처해지면 집행관이 그 시신을 아주 진귀한 최상품 식품으로서 상류층 고위 인사에게 판매한다는 것이다. 그리고 그가 대만에 있었을 당시, 황제를 독살하려고 시도하다 잡혀 십자가에 못 박혀 죽은 열다섯 살 먹은 한 통통한 소녀의 시신이 황제 폐하의 총리대신과 기타 다른 왕실의 고위 대신들에게 교수대에서 갓 나오자마자 큰 고기 덩어리들로 나누어져 4백 크라운에 팔렸다는 것이다. 사실 나는 (자신들의 재산이라고는 땡전 한 푼 없으면서 의자 없이는 외출 시에 꼼짝도 하지 못하고, 화려한 외제 옷을 입고 자신들이 요금도 내지 않으면서 극장이나 각종 모임에 모습을 드러내는), 이 도시에 살고 있는 몇몇 살찐 통통한 소녀들이 이런 용도로 사용된다면 우리나라의 상황이 더 이상 나빠지지 않을 거라는 사실을 부인하지 않겠다.

침울한 낙담 기질을 지닌 몇몇 인사들은 현재 늙고, 병들고, 불구인 수많은 빈민들에 대하여 큰 우려를 표하고 있다. 그리고 나 또한 그동안 이런 부담스러운 방해물들을 우리나라에서 제거하기 위하여 어떤 방법을 택해야 할지 내 생각들을 열심히 활용하고자 원해 왔었다. 그러나 나는 이 문제에 대하여 아무런 걱정도 하지 않게 되었다. 왜냐하면 잘 알려져 있다시피, 그들은 이미 추위와 기근, 오물, 해충 등에 의해 합리적으로 기대할 수 있는 가장 빠른 속도로 죽어 가고, 썩어문드러져 가고 있기 때문이다. 그리고 그들보다 더 젊은 노동자들에 대해 이야기해본다면, 그들 또한 거의 앞서의 노인들만큼의 희망을 가지고 살고 있다. 그들은 일자리를 얻을 수 없으며 따라서 영양실조로 초췌해져 굶어 죽어가고 있다. 어느 때건 그들이 혹시 평범한 노동에 고용된다 하더라도 그 일을 수행할 힘이 없을 정도이다. 따라서 우리나라도 그렇고 그들 자신도 그렇고, 이제 곧 다가올 불행한 재앙으로부터 구원될 듯싶다.

너무 오랫동안 옆길로 새 있었다. 따라서 다시 본 주제로 돌아가겠다. 나는 내가 했던 제안으로 인한 이득들이 분명하고, 매우 많으며, 최고의 중요성을 지닌 것들이라 생각한다.

우선 첫째로, 이미 언급했듯이, 나의 이 제안으로 인하여 매년 우리에게 과잉으로 넘쳐나고 있는 교황주의자(가톨릭교도)들의 숫자가 엄청나게 감소할 것이다. 그들은 우리나라에서 가장 으뜸가는 출산자들일 뿐만 아니라 가장 위험한 적들이다. 그들은 우리 왕국을 왕위 요구자에게 넘겨줄 의도로 우리나라에 일부러 머물고 있는 것이며, 또한 조국에 머물면서 자신의 양심에 반하여 우상 숭배적인 교구 보좌신부에게 십일조를 바치느니 차라리 조국을 떠나기로 선택한 수많은 선량한 개신교도들의 부재를 이용해먹기를 바라고 있는 자들이다.

두 번째로, 보다 가난한 소작인들이 어느 정도의 자기 소유재산을 갖게 될 것이다. 이 재산은 법에 의하여 그들의 압류재산 변제에 쓰이게 될 것이며, 지주에게 소작료를 갚는 데도 도움이 될 것이다. 그들은 이미 곡식이고, 가축이고, 모두 압류당한 상태이며, 그들에게 있어 돈이라는 것은 미지의 물건이 되어버린 상태다.

세 번째로, 비록 두 살과 그 이상의 나이에 해당하는 아이 10만 명의 부양비용이 연간 1인당 10실링보다 적게 계산될 수는 없겠지만, 어쨌든 그 때문에 국가 전체의 자산은 연간 5만 파운드 늘어나게 될 것이다. 게다가 세련된 미각을 지닌 이 왕국의 재력가 신사 분들의 식탁에 새로운 요리가 소개된다는 이득도 생겨난다. 그리고 우리들 사이에 화폐가 순환될 것이며, 전적으로 우리나라 자체에서 재배되고 제조된 제품들이 유통될 것이다.

네 번째로 지금 현재의 가임 여성들은 자신들의 아이들을 판매함으로써 연간 8실링이라는 이익을 얻을 뿐만 아니라, 한 살 이후의 아이들을 부양하느라고 들어가게 될 비용 부담도 없앨 수 있을 것이다.

다섯 번째로, 이 식품은 음식점에도 많은 고객을 가져다줄 것이다. 그곳의 주인들은 분명히 이 재료를 완벽하게 조리하는 최상의 조리법을 확보하기 위해 신중을 기할 것이다. 그 결과 그들의 업소에는 자신들의 잘난 식도락 지식을 당연히 소중하게 여기는 모든 훌륭한 신사 분들이 뻔질나게 드나들 것이다. 그리고 고객들의 비위를 맞추는 방법을 터득한 솜씨 좋은 요리사가 자신이 원하는 대로 그 요리를 값비싸게 만들기 위하여 애를 쓰게 될 것이다.

여섯 번째로, 이 제안은 결혼에 대한 중대한 유인책이 될 수 있을 것이다. 모든 현명한 국가들이 보상을 통해서 결혼을 장려하고 있고, 또 법이나 징벌을 통하여 강요하고 있기도 하다. 이 제안은 아이들에 대한 어머니들의 관심과 사랑을 증가시키기도 할 것이다. 이 방법이 아이를 키우는 비용 대신에 대중들에 의해 제공되는 연간 이익을 어느 정도 가져다주고 또 불쌍한 아기들의 평생 보장책이 된다는 사실을 어머니들이 확신할 것이기 때문이다. 우리는 또한 빠른 시일 내에 결혼한 여성들 사이에서 누가 가장 살찐 아기를 시장에 내놓는가에 대한 정직한 경쟁이 생겨나는 것도 보게 될 것이다. 남편들은 부인들이 임신을 하고 있는 동안, 마치 그들이 현재 새끼를 밴 암말이나 송아지를 밴 암소, 혹은 분만 직전의 암퇘지들을 대하듯이, 그녀들을 살뜰히 보살피게 될 것이다. 물론 그들은 유산을 우려하여 자신의 부인들을 때리거나 발로 차는 일(이런 일은 너무나 빈번한 관행이다)도 더 이상 자행되지 않을 것이다.

이들 외에 다른 많은 이득들도 열거할 수 있다. 예를 들어 통에 넣어 수출하는 우리의 쇠고기 수출에 수천 마리의 아기고기들을 추가할 수 있을 것이다. 또 우리의 식탁에 너무나도 빈번하게 오르지만, 돼지들의 엄청난 감소에 의하여 우리에게 너무나도 부족한 상태인 돼지고기의 보급과 베이컨 만드는 기술도 향상될 것이다. 하지만 돼지고기는 맛이나 훌륭한 모양새에 있어서 잘 자라난 한 살배기 아기고기에 비하면 결코 비교가 안 된다. 이 아기고기는 통째로 구워지면, 시장님의 연회나 기타 다른 공식 연회 모임에서 굉장한 장관을 연출해 낼 것이다. 그러나 나는 짧은 글을 쓰기 위해 애를 쓰는 사람이기 때문에 이런 이점들이나 다른 이득들에 대해 더 이상의 이야기는 생략하겠다.

이 도시의 천여 가구들이 이 아기고기의 단골 고객이 될 것이며 특히 결혼식이나 세례식 같은 즐거운 연회에 이 고기를 원하는 고객들이 있을 것을 감안한다면, 내 계산으로는 더블린시에서만 매년 아기 2만 마리 정도가 소비될 것이다. 그리고 이 나라의 나머지 지역들(아마 이런 곳들에선 고기들이 좀 더 싸게 팔리게 될 것이다)에서 나머지 8만 마리가 소비될 것이다.

나는 나의 이 제안에 대하여 어떠한 반대 의견도 제기될 수 있을 것이라고 생각하지 않는다. 물론 이 제안에 의하여 우리나라의 인구수가 상당히 감소할 것이라는 반대 주장은 예외이다. 이런 반대 주장은 솔직히 나도 인정한다. 사실 내가 이 제안을 세상에 내놓은 중요한 의도 가운데 하나가 바로 그 점(인구 감소)이었다. 물론 나는 이 구제책이 오직 아일랜드라는 이 개별 왕국에만 해당되도록 의도했던 것이지, 그 외의 과거에 존재했거나, 지금 현재 존재하거나, 혹은 내 생각에 앞으로 이 지구상에 존재할, 어떤 다른 나라에 해당되도록 의도했던 것이 아니었다. 부디 독자 여러분께서 이 점을 유의해주시기 바란다. 따라서 어떤 사람도 내게 이 방법 이외에, 우리나라를 구제하는 다른 방법들에 대해서 더 이상 이야기하지 말아주기 바란다. 예를 들면, 우리의 부재 지주들에게 1파운드당 5실링의 세금을 부과하는 방법, 우리나라에서 재배되고 제조된 제품 이외의 어떠한 의복이나 가구도 이용하지 않는 방법, 외국의 사치를 조장하는 물품들이나 도구들을 철저히 거부하는 방법, 우리나라 여성들의 값비싼 자만심, 허영, 게으름, 도박 등을 치유하는 방법, 검약, 절제, 자제력 같은 기질을 도입하는 방법, 조국에 대한 사랑을 배우는 방법(이 점에 있어서 우리는 라플란드 사람들이나 토피 남부 사람들보다도 못하다), 우리들 사이의 적대감과 파당주의를 그만두는 방법, 자신들의 도시가 점령당하던 바로 그 순간까지 서로를 죽이던 유태인들처럼 더 이상 행동하지 않는 방법, 우리나라와 우리의 양심을 더 이상 헛되이 팔아먹지 않도록 조금이라도 조심하자는 방법, 지주들이 적어도 소작인들에 대해 일말의 자비심이라도 갖도록 가르치는 방법 등이다. 그리고 끝으로, 우리의 상점 주인들에게 정직, 근면, 기술의 정신을 불어넣어 주는 방법이다. 이들 주인들은 국산품만 구매하라는 결의안을 통과시킨다면 즉시 단결하여 가격, 계량, 친절에 있어서 우리를 속이고 위압을 가해 올 자들이다. 이들은 또한 아무리 자주, 진지하게 권유해도 단 한 차례의 공정한 거래도 하려고 하지 않는 자들이다.

따라서 나는 다시 한번 반복하겠다. 그 어느 누구도 내게 위와 같은 구제책들이나 유사한 편법적 방법들을 이야기하지 말아주시기 바란다. 물론 그가 적어도 그런 방법들을 실행에 옮겨야겠다는 진심 어린, 진지한 희망을 희미하게라도 갖게 될 때면 모르겠다.

하지만 나 자신에 대해서 말해보자. 나는 지금까지 여러 해 동안 위와 같은 헛되고, 한가롭고, 몽상적인 방법들을 제안하느라 지쳐버렸으며, 결국은 그 성공 가능성에 대해 완전히 낙심하게 되고 말았다. 하지만 다행스럽게도 지금의 이 제안을 내놓게 된 것이다. 이 제안은 전적으로 새롭기도 하지만, 뭔가 구체적이고 현실적인 내용을 담고 있으며 비용도 들지 않고, 별 문제점도 없고, 우리 힘으로 충분히 실천할 수 있는 것이다. 또한 이 제안에 의하여 영국의 비위를 거스르는 위험도 초래되지도 않을 것이다. 왜냐하면 이런 종류의 상품(아기고기)은 수출에 적합한 물품이 아니기 때문이다. 이 고기는 소금에 절여져 장시간 보관되기에는 조직이 너무 연하기 때문이다. 물론 나는 소금 없이도 우리 온 나라를 기꺼이 집어삼키려는 나라가 있다는 사실을 이야기 할 수 있다.

나는 내 제안과 같이 순수하고, 값싸고, 손쉽고, 효과적으로 판명될 수 있는, 현명한 사람들이 주장하는 또 다른 제안만 있다면, 그것을 거부할 정도로 내 의견에만 맹렬하게 열중하는 사람은 아니다. 그러나 내 계획과 다른 그런 주장이 제안된다면, 나는 그 제안자에게 보다 훌륭한 그런 제안을 주장하기에 앞서 기꺼이 다음 두 가지 사항들을 충분히, 그리고 신중하게 심사숙고하라고 권하겠다. 첫째, 지금 현재의 상황으로 보아 그들이 어떤 식으로 만여 명의 무기력한 입들을 먹이고 등들을 감싸줄 식량과 의복을 찾을 수 있단 말인가? 둘째, 우리나라 전역에는 인간의 형상을 한 백만여 명의 동물 같은 인간들이 존재하고 있다. 그들을 부양하는 데 드는 비용 자산을 모두 따져본다면, (그들이 진 빚까지 모두 합하여) 거의 2백만 영국 파운드에 달할 것이다. 여기에다 실질적으로 거지나 마찬가지인 수많은 농부들, 오두막살이 빈민들, 노동자들, 또 그들의 아내, 자녀들, 전문가적인 거지들까지 추가해보라. 나는 내 제안이 마음에 들지 않아 그에 대한 반박을 대담하게 시도하려 하는 정치가들에게 제발 바란다. 이 불쌍한 사람들의 부모들에게 먼저, 그들이 만약 한 살 때 내가 말했던 방식대로 식품으로 팔렸더라면 지금 와서 볼 때 오히려 그것이 더 큰 행복이 아니었겠느냐고, 물어보라는 것이다. 차라리 그랬더라면 그들이 한 살 이후의 인생을 살아오면서 겪었던 끊임없는 불행한 광경들을(지주들에게 탄압당하던 일, 돈도 직업도 없어서 소작료도 못 냈던 일, 모진 비바람으로부터 자신들을 막아주는 집도 의복도 없고 일상 식량도 부족했던 일, 또 자신들의 자녀들에게도 이와 비슷한, 혹은 이보다 더 큰 비참한 불행들이 계속해서 불가피하게 똑같이 일어날 것이라는 전망을 가질 수밖에 없었던 일) 피할 수 있지 않았겠는가?

나는 꼭 필요한 이 제안을 실행하려 애를 쓰면서 손톱만큼의 개인적 이해관계도 갖고 있지 않았다는 사실을 마음속 깊이, 온 진심을 다하여 고백하는 바이다. 나는 우리나라의 상업을 증진시키고, 아이들의 앞날을 대비하고, 빈민들을 구제하고, 부자들에게 즐거움을 제공함으로써, 우리나라의 공익을 증진시키자는 것 외에는 다른 아무런 동기도 갖고 있지 않은 사람이다. 나는 이 제안에 의하여 내가 단 돈 한 푼이라도 이득을 볼 수 있다고 주장할 수 있는 아기도 없다. 내 막내 녀석은 이미 아홉 살이고, 내 아내도 이미 출산할 수 있는 나이를 지났기 때문이다.

06 Interior Monologue 내적독백

Interior Monologue is **a narrative technique that presents the mental processes of a character before they are formed into regular patterns of speech or logical sequence.** It presents a character's inner thoughts and emotions in a direct, sometimes disjointed or fragmentary manner. That is, it presents a fictional character's sequence of thoughts in the form of a monologue

The Man Who Was Almost a Man

Richard Wright(1908—1960)

Dave struck out across the fields, looking homeward through paling light. Whut's the use of talking wid em niggers in the field? Anyhow, his mother was putting supper on the table. Them niggers can't understan nothing. One of these days he was going to get a gun and practice shooting, then they couldn't talk to him as though he were a little boy. He slowed, looking at the ground. Shucks, Ah ain scareda them even ef they are biggern me! Aw, Ah know whut Ahma do. Ahm going by ol Joe's sto n git that Sears Roebuck catlog n look at them guns. Mebbe Ma will lemme buy one when she gits mah pay from ol man Hawkins. Ahma beg her t gimme some money. Ahm ol enough to hava gun. Ahm seventeen. Almost a man. He strode, feeling his long loose-jointed limbs. Shucks, a man oughta hava little gun aftah he done worked hard all day.

He came in sight of Joe's store. A yellow lantern glowed on the front porch. He mounted steps and went through the screen door, hearing it bang behind him. There was a strong smell of coal oil and mackerel fish. He felt very confident until he saw fat Joe walk in through the rear door, then his courage began to ooze.

"Howdy, Dave! Whutcha want?"

"How yuh, Mistah Joe? Aw, Ah don wana buy nothing. Ah jus wanted t see ef yuhd lemme look at tha catlog erwhile."

"Sure! You wanna see it here?"

"Nawsuh. Ah wans t take it home wid me. Ah'll bring it back termorrow when Ah come in from the fiels."

"You planning on buying something?"

"Yessuh."

"Your ma letting you have your own money now?"

"Shucks. Mistah Joe, Ahm gittin t be a man like anybody else!"

Joe laughed and wiped his greasy white face with a red bandanna.

"Whut you planning on buyin?"

Dave looked at the floor, scratched his head, scratched his thigh, and smiled. Then he looked up shyly.

"Ah'll tell yuh, Mistah Joe, ef yuh promise yuh won't tell."

"I promise."

"Waal, Ahma buy a gun."

"A gun? Whut you want with a gun?"

"Ah wanna keep it."

"You ain't nothing but a boy. You don't need a gun."

"Aw, lemme have the catalog, Mistah Joe. Ah'll bring it back."

Joe walked through the rear door. Dave was elated. He looked around at barrels of sugar and flour. He heard Joe coming back. He craned his neck to see if he were bringing the book. Yeah, he's got it. Gawddog, he's got it!

"Here, but be sure you bring it back. It's the only one I got."

"Sho, Mistah Joe."

🔖 한글번역

데이브는 해가 서서히 옅어지고 있는 들판을 지나 집을 향해가기 시작했다. 들에서 그 깜둥이들과 말하는 게 무슨 소용이란 말여? 그건 그렇고, 그의 어머니는 식탁 위에 저녁을 차리는 중이었다. 그 깜둥이들은 아무것도 이해하지 못혀. 언젠가 그가 총을 사가지고 사격 연습을 하려고 했는데, 그렇게 하면 그들이 더 이상 그를 어린아이로 대우하지 않을 것이기 때문이다. 그는 땅을 바라보며 속도를 늦추었다. 제기랄, 그들이 나보다 더 크더라도 난 안 무섭당게! 난 내가 뭘 할 줄 안당게. 조의 가게로 가서 시어스 로벅 카탈로그를 달라고 해서 총을 볼거여. 아마 엄니는 내가 총을 사는 것을 허락헐 거여. 호킨스 씨로부터 내 월급을 받았을 것이니께. 엄니한테 돈을 좀 달라고 부탁할 거여. 나도 총을 가지고 있을 만큼 충분히 나이 먹었응께. 열일곱이잖어. 이제 거의 어른이랑께. 그는 길고 느슨한 관절의 팔다리를 느끼며 성큼성큼 걸어갔다. 제기랄, 남자라면 하루 종일 열심히 일했으니 작은 총이라도 하나 가지고 있어야제.

조의 가게가 보였다. 노란 랜턴이 현관에서 빛났다. 그는 계단을 올라 망(網)으로 된 문을 통해 들어갔는데 뒤에서 쿵 하며 닫히는 소리가 들렸다. 등유와 고등어 생선 냄새가 강하게 풍겼다. 그는 뚱뚱한 조가 뒷문으로 들어오는 것을 보기 전까지 매우 자신감을 느꼈고, 그리고 나서 그의 용기가 빠져나가기(약해지기) 시작했다.

"안녕, 데이브! 뭘 원해?"

"안녕하세요, 조 아저씨? 난 아무것도 사고 싶지는 않아유. 그냥 아저씨가 카탈로그를 잠시 보게 해주실 수 있는지 알고 싶어서유."

"물론이란다! 여기서 보고 싶냐?"

"아니유. 집에 가져가고 싶어유. 내일 들에서 일마치고 올 때 돌려 드릴게유."

"살려구 그러냐?"

"예"

"네 엄마가 이제 네 돈을 갖게 내버려두냐?"

"제기랄. 조 아저씨, 나도 다른 사람들과 같이 남자가 될 거랑게유!"

조는 웃으며 빨간 반다나(목이나 머리에 두르는 화려한 색상의 스카프)로 기름기 많은 하얀 얼굴을 닦았다.

"뭘 살려구 그러냐?"

데이브는 바닥을 보고 머리와 허벅지를 긁적이며 미소를 지었다. 그리고는 수줍게 고개를 들었다.

"조 아저씨, 아무한테도 말 안한다고 약속하면 말씀드릴게유."

"약속하마."

"음, 난 총을 살 거여유."

"총이라구? 총으로 뭘 하려구?"

"그냥 갖고 싶어유."

"넌 아직 그냥 소년일 뿐이란다. 총은 필요 없을 거다."

"카탈로그 좀 주세유. 돌려 드릴게유."

조는 뒷문으로 걸어 들어갔다. 데이브는 의기양양했다. 그는 설탕과 밀가루 통을 둘러보았다. 조가 돌아오는 소리를 들었다. 그는 조가 카탈로그 책을 가지고 오는지 목을 길게 빼고 봤다. 그가 가지고 왔다. 와우, 그가 가지고 왔다!

"여기 있다, 하지만 꼭 다시 가져와라. 그게 내가 가진 유일한 카탈로그란다."

"물론이쥬, 아저씨."

07 Surprising Ending 뜻밖의 결말

A surprise ending is **an ending which readers did not expect and had no way of knowing it was going to happen.** It is a plot twist occurring near or at the conclusion of a story: an unexpected conclusion to a work of fiction that causes the audience to reevaluate the narrative or characters.

CHARLES

Shirley Jackson(1916—1965)

The day my son Laurie started kindergarten he renounced corduroy overalls with bibs and began wearing blue jeans with a belt; I watched him go off the first morning with the older girl next door, seeing clearly that an era of my life was ended, my sweetvoiced nursery-school tot replaced by a long-trousered, swaggering character who forgot to stop at the corner and wave good-bye to me.

He came running home the same way, the front door slamming open, his cap on the floor, and the voice suddenly become raucous shouting, "Isn't anybody *here*?

At lunch he spoke insolently to his father, spilled his baby sister's milk, and remarked that his teacher said we were not to take the name of the Lord in vain.

"How *was* school today?" I asked, elaborately casual.

"All right," he said.

"Did you learn anything?" his father asked.

Laurie regarded his father coldly. "I didn't learn nothing," he said.

"Anything," I said. "Didn't learn anything."

"The teacher spanked a boy, though," Laurie said, addressing his bread and butter. "For being fresh," he added, with his mouth full.

"What did he do?" I asked. "Who was it?"

Laurie thought. "It was Charles," he said. "He was fresh. The teacher spanked him and made him stand in the corner. He was awfully fresh."

"What did he do?" I asked again, but Laurie slid off his chair, took a cookie, and left, while his father was still saying, "See here, young man."

The next day Laurie remarked at lunch, as soon as he sat down, "Well, Charles was bad again today." He grinned enormously and said, "Today Charles hit the teacher."

"Good heavens," I said, mindful of the Lord's name, "I suppose he got spanked again?"

"He sure did," Laurie said. "Look up," he said to his father.

"What?" his father said, looking up.

"Look down," Laurie said. "Look at my thumb. Gee, you're dumb." He began to laugh insanely.

"Why did Charles hit the teacher?" I asked quickly.

"Because she tried to make him color with red crayons," Laurie said. "Charles wanted to color with green crayons so he hit the teacher and she spanked him and said nobody play with Charles but everybody did."

The third day—it was a Wednesday of the first week—Charles bounced a see-saw on to the head of a little girl and made her bleed, and the teacher made him stay inside all during recess. Thursday Charles had to stand in a corner during story-time because he kept pounding his feet on the floor. Friday Charles was deprived of black-board privileges because he threw chalk.

On Saturday I remarked to my husband, "Do you think kindergarten is too unsettling for Laurie? All this toughness and bad grammar, and this Charles boy sounds like such a bad influence."

"It'll be alright," my husband said reassuringly. "Bound to be people like Charles in the world. Might as well meet them now as later."

On Monday Laurie came home late, full of news. "Charles," he shouted as he came up the hill; I was waiting anxiously on the front steps. "Charles," Laurie yelled all the way up the hill, "Charles was bad again."

"Come right in," I said, as soon as he came close enough. "Lunch is waiting."

"You know what Charles did?" he demanded following me through the door.

"Charles yelled so in school they sent a boy in from first grade to tell the teacher she had to make Charles keep quiet, and so Charles had to stay after school. And so all the children stayed to watch him.

"What did he do?" I asked.

"He just sat there," Laurie said, climbing into his chair at the table. "Hi, Pop, y'old dust mop."

"Charles had to stay after school today," I told my husband. "Everyone stayed with him."

"What does this Charles look like?" my husband asked Laurie. "What's his other name?"

"He's bigger than me," Laurie said. "And he doesn't have any rubbers and he doesn't wear a jacket."

Monday night was the first Parent-Teachers meeting, and only the fact that the baby had a cold kept me from going; I wanted passionately to meet Charles's mother. On Tuesday Laurie remarked suddenly, "Our teacher had a friend come to see her in school today."

"Charles's mother?" my husband and I asked simultaneously.

"Naaah," Laurie said scornfully. "It was a man who came and made us do exercises, we had to touch our toes. Look." He climbed down from his chair and squatted down and touched his toes. "Like this," he said. He got solemnly back into his chair and said, picking up his fork, "Charles didn't even *do* exercises."

"That's fine," I said heartily. "Didn't Charles want to do exercises?"

"Naaah," Laurie said. "Charles was so fresh to the teacher's friend he wasn't *let* do exercises."

"Fresh again?" I said.

"He kicked the teacher's friend," Laurie said. "The teacher's friend just told Charles to touch his toes like I just did and Charles kicked him.

"What are they going to do about Charles, do you suppose?" Laurie's father asked him.

Laurie shrugged elaborately. "Throw him out of school, I guess," he said.

Wednesday and Thursday were routine; Charles yelled during story hour and hit a boy in the stomach and made him cry. On Friday Charles stayed after school again and so did all the other children.

With the third week of kindergarten Charles was an institution in our family; the baby was being a Charles when she cried all afternoon; Laurie did a Charles when he filled his wagon full of mud and pulled it through the kitchen; even my husband, when he caught his elbow in the telephone cord and pulled the telephone and a bowl of flowers off the table, said, after the first minute, "Looks like Charles."

During the third and fourth weeks it looked like a reformation in Charles; Laurie reported grimly at lunch on Thursday of the third week, "Charles was so good today the teacher gave him an apple."

"What?" I said, and my husband added warily, "You mean Charles?"

"Charles," Laurie said. "He gave the crayons around and he picked up the books afterward and the teacher said he was her helper."

"What happened?" I asked incredulously.

"He was her helper, that's all," Laurie said, and shrugged.

"Can this be true about Charles?" I asked my husband that night. "Can something like this happen?"

"Wait and see," my husband said cynically. "When you've got a Charles to deal with, this may mean he's only plotting." He seemed to be wrong. For over a weekn Charles was the teacher's helper; each day he handed things out and he picked things up; no one had to stay after school.

"The PTA meeting's next week again," I told my husband one evening. "I'm going to find Charles's mother there."

"Ask her what happened to Charles," my husband said. "I'd like to know."

"I'd like to know myself," I said.

On Friday of that week things were back to normal. "You know what Charles did today?" Laurie demanded at the lunch table, in a voice slightly awed. "He told a little girl to say a word and she said it and the teacher washed her mouth out with soap and Charles laughed."

"What word?" his father asked unwisely, and Laurie said, "I'll have to whisper it to you, it's so bad." He got down off his chair and went around to his father. His father bent his head down and Laurie whispered joyfully. His father's eyes widened.

"Did Charles tell the little girls to say *that*?" he asked respectfully.

"She said it *twice*," Laurie said. "Charles told her to say it *twice*."

"What happened to Charles?" my husband asked.

"Nothing," Laurie said. "He was passing out the crayons."

Monday morning Charles abandoned the little girl and said the evil word himself three or four times, getting his mouth washed out with soap each time. He also threw chalk.

My husband came to the door with me that evening as I set out for the PTA meeting. "Invite her over for a cup of tea after the meeting," he said. "I want to get a look at her."

"If only she's there." I said prayerfully.

"She'll be there," my husband said. "I don't see how they could hold a PTA meeting without Charles's mother."

At the meeting I sat restlessly, scanning each comfortable matronly face, trying to determine which one hid the secret of Charles. None of them looked to me haggard enough. No one stood up in the meeting and apologized for the way her son had been acting. No one mentioned Charles.

After the meeting I identified and sought out Laurie's kindergarten teacher. She had a plate with a cup of tea and a piece of chocolate cake; I had a plate with a cup of tea and a piece of marshmallow cake. We maneuvered up to one another cautiously, and smiled.

"I've been so anxious to meet you," I said. "I'm Laurie's mother."

"We're all so interested in Laurie," she said.

"Well, he certainly likes kindergarten," I said. "He talks about it all the time."

"We had a little trouble adjusting, the first week or so,"she said primly, "but now he's a fine helper. With occasional lapses, of course."

"Laurie usually adjusts very quickly," I said. "I suppose this time it's Charles's influence."

"Charles?"

"Yes," I said, laughing, "you must have your hands full in that kindergarten, with Charles."

"Charles?" she said. "We don't have any Charles in the kindergarten."

▶ 작품해설

Young and free Laurie has recently started kindergarten, and his mother (who also narrates the story) laments that her "sweet-voiced nursery-school tot" is growing up. She also notes changes in his behavior: he no longer waves goodbye to her, slams the door when he comes home and speaks insolently to his father.

During dinnertime conversations, Laurie begins telling his parents stories about an ill-behaved boy in his class named Charles, who yells and hits his teacher and classmates. Though in a way fascinated by the strange boy, Laurie's mother wonders if Charles' bad influence is responsible for Laurie misbehaving and using bad grammar.

Over the ensuing weeks Charles seems to be going from bad to worse until one day at the beginning of the week Laurie tells his parents that Charles behaved himself and that the teacher made him her helper. By the end of the week, however, Charles reverts to his old self when he makes a girl in his class repeat a bad word to the teacher. The next school day, Charles mumbles the word several times to himself and throws chalk. Laurie also says that he misbehaves quite often.

When the next PTA meeting rolls around, Laurie's mother is determined to meet Charles' mother. She closely examines the other parents and sees nothing but pleasant faces and is surprised when Charles is not mentioned at all. After the meeting, she approaches the teacher and introduces herself as Laurie's mother. The teacher says that once Laurie adjusted he became "a fine little helper. With occasional lapses, of course." Laurie's mother then mentions Charles and the teacher tells her that there is no one named Charles in the class. (The story thus implies that all the trouble has been caused by Laurie.)

▶ 한글번역

찰스

내 아들 로리가 유치원을 시작하던 날 그는 가슴받이가 달린 코르덴 바지를 포기하고 벨트가 달린 청바지를 입기 시작했다. 나는 첫날 아침 옆집의 나이 많은 소녀와 함께 그가 떠나가는 것을 보았다. 분명히 나의 시대는 이제 끝나고, 내 귀여운 목소리의 보육원 다니던 아이는 이제 모퉁이를 돌면서 나에게 손 흔들어 안녕하는 것도 잊고 긴 바지에 뽐내듯 하는 성격으로 바뀌어가는 것을 본다.

아이는 똑같은 모습으로 돌아왔다; 문은 활짝 열어젖히고, 모자는 마루에 집어 던지고, 목소리는 갑자기 소란스런 외침이 되어 "여기 아무도 없어?" 하면서 말이다.

점심에 그는 아버지에게 무례하게 말하며 아기 여동생의 우유를 엎었다. 그리고 자기 선생이 우리가 주님의 이름을 헛되이 말해서는 안 된다고 했다는 말을 했다.

"오늘 학교는 어땠니?" 우연을 애써 가장하며 나는 물었다.

"그냥 괜찮았어." 아이가 말했다.

"배운 것이 좀 있니?" 아버지가 물었다.

로리는 아빠에게 차갑게 대했다. "아무것도 배우지 않았어." 그가 말했다.

나는 말했다. "아무거라도. 아무것도 안 배웠어?"

"선생님이 한 아이를 때리긴 했어." 로리가 자기의 빵과 버터를 집어들며 말했다.

"말썽을 부렸거든." 그는 입에 가득 물고 한마디 더 했다.

"그 아이는 뭘 했길래? 누구?" 내가 물었다.

로리는 생각했다. "찰스였어. 말썽쟁이야. 선생님이 걔를 때리고 구석에 가서 서 있게 했어. 끔찍한 말썽쟁이야." 그가 말했다.

"그가 뭘 했는데?" 나는 다시 물었다. 하지만 로리는 자기 의자에서 미끄러지듯 일어나 쿠키를 하나 가지고 떠나갔다. 아버지가 여전히 "여기 봐 젊은이."라고 말해도 말이다.

다음 날 로리는 점심에 자리에 앉자 마자 이야기 했다. "어, 찰스가 오늘도 잘못했어." 그는 아주 크게 웃으며 말했다. "오늘 찰스가 선생님을 때렸어."

"세상에" 나는 주님의 이름을 마음에 두며 말했다. "그러면 또 얻어 맞았겠구나?"

"그럼 그랬지" 로리는 말했다. "위를 봐." 그는 아버지에게 말했다.

"뭐라고?" 그의 아버지는 고개를 들며 말했다.

"아래 봐." 로리는 말했다. "내 엄지 봐봐. 정말, 아빠는 바보야." 녀석은 넘어간 듯 웃기 시작했다.

"찰스가 왜 선생을 쳤는데?" 나는 재빨리 물었다.

"선생님이 걔를 빨간 크레용으로 색칠하게 했거든" 로리가 말했다. "찰스는 초록색으로 칠하고 싶어 했어. 그래서 걔가 선생님을 쳤지. 그래서 그녀가 그에게 매질을 했고, 아무도 찰스하고 놀지 말라고 했어. 하지만 모두 걔하고 놀았어."

셋째 날은 첫 주의 수요일. 찰스는 시소를 작은 소녀의 머리로 튀어오르게 해서 피가 나게 했다. 선생은 쉬는 시간 내내 그를 실내에 있도록 했다. 목요일 찰스는 마루를 계속 발로 굴렸기 때문에 이야기 시간 내내 구석에 서 있어야 했다. 금요일 찰스는 분필을 던졌기 때문에 칠판에 쓸 수 있는 특권을 뺏겼다.

토요일 나는 남편에게 말했다. "유치원이 로리에게 너무 불안하다고 생각 안 해? 이렇게 너무 힘들고, 좋지 않은 문법에, 이 찰스란 아이는 아주 나쁜 영향을 주는 것 같애."

"괜찮아질 거야" 남편은 다시 확신하듯 말했다. "세상에는 찰스와 같은 사람들이 있기 마련이야. 나중보다는 지금 만나는 것이 낫지."

월요일에 로리는 많은 뉴스거리를 가지고 집에 늦게 왔다. 그는 언덕에 오르면서 소리쳤다. "찰스가," 나는 현관 계단에서 걱정스럽게 기다리고 있었다. "찰스가," 로리는 언덕에 오르는 내내 소리쳤다. "찰스가 또 잘못했어."

그가 충분히 가까이 왔을 때 나는 말했다. "얼른 들어와. 점심 준비됐어."

"찰스가 뭐 했는지 알아?" 그는 현관을 지나 나를 따라오면서 따지듯 물었다.

"찰스가 학교에서 너무 소리를 질러대서, 사람들이 일학년에서 한 아이를 보내 선생님에게 찰스를 조용히 시켜야 한다고 말했어. 그래서 찰스는 학교 끝나고 계속 남아 있어야 했지. 그리고 다른 모든 아이들도 그 아이를 보려고 남아 있었어."

"걔가 뭘 잘못했는데?" 내가 물었다.

"걔는 거기 그냥 앉아 있었어. 로리가 식탁 의자에 올라가며 말했다. "어이 아빠, 낡은 청소 걸레야."

"찰스가 오늘 학교 끝나고 남아 있어야 했데." 내가 남편에게 말했다. "모두들 그와 함께 남아 있었대."

"이 찰스란 녀석은 어떻게 생겼니?" 내 남편이 로리에게 물었다. "다른 이름이 있니?"

"걔는 나보다 커." 로리가 말했다. "그리고 걔는 지우개도 없고, 재킷을 입은 적도 없어."

월요일밤은 첫 번째 부모—선생 만남의 날이었다. 그런데 아기가 감기에 걸려다는 사실로 인해 갈 수가 없었다. 나는 찰스의 엄마를 정말로 한번 만나보고 싶었다. 화요일에 로리가 갑자기 말했다. "우리 선생님에게 오늘 학교에 친구가 하나 왔어."

"찰스 엄마?" 내 남편과 나는 동시에 물었다.

"아냐" 로리가 조소하듯 말했다. "한 남자가 와서 우리에게 체조를 시켰어. 우리는 발가락을 만져야 했어, 봐—" 그는 의자에서 내려와 쪼그려 앉더니 그의 발가락을 만졌다. "이렇게." 그는 말했다. 그는 진지하게 자기 의자로 돌아가, 포크를 잡으며 말했다. "찰스는 체조도 안 했어."

02

"그건 괜찮아" 나는 마음 쓰듯 말했다. "찰스는 체조하고 싶어 하지 않았니?"

"아냐" 로리는 말했다. "찰스가 선생님의 친구에게 너무 말을 안 들어서, 체조를 못 하게 했어."

"또 말을 안 들었어?" 내가 말했다.

걔가 선생님의 친구를 찼거든" 로리가 말했다. "선생님의 친구가 찰스에게 내가 지금 했던 것처럼 발가락을 만지라 하니까 찰스가 그를 차버렸어."

"그들이 찰스를 어떻게 할 거라고 생각하니?" 로리의 아버지가 그에게 물었다.

로리는 애써 어깨를 으쓱했다. "아마 그 아이를 학교에서 쫓아내겠지." 그가 말했다.

수요일과 금요일은 늘 그러하듯이 찰스는 이야기 시간에 소리를 지르고, 한 아이의 배를 때려 울리고 했다. 금요일에 찰스는 다시 방과후에 남아 있었고, 모든 다른 아이들도 그랬다.

유치원 삼 주째, 찰스는 우리 가족에게 하나의 관례가 되었다. 아기는 오후 내내 울어대면 찰스 같은 아이가 되는 것이다. 로리는 자기 (장난감) 마차를 진흙으로 가득 채워 부엌으로 끌고 다니면 찰스 같은 짓을 하는 것이 된다. 심지어 내 남편도 아이가 팔꿈치에 전화선을 감거나 전화기며, 재털이며, 테이블 위의 꽃병을 끌어댈 때면 잠시 후 이렇게 말했다. "찰스 같아."

셋째와 넷째 주간에 찰스에게 혁명이 일어난 듯 했다. 로리는 셋째 주 목요일 점심에 단호하게 보고했다. "찰스는 오늘 너무 잘해서 선생님이 그에게 사과를 주었어."

"뭐라고?" 내가 말했고, 남편은 조심스레 덧붙였다. "찰스가 말이냐?"

로리가 말했다. "찰스가. 걔가 크레용을 나누어주었고 나중에는 책도 정리했고, 선생님은 그를 자기 도우미라고 했어."

"무슨 일이 있었는데?" 나는 믿을 수 없다는 듯이 물었다.

"걔가 그녀의 도우미였어. 그게 다야." 로리는 말하며 으쓱했다.

"이것이 사실일까, 찰스에 대한 것이?" 그날 밤 나는 남편에게 물었다. "이 같은 일이 생길 수 있을까?"

"기다려 보도록 하지." 내 남편이 냉소적으로 말했다. "당신이 지금까지 찰스란 아이를 보면, 이것은 뭔가 꿍꿍이가 있다고 밖에 보이지 않아." 그는 틀린 것 같았다. 일주일 이상 찰스는 선생님의 도우미였다. 매일 그는 물건을 나누어주고, 물건을 모으고, 아무도 방과후에 남아 있을 필요가 없었다.

"부모-교사 만남의 날이 또 다음 주야." 나는 남편에게 어느 날 저녁 말했다. "내가 찰스의 엄마를 거기서 찾아봐야겠어."

"찰스에게 무슨 일이 생겼는지 그녀에게 물어봐. 나도 알고 싶네." 내 남편이 말했다.

"나 자신도 알고 싶어." 나는 말했다.

그 주간 금요일 모든 것은 정상을 돌아갔다. "오늘 찰스가 무슨 일을 했는지 알아?" 로리는 점심 식탁에서 다소 놀란 듯한 목소리로 따지듯 물었다. "걔가 작은 소녀에게 한 단어를 말해보라 해서, 그 여자애가 그것을 말했어. 그래서 선생님이 그 애 입을 비누로 씻어주고 찰스는 웃어댔어."

"무슨 단어?" 아빠는 현명하지 못하게 물었다. 그리고 로리는 말했다. "아빠 귀에 속삭여야 할 거야, 너무 나쁜 말이거든." 그는 의자에서 내려와 자기 아빠에게로 돌아갔다. 그 아빠가 고개를 숙이고 로리는 즐거운 듯 속삭였다. 아빠 눈이 둥그래졌다.

"찰스가 그 작은 소녀에게 그렇게 말하라 그랬어?" 그는 정중하게 물었다.

"그녀는 두 번 그렇게 말했어" 로리는 마랬다. "찰스는 그녀에게 그것을 두 번 말하라 그랬거든."

"찰스에게 무슨 일이 있었다니?" 내 남편이 물었다.

"아무것도." 로리는 말했다. "걔는 크레용을 나누어주고 있었어."

월요일 아침 찰스는 작은 소녀를 내버려두고 서너 번 그 나쁜 말을 했다. 그래서 매번 비누로 입을 씻어야 했다. 그는 또한 분필을 집어 던졌다.

그날 저녁 내가 부모-교사 만남에 가려고 나설 때 남편은 나를 현관까지 따라왔다. "모임이 끝나고 그녀에게 차 한잔 하자고 초대해봐. 내가 한번 그녀를 보고 싶어서 그래." 그가 말했다.

"그녀가 꼭 거기 왔으면 싶네." 나는 기도하듯 말했다.

"그녀는 거기 올 거야" 남편이 말했다. "그들이 찰스 엄마 없이 어떻게 부모-교사 만남의 모임을 열 수 있는 지 모르겠네." 모임에서 나는 편안한 듯 점잖게 앉아 있는 각각의 얼굴을 훑어보며 불안하게 앉아 있었다. 그러면서 누가 찰스의 비밀을 숨기고 있는지 맞춰보려 했다. 그들 중 누구도 나에게는 충분히 사납게 보이지가 않았다. 누구도 모임에서 일어가 자기 아들이 행동해온 것에 대해 사과하지 않았다. 아무도 찰스를 언급하지 않았다.

모임이 끝나고 나서 나는 로리의 유치원 선생님을 찾았다. 그녀는 찻잔과 초콜릿 케익 한 조각이 놓인 쟁반을 가지고 있었다. 나는 쟁반에 찻잔과 마시멜로 케익 한 조각을 들고 있었다. 우리는 작전을 펼치듯 하며 조심스레 서로에게 다가갔다. 그러면서 서로 웃었다.

"정말 선생님을 만나고 싶었어요. 제가 로리 엄마예요." 내가 말했다.

"우리는 모두 로리에게 관심이 있어요." 그녀가 말했다.

네, 그 아이는 확실히 유치원을 좋아해요. 항상 그것에 대해 이야기 하거든요." 내가 말했다.

"우리가 맞춰가는 데 다소 문제가 있었어요. 처음에 한두 주는요. 하지만 그 아이는 이제 멋진 작은 도우미예요. 물론 가끔의 잘못은 있지만요." 그녀는 정중하게 이야기했다.

"로리는 대개 아주 빨리 적응해요." 내가 말했다. "제 생각에 이번에는 찰스의 영향이 있는 것 같아요."

"찰스요?"

"예." 나는 웃으며 말했다. "선생님은 찰스 때문에 이 유치원에서 신경이 많이 쓰이시겠어요."

"찰스요?" 그녀가 말했다. "우리 유치원에 찰스라는 아이는 없는데요."

After Twenty Years

O. Henry(1862−1910)

The policeman on the beat moved up the avenue impressively. The impressiveness was habitual and not for show, for spectators were few. The time was barely 10 o'clock at night, but chilly gusts of wind with a taste of rain in them had well nigh depeopled the streets.

Trying doors as he went, twirling his club with many intricate and artful movements, turning now and then to cast his watchful eye adown the pacific thoroughfare, the officer, with his stalwart form and slight swagger, made a fine picture of a guardian of the peace. The vicinity was one that kept early hours. Now and then you might see the lights of a cigar store or of an all-night lunch counter but the majority of the doors belonged to business places that had long since been closed.

When about midway of a certain block the policeman suddenly slowed his walk. In the doorway of a darkened hardware store a man leaned, with an unlighted cigar in his mouth. As the policeman spoke up quickly, "It's all right, officer," he said, reassuringly. "I'm just waiting for a friend. It's an appointment made twenty years ago. Sounds a little funny to you, doesn't it? Well. I'll explain if you'd like to make certain it's all straight. About that long ago there used to be a restaurant where this store stands—'Big Joe' Brady's restaurant."

"Until five years ago," said the policeman. "It was torn down then."

The man in the doorway struck a match and lit his cigar. The light showed a pale, square-jawed face with keen eyes, and a little white scar near his right eyebrow. His scarfpin was a large diamond, oddly set.

"Twenty years ago to-night," said the man. "I dined here at 'Big Joe' Brady's with Jimmy Wells, my best chum, and the finest chap in the world. He and I were raised here in New York, just like two brothers, together. I was eighteen and Jimmy was twenty. The next morning I was to start for the West to make my fortune. You couldn't have dragged Jimmy out of New York, he thought it was the only place on earth. Well, we agreed that night that we would meet here again exactly twenty years from that date and time, no matter what our conditions might be or from what distance we might have to come. We figured that in twenty years each of us ought to have our destiny worked out and our fortunes made, whatever they were going to be."

"It sounds pretty interesting," said the policeman. "Rather a long time between meets, though, it seems to me. Haven't you heard from your friend since you left?"

"Well, yes, for a time we corresponded," said the other. "But after a year or two we lost track of each other. You see, the West is a pretty big proposition, and I kept hustling around over it pretty lively. But I know Jimmy will meet me here if he's alive, for he always was the truest, stanchest old chap in the world. He'll never forget. I came a thousand miles to stand in this door to-night, and it's worth it if my old partner turns up."

The waiting man pulled out a handsome watch, the lids of it set with small diamonds. "Three minutes to ten," he announced. "It was exactly ten o'clock when we parted here at the restaurant door."

"Did pretty well out West, didn't you?" asked the policeman.

"You bet! I hope Jimmy has done half as well. He was a kind of plodder, though, good fellow as he was. I've had to compete with some of the sharpest wits going to get my pile. A man gets in a groove in New York. It takes the West to put a razor-edge on him."

The policeman twirled his club and took a step or two.

"I'll be on my way. Hope your friend comes around all right. Going to call time on him sharp?"

"I should say not!" said the other. "I'll give him half an hour at least. If jimmy is alive on earth he'll be here by that time. So long, officer."

"Good-night, sir," said the policeman, passing on along his beat, trying doors as he went.

There was now a fine, cold drizzle falling, and the wind had risen from its uncertain puffs into a steady blow. The few foot passengers astir in that quarter hurried dismally and silently along with coat collars turned high and pocketed hands. And in the door of the hardware store the man who had come a thousand miles to fill an appointment, uncertain almost to absurdity, with friend of his youth, smoked his cigar and waited.

About twenty minutes he waited, and then a tall man in a long overcoat, with collar turned up to his ears, hurried across from the opposite side of the street. He went directly to the waiting man.

"Is that you, Bob?" he asked, doubtfully.

"Is that you, Jimmy Wells?" cried the man in the door.

"Bless my heart!" exclaimed the new arrival, grasping both the other's hands with his own. "It's Bob, sure as fate. I was certain I'd find you here if you were still in existence. Well, well, well!—twenty years is a long time. The old restaurant's gone, Bob; I wish it had lasted, so we could have had another dinner there. How has the West treated you, old man?"

"Bully; it has given me everything I asked it for. You're changed lots, Jimmy. I never thought you were so tall by two or three inches."

"Oh, I grew a bit after I was twenty."

"Doing well in New York, Jimmy?"

"Moderately. I have a position in one of the city departments. Come on, Bob; we'll go around to a place I know of, and have a good long talk about old times."

The two men started up the street, arm in arm. The man from the West, his egotism enlarged by success, was beginning to outline the history of his career. The other, submerged in his overcoat, listened with interest.

At the corner stood a drug store, brilliant with electric lights. When they came into this glare each of them turned simultaneously to gaze upon the other's face.

The man from the West stopped suddenly and released his arm.

"You're not Jimmy Wells," he snapped. "Twenty years is a long time, but not long enough to change a man's nose from a Roman to a pug."

"It sometimes changes a good man into a bad one," said the tall man. "You've been under arrest for ten minutes, 'Silky' Bob. Chicago thinks you may have dropped over our way and wires us she wants to have a chat with you. Going quietly, are you? That's sensible. Now, before we go to the station here's a note I was asked to hand to you. You may read it here at the window. It's from Patrolman Wells."

The man from the West unfolded the little piece of paper handed him. His hand was steady when he began to read, but it trembled a little by the time he had finished. The note was rather short.

"Bob: I was at the appointed place on time. When you struck the match to light your cigar I saw it was the face of the man wanted in Chicago. Somehow I couldn't do it myself, so I went around and got a plain clothes man to do the job."   JIMMY

02

20년 후

담당구역을 순회 중인 경찰이 인상적으로 대로를 걸어 올라갔다. 이 인상적임은 습관일 뿐 과시하기 위해서는 아니었다. 왜냐하면 보는 사람이 거의 없었기 때문이다. 시간은 겨우 밤 10시 정도 되었을 뿐이지만, 비를 품은 차가운 돌풍이 불고 있었기 때문에 거리에는 인적이 거의 없었다.

걸어가며 문단속을 살피고, 복잡하고 기술적인 동작으로 곤봉을 돌리며, 가끔씩 주의 깊은 눈길을 태평한 도로에 던지는 경찰의 모습은 건장한 체구와 약간 뽐내는 듯한 걸음걸이와 함께 평화의 수호자의 좋은 그림이 되었다. 이 근방은 일찍 자고 일찍 일어나는 곳이었다. 이따금 담배 가게의 불빛이나 밤새 여는 작은 식당의 불빛이 보였지만, 대개의 문은 사무실용이었고 오래전부터 닫혀 있었다.

한 구획의 중간쯤에서 경찰은 갑자기 발걸음을 늦췄다. 불이 꺼진 철물점의 문가에 불을 붙이지 않은 시가를 입에 문 한 남자가 기대어 서 있었다. 경찰이 다가가자 남자는 황급히 말했다. "괜찮습니다, 경찰관님." 그는 안심시키는 어조로 말했다. "나는 그냥 친구를 기다리는 중입니다. 20년 전에 한 약속이지요. 조금 웃기게 들리죠, 그렇지 않나요? 글쎄요, 문제없는지 확인하고 싶으시다면 설명해드리지요. 오래 전엔 이 가게가 서 있는 곳에 식당이 하나 있었답니다. '빅 조 브래디' 식당이었죠."

"5년 전까지 있었죠." 경찰이 말했다. "그 후 헐렸소."

문가에 서 있던 남자가 성냥을 그어 담배에 불을 붙였다. 불빛에 날카로운 눈을 한 그의 창백하고 각진 턱의 얼굴과 오른쪽 눈썹 주위에 흰색의 작은 흉터가 비쳐 보였다. 그의 스카프 핀에는 커다란 다이아몬드가 기묘하게 박혀 있었다.

"20년 전 오늘 밤" 남자는 말했다. "나는 여기 '빅 조 브래디'에서 내 가장 친한 친구이자 세상에서 제일 좋은 녀석인 지미 웰즈와 저녁 식사를 했죠. 그와 나는 여기 뉴욕에서 형제처럼 함께 자랐답니다. 나는 열여덟 살이었고 지미는 스무 살이었죠. 다음 날 아침 나는 한 밑천 잡으러 서부로 갈 계획이었어요. 지미는 뉴욕에서 끌어낼 수 없는 놈이었죠. 그는 지구상에 여기밖에 없는 줄 안다니까요. 글쎄요, 우리는 그날 밤 정확히 20년 후에, 그때 우리 상황이 어떻든 얼마나 멀리 떨어져 있든 여기서 다시 만나기로 했죠. 우리는 20년이면 각자의 운명도 결정되고 재산도 모았으리라고 생각했어요. 그것이 어떤 식으로 되었든 말이죠."

"아주 흥미 있는 이야기로군." 경찰이 말했다. "그렇지만 다시 만나기 전에 너무 긴 시간을 기다려야 하는 것 같군요. 떠난 후로 친구 소식을 들은 적이 없나요?"

"글쎄, 네, 한동안 우린 서로 연락하고 지냈지요." 그가 말했다. "그러나 일이 년 후에는 서로 소식이 끊기고 말았어요. 아시다시피 서부는 꽤 큰 사업을 할 수 있는 곳이고, 여기저기 돌아다니며 꽤 자유롭게 살았죠. 그러나 지미가 살아 있다면 틀림없이 날 만나러 여기로 올 겁니다. 그는 세상에서 가장 진실하고 믿음직한 친구니까요. 그는 결코 잊어버리지 않을 거예요. 나는 오늘 밤 이 문 앞에 서 있으려고 1000마일을 여행해 왔지만, 내 옛 친구가 나타나 준다면 그럴 만한 가치가 있지요."

기다리는 남자는 뚜껑에 자잘한 다이아몬드가 박힌 훌륭한 시계를 꺼냈다. "10시 3분 전이군요." 그가 말했다. "우리가 식당에서 헤어진 게 정확히 10시였어요."

"서부에서 잘 지냈나 보군요, 그렇지 않은가요?" 경찰이 물었다.

"그렇다마다요! 지미가 반만큼이라도 잘 지냈으면 좋으련만. 그는 사람이 좋았지만 좀 꾸벅꾸벅 일하는 타입이었어요. 나는 재산을 모으기 위해 가장 약삭빠른 재주꾼들과 겨뤄야만 했었죠. 뉴욕에서는 사람이 판에 박혀 버려요. 아슬아슬하게 살려면 서부로 가야 하죠."

경찰은 곤봉을 휘두르고 한두 걸음 떼었다.

"나는 가던 길을 계속 가야겠군요. 친구가 왔으면 좋겠는데. 약속 시간까지 안 오면 칼같이 떠날 생각인가요?"

"그러지 않을 겁니다!" 상대방이 말했다. "적어도 30분은 기다려야죠. 지미가 이 지구상에 살아 있다면 그 시간까지는 여기 올 겁니다. 안녕히 가세요, 경찰관님."

"안녕히 가시오, 선생." 경찰은 대답하고 순회 구역을 돌며 문단속을 확인했다.

이제는 꽤 굵고 차가운 가랑비가 내리고 있었고, 가끔씩 휙 불던 바람은 계속 불어오는 강풍으로 바뀌었다. 그 지역에서 움직이는 몇 안 되는 행인들은 외투 깃을 높이 세우고 주머니에 손을 넣는 우울하고 조용히 서둘러 사라졌다. 그리고 철물점 문가에는 과거에 젊은 시절의 친구와 한 거의 어리석을 정도로 불확실한 약속을 지키기 위해 1000마일을 달려온 남자가 시가를 피우며 기다리고 있었다.

20분쯤 기다렸을 때, 긴 외투를 입고 깃을 귀까지 덮은 한 남자가 거리의 반대 방향에서 서둘러 가로질러 왔다. 그는 기다리는 남자에게 곧바로 갔다.

"밥, 자넨가?" 그는 의심스럽게 물었다.

"지미 웰즈야?" 문가에 있는 남자가 소리쳤다.

"세상에!" 방금 도착한 남자가 상대방의 손을 덥석 잡으며 외쳤다. "틀림없이 밥이군. 네가 아직 살아 있다면 여기 올 줄 알았어. 이런, 이런, 이런! 20년은 긴 시간이었지. 옛 식당은 헐렸네, 밥. 그곳이 있었으면 했어. 그러면 거기서 다시 저녁 식사를 할 수 있을 텐데. 서부에서는 어땠나, 친구?"

"아주 좋았어. 원한 건 다 이뤘지. 너 많이 변했다. 지미. 네가 나보다 2~3인치 더 클 줄은 생각도 못했는데."

"오, 난 스무 살 넘은 다음에 좀 자랐어."

"뉴욕에서 잘 지냈나, 지미?"

"그럭저럭. 시경에 자리를 하나 얻었지. 이리와, 밥. 내가 아는 곳으로 가서 옛날 얘기나 실컷 나누세."

두 남자는 팔짱을 끼고 거리를 올라가기 시작했다. 서부에서 온 남자는 성공에 자만심이 부풀어 자신의 지난 경력을 읊기 시작했다. 외투로 몸을 감싼 다른 남자는 흥미 있게 들었다.

모퉁이에 불이 밝게 켜진 약국이 있었다. 밝은 곳으로 나오자 두 사람은 서로의 얼굴을 보기 위해 동시에 돌아섰다.

서부에서 온 남자가 갑자기 멈춰서서는 팔을 뺐다.

"넌 지미 웰즈가 아니야." 그가 내뱉었다. "20년은 긴 세월이지만, 매부리코를 들창코로 바꿀 정도는 아니지."

"가끔은 착한 사람을 나쁜 사람으로 바꾸기도 하는 모양이지." 키가 큰 남자가 말했다. "당신은 10분 전부터 체포되어 있어, '멋쟁이' 밥. 시카고에서는 당신이 여기를 들를지도 모른다고 생각하고 우리에게 당신과 얘기하고 싶다는 전문을 보냈어. 조용히 가는 게 좋을 거야. 경찰서로 가기 전에 너에게 전해 달라고 부탁받은 쪽지가 하나 있어. 여기 창가에서 읽어도 돼. 웰즈 순경에게서 온 거야."

서부에서 온 남자는 그에게 건네준 작은 종이 쪽지를 펼쳤다. 그의 손은 읽기 시작했을 때는 괜찮았지만, 다 읽었을 때쯤에는 조금 떨리고 있었다. 쪽지는 꽤 짧았다.

밥에게: 나는 시간 맞춰 약속 장소에 있었네. 자네가 담배에 불을 붙이려고 성냥을 그었을 때, 나는 그것이 시카고에서 수배하는 남자의 얼굴임을 알았지. 어쨌든 내 손으로는 할 수 없었기에, 돌아와서 사복형사에게 체포를 부탁했다네 —지미

Chapter

08 | Story-within-a-Story 액자소설(이야기 속 이야기)

Story-within-a-Story is a literary device in which one story is told during the action of another story.

The Mad Trist

Sir Launcelot Canning

The antique volume which I had taken up was the "Mad Trist" of Sir Launcelot Canning; but I had called it a favorite of Usher's more in sad jest than in earnest; for, in truth, there is little in its uncouth and unimaginative prolixity which could have had interest for the lofty and spiritual ideality of my friend. It was, however, the only book immediately at hand; and I indulged a vague hope that the excitement which now agitated the hypochondriac, might find relief (for the history of mental disorder is full of similar anomalies) even in the extremeness of the folly which I should read. Could I have judged, indeed, by the wild overstrained air of vivacity with which he harkened, or apparently harkened, to the words of the tale, I might well have congratulated myself upon the success of my design.

I had arrived at that well-known portion of the story where Ethelred, the hero of the Trist, having sought in vain for peaceable admission into the dwelling of the hermit, proceeds to make good an entrance by force. Here, it will be remembered, the words of the narrative run thus:

"And Ethelred, who was by nature of a doughty heart, and who was now mighty withal, on account of the powerfulness of the wine which he had drunken, waited no longer to hold parley with the hermit, who, in sooth, was of an obstinate and maliceful turn, but, feeling the rain upon his shoulders, and fearing the rising of the tempest, uplifted his mace outright, and, with blows, made quickly room in the plankings of the door for his gauntleted hand; and now pulling therewith sturdily, he so cracked, and ripped, and tore all asunder, that the noise of the dry and hollow-sounding wood alarummed and reverberated throughout the forest."

At the termination of this sentence I started, and for a moment, paused; for it appeared to me (although I at once concluded that my excited fancy had deceived me)—it appeared to me that, from some very remote portion of the mansion, there came, indistinctly, to my ears, what might have been, in its exact similarity of character, the echo (but a stifled and dull one certainly) of the very cracking and ripping sound which Sir Launcelot had so particularly described. It was, beyond doubt, the coincidence alone which had arrested my attention; for, amid the rattling of the sashes of the casements, and the ordinary commingled noises of the still increasing storm, the sound, in itself, had nothing, surely, which should have interested or disturbed me. I continued the story:

"But the good champion Ethelred, now entering within the door, was sore enraged and amazed to perceive no signal of the maliceful hermit; but, in the stead thereof, a dragon of a scaly and prodigious demeanor, and of a fiery tongue, which sate in guard before a palace of gold, with a floor of silver; and upon the wall there hung a shield of shining brass with this legend enwritten—

Who entereth herein, a conqueror hath bin;
Who slayeth the dragon, the shield he shall win;

And Ethelred uplifted his mace, and struck upon the head of the dragon, which fell before him, and gave up his pesty breath, with a shriek so horrid and harsh, and withal so piercing, that Ethelred had fain to close his ears with his hands against the dreadful noise of it, the like whereof was never before heard."

Here again I paused abruptly, and now with a feeling of wild amazement—for there could be no doubt whatever that, in this instance, I did actually hear (although from what direction it proceeded I found it impossible to say) a low and apparently distant, but harsh, protracted, and most unusual screaming or grating sound—the exact counterpart of what my fancy had already conjured up for the dragon's unnatural shriek as described by the romancer.

Oppressed, as I certainly was, upon the occurrence of this second and most extraordinary coincidence, by a thousand conflicting sensations, in which wonder and extreme terror were predominant, I still retained sufficient presence of mind to avoid exciting, by any observation, the sensitive nervousness of my companion. I was by no means certain that he had noticed the sounds in question; although, assuredly, a strange alteration had, during the last few minutes, taken place in his demeanor. From a position fronting my own, he had gradually brought round his chair, so as to sit with his face to the door of the chamber; and thus I could but partially perceive his features, although I saw that his lips trembled as if he were murmuring inaudibly. His head had dropped upon his breast—yet I knew that he was not asleep, from the wide and rigid opening of the eye as I caught a glance of it in profile. The motion of his body, too, was at variance with this idea—for he rocked from side to side with a gentle yet constant and uniform sway. Having rapidly taken notice of all this, I resumed the narrative of Sir Launcelot, which thus proceeded:

"And now, the champion, having escaped from the terrible fury of the dragon, bethinking himself of the brazen shield, and of the breaking up of the enchantment which was upon it, removed the carcass from out of the way before him, and approached valorously over the silver pavement of the castle to where the shield was upon the wall; which in sooth tarried not for his full coming, but fell down at his feet upon the silver floor, with a mighty great and terrible ringing sound."

No sooner had these syllables passed my lips, than—as if a shield of brass had indeed, at the moment, fallen heavily upon a floor of silver—I became aware of a distinct, hollow, metallic, and clangorous, yet apparently muffled reverberation. Completely unnerved, I leaped to my feet; but the measured rocking movement of Usher was undisturbed. I rushed to the chair in which he sat. His eyes were bent fixedly before him, and throughout his whole countenance there reigned a stony rigidity. But, as I placed my hand upon his shoulder, there came a strong shudder over his whole person; a sickly smile quivered about his lips; and I saw that he spoke in a low, hurried, and gibbering murmur, as if unconscious of my presence. Bending closely over him, I at length drank in the hideous import of his words.

"Not hear it?—yes, I hear it, and have heard it. Long—long—long—many minutes, many hours, many days, have I heard it—yet I dared not—oh, pity me, miserable wretch that I am!—I dared not—I dared not speak! We have put her living in the tomb! Said I not that my senses were acute? I now tell you that I heard her first feeble movements in the hollow coffin. I heard them—many, many days ago—yet I dared not—I dared not speak! And now—to-night—Ethelred—ha! ha!—the breaking of the hermit's door, and the death-cry of the dragon, and the clangor of the shield! —say, rather, the rending of her coffin, and the grating of the iron hinges of her prison, and her struggles within the coppered archway of the vault! Oh whither shall I fly? Will she not be here anon? Is she not hurrying to upbraid me for my haste? Have I not heard her footstep on the stair? Do I not distinguish that heavy and horrible beating of her heart? Madman!"—here he sprang furiously to his feet, and shrieked out his syllables, as if in the effort he were giving up his soul—"Madman! I tell you that she now stands without the door!"

As if in the superhuman energy of his utterance there had been found the potency of a spell—the huge antique pannels to which the speaker pointed, threw slowly back, upon the instant, their ponderous and ebony jaws. It was the work of the rushing gust—but then without those doors there did stand the lofty and enshrouded figure of the lady Madeline of Usher. There was blood upon her white robes, and the evidence of some bitter struggle upon every portion of her emaciated frame. For a moment she remained trembling and reeling to and fro upon the threshold—then, with a low moaning cry, fell heavily inward upon the person of her brother, and in her violent and now final death-agonies, bore him to the floor a corpse, and a victim to the terrors he had anticipated.

From that chamber, and from that mansion, I fled aghast. The storm was still abroad in all its wrath as I found myself crossing the old causeway. Suddenly there shot along the path a wild light, and I turned to see whence a gleam so unusual could have issued; for the vast house and its shadows were alone behind me. The radiance was that of the full, setting, and blood-red moon, which now shone vividly through that once barely-discernible fissure, of which I have before spoken as extending from the roof of the building, in a zigzag direction, to the base. While I gazed, this fissure rapidly widened—there came a fierce breath of the whirlwind—the entire orb of the satellite burst at once upon my sight—my brain reeled as I saw the mighty walls rushing asunder—there was a long tumultuous shouting sound like the voice of a thousand waters—and the deep and dank tarn at my feet closed sullenly and silently over the fragments of the House of Usher.

▶ 작품해설

This is a story within a story found in Edgar Allan Poe's "The Fall of the House of Usher". (이야기 속의 이야기 형식-액자소설식) Canning is a fictitious author; the story's real author is Poe himself. It is a humorously satirical tale of knightly chivalry, but it plays an important role in its mother-story, where actions within the "Trist" begin manifesting themselves in *the House of Usher*. The plot is intentionally ludicrous. A knight, named Ethelred, who is drunk, storms the home of a hermit. After breaking through the door with his mace, he finds instead of the hermit a fire-breathing dragon guarding a palace of silver and gold and a brass shield. Ethelred slays the dragon and captures the shield.

The story interlocks with its outer story, "The Fall of the House of Usher." "Mad Trist," which is about the forceful entrance of Ethelred into the dwelling of a hermit, mirrors the simultaneous escape of Madeline from her tomb.

▶ 한글번역

제정신 아닌 회합

내가 꼽은 한 권의 고서는 런슬럿 캐닝 경의 『제정신아닌 회합』이었다. 허나 나는 진심으로 그런 것이 아니라, 오히려 농담으로 그것을 어셔의 애독서라고 한 것이다. 왜냐하면 사실 이 책처럼 미숙하고도 상상력이 빈곤한 장황설엔 내 친구 어셔처럼 고상하면서도 정신적 관념성이 깊은 사람이 흥미를 느낄 만한 것이 거의 없었기 때문이다. 하지만 그때 손 앞에 있던 책이라곤 이 책뿐이었으므로 혹시나 우울증에 빠져 있는 환자의 흥분이 내가 이제 읽으려는 싱거운 이야기에서라도 좀 가라앉지나 않을까 하고 막연히 기대했다. 사실 내가 읽는 이야기에 그가 귀를 기울이고 있고, 분명히 긴장하여 하나하나 빼놓지 않고 귀담아 듣는 듯한 그의 태도로 미루어 보아 내 계획이 일단은 성공했다고 기뻐해도 좋았던 것이다. 나는 이 소설의 주인공 에델렛이 은둔자의 집에 들어가려고 공손히 그가 찾아온 뜻을 전했으나 받아주지 않아서 마침내 폭력으로 침입하려는 그 유명한 구절에 이르렀다.

"천성이 용맹스러운 에델렛, 들이켠 술기운으로 완고하고도 짓궂은 자와 이 이상 더 담판해도 소용없을 것을 깨닫고, 마침 그때 빗방울이 뚝뚝 떨어져 폭풍우가 일어날 기세가 보인지라, 선뜻 철퇴를 들어 문 널빤지를 몇 번 후려치니, 순식간에 수갑 찬 손이 들어갈 만한 구멍이 생기더라. 구멍에 손을 틀어넣고 닥치는 대로 잡아채며, 꺾고 분지르니, 바싹 마른 널빤지의 깨지는 소리가 사방에 진동하고, 그 소리가 방방곡곡까지 미치더라."

이 구절의 끝까지 읽었을 때 나는 깜짝 놀라 숨을 멈췄다. 왜냐하면 그때 나는 (흥분된 공상이 나를 속인 것으로 추측은 했지마는) 집안의 먼 구석으로부터 런슬럿 경이 그렇게 자세하게 묘사한 그 깨지는 듯한 소리가 희미하게 들려오는 것만 같았기 때문이다. 물론 내가 이렇게 생각한 것은 우연의 일치에 불과한 것이었다. 왜냐하면 창문들이 덜컹거리는 소리며 또는 아직까지 계속해서 불어오는 폭풍의 요란한 소리에는 확실히 내 마음을 산란하게 할 만한 것은 아무것도 없었기 때문이다. 나는 읽기를 계속했다.

"그러나 용사 에델렛이 문 안으로 들어가 보니, 흉악한 은둔자는 꼬리도 보이지 않는 것에 버럭 화를 내면서 한편으로는 놀랐다. 은둔자가 있어야 할 그 자리에 그는 없고, 비늘이 번쩍거리고 불타는 것 같은 혀를 가진 어마어마한 용 한 마리가 쭈그리고 앉아, 은마루 깔린 황금 궁전 앞을 경호하고 있더라. 벽에는 찬란한 놋쇠 방패가 걸려 있고, 그 속에 가로되

여기 들어온 자는 정복자일 지어다.
용을 죽이는 자는 이 방패를 가질 지어다.

그것을 본 에델렛, 철퇴를 들고 용의 머리 내리치니 용은 그 앞에 푹 거꾸러져 독기를 내뿜으며 통곡하더라. 그 음침하고 무서운 소리는 고막을 찢을 듯, 장사 에델렛도 이 소리엔 그만 두 손으로 귀를 막더라. 참으로 이러한 소리는 전대미문이라 하겠으니."

여기서 나는 별안간 다시 한번 깜짝 놀라 말을 그쳤다. 왜냐하면 바로 그때(어디서 들려왔는지는 알 수 없었으나) 확실히 먼 곳에서 낮게 들려오는, 그러나 날카롭고 길게 외치는 듯하면서도 귀에 거슬리는 소리, 이 소설의 작가가 묘사한 용의 기괴한 통곡 소리란 이런 것이 아니었을까 하고 내가 상상하고 있었던 것과 조금도 다름없는 소리를 확실히 들었기 때문이다.

나는 이 두 번째의 기괴한 우연의 일치에 깜짝 놀라 극도의 공포를 느꼈지만, 어셔의 과민한 신경을 자극시켜서는 안 되겠다고 생각하고 꾹 참면서 마음을 가라앉혔다. 나는 어셔가 이 이상한 소리를 들었는지는 확실히 알 수 없었다. 하지만 최후의 몇 분 동안 그의 태도에 이상한 변화가 나타난 것만은 분명했다. 처음에는 나와 마주앉아 있던 그가 점점 의자를 돌려 나중에는 방문 쪽을 향해 앉게 되었고, 그래서 그가 무어라고 중얼거리는 것처럼 입술이 부들부들 떠는 것이 보이기는 했지만, 그의 모습 일부밖에는 볼 수가 없었다. 그는 머리를 푹 숙이고 있었으나 얼핏 옆모습을 보았을 때 눈을 크게 뜨고 있는 점으로 미루어 보아 그가 자고 있는 것이 아니라는 것만은 알 수 있었다. 그는 조용히 그러나 쉴 새 없이 일정하게 몸을 좌우로 흔들고 있었다. 이런 것을 흘끔 바라본 다음 나는 다시 그 책을 계속 읽어나갔다. 이야기는 다음과 같았다.

"이제 무서운 용의 격노를 모면한 용사 에델렛, 그 놋쇠 방패를 생각하고 그 위에 씌어 있는 마력을 없애버릴 생각으로 눈앞에 있는 용의 시체를 한쪽으로 치워놓은 뒤 배에다 힘을 주고 용감하게 도성의 은 마룻바닥을 쿵쿵 울리며 방패 걸린 벽 쪽으로 달려드니, 그가 가까이 오기도 전에 놋쇠 방패는 쿵 하는 무서운 소리를 내며 장사의 발 근처 마루 위에 떨어지더라."

구절이 내 입술 사이로 흘러나오자마자 바로 그때 놋쇠 방패가 실제로 은 마룻바닥에 무겁게 떨어진 것과도 같이 뚜렷하고도 무거운 금속성의, 분명히 무거운 것이 떨어지는 소리가 들려왔다. 나는 깜짝 놀라 벌떡 일어났다. 어셔의 태도에는 조금도 변화가 없었다. 나는 그가 앉아 있는 의자로 달려갔다. 그의 두 눈은 앞을 뚫어지게 바라보고 있었으며, 얼굴에는 딱딱하고 엄숙한 빛이 떠돌고 있었다. 그러나 내가 그의 어깨에 손을 얹었을 때 그는 전신을 부들부들 떨며 병적인 미소를 띠었다. 그는 내가 있는 것도 모르는 듯 들리지도 않을 조그만 소리로 뭐라고 빠르게 중얼거렸다. 그에게 바싹 허리를 굽히고서야 겨우 그의 무서운 말을 알아들을 수 있었다.

"저 소리가 안 들려? 아냐, 들리네. 아직까지도 들리는걸. 오랫동안, 오랫동안. 여러 분, 여러 시간, 여러 날, 그 소리가 들렸어. 하나 나는 감히 입 밖에 내지 못했네. 이 비참한 녀석을 불쌍히 여겨주게! 나는 감히 입 밖에 내지 못한 거야! 누이동생을 생매장해 버렸단 말야! 내 감각이 예민한 것은 자네도 잘 알지 않나? 알겠나, 그 텅 빈 지하실에서 누이동생이 꿈틀거리는 희미한 소리가 들려왔네. 며칠 전에 벌써 그 소리를 들었어. 그러면서도 나는, 나는 감히 말을 못한 거야! 그러나 이제, 오늘 밤― 에델렛, 하! 하! 은둔자의 집 문이 터지는 소리, 용이 죽는 소리, 방패가 쩽 울리며 떨어지는 소리! 오히려 그것은 누이동생의 관이 터지는 소리, 또는 지하실 철문의 돌쩌귀가 삐걱거리는 소리, 굴속의 동판 깐 마룻바닥에서 그 애가 기를 쓰는 소리라고 하는 것이 좋을 걸세. 아! 어디로 도망쳐야 할까? 그 애가 곧 이리 오지나 않을까? 내 조급한 행위를 책망하러

달려오는 것이 아닐까? 계단을 올라오는 그 애의 발소리가 들리지 않았나! 그 애 심장이 무겁고도 무섭게 뛰는 것을 모를 줄 알고? 응, 이 미친놈아!" 여기까지 말하고 그는 갑자기 후다닥 일어나 죽을 힘을 다해 한 마디 한 마디 버럭버럭 소리를 질렀다. "이 미친놈아! 누이동생이 이제 바로 문 밖에 와서 서 있어!"

어셔의 초인간적 외침의 기세에는 마치 마법이라도 들렸는지, 그가 가리킨 커다란 오래된 벽판이 갑자기 무거운 흑단의 한 모퉁이를 서서히 뒤로 열어 젖혔다. 그것은 확 불어 들어온 폭풍의 탓이었겠지만. 그러나 그때 문밖에는 수의를 몸에 감은, 키가 크고 호리호리한 레이디 메델라인이 서 있었다. 흰 옷에는 붉은 피가 묻었고 몸 군데군데에는 격렬한 몸부림의 흔적이 역력히 보였다. 잠시 그녀는 문지방 위에서 부들부들 떨며 이리저리 비틀거리더니 조그만 신음소리와 함께 방 안에 있는 오빠에게로 쓰러졌다. 그녀의 격렬한 단말마의 고통은 오빠로 하여금 마룻바닥 위로 쓰러져 이내 시체가 되게 하였다. 어셔는 그가 예상했던 것처럼 공포의 희생이 되고 만 것이다.

나는 질겁하여 그 방으로부터 도망쳤다. 오래된 포석이 깔린 길을 지나고 있을 때 폭풍은 한층 더 심해져 사면을 온통 휩쓸고 있었다. 갑자기 한 줄이 이상한 빛이 길 위에 번쩍였다. 어디서 이러한 빛이 갑자기 흘러나왔나 하고 나는 뒤돌아보았다. 왜냐하면 내 뒤에는 다만 황량한 한 채의 큰 집과 그 그림자밖에는 아무것도 없었기 때문에. 그것은 막 가라앉고 있는, 피가 흐르듯이 새빨갛고 둥그런 만월의 빛이었다. 달은 앞에서 이야기한, 그 전에는 보일까 말까 했던 벽이 갈라진 틈새로 밝게 비치고 있었다. 우두커니 서서 바라보고 있으니까 그 갈라진 부분은 점점 넓어지고, 회오리바람이 한 번 획 불더니 달 모양이 갑자기 내 눈 앞에 둥그렇게 나타났다. 거대한 벽이 무너지며 산산조각으로 쏟아지는 것을 보았을 때 나는 아찔했다. 거센 파도 소리와도 같이 길고도 요란한 고함 소리가 들리더니, 내 발 밑에 있는 깊고 어둠침침한 늪이 소리도 없이 음침하게 어셔 저택의 파편을 삼켜버리고는 그 수면을 닫았다.

literature

영미문학개론

literature

문학심화이론

유희태 영미문학 ❶

영미문학개론

literature

Phase

01

Literary Element

01 | Point of View 시점

01 | First Person Narrator 일인칭 화자

1. First Person Participant 일인칭 주인공

The narrator is a character who uses the first person (I or we) to tell the story. Often this narrator is a major character who tells her or his own story and is the focus of that story. (Araby; A&P)

Araby

James Joyce(1882—1941)

Every morning I lay on the floor in the front parlour watching her door. The blind was pulled down to within an inch of the sash so that I could not be seen. When she came out on the doorstep my heart leaped. I ran to the hall, seized my books and followed her. I kept her brown figure always in my eye and, when we came near the point at which our ways diverged, I quickened my pace and passed her. This happened morning after morning. I had never spoken to her, except for a few casual words, and yet her name was like a summons to all my foolish blood.

Her image accompanied me even in places the most hostile to romance. On Saturday evenings when my aunt went marketing I had to go to carry some of the parcels. We walked through the flaring streets, jostled by drunken men and bargaining women, amid the curses of labourers, the shrill litanies of shop-boys who stood on guard by the barrels of pigs' cheeks, the nasal chanting of street-singers, who sang a come-all-you about O'Donovan Rossa, or a ballad about the troubles in our native land. These noises converged in a single sensation of life for me: I imagined that I bore my chalice safely through a throng of foes. Her name sprang to my lips at moments in strange prayers and praises which I myself did not understand. My eyes were often full of tears (I could not tell why) and at times a flood from my heart seemed to pour itself out into my bosom.

I thought little of the future. I did not know whether I would ever speak to her or not or, if I spoke to her, how I could tell her of my confused adoration. But my body was like a harp and her words and gestures were like fingers running upon the wires.

One evening I went into the back drawing-room in which the priest had died. It was a dark rainy evening and there was no sound in the house. Through one of the broken panes I heard the rain impinge upon the earth, the fine incessant needles of water playing in the sodden beds. Some distant lamp or lighted window gleamed below me. I was thankful that I could see so little. All my senses seemed to desire to veil themselves and, feeling that I was about to slip from them, I pressed the palms of my hands together until they trembled, murmuring: "O love! O love!" many times.

한글번역

애러비

매일 아침 나는 길 쪽의 응접실 마루에 누워 그녀의 집 문을 살폈다. 차일이 창틀에서 1인치 정도 남겨놓고 내려져 있어서 내가 보일 리는 없었다. 그녀가 현관 층층대로 나올 때면 나는 가슴이 뛰었다. 나는 현관으로 달려가서 책가방을 집어들고 그녀 뒤를 따랐다. 나는 그녀의 갈색 모습을 눈에서 내내 놓지 않았고 그러다가 갈 길이 각자 갈라지는 지점이 가까워졌을 때 걸음을 빨리하여 그녀를 지나쳤다. 매일 아침마다 이런 일이 되풀이되었다. 나는 무심결에 주고받은 몇 마디 말고는 그녀에게 말을 걸어본 적이 없었다. 그렇지만 그녀의 이름은 나의 모든 어리석은 피를 한군데로 솟구쳐 쏠리게 만들었다.

그녀의 영상은 분위기가 연애에 가장 적대적인 장소에서 조차 나를 따라다녔다. 토요일 저녁 아줌마가 장 보러 갈 때는 내가 따라가서 꾸러미를 몇 개 날라줘야 했다. 노무자들의 욕설과, 즐비한 돼지의 엉덩잇살을 지키며 서 있는 상점 사환아이의 새된 장광설과, 오도노반 로싸에 관한 '모두 모여라' 어쩌고 하는 노래나 우리 조국의 수난을 다룬 가요를 부르는 길거리 가수들의 단조로운 코맹맹이 소리 한가운데서, 술에 취한 사내와 물건을 사라는 여인네들에게 떼밀리며, 우리는 그 번지르르한 거리를 지나갔다. 내게는 이러한 소음들이 삶에 대한 하나의 느낌으로 한데 모아졌다. 나는 내가 적의 무리 사이로 나의 성배를 안전히 모셔가고 있다고 상상했다. 그녀의 이름이 순간순간 나 자신도 이해 못할 낯선 기도와 예찬이 되어 내 입술로 솟아났다. 내 눈엔 종종 눈물이 가득 괴었고(이유는 알 수 없었다) 때때로 홍수가 내 심장으로부터 가슴으로 쏟아부어지는 것 같았다. 나는 앞으로의 일을 거의 생각하지 않았다. 나는 내가 그녀에게 도대체 말을 걸기는 걸 것인지 아닌지, 혹은 그녀에게 말을 건다 해도 어떻게 그녀에게 나의 혼란스런 연모의 정을 얘기해줄지를 몰랐다. 그러나 나의 몸은 하프와 같았고 그녀의 말과 몸짓은 그 줄을 퉁기는 손가락 같았다.

어느 날 저녁 나는 사제가 죽었던 뒤편 거실로 들어갔다. 어두컴컴하고 비 내리는 저녁이었고 집안은 아무 소리도 없이 고요했다. 부서진 창 하나를 통해서 빗줄기가 땅에 내리꽂히는 소리가 들렸다. 가느다랗고 끊임없이 내리는 바늘 같은 물줄기들이 흠뻑 젖은 화단에서 뛰놀고 있었다. 저 멀리 아물거리는 등잔이나 불 켜진 창 같은 것이 내 아래쪽에서 빛났다. 나는 눈에 보이는 게 거의 없다는 것에 대해 감사하는 마음이었다. 나의 모든 감각들은 스스로 베일에 가려지기를 갈망하는 것 같았다. 그리고 내가 이제 막 그 감각들로부터 빠져나오려 한다는 것을 느끼면서, 나는 양 손바닥을 부르르 떨 정도로 서로 꽉 맞잡았다. 몇 번씩이고 이렇게 중얼대면서. "오 사랑! 오 사랑이여!"

2. First Person Observer 일인칭 관찰자

The narrator is a minor character not directly involved in the action who relates what he or she observes about the characters and action. This first person narrator tells a story that is primarily about someone else, not about her/himself. (A Rose for Emily; Moby Dick; The Great Gatsby).

A Rose for Emily

William Faulkner(1897—1962)

When Miss Emily Grierson died, our whole town went to her funeral: the men through a sort of respectful affection for a fallen monument, the women mostly out of curiosity to see the inside of her house, which no one save an old man-servant—a combined gardener and cook—had seen in at least ten years.

It was a big, squarish frame house that had once been white, decorated with cupolas and spires and scrolled balconies in the heavily lightsome style of the seventies, set on what had once been our most select street. But garages and cotton gins had encroached and obliterated even the august names of that neighborhood; only Miss Emily's house was left, lifting its stubborn and coquettish decay above the cotton wagons and the gasoline pumps-an eyesore among eyesores. And now Miss Emily had gone to join the representatives of those august names where they lay in the cedar-bemused cemetery among the ranked and anonymous graves of Union and Confederate soldiers who fell at the battle of Jefferson.

Alive, Miss Emily had been a tradition, a duty, and a care; a sort of hereditary obligation upon the town, dating from that day in 1894 when Colonel Sartoris, the mayor—he who fathered the edict that no Negro woman should appear on the streets without an apron-remitted her taxes, the dispensation dating from the death of her father on into perpetuity. Not that Miss Emily would have accepted charity. Colonel Sartoris invented an involved tale to the effect that Miss Emily's father had loaned money to the town, which the town, as a matter of business, preferred this way of repaying. Only a man of Colonel Sartoris' generation and thought could have invented it, and only a woman could have believed it.

03

한글번역

에밀리에게 장미를

에밀리 그리어슨 양이 죽었을 때, 우리 마을 사람들은 모두 그녀의 장례식을 보러 갔다. 남자들은 무너진 기념비에 대한 일종의 경의에 찬 감정에서였고, 여자들은 대부분 그녀의 집안을 한번 구경하고 싶은 호기심에서였다. 적어도 10년 동안 정원사와 요리사 노릇을 겸한 늙은 노인을 제외하고 그 집안에 들어가본 사람은 거의 없었다.

집은 크고 네모난 목조 건물이었다. 한때 그 집은 원형 지붕과 뾰족탑, 그리고 1870년대의 묵직하면서도 우아한 스타일을 한 소용돌이 모양의 발코니를 자랑이라도 하듯 하얀 색으로 단장한 채 우리 마을의 고급 주택가에 서 있었다. 그러나 차고와 조면 공장이 들어서면서 이웃의 당당하던 집들을 삼켜버리고 말았다. 오로지 에밀리의 집만이 쇠퇴해가는 완고하고 요염한 모습을 고집하며 목화 수레와 가솔린 펌프 위로 우뚝 서있어서 눈엣 가시 중의 가시 노릇을 하고 있었다. 그리고 이제 에밀리는 제퍼슨 전투에서 쓰러져 간 북부군과 남부군 병사들의 이름 없는 무덤이 줄지어 늘어서 있고, 삼목으로 가려진 묘지에 저 당당하던 이웃 사람들과 함께 눕기 위해 가버리고 말았다.

살아서 에밀리는 하나의 전통, 하나의 의무, 하나의 근심을 지니고 있었다. 아버지로부터 물려받은 마을에 대한 일종의 빚 때문이었다. 빚 이야기는 1894년 당시 시장이었던 사이토리스 대령 — 그는 흑인 여자는 누구건 앞치마를 두르지 않고는 거리에 나와서는 안 된다는 포고령을 직접 쓴 사람이었다 — 이 그녀의 세금을 면제해준 날로 거슬러 올라간다. 세금의 면제는 그녀의 아버지가 사망한 날로부터 영원히 효력을 갖는 것으로 되어 있었다. 에밀리가 동정을 구했기 때문은 아니었다. 에밀리의 아버지가 마을에 돈을 빌려준 적이 있으니 거래상의 문제로서 마을이 그 돈을 이런 식으로 갚는다는 내용의 소문을 꾸며내었던 것이다. 그러나 사이토리스 대령과 같은 세대에 살고 같은 사고방식을 가지고 있던 사람들이나 여자들을 빼놓고는 그런 소문을 믿어줄 사람은 없었다.

02 Unreliable Narrators 믿을 수 없는 화자

A narrator whose account of events appears to be faulty, misleadingly biased, or otherwise distorted, so that it departs from the "true" understanding of events shared between the reader and the implied author. The discrepancy between the unreliable narrator's view of events and the view that readers suspect to be more accurate creates a sense of irony. The term does not necessarily mean that such a narrator is morally untrustworthy or a habitual liar (although this may be true in some cases), since the category also includes harmlessly naive, "fallible", or ill-informed narrators. A classic case is Huck in Mark Twain's *Adventures of Huckleberry Finn* (1884): this 14-year-old narrator does not understand the full significance of the events he is relating and commenting on. Other kinds of unreliable narrator seem to be falsifying their accounts from motives of vanity or malice. In either case, the reader is offered the pleasure of picking up "clues" in the narrative that betray the true state of affairs. This kind of first-person narrative is particularly favoured in 20th-century fiction: a virtuoso display of its use is William Faulkner's *The Sound and the Fury* (1928), which employs three unreliable narrators—an imbecile, a suicidal student, and an irritable racist bigot.

The Tell-Tale Heart

Edgar Allan Poe(1809−1849)

True!—nervous—very, very dreadfully nervous I had been and am; but why will you say that I am mad? The disease had sharpened my senses—not destroyed—not dulled them. Above all was the sense of hearing acute. I heard all things in the heaven and in the earth. I heard many things in hell. How, then, am I mad? Hearken! and observe how healthily—how calmly I can tell you the whole story.

It is impossible to say how first the idea entered my brain; but once conceived, it haunted me day and night. Object there was none. Passion there was none. I loved the old man. He had never wronged me. He had never given me insult. For his gold I had no desire. I think it was his eye! yes, it was this! He had the eye of a vulture—a pale blue eye, with a film over it. Whenever it fell upon me, my blood ran cold; and so by degrees—very gradually—I made up my mind to take the life of the old man, and thus rid myself of the eye forever.

Now this is the point. You fancy me mad. Madmen know nothing. But you should have seen me. You should have seen how wisely I proceeded—with what caution—with what foresight—with what dissimulation I went to work! I was never kinder to the old man than during the whole week before I killed him. And every night, about midnight, I turned the latch of his door and opened it—oh so gently! And then, when I had made an opening sufficient for my head, I put in a dark lantern, all closed, closed, that no light shone out, and then I thrust in my head. Oh, you would have laughed to see how cunningly I thrust it in! I moved it slowly—very, very slowly, so that I might not disturb the old man's sleep. It took me an hour to place my whole head within the opening so far that I could see him as he lay upon his bed. Ha! would a madman have been so wise as this. And then, when my head was well in the room, I undid the lantern cautiously—oh, so cautiously—cautiously (for the hinges creaked)—I undid it just so much that a single thin ray fell upon the vulture eye. And this I did for seven long nights—every night just at midnight—but I found the eye always closed; and so it was impossible to do the work; for it was not the old man who vexed me, but his Evil Eye. And every morning, when the day broke, I went boldly into the chamber, and spoke courageously to him, calling him by name in a hearty tone, and inquiring how he has passed the night. So you see he would have been a very profound old man, indeed, to suspect that every night, just at twelve, I looked in upon him while he slept.

Upon the eighth night I was more than usually cautious in opening the door. A watch's minute hand moves more quickly than did mine. Never before that night had I felt the extent of my own powers—of my sagacity. I could scarcely contain my feelings of triumph. To think that there I was, opening the door, little by little, and he not even to dream of my secret deeds or thoughts. I fairly chuckled at the idea; and perhaps he heard me; for he moved on the bed suddenly, as if startled. Now you may think that I drew back—but no. His room was as black as pitch with the thick darkness, (for the shutters were close fastened, through fear of robbers,) and so I knew that he could not see the opening of the door, and I kept pushing it on steadily, steadily.

I had my head in, and was about to open the lantern, when my thumb slipped upon the tin fastening, and the old man sprang up in bed, crying out— "Who's there?"

I kept quite still and said nothing. For a whole hour I did not move a muscle, and in the meantime I did not hear him lie down. He was still sitting up in the bed listening;—just as I have done, night after night, hearkening to the death watches in the wall.

Presently I heard a slight groan, and I knew it was the groan of mortal terror. It was not a groan of pain or of grief—oh, no!—it was the low stifled sound that arises from the bottom of the soul when overcharged with awe. I knew the sound well. Many a night, just at midnight, when all the world slept, it has welled up from my own bosom, deepening, with its dreadful echo, the terrors that distracted me. I say I knew it well. I knew what the old man felt, and pitied him, although I chuckled at heart. I knew that he had been lying awake ever since the first slight noise, when he had turned in the bed. His fears had been ever since growing upon him. He had been trying to fancy them causeless, but could not. He had been saying to himself—"It is nothing but the wind in the chimney—it is only a mouse crossing the floor," or "It is merely a cricket which has made a single chirp." Yes, he had been trying to comfort himself with these suppositions: but he had found all in vain. All in vain; because Death, in approaching him had stalked with his black shadow before him, and enveloped the victim. And it was the mournful influence of the unperceived shadow that caused him to feel—although he neither saw nor heard—to feel the presence of my head within the room.

When I had waited a long time, very patiently, without hearing him lie down, I resolved to open a little—a very, very little crevice in the lantern. So I opened it—you cannot imagine how stealthily, stealthily— until, at length a simple dim ray, like the thread of the spider, shot from out the crevice and fell full upon the vulture eye.

It was open—wide, wide open—and I grew furious as I gazed upon it. I saw it with perfect distinctness—all a dull blue, with a hideous veil over it that chilled the very marrow in my bones; but I could see nothing else of the old man's face or person: for I had directed the ray as if by instinct, precisely upon the damned spot.

And have I not told you that what you mistake for madness is but over-acuteness of the sense?—now, I say, there came to my ears a low, dull, quick sound, such as a watch makes when enveloped in cotton. I knew that sound well, too. It was the beating of the old man's heart. It increased my fury, as the beating of a drum stimulates the soldier into courage.

But even yet I refrained and kept still. I scarcely breathed. I held the lantern motionless. I tried how steadily I could maintain the ray upon the eve. Meantime the hellish tattoo of the heart increased. It grew quicker and quicker, and louder and louder every instant. The old man's terror must have been extreme! It grew louder, I say, louder every moment!—do you mark me well I have told you that I am nervous: so I am. And now at the dead hour of the night, amid the dreadful silence of that old house, so strange a noise as this excited me to uncontrollable terror. Yet, for some minutes longer I refrained and stood still. But the beating grew louder, louder! I thought the heart must burst. And now a new anxiety seized me—the sound would be heard by a neighbour! The old man's hour had come! With a loud yell, I threw open the lantern and leaped into the room. He shrieked once—once only. In an instant I dragged him to the floor, and pulled the heavy bed over him. I then smiled gaily, to find the deed so far done. But, for many minutes, the heart beat on with a muffled sound. This, however, did not vex me; it would not be heard through the wall. At length it ceased. The old man was dead. I removed the bed and examined the corpse. Yes, he was stone, stone dead. I placed my hand upon the heart and held it there many minutes. There was no pulsation. He was stone dead. His eye would trouble me no more.

If still you think me mad, you will think so no longer when I describe the wise precautions I took for the concealment of the body. The night waned, and I worked hastily, but in silence. First of all I dismembered the corpse. I cut off the head and the arms and the legs.

I then took up three planks from the flooring of the chamber, and deposited all between the scantlings. I then replaced the boards so cleverly, so cunningly, that no human eye—not even his—could have detected any thing wrong. There was nothing to wash out—no stain of any kind—no blood-spot whatever. I had been too wary for that. A tub had caught all—ha! ha!

When I had made an end of these labors, it was four o'clock—still dark as midnight. As the bell sounded the hour, there came a knocking at the street door. I went down to open it with a light heart,—for what had I now to fear? There entered three men, who introduced themselves, with perfect suavity, as officers of the police. A shriek had been heard by a neighbour during the night; suspicion of foul play had been aroused; information had been lodged at the police office, and they (the officers) had been deputed to search the premises.

I smiled,—for what had I to fear? I bade the gentlemen welcome. The shriek, I said, was my own in a dream. The old man, I mentioned, was absent in the country. I took my visitors all over the house. I bade them search—search well. I led them, at length, to his chamber. I showed them his treasures, secure, undisturbed. In the enthusiasm of my confidence, I brought chairs into the room, and desired them here to rest from their fatigues, while I myself, in the wild audacity of my perfect triumph, placed my own seat upon the very spot beneath which reposed the corpse of the victim.

The officers were satisfied. My manner had convinced them. I was singularly at ease. They sat, and while I answered cheerily, they chatted of familiar things. But, ere long, I felt myself getting pale and wished them gone. My head ached, and I fancied a ringing in my ears: but still they sat and still chatted. The ringing became more distinct:—It continued and became more distinct: I talked more freely to get rid of the feeling: but it continued and gained definiteness—until, at length, I found that the noise was not within my ears.

No doubt I now grew very pale;—but I talked more fluently, and with a heightened voice. Yet the sound increased—and what could I do? It was a low, dull, quick sound—much such a sound as a watch makes when enveloped in cotton. I gasped for breath—and yet the officers heard it not. I talked more quickly—more vehemently; but the noise steadily increased. I arose and argued about trifles, in a high key and with violent gesticulations; but the noise steadily increased. Why would they not be gone? I paced the floor to and fro with heavy strides, as if excited to fury by the observations of the men—but the noise steadily increased. Oh God! what could I do? I foamed—I raved—I swore! I swung the chair upon which I had been sitting, and grated it upon the boards, but the noise arose over all and continually increased. It grew louder—louder—louder! And still the men chatted pleasantly, and smiled. Was it possible they heard not? Almighty God!—no, no! They heard!—they suspected!—they knew!—they were making a mockery of my horror!—this I thought, and this I think. But anything was better than this agony! Anything was more tolerable than this derision! I could bear those hypocritical smiles no longer! I felt that I must scream or die! and now— again!—hark! louder! louder! louder! louder!

"Villains!" I shrieked, "dissemble no more! I admit the deed!—tear up the planks! here, here!—It is the beating of his hideous heart!"

한글번역

고자질쟁이 심장

네! 신경질이라고요! 정말이지 나는 심한 신경질쟁이며, 지금도 그렇지만 그렇다고 해서 왜 나를 미치광이로 여기고 싶어 하는지 모르겠군요. 병이 내 신경을 무디게 한 게 아니라 오히려 병 때문에 내 신경은 칼날처럼 더욱 예리해졌던 것이외다. 무엇보다도 병을 앓고 나면서 내 청각은 엄청나게 예민해졌소. 하늘이 되었건 땅이 되었건 세상만사 모든 소리가 내 귓속을 후비고 들어왔던 것이오. 지옥에서 들려오는 수많은 소리들이 내 귀를 후비고 들어왔던 것이오. 그런 내가 어찌 미친 사람일 수 있다는 말이오? 자 들어보시오! 그리고 내가 하는 이 이야기가 얼마나 건강한 사람의 입에서 또 얼마나 냉정한 이성을 가지고 말하는지를 보란 말이오.

그 생각이 처음에 어떤 식으로 내 머리에 파고들었는지 그 점에 대해서는 분명한 것을 말씀드리기 어렵습니다만, 한번 내 생각이 되고 나서부터는 글쎄 밤낮없이 내 머릿속을 떠나지 않는 겁니다. 목적이 있었던 것도 아니요, 정열이 있었던 것도 아닙니다. 나는 그 노인이 좋았습니다. 그 노인이 나에게 악랄한 짓을 한 일은 없습니다. 나를 모욕한 일도 물론 없습니다. 노인의 돈이 탐나서도 아니었습니다. 생각건대 바로 그 눈의 생김새 때문이었던 거지요! 노인은 독수리 같은 눈을 하고 있었습니다. 연푸른 빛깔의 눈, 거기에 꺼풀이 씌워져 있었습니다. 그의 시선이 내게로 오면 나는 피가 얼어붙는 듯했습니다. 그래서 서서히, 참으로 서서히 나는 마음을 정했던 것입니다. 그 노인의 목숨을 빼앗고 그 눈에서 영원히 벗어나자고.

여기가 중요한 대목입니다. 당신들은 나를 미치광이라고 여기며 미치광이는 아무것도 모른다고 하지만, 그때의 나를 보여드리고 싶습니다. 얼마나 현명하고 빈틈없이, 시치미를 떼고 일을 처리해 나갔는지 보여드리고 싶습니다. 그를 죽이기 일주일 전만큼이나 내가 이 노인에게 친절을 베풀어준 적도 없었습니다. 밤마다 나는 노인의 방문 걸쇠를 풀고 문을 열었습니다. 네, 참으로 살며시 열었지요. 그리하여 머리가 가까스로 들어갈 만큼 문을 열면 어두운 각등, 불빛이 결코 새지 않도록 몇 겹으로 싼 것입니다만, 그놈을 집어넣고 머리를 들이밀었습니다. 그 들이미는 방법이 정말 교묘하고 세심하여 만일 누군가가 보고 계셨다면 배를 잡고 웃으셨을 겁니다. 나는 천천히, 참으로 느릿느릿 머리를 들이밀었습니다. 아무튼 노인의 잠을 깨워서는 안 되었으니까요. 문틈으로 머리가 깊숙이 들어가 노인이 침대에 누워있는 게 보이기까지 한 시간은 걸렸습니다. 어떻습니까? 미치광이가 이렇듯 약삭빠르게 일을 해 나갈 수 있을까요? 머리가 모두 방 안으로 들어가면 나는 각등 덮개를 조심스럽게 벗기고—네, 참으로 조심스럽게—그렇습죠. 아무튼 돌쩌귀가 소리를 냈으니까요. 조심에 조심을 거듭하여 한 가닥의 약하디 약한 불빛이 저 독수리 눈에 바로 드리워지도록 만들었습니다. 이러한 일을 일곱 밤 동안에, 더욱이 한밤중에 되풀이했습니다. 그러나 노인의 눈은 언제나 감겨있을 뿐, 이러면 일이 되지 않는 셈입니다. 나를 괴롭히고 있었던 것은 노인 자체가 아니라 '악마의 눈'이었으니 말입니다. 그리고 날이 새면 아침마다 나는 대담하기 이를 데 없는 행동으로 노인의 방을 찾아가 용기를 북돋아가며 말을 건네고, 다정스러운 말투로 노인의 이름을 불렀으며, 어젯밤 잘 주무셨느냐는 등 안부를 묻곤 했습니다. 이런 형편이었으므로 만일 이 노인이 밤마다—한밤중에—잠자는 동안 내가 찾아가는 일을 눈치 채고 있었다면, 그것은 굉장한 배짱을 가진 노인이라는 말씀이지요.

여드레째 밤에는 여느 때보다 한층 조심하여 문을 열었습니다. 시계 분침의 움직임이 내 손 움직임보다 더 빠를 정도로 천천히. 그날 밤만큼 내 유능함—즉 총명함—을 똑똑히 깨달았던 적은 없었습니다. 승리감에 가슴이 두근거려 참기 어려울 정도였습니다. 아무튼 내가 문을 조금씩 열며 방에 침입하려 하건만 노인은 꿈에도 나의 비밀스러운 행위나 의도를 몰랐으니까요. 그렇게 생각되자 웃음이 왈칵 치밀어 올랐습니다. 그 웃음소리가 들렸는지, 노인은 놀란 듯 꿈틀대더니 침대 속에서 몸을 움직였습니다. 내가 방 밖으로 얼른 몸을 뺏으리라고 생각하실 테지만, 그렇지 않습니다. 아무튼 방

안은 캄캄절벽—도둑을 막기 위해 덧문이 꼭꼭 닫혀있었지요—이었기 때문에 노인에게 방문이 열려 있는 게 보일 까닭이 없다는 것을 아는지라 나는 여전히 살금살금 문을 밀어 열고 있었지요.

머리가 모두 들어가고 각등 덮개를 벗기려고 양철 걸쇠에 엄지손가락을 댔을 때, 손가락이 미끄러져 소리를 냈던지 느닷없이 노인이 침대에서 벌떡 일어나 앉으며 소리를 질렀습니다. "누구냐"고.

나는 꼼짝하지 않고 있었습니다. 목소리도 내지 않았습니다. 거의 한 시간 동안 나는 힘줄 하나 움직이지 않았습니다만 그동안 노인 쪽에서도 드러눕는 기척이 없었습니다. 노인은 침대에 몸을 일으킨 채 귀를 기울이고 있었던 겁니다. 마치 내가 밤마다 벽 속의 '죽음을 망보는 벌레'의 울음소리에 귀 기울이고 있듯이. 그러더니 희미한 신음 소리가 들려 왔습니다. 나는 압니다만, 이것이 바로 죽음을 두려워하는 신음 소리지요. 고통의 신음도, 슬픔의 신음도 아닙니다. 결코 그런 게 아니지요. 그것은 나직이 음산하게 기어들어가는 듯한 소리로, 공포로 억눌림을 당했을 때 영혼의 깊은 심연 속에서 쥐어짜는 듯한 바로 그 소리입니다. 나는 그 소리에 익숙해 있었습니다. 며칠 밤인지 모르게 초목도 잠드는 한밤중에 그것이 내 가슴속에서 솟아올라 참으로 으스스한 메아리와 더불어 무서움이 끝없이 치밀어 미칠 것같이 된 적이 한두 번이 아니었지요. 그러므로 노인이 어떤 심정일지는 짐작이 갔으므로 마음속으로 코웃음치고 있었지만 동정도 하고 있었던 셈입니다. 희미한 소리로 돌아눕고 나서도 노인이 잠깨어 있었던 일을 알고 있었습니다. 그로부터 그의 무서움이 매 초마다 부풀어 갔던 일도 알고 있었습니다. 그는 아무것도 아니라고 생각하려 하는 듯했습니다. 그런데 그것이 잘 되지 않았지요. "벽난로에서 바람 소리가 났을 뿐인 거야, 바닥을 쥐가 가로질렀을 뿐이지"라든가 "귀뚜라미가 한 차례 울었을 뿐"이라고 스스로에게 말하고 있었습니다. 다시 말해 그는 이것저것 가정하여 마음의 안심을 얻으려 하고 있었습니다만, 그것이 '모두 소용없었던 셈입니다'. '죽음'이 그 검은 그림자를 앞에 드리우며 노인에게 다가오고, 이미 그 그림자로 '제물'을 둘러싸고 있었으므로. 물론 그것이 그에게 보일 리도 들릴 리도 없지요. 하지만 눈에는 보이지 않는 음산한 그림자 덕에 노인은 느끼고 있었던 것입니다. 내 머리가 이 방 안에 침입하고 있는 일은 분명 '느끼고 있었던' 것입니다.

오랫동안 참으로 참을성 있게 기다렸지만 노인이 다시 드러눕는 소리는 들리지 않았습니다. 그래서 각등 덮개를 아주 조금, 아주 정말 조금만 열어주리라고 마음먹었습니다. 그래서 열었지요. 얼마나 천천히 얼마나 느릿느릿했는지 사람들은 도저히 상상도 못하겠지만, 어쨌든 거미줄 같은 한 가닥의 엷은 불빛이 틈새를 뻗어나가 그것이 독수리 눈 위에 드리워졌습니다.

눈을 크게 부릅뜨고, 매우 크게 부릅뜨고 있었습니다. 그것을 보고 있는 동안 나는 피가 왈칵 거꾸로 솟구치는 것 같았습니다. 나는 그것을 똑똑히 보았습니다. 전체적으로 흐리터분한 파란 빛깔, 게다가 저 징글맞은 꺼풀까지 덮여 있어 뼛속까지 얼어붙는 느낌이었지요. 그러나 노인의 얼굴이 보였던 것도 몸이 보였던 것도 아닙니다. 즉 나는 빛을, 이를테면 본능적으로 저 저주스러운 오직 한 곳에만 똑바로 비춰주고 있었던 것입니다.

아까도 말씀드렸다고 생각합니다만, 당신네들이 광기라고 믿고 있는 일은 한낱 감각의 과민 상태에 지나지 않는 것입니다. 그래서 다시 말씀드립니다만, 그때 나직하니 둔하게 빠르고도 잦은 소리가 들려 왔는데, 그것은 마치 시계를 솜으로 쌌을 때와 같은 소리였지요. 그 소리도 귀에 익었습니다. 노인의 심장이 뛰는 소리였지요. 북소리가 병사들의 기운을 북돋아 주듯 그것이 내 노여움을 부채질했습니다.

그러나 나는 그때까지도 참고 꼼짝 않고 있었습니다. 숨도 쉬지 않을 정도였지요. 각등이 움직이지 않도록 들고 있었습니다. 얼마쯤 지긋이 기다리며 불빛을 눈이 견뎌낼 수 있을 것인지 시험해 보고 있었던 셈입니다. 그러는 동안에도 그 빌어먹을 심장 뛰는 소리는 높아졌습니다. 매 초마다 그것은 빨라지며 커졌습니다. 노인은 공포의 절정에 있었을 게 틀림없었지요. 되풀이합니다만 그것은 1초, 1초 점점 커져 갔습니다. 알겠습니까? 아까도 말씀드렸듯 나는 신경이 매우 예민하다는 말입니다. 그런 내가 한밤중에, 더욱이 낡은 저택의 으스스한 정적 속에서 이 같은 기묘한 소리를 귀로 듣고 있었으니만큼 어쩔 수 없는 무서움에 사로잡히는 것도 당연하지요. 그런데도 아직 몇 분 동안 꾹 참으며 꼼짝 않고 있었습니다. 그러나 심장 뛰는 소리는 더욱 더 커지기만 하여 심장이 터져버릴 게 틀림없다고 생각했습니다. 소리가 옆 사람에게 들리지나 않을까 하는 새로운 걱정이 밀려왔습니다. 마침내 노인의 운명도 끝이 났던 셈입니다. 나는 큰 소리를 지르며 각등 덮개를 열어젖히고 방 안으로 돌진했습니다. 노인은 외마디 소리를 질렀습니다. 단 한 마디, 곧이어 나는 침대에서 노인을 방바닥에 끌어 내려뜨리고 그 위에 무거운 침구를 씌웠습니다. 나는 회심의 웃음을 떠올렸습니다. 여기까지 잘도 했구나 하고, 아직도 꽤 시간을 두고 심장은 둔중한 소리를 내며 뚝딱거리고 있었습니다. 하지만 그런 것에는 신경 쓰지 않았습니다. 벽 너머로 들릴 까닭은 없을 테니까요. 이윽고 그 소리가 그쳤습니다. 노인이 숨진 것입니다. 나는 침대를 치우고 시체를 살펴보았습니다. 확실히 죽어 있었습니다. 돌멩이처럼. 나는 노인의 심장 위에 손을 대고 오랫동안 그대로 있었습니다. 고동은 없었습니다. 그는 돌멩이처럼 죽어 있었습니다. 그의 눈에 시달릴 일도 더 이상 없을 것이었습니다.

아직도 나를 미치광이라고 여기고 있을지 모르지만 내가 시체를 숨기기 위해 얼마나 약삭빠르고 빈틈없는 계획을 세웠는지 말씀드린다면 그러한 생각은 사라질 테지요. 밤도 꽤 이슥했으므로 나는 재빨리 일을 진행시켰습니다만, 소리는 내지 않았습니다. 먼저 시체를 토막냈습니다. 머리, 팔, 다리를 자른 셈이지요.

　방바닥의 널을 석 장 뜯어내고 각목과 각목 사이에 그것들을 모두 쑤셔 넣었습니다. 그리고 널빤지를 본디대로 맞추었는데 그 능숙한 솜씨와 교묘함은 너무도 뛰어나서 어떤 인간의 눈에도—저 노인의 눈에라도—조금도 수상쩍은 점은 찾아내지 못했을 겁니다. 씻어내야만 될 것, 얼룩점이라든가 핏자국이라든가 그런 것이 거의 없는—그런 일에 실수는 없습니다. 하하하!

　모든 일이 끝났을 때는 4시였고, 아직 한밤중이라 여전히 어두웠습니다. 종소리가 그 시각을 알렸을 때, 현관문 두드리는 소리가 났습니다. 나는 마음 거든하게 문을 열어주러 아래층으로 내려갔습니다. 겁낼 건 아무것도 없었으니까요. 세 남자가 들어왔는데 그들은 정중하게 자신들은 경관이라고 소개했습니다. 밤중에 이웃사람이 비명소리를 들었다, 나쁜 일이 일어났을지도 모른다는 의심이 일었다, 그 소식이 경찰서에 전해져 그들이 가택 수색을 나왔다는 것입니다.

　나는 미소 지었습니다. 두려워해야 할 건 아무것도 없었으니까요. 부디 어서 들어오라고 나는 말했습니다. 외침 소리는 내가 지른 것으로 꿈에 가위에 눌렸던 거라고 말했습니다. 노인은 시골에 가고 안 계신다고 설명했습니다. 나는 방문자들을 집 안으로 안내했습니다. "조사해 보십시오. 잘 조사해 주십시오."하고 부탁드렸지요. 마지막으로 그들을 노인 방으로 안내했습니다. 그의 재산이 안전하고 그대로 있는 것을 보여 드렸습니다. 그런데 자신만만한 나는 얼마쯤 의기양양해서 이 방으로 의자를 가져와 고단하실 테니 여기서 담배 한 대, 어쩌고 하며 그들에게 의자를 권했고 나는 나대로 완전히 승리감에 취하여 대담해졌던 까닭에 그만 하필이면 노인의 시체가 숨겨져 있는 곳 바로 위에 의자를 놓고 말았던 겁니다.

　경관들은 만족했습니다. 나의 태도가 그들을 납득시켰던 것입니다. 나는 기묘할 만큼 침착해 있었습니다. 그들은 의자에 앉고 이쪽이 명랑하게 상대를 해주면, 저쪽은 이런저런 이야기를 하는 식이었지요. 그러나 잠시 있으려니까 나는 얼굴에 핏기가 가시는 느낌이 들었고 그들이 빨리 돌아가 주었으면 하는 심정이 짙어갔습니다. 머리가 아프고 귀울림이 생겼건만 나리들은 앉은 채 여전히 잡담을 늘어놓고 있었습니다. 귀울림은 더욱 더 뚜렷해지고 윙윙대며 멎지 않을 뿐더러 더욱 확실해졌습니다. 이 느낌을 얼버무리려고 나는 더 한층 속사포처럼 지껄여댔습니다. 그런데도 소리는 그치지 않고 한층 명료해지는 것이었습니다. 그리하여 마침내 알았던 것입니다만, 그 소리는 내 귀 안에서 울리고 있는 게 아니었습니다.

　말할 것도 없이 난 아주 창백해지고 있었어요. 하지만 나는 더 거침없이 말했고, 목소리가 더 커졌죠. 그 소리는 점점 더 커지고 있었어요. 어떻게 해야 할지 몰랐어요. 그것은 아주 낮고, 둔탁하면서 빠른 소리였어요. 꼭 솜이불 속에서 들리는 시계소리처럼 말이죠. 난 숨이 턱에 차며 헐떡이기 시작했죠. 다행히 경찰관은 아직 눈치 채지 못했어요. 나는 더욱 빨리 말하기 시작했죠. 더욱 맹렬하게. 하지만 그 소리는 꾸준히 커지기 시작했어요. 나는 벌떡 일어나서 별 것도 아닌 일을 가지고 그들과 논쟁을 시작했어요. 높은 어조로 격렬한 제스처를 해 가면서 말이죠. 하지만 그 소리는 계속 더 커지기 시작했어요. 왜 그 작자들은 꺼지지 않는 거죠? 난 이리저리로 성큼성큼 걸었죠. 마치 그들에게 감시를 받고 있어서 화가 나기라도 한 것처럼 말이죠. 그래도 소리는 점점 더 커지고 있었어요. 세상에! 내가 더 이상 뭘 할 수 있겠어요? 나는 입에 거품을 물었으며, 화를 냈고, 소리쳤죠. 내가 앉아 있던 의자를 뒤흔들면서 삐걱삐걱하는 소리를 냈어요. 그런데도 그 소리는 이제 사방에서 일어나기 시작했고, 계속 점점 더 커지고 있었어요. 커지고. 커지고, 더 커졌죠! 아직도 그 남자들은 밝은 표정으로 얘기를 하면 웃고 있었어요. 그들에게 그 소리를 들통 나지 않을 방법이 있는 거겠죠? 하느님 맙소사! 이런, 안 돼! 그들이 들어버렸어! 그들이 의심하기 시작했어! 그들이 눈치채버렸어! 그 자들은 내가 두려워하는 것을 비웃었어! 내가 고민해 왔던 이 모든 것들을 말이야! 이런 고통은 참을 수 없어! 이보다 더한 조롱은 없어! 난 더 이상 이런 위선적인 미소를 견딜 수 없어! 난 소리를 치거나 아니면 죽어버릴 거야! 지금—다시! 귀 기울여 봐! 점점! 점점 커지고 있어! 점점 더 커지고 있어!

　"이 망할 자식들!" 난 외쳤다. "시치미들 떼지 마! 그래, 내가 그랬다! 바닥을 뜯어 봐! 여기, 여기! 여기에 바로, 바로 그 놈의 악마 같은 심장이 뛰고 있단 말이다!"

03 | Third Person Narrator 삼인칭 화자

1. Omniscient Narrator 전지적 화자

An omniscient narrator narrates events with all knowledge necessary for an omniscient point of view. The role of the omniscient narrator is to chronicle the events of a story in an impartial way. He or she has full access to the events and dialogue occurring in the narrative, rendering his or her account the most complete and accurate. This all-knowing, all-seeing narrator type jumps from scene to scene, following characters throughout a story and assessing the progress of the narrative.

Pride and Prejudice

Jane Austen(1775—1817)

Occupied in observing Mr. Bingley's attentions to her sister, Elizabeth was far from suspecting that she was herself becoming an object of some interest in the eyes of his friend. Mr. Darcy had at first scarcely allowed her to be pretty; he had looked at her without admiration at the ball; and when they next met, he looked at her only to criticize. But no sooner had he made it clear to himself and his friends that she had hardly a good feature in her face, than he began to find it was rendered uncommonly intelligent by the beautiful expression of her dark eyes. To this discovery succeeded some others equally mortifying. Though he had detected with a critical eye more than one failure of perfect symmetry in her form, he was forced to acknowledge her figure to be light and pleasing; and in spite of his asserting that her manners were not those of the fashionable world, he was caught by their easy playfulness. Of this she was perfectly unaware; to her he was only the man who made himself agreeable nowhere, and who had not thought her handsome enough to dance with.

He began to wish to know more of her, and as a step towards conversing with her himself, attended to her conversation with others. His doing so drew her notice. It was at Sir William Lucas's, where a large party were assembled.

"What does Mr. Darcy mean," said she to Charlotte, "by listening to my conversation with Colonel Forster?"

"That is a question which Mr. Darcy only can answer."

"But if he does it any more I shall certainly let him know that I see what he is about. He has a very satirical eye, and if I do not begin by being impertinent myself, I shall soon grow afraid of him."

On his approaching them soon afterwards, though without seeming to have any intention of speaking, Miss Lucas defied her friend to mention such a subject to him; which immediately provoking Elizabeth to do it, she turned to him and said:

"Did you not think, Mr. Darcy, that I expressed myself uncommonly well just now, when I was teasing Colonel Forster to give us a ball at Meryton?"

"With great energy; but it is always a subject which makes a lady energetic."

"You are severe on us."

"It will be HER turn soon to be teased," said Miss Lucas. "I am going to open the instrument, Eliza, and you know what follows."

"You are a very strange creature by way of a friend!—always wanting me to play and sing before anybody and everybody! If my vanity had taken a musical turn, you would have been invaluable; but as it is, I would really rather not sit down before those who must be in the habit of hearing the very best performers." On Miss Lucas's persevering, however, she added, "Very well, if it must be so, it must." And gravely glancing at Mr. Darcy, "There is a fine old saying, which everybody here is of course familiar with: 'Keep your breath to cool your porridge'; and I shall keep mine to swell my song."

Her performance was pleasing, though by no means capital. After a song or two, and before she could reply to the entreaties of several that she would sing again, she was eagerly succeeded at the instrument by her sister Mary, who having, in consequence of being the only plain one in the family, worked hard for knowledge and accomplishments, was always impatient for display.

Mary had neither genius nor taste; and though vanity had given her application, it had given her likewise a pedantic air and conceited manner, which would have injured a higher degree of excellence than she had reached. Elizabeth, easy and unaffected, had been listened to with much more pleasure, though not playing half so well; and Mary, at the end of a long concerto, was glad to purchase praise and gratitude by Scotch and Irish airs, at the request of her younger sisters, who, with some of the Lucases, and two or three officers, joined eagerly in dancing at one end of the room.

작품해설

Unlike *The Great Gatsby*〈위대한 게츠비〉 and *The Catcher in the Rye*〈호밀밭의 파수꾼〉, which **are narrated by characters in the story**, the narrator of *Pride and Prejudice*〈오만과 편견〉의 화자 is anonymous, and seemingly removed from the action. She is **omniscient, or all-knowing**전지적인, **because she has access to all of the information about the story that she wants.**

The narrator has access to the thoughts and feelings of the characters and describes these to the reader. She also frequently adds commentary about characters and their actions, which shapes the reader's perception. For example, in this excerpt, multiple characters' emotions and inner thoughts등장인물 한 명이 아닌 다양한 등장인물들의 감정과 내면의 생각들 are available to the reader by the narrator. The narrator describes that Elizabeth "was far from suspecting that she was herself becoming an object of some interest in the eyes of his friend"; Also, she tells the reader about Mr. Darcy that "Mr. Darcy had at first scarcely allowed her to be pretty; he had looked at her without admiration at the ball; and when they next met, he looked at her only to criticize. But no sooner had he made it clear to himself and his friends that she had hardly a good feature in her face, than he began to find it was rendered uncommonly intelligent by the beautiful expression of her dark eyes."; Also, the narrator describes Mary as "had neither genius nor taste."

한글번역

오만과 편견

빙리 씨가 언니에게 얼마나 관심이 있는지를 관찰하는 데 정신이 팔려서, 엘리자베스는 자기 자신이 빙리 씨 친구의 눈에 관심의 대상이 되고 있다는 것은 짐작도 못했다. 다아시 씨는 처음에는 그녀가 예쁘다고 인정할 생각이 별로 없었다. 무도회에서 그녀를 보았을 때 대단한 미인이라는 생각은 전혀 들지 않았다. 그리고 다음번에 그녀를 만났을 때도 흠만 눈에 띄었다. 그러나 자신과 주변 사람들에게 그녀의 이목구비에 특별히 뛰어난 데가 없다는 점을 분명히 하자마자, 그는 그녀의 검은 눈에 어린 아름다운 표정으로 그녀의 얼굴이 남달리 지적으로 보인다는 것을 깨닫게 되었다. 그 점을 깨달은 데 이어, 그에 못지않게 체면이 상하는 다른 깨달음이 뒤따랐다. 몸매의 균형을 깨뜨리는 곳을 예리하게도 하나 이상 찾아내었음에도 불구하고, 그는 그녀의 모습이 발랄하고 보기 좋다는 것을 인정하지 않을 수 없었다. 그리고 그녀가 상류 사회의 예절에 맞지 않게 행동한다는 것을 알면서도, 오히려 자연스러운 장난기에 매혹되고 말았다. 이러한 사실을 그녀는 전혀 모르고 있었다. 그녀한테 그는 어디서나 불쾌하게 굴고, 자기에 대해 함께 춤출 만큼 아름답지 않다고 생각한 남자였을 뿐이었다.

그는 그녀에 대해 더 알고 싶어서, 언제 한번 직접 말을 걸어볼까 하는 생각으로, 그녀가 남들과 나누는 대화에 귀를 기울였다. 그의 이런 행동은 그녀의 눈에 띄었다. 윌리엄 루카스 경의 집에 많은 사람들이 모였을 때였다.

"내가 포스터 대령과 나누는 대화를 경청하다니 다아시 씨가 왜 그럴까?" 그녀는 샬럿에게 말했다.

"그거야 다아시 씨만이 답할 수 있는 질문이지."

"그렇지만 계속 그러면, 무슨 수작인지 내가 알고 있다는 걸 분명히 해주겠어. 워낙 빈정대는 눈초리라서, 내 쪽에서 먼저 선수를 치지 않으면 곧 그를 겁내게 될 거야."

그 말이 끝나기가 무섭게 별로 말을 걸려는 생각은 없는 듯한 태도로 그가 그들에게로 다가왔다. 루카스 양은 엘리자베스에게 그런 말을 꺼내지 말라고 했고, 그것이 오히려 엘리자베스를 자극해서, 그녀는 그를 향해 돌아서서 말했다.

"다아시 씨, 제가 방금 포스터 대령께 메리턴에서 무도회를 열어달라고 졸라댈 때 정말 기가 막히게 잘했다고 생각하지 않으셨나요?"

"아주 열의가 대단하시더군요. 그렇지만 숙녀분들이 대개 그런 화제에 열심이시지요."

"저희들한테 가혹하시군요."

"이제 곧 얘가 조름을 당할 차례예요." 루카스 양이 말했다. "피아노 뚜껑을 열 테니까, 일라이자, 그다음엔 뭘 해야 되는지 알고 있겠지."

"넌 친구치곤 참 이상한 애야! 항상 아무 데서나, 누구 앞에서나 연주하고 노래하라고 하니 말이야! 내가 음악 쪽으로 허영심이 있었다면, 넌 너무 소중한 존재였겠지만, 지금 상황을 좀 봐. 평소에 일급 연주자들의 연주를 듣는 데 익숙해져 있는 분들 앞에서 연주한답시고 앉기는 정말 싫어." 그래도 루카스 양이 계속 권하자, 그녀는 이렇게 덧붙였다. "좋아, 꼭 그래야 한다면야." 그리고 다아시 씨를 엄숙한 눈빛으로 힐긋 보고서, "멋진 속담이 있는데 여기 계신 분들은 물론 다 아실 거예요. '죽을 식히려면 숨을 죽여라.' 그러니 저도 목청을 틔우려면 숨을 죽여야겠지요."

그녀의 노래는 명창이란 말을 듣기는 어려웠지만 그만하면 훌륭했다. 한두 곡 부르고 나서, 한 곡 더 해달라는 몇몇의 요청에 미처 답하기도 전에, 동생 메리가 얼른 나서서 피아노 자리를 이어받았다. 메리는 식구들 가운데 유일하게 못생긴 편이라 지식과 교양을 쌓으려 열심히 공부했고 언제나 과시하고 싶어 안달이었다.

메리는 재능도 소양도 없었다. 허영심이 있다 보니 열심히기는 했지만, 아는 척하고 잘난 척했다. 그런 태도로는 더 뛰어난 연주도 망칠 지경이었다. 연주 실력이야 엘리자베스가 반도 못 따라갔지만, 자연스럽고 과장이 없어서 다들 훨씬 더 즐겁게 경청했던 것이다. 한편 메리는 긴 협주곡을 마치고 동생들의 청에 따라 스코틀랜드와 아일랜드 민속악을 연주하여 기분 좋은 찬사와 감사를 받아냈는데, 그새 동생들은 루카스 집안 자녀들 몇몇과 두세 명의 장교들과 함께 방 한쪽에서 열심히 춤을 추고 있었다.

2. Limited Omniscient Narrator 제한적 전지적 화자

A narrator whose knowledge is limited to one character, either major or minor, has a limited omniscient point of view. The third person limited narrator allows the writer to explore the plot through the thoughts and feelings of that specific character.

While first person point of view uses personal pronouns, such as "I," "me," and "we," the limited third person point of view is still told by **an outside observer** of the plot, who happens to have **intimate knowledge of a single character's inner workings**어떤 한 등장인물의 내면에서 작동하고 있는 내밀한 내용을 알게 된 관찰자.

The Dead

James Joyce(1882−1941)

He(Gabriel) waited outside the drawing-room door until the waltz should finish, listening to the skirts that swept against it and to the shuffling of feet. He was still discomposed by the girl's bitter and sudden retort. ··· He then took from his waistcoat pocket a little paper and glanced at the headings he had made for his speech. He was undecided about the lines from Robert Browning for he feared they would be above the heads of his hearers. Some quotation that they would recognise from Shakespeare or from the Melodies would be better. The indelicate clacking of the men's heels and the shuffling of their soles reminded him that their grade of culture differed from his. He would only make himself ridiculous by quoting poetry to them which they could not understand. They would think that he was airing his superior education. He would fail with them just as he had failed with the girl in the pantry. He had taken up a wrong tone. His whole speech was a mistake from first to last, an utter failure.

03

작품해설

The short story "The Dead" is told from the point of view of a third-person narrator. The story is told **mainly from Gabriel's perspective**게이브리얼의 관점, and we get an insight into his thoughts and feelings. As shown above, **the narrator follows Gabriel's thoughts for most of the story and presents his opinions of other characters**.

한글번역

사자들

그(게이브리얼)는 응접실 문 밖에서 왈츠가 끝나기를 기다리며 문에 치마 스치는 소리와 발 끄는 소리를 듣고 있었다. 그는 여전히 여자애의 맵고도 갑작스런 대꾸에 심란했다. 그 때문에 우울한 기분이 들어 그는 커프스와 넥타이 매듭을 고쳐 매면서 떨쳐버리려고 했다. 그는 조끼 주머니에서 종이 쪽지를 꺼내 연설하기 위해 준비해 두었던 제목들을 훑어보았다. 로버트 브라우닝의 시구에 대해서 마음을 정하지 못했다. 청중들 수준을 넘어서 있는 것이 아닐까 걱정했기 때문이다. 셰익스피어 또는 멜로디로부터 따온 인용들은 그들도 알 수 있어 더 좋은 것 같았다. 남자들이 발 뒤축을 버릇없이 소리낸다거나 질질 끄는 구둣바닥 소리를 듣자니 이들의 문화 수준이 자기와는 다르다는 것을 상기하게 되었다. 그들이 이해할 수 없는 시를 인용해서 들려주면 자기만 우스꽝스러운 사람이 될 것이다. 자기의 우월한 교육을 자랑하는 것이라고 그들은 생각할 것이다. 찬방에서 그 여자애를 실망시켰듯이 그들을 실망시키게 될 것이다. 그는 헛다리를 짚었다. 그의 연설 전부가 처음부터 마지막까지 실수였고 완전한 실패였다.

3. Objective Narrator 객관적 화자

An objective narrator tells what happens without stating more than can be inferred from the story's action and dialogue. The narrator never discloses anything about what the characters think or feel, remaining a detached observer. Often the narrator is self-dehumanized in order to make the narrative more neutral. This type of narrative mode, outside of fiction, is often employed by newspaper articles, biographical documents, and scientific journals. This narrative mode can be described as a "fly-on-the-wall남몰래 관찰하는 사람" or "camera lens카메라 렌즈" approach that can only record the observable actions오직 외적으로 관찰 가능한 것만 기록 but does not interpret these actions or relay what thoughts are going through the minds of the characters. Works of fiction소설 작품들 that use this style emphasize characters acting out their feelings observably. Internal thoughts, if expressed, are given voice through an aside or soliloquy. While this approach does not allow the author to reveal the unexpressed thoughts and feelings of the characters, it does allow the author to reveal information that not all or any of the characters may be aware of. A typical example of this so-called camera-eye perspective카메라 눈 시점(카메라 렌즈가 바깥 사물을 있는 그대로 찍어대는 것과 같은 정확한 관찰 시점) is "Hills Like White Elephants흰 코끼리를 닮은 산" by Ernest Hemingway.

Hills Like White Elephants

Ernest Hemingway(1899—1961)

The hills across the valley of the Ebro were long and white. On this side there was no shade and no trees and the station was between two lines of rails in the sun. Close against the side of the station there was the warm shadow of the building and a curtain, made of strings of bamboo beads, hung across the open door into the bar, to keep out flies. The American and the girl with him sat at a table in the shade, outside the building. It was very hot and the express from Barcelona would come in forty minutes. It stopped at this junction for two minutes and went to Madrid.

'What should we drink?' the girl asked. She had taken off her hat and put it on the table.

'It's pretty hot,' the man said.

'Let's drink beer.'

'Dos cervezas,' the man said into the curtain.

'Big ones?' a woman asked from the doorway.

'Yes. Two big ones.'

The woman brought two glasses of beer and two felt pads. She put the felt pads and the beer glass on the table and looked at the man and the girl. The girl was looking off at the line of hills. They were white in the sun and the country was brown and dry.

'They look like white elephants,' she said.

'I've never seen one,' the man drank his beer.

'No, you wouldn't have.'

'I might have,' the man said. 'Just because you say I wouldn't have doesn't prove anything.'

The girl looked at the bead curtain. 'They've painted something on it,' she said. 'What does it say?'

'Anis del Toro. It's a drink.'

'Could we try it?'

The man called 'Listen' through the curtain. The woman came out from the bar.

'Four reales.'

'We want two Anis del Toro.'

'With water?'

'Do you want it with water?'

'I don't know,' the girl said. 'Is it good with water?'

'It's all right.'

'You want them with water?' asked the woman.

'Yes, with water.'

'It tastes like liquorice,' the girl said and put the glass down.

'That's the way with everything.'

'Yes,' said the girl. 'Everything tastes of liquorice. Especially all the things you've waited so long for, like absinthe.'

'Oh, cut it out.'

'You started it,' the girl said. 'I was being amused. I was having a fine time.'

'Well, let's try and have a fine time.'

'All right. I was trying. I said the mountains looked like white elephants. Wasn't that bright?'

'That was bright.'

'I wanted to try this new drink. That's all we do, isn't it—look at things and try new drinks?'

'I guess so.'

The girl looked across at the hills. 'They're lovely hills,' she said.

'They don't really look like white elephants. I just meant the colouring of their skin through the trees.'

'Should we have another drink?'

'All right.'

The warm wind blew the bead curtain against the table.

'The beer's nice and cool,' the man said.

'It's lovely,' the girl said.

'It's really an awfully simple operation, Jig,' the man said. 'It's not reallly an operation at all.'

The girl looked at the ground the table legs rested on.

'I know you wouldn't mind it, Jig. It's really not anything. It's just to let the air in.'

The girl did not say anything.

'I'll go with you and I'll stay with you all the time. They just let the air in and then it's all perfectly natural.'

'Then what will we do afterwards?'

'We'll be fine afterwards. Just like we were before.'

'What makes you think so?'

'That's the only thing that bothers us. It's the only thing that's made us unhappy.'

The girl looked at the bead curtain, put her hand out and took hold of two of the strings of beads.

'And you think then we'll be all right and be happy.'

'I know we will. Yon don't have to be afraid. I've known lots of people that have done it.'

'So have I,' said the girl. 'And afterwards they were all so happy.'

'Well,' the man said, 'if you don't want to you don't have to. I wouldn't have you do it if you didn't want to. But I know it's perfectly simple.'

'And you really want to?'

'I think it's the best thing to do. But I don't want you to do it if you don't really want to.'

'And if I do it you'll be happy and things will be like they were and you'll love me?'

'I love you now. You know I love you.'

'I know. But if I do it, then it will be nice again if I say things are like white elephants, and you'll like it?'

'I'll love it. I love it now but I just can't think about it. You know how I get when I worry.'

'If I do it you won't ever worry?'

'I won't worry about that because it's perfectly simple.'

'Then I'll do it. Because I don't care about me.'

'What do you mean?'

'I don't care about me.'

'Well, I care about you.'

'Oh, yes. But I don't care about me. And I'll do it and then everything will be fine.'

'I don't want you to do it if you feel that way.'

The girl stood up and walked to the end of the station. Across, on the other side, were fields of grain and trees along the banks of the Ebro. Far away, beyond the river, were mountains. The shadow of a cloud moved across the field of grain and she saw the river through the trees.

'And we could have all this,' she said. 'And we could have everything and every day we make it more impossible.'

'What did you say?'

'I said we could have everything.'

'We can have everything.'

'No, we can't.'

'We can have the whole world.'

'No, we can't.'

'We can go everywhere.'

'No, we can't. It isn't ours any more.'

'It's ours.'

'No, it isn't. And once they take it away, you never get it back.'

'But they haven't taken it away.'

'We'll wait and see.'

'Come on back in the shade,' he said. 'You mustn't feel that way.'

'I don't feel any way,' the girl said. 'I just know things.'

'I don't want you to do anything that you don't want to do—'

'Nor that isn't good for me,' she said. 'I know. Could we have another beer?'

'All right. But you've got to realize—'

'I realize,' the girl said. 'Can't we maybe stop talking?'

They sat down at the table and the girl looked across at the hills on the dry side of the valley and the man looked at her and at the table.

'You've got to realize,' he said, ' that I don't want you to do it if you don't want to. I'm perfectly willing to go through with it if it means anything to you.'

'Doesn't it mean anything to you? We could get along.'

'Of course it does. But I don't want anybody but you. I don't want anyone else. And I know it's perfectly simple.'

'Yes, you know it's perfectly simple.'

'It's all right for you to say that, but I do know it.'

'Would you do something for me now?'

'I'd do anything for you.'

'Would you please please please please please please please stop talking?'

He did not say anything but looked at the bags against the wall of the station. There were labels on them from all the hotels where they had spent nights.

'But I don't want you to,' he said, 'I don't care anything about it.'

'I'll scream,' the girl said.

The woman came out through the curtains with two glasses of beer and put them down on the damp felt pads. 'The train comes in five minutes,' she said.

'What did she say?' asked the girl.

'That the train is coming in five minutes.'

The girl smiled brightly at the woman, to thank her.

'I'd better take the bags over to the other side of the station,' the man said. She smiled at him.

'All right. Then come back and we'll finish the beer.'

He picked up the two heavy bags and carried them around the station to the other tracks. He looked up the tracks but could not see the train. Coming back, he walked through the bar-room, where people waiting for the train were drinking. He drank an Anis at the bar and looked at the people. They were all waiting reasonably for the train. He went out through the bead curtain. She was sitting at the table and smiled at him.

'Do you feel better?' he asked.

'I feel fine,' she said. 'There's nothing wrong with me. I feel fine.'

한글번역

흰 코끼리를 닮은 산

에브로강[1] 유역 건너편 산들은 길쭉하고 하얀색이었다. 이쪽에는 그늘도, 나무도 없었고 햇볕이 내리쬐는 두 개의 철로 사이에 기차역이 있었다. 역 옆으로 후덥지근한 건물 그림자가 바싹 붙어있었고, 열린 술집 문에는 파리의 접근을 막기 위해 대나무 구슬을 엮어 만든 커튼이 걸려있었다. 미국인, 그리고 그와 동행한 젊은 여자가 건물 밖 그늘에 자리한 테이블에 앉아 있었다. 아주 무더운 날씨였고 바르셀로나 발 급행열차가 사십 분 후에 도착할 예정이었다. 열차는 이 분 동안 이 환승역에서 정차했다가 마드리드로 향한다.

"뭐 마실래요?" 젊은 여자가 물었다. 그녀는 모자를 벗어 테이블에 내려놓았다.

"무지 덥군." 남자가 말했다.

"맥주 마셔요."

"도스 세르베사스.(맥주 두 잔요.)" 남자가 커튼 안쪽에다 말했다.

"큰 거요?" 한 여자가 입구 쪽에서 물었다.

"네. 큰 걸로 두 잔."

여자는 맥주잔 두 개와 펠트[2] 받침 두 개를 가져왔다. 그녀는 펠트 받침과 맥주잔을 테이블 위에 놓고 남자와 젊은 여자를 쳐다보았다. 젊은 여자는 저 멀리 산 능선을 바라보고 있었다. 산들은 햇빛을 받아 하얗게 빛났고 갈색 빛의 땅은 메말라 있었다.

"흰 코끼리를 닮았네요." 그녀가 말했다.

"난 본 적 없어." 남자가 맥주를 마셨다.

"그럼요. 본 적 없겠죠."

"봤을 수도 있지." 남자가 말했다. "내가 못 봤을 거라고 당신이 말한다고 해서 모든 게 입증되는 건 아니야."

젊은 여자는 비드 커튼을 바라보았다. "커튼에 뭔가 쓰여 있는데요." 그녀가 말했다. "뭐라고 쓴 거예요?"

"아니스 델 토로(Anis del Toro). 술 이름이야."

"마셔봐도 돼요?"

남자는 커튼 사이로 "이봐요!"하고 소리쳤다. 술집에서 여자가 나왔다.

---

1) 스페인 북부에서 동남쪽으로 흘러 지중해로 들어가는 강
2) 모직이나 털을 압축해서 만든 부드럽고 두꺼운 천

03

"4레알[3]이요."

"우리 아니스 델 토로 두 잔 줘요."

"물도 드려요?"

"물도 섞어 마실까?"

"잘 모르겠어요." 젊은 여자는 말했다. "물을 섞으면 맛있어요?"

"괜찮아."

"물도 같이 줘요?" 여자가 물었다.

"네. 물도 주세요."

"감초 맛이 나네." 젊은 여자가 말하면서 잔을 내려놓았다.

"다 그런 식이지, 뭐."

"맞아요." 젊은 여자가 말했다. "다 감초 맛이 나죠. 특히나 오랫동안 기다려왔던 일들은 다 그렇죠. 압생트[4]처럼요."

"아, 그만해."

"당신이 먼저 시작했잖아요." 젊은 여자가 말했다. "난 재미있었는데. 좋은 시간 보내고 있었는데."

"자, 이거나 마시고 기분 좋게 보내자고."

"좋죠. 나도 노력 중이었다고요. 산이 흰 코끼리를 닮았다고 말했잖아요. 멋지지 않았나요?"

"멋졌어."

"이 새로운 술 마셔보고 싶었어요. 뭐, 우리가 할 수 있는 건 이것뿐이니까. 안 그래요? 이런저런 것들 보고 새로운 술도 마셔보고."

"그런 것 같군."

젊은 여자는 산 쪽을 건너다보았다.

"아름다운 산이에요." 그녀가 말했다. "사실 흰 코끼리 같진 않았어요. 그냥 나무들 사이로 보이는 코끼리 가죽 같은 색깔을 두고 한 말이죠."

"우리 한잔 더 할까?"

"좋아요."

후덥지근한 바람이 불면서 비드 커튼이 테이블에 부딪쳤다.

"맥주 맛도 끝내주고 시원하네." 남자가 말했다.

"맛있어요." 젊은 여자도 말했다.

"지그! 사실 아주 간단한 수술[5]이야." 남자가 말했다. "사실 수술 축에도 못 끼지."

젊은 여자는 테이블 다리가 얹혀있는 바닥을 내려다보았다.

"당신도 싫진 않다는 거 알아. 지그, 정말 별 거 아니라고. 그저 공기를 넣는 것뿐이야."

젊은 여자는 아무 말도 하지 않았다.

"난 당신과 같이 갈 거고, 계속 당신 곁에 있을 거야. 그냥 공기만 넣는 거고 그러고 나면 모든 게 완전히 원래대로 되는 거야."

"그럼, 그 후에는 어떻게 되는 거죠?"

"그 후에 우리는 좋아지겠지. 예전처럼 말이야."

"왜 그렇게 생각해요?"

"우리를 괴롭혔던 건 오직 그것뿐이었으니까. 단지 그거 때문에 우리가 불행했던 거잖아."

젊은 여자는 구슬 커튼을 쳐다보았고 손을 내밀어 구슬 두 줄을 잡았다.

"당신은 우리가 괜찮아지고 행복해질 거라고 생각하는군요."

"당연한 거 아니야? 걱정할 필요 없어. 난 그 수술을 한 사람들을 많이 알고 있어."

"나도 많이 알아요." 젊은 여자가 말했다. "그리고 그 후 그들 모두 아주 행복해졌죠."

"저기," 남자가 말했다. "내키지 않으면 할 필요 없어. 당신이 원하지 않으면 억지로 시키지 않아. 하지만 아주 간단한 거라고."

"그러는 당신은 정말 그러길 원해요?"

---

3) 스페인의 옛 은화. 약 12.5센트
4) 독한 술의 일종
5) 낙태 수술

"그게 최선의 방법 같아. 하지만 당신이 진짜 원하지 않으면 그걸 하라고 하고 싶진 않아."

"하지만 내가 그걸 한다면 당신은 행복하겠죠. 그리고 상황도 그 전과 같을 거고, 당신은 나를 사랑할 건가요?"

"난 지금도 당신을 사랑해. 알잖아. 내가 당신을 사랑하는 거."

"알아요. 하지만 내가 그걸 한다면, 뭐가 흰 코끼리를 닮았다고 얘기해도 다시 좋게 받아들이고 그것[6]을 좋아하게 될까요?"

"당연히 무척 좋아하겠지. 지금도 좋아하지만 머릿속이 복잡해서 그런 것뿐이야. 걱정이 생기면 내가 어떻게 되는지 알잖아."

"그럼 내가 그걸 하면 당신 걱정 안 하겠네요?"

"난 걱정하지 않아. 그건 아주 간단한 거니까."

"그럼 할 게요. 난 어떻게 되든 상관없으니까."

"그게 무슨 말이야?"

"난 아무래도 상관없다고요."

"이봐, 난 상관있어."

"아, 그래요. 하지만 난 상관없어요. 그리고 난 그걸 할 거예요. 그러면 모든 게 좋아지겠죠."

"그런 식으로 생각한다면 하지 마."

젊은 여자는 일어서더니 기차역 끝으로 걸어갔다. 반대쪽 철로 저편에 에브로 강기슭을 따라 논과 나무들이 늘어서 있었다. 강 너머 저 멀리 산들이 보였다. 구름 한 조각의 그림자가 논을 가로지르며 이동했고 그녀는 나무들 사이로 강을 바라보았다.

"이 모든 걸 가질 수 있었는데." 그녀가 말했다. "우리는 다 가질 수 있었는데. 우리는 하루하루 그것을 더 불가능하게 만들고 있어요."

"무슨 말 하는 거야?"

"우리는 다 가질 수 있었다고요."

"전부 가질 수 있어."

"아뇨. 우리는 그럴 수 없어요."

"우리는 이 세상 전부를 가질 수 있어."

"아뇨. 그럴 수 없어요."

"우리는 어디든 갈 수 있다고."

"아뇨. 못해요. 그건 이제 더 이상 우리 게 아니에요."

"우리 거야."

"아뇨, 아니에요. 일단 그걸 없애버리면 되돌릴 수 없어요."

"하지만 그들은 그걸 없애지 않았어."

"두고 보자고요."

"어서 그늘 안으로 들어와." 그가 말했다. "그런 식으로 생각하지 말고."

"나는 어떤 식으로도 생각하지 않아요." 젊은 여자가 말했다. "사실을 알고 있을 뿐이에요."

"난 당신이 안 했으면 해. 원치 않는 거라면 뭐든—"

"나에게 도움이 안 되는 것도요." 그녀가 말했다. "나도 알아요. 맥주 한 잔 더 할까요?"

"좋아. 하지만 당신 알아야 해—"

"알고 있어요." 젊은 여자가 말했다. "우리 이제 그 얘기 그만 하면 안 돼요?"

두 사람은 테이블에 앉았다. 젊은 여자는 메마른 골짜기 위의 산을 건너다보았고 남자는 그런 그녀와 테이블을 쳐다보았다.

"당신은 알아야 해." 그가 말했다. "당신이 원치 않으면 나도 당신이 그걸 하는 걸 원치 않아. 만약 그게 당신에게 의미가 있는 거라면 나는 아주 기꺼이 그것과 함께 살아갈 거야."

"그 말은 당신에게는 그게 아무런 의미가 없단 말인가요? 우리는 잘 지낼 수 있어요."

"물론 의미가 있고말고. 하지만 난 당신 외에 누구도 원하지 않아. 그 외에 누구도 필요치 않다고. 아주 간단한 거야."

"그래요. 당신은 그게 아주 간단한 일이라고 생각하죠."

"그런 식으로 말해도 좋아. 하지만 분명 내 생각은 그래."

---

6) 아기

"이제 내 부탁 좀 들어줄래요?"

"당신 부탁이라면 뭐든지 들어줄게."

"제발, 제발, 제발, 제발, 제발, 제발, 제발 얘기 좀 그만할래요?"

그는 아무 말도 하지 않고 기차역 벽 쪽에 세워둔 가방들을 바라보았다. 그들이 며칠 밤을 보낸 호텔 라벨들이 가방에 전부 붙어있었다.

"하지만 난 당신에게 강요하긴 싫어." 그가 말했다. "난 그것에 대해 전혀 신경 쓰지 않아."

"소리 지를 거예요." 젊은 여자가 말했다.

술집 여자가 맥주잔 두 개를 들고 커튼을 헤치며 밖으로 나오더니 축축한 펠트 받침 위에 내려놓았다. "5분 있으면 기차가 도착합니다." 그녀가 말했다.

"뭐라는 거죠?" 젊은 여자가 물었다.

"5분 후에 기차가 도착할 거래."

젊은 여자는 여자에게 고맙다고 말하면서 밝게 미소를 지었다.

"건너편 역에 가방을 갖다 놓는 게 좋겠어." 남자가 말했다. 여자는 그를 보고 미소를 지었다.

"그래요. 그런 다음 돌아와서 맥주 마저 마셔요."

그는 무거운 가방 두 개를 들어 역으로 끌고 가더니 반대편 철로로 이동했다. 그는 철로를 올려다봤지만 기차는 보이지 않았다. 다시 돌아온 그는 술집으로 걸어 들어갔다. 안에는 기차를 기다리는 사람들이 술을 마시고 있었다. 그는 술집에서 아니스를 마시면서 사람들을 훑어보았다. 그들은 모두 술을 적당히 마시며 기차를 기다리고 있었다. 그는 비드 커튼을 통해 밖으로 나왔다. 그녀는 테이블에 앉은 채 그를 향해 미소를 보냈다.

"기분 좋아졌어?" 그가 물었다.

"좋아요." 그녀가 말했다. "난 아무 문제없어요. 기분 좋아요."

01   Fill in the blank with the ONE most appropriate word.

> The tension between the two is almost as sizzling as the heat of the Spanish sun. The man, while urging the girl to have the _____ , says again and again that he really doesn't want her to do it if she really doesn't want to. However, he clearly is insisting that she do so.

02   Fill in each blank with the ONE most appropriate word respectively.

> The girl is trying to be brave and nonchalant but is clearly frightened of committing herself to having the ___①___ . She tosses out a conversational, fanciful figure of speech—noting that the ___②___ beyond the train station "look like white elephants"—hoping that the figure of speech will please the man, but he resents her ploy. He insists on talking even more about the ___①___ and the fact that, according to what he's heard, it's "natural".

03 Fill in the blank with the ONE most appropriate word.

The express train arrives and the two prepare to board. The girl tells the man that she's "fine." She's lying, acquiescing to what he wants, hoping to quiet him. Nothing has been solved. The tension remains, coiled and tight, as they prepare to leave for _____. The girl is hurt by the man's fraudulent, patronizing empathy.

Answer

01 operation

02 ① operation ② hills

03 Madrid

02 Character 등장인물

Character is a fictional representation of a person—usually (but not necessarily) a psychologically realistic depiction. **Characterization**인물묘사; 성격묘사 is the way writers develop characters and reveal those characters' traits to readers.

01 Round and Flat Characters

In his book *Aspects of the Novel*, E. M. Forster defined two basic types of characters, their qualities, functions, and importance for the development of the novel: flat characters and round characters. **Flat characters**평면적 인물 are two-dimensional, in that they are relatively uncomplicated and do not change throughout the course of a work. By contrast, **round characters**입체적 인물 are complex and undergo development, sometimes sufficiently to surprise the reader.

02 Dynamic and Static Characters

Dynamic characters동적 인물 show many personality traits, whereas **static characters**정적 인물 show only a few personality traits.

Thank you M'am

Langston Hughes(1902—1967)

She was a large woman with a large purse that had everything in it but hammer and nails. It had a long strap, and she carried it slung across her shoulder. It was about eleven o'clock at night, and she was walking alone, when a boy ran up behind her and tried to snatch her purse. The strap broke with the single tug the boy gave it from behind. But the boy's weight and the weight of the purse combined caused him to lose his balance so, instead of taking off full blast as he had hoped, the boy fell on his back on the sidewalk, and his legs flew up. The large woman simply turned around and kicked him right square in his blue-jeaned sitter. Then she reached down, picked the boy up by his shirt front, and shook him until his teeth rattled.

After that the woman said, "Pick up my pocketbook, boy, and give it here." She still held him. But she bent down enough to permit him to stoop and pick up her purse. Then she said, "Now ain't you ashamed of yourself?" Firmly gripped by his shirt front, the boy said, "Yes'm."

The woman said, "What did you want to do it for?"

The boy said, "I didn't aim to."

She said, "You a lie!"

By that time two or three people passed, stopped, turned to look, and some stood watching.

"If I turn you loose, will you run?" asked the woman.

"Yes'm," said the boy.

"Then I won't turn you loose," said the woman. She did not release him.

"I'm very sorry, lady, I'm sorry," whispered the boy.

"Um-hum! And your face is dirty. I got a great mind to wash your face for you. Ain't you got nobody home to tell you to wash your face?"

"No'm," said the boy.

"Then it will get washed this evening," said the large woman starting up the street, dragging the frightened boy behind her.

He looked as if he were fourteen or fifteen, frail and willow-wild, in tennis shoes and blue jeans.

The woman said, "You ought to be my son. I would teach you right from wrong. Least I can do right now is to wash your face. Are you hungry?"

"No'm," said the being dragged boy. "I just want you to turn me loose."

"Was I bothering you when I turned that corner?" asked the woman.

"No'm."

"But you put yourself in contact with me," said the woman. "If you think that that contact is not going to last awhile, you got another thought coming. When I get through with you, sir, you are going to remember Mrs. Luella Bates Washington Jones."

Sweat popped out on the boy's face and he began to struggle. Mrs. Jones stopped, jerked him around in front of her, put a half-nelson about his neck, and continued to drag him up the street. When she got to her door, she dragged the boy inside, down a hall, and into a large kitchenette-furnished room at the rear of the house. She switched on the light and left the door open. The boy could hear other roomers laughing and talking in the large house. Some of their doors were open, too, so he knew he and the woman were not alone. The woman still had him by the neck in the middle of her room.

She said, "What is your name?"

"Roger," answered the boy.

"Then, Roger, you go to that sink and wash your face," said the woman, whereupon she turned him loose—at last. Roger looked at the door—looked at the woman—looked at the door—and went to the sink.

Let the water run until it gets warm," she said. "Here's a clean towel."

"You gonna take me to jail?" asked the boy, bending over the sink.

"Not with that face, I would not take you nowhere," said the woman. "Here I am trying to get home to cook me a bite to eat and you snatch my pocketbook! Maybe, you ain't been to your supper either, late as it be. Have you?"

"There's nobody home at my house," said the boy.

"Then we'll eat," said the woman, "I believe you're hungry—or been hungry—to try to snatch my pocketbook."

"I wanted a pair of blue suede shoes," said the boy.

"Well, you didn't have to snatch *my* pocketbook to get some suede shoes," said Mrs. Luella Bates Washington Jones. "You could've asked me."

"M'am?"

The water dripping from his face, the boy looked at her. There was a long pause. A very long pause. After he had dried his face and not knowing what else to do, dried it again, the boy turned around, wondering what next. The door was open. He could make a dash for it down the hall. He could run, run, run, run, run!

The woman was sitting on the day-bed. After a while she said, "I were young once and I wanted things I could not get."

There was another long pause. The boy's mouth opened. Then he frowned, but not knowing he frowned.

The woman said, "Um-hum! You thought I was going to say but, didn't you? You thought I was going to say, but I didn't snatch people's pocketbooks. Well, I wasn't going to say that." Pause. Silence. "I have done things, too, which I would not tell you, son—neither tell God, if he didn't already know. So you set down while I fix us something to eat. You might run that comb through your hair so you will look presentable."

In another corner of the room behind a screen was a gas plate and an icebox. Mrs. Jones got up and went behind the screen. The woman did not watch the boy to see if he was going to run now, nor did she watch her purse which she left behind her

03

on the day-bed. But the boy took care to sit on the far side of the room where he thought she could easily see him out of the corner other eye, if she wanted to. He did not trust the woman not to trust him. And he did not want to be mistrusted now.

"Do you need somebody to go to the store," asked the boy, "maybe to get some milk or something?"

"Don't believe I do," said the woman, "unless you just want sweet milk yourself. I was going to make cocoa out of this canned milk I got here."

"That will be fine," said the boy.

She heated some lima beans and ham she had in the icebox, made the cocoa, and set the table. The woman did not ask the boy anything about where he lived, or his folks, or anything else that would embarrass him. Instead, as they ate, she told him about her job in a hotel beauty-shop that stayed open late, what the work was like, and how all kinds of women came in and out, blondes, red-heads, and Spanish. Then she cut him a half of her ten-cent cake.

"Eat some more, son," she said.

When they were finished eating she got up and said, "Now, here, take this ten dollars and buy yourself some blue suede shoes. And next time, do not make the mistake of latching onto my pocketbook nor nobody else's—because shoes come by devilish like that will burn your feet. I got to get my rest now. But I wish you would behave yourself, son, from here on in."

She led him down the hall to the front door and opened it. "Good night!" Behave yourself, boy!" she said, looking out into the street.

The boy wanted to say something else other than "Thank you, ma'am" to Mrs. Luella Bates Washington Jones, but he couldn't do so as he turned at the barren stoop and looked back at the large woman in the door. He barely managed to say "Thank you" before she shut the door. And he never saw her again.

한글번역

고마워요, 아줌마

그녀는 망치와 못만 빼놓고 모든 것을 지갑에 담아서 다니는 덩치 큰 여인이었다. 그녀는 항상 긴 끈이 달린 지갑을 어깨에 걸치고 다녔다. 어느 날, 밤 열한 시쯤 되었을 무렵 그녀 혼자 어두운 밤길을 걷고 있을 때 소년 하나가 그녀의 뒤쪽으로부터 달려들어 지갑을 낚아채려 했다. 지갑을 당기는 순간 끈이 끊어지는 바람에 갑자기 자신의 체중과 지갑의 무게를 느낀 소년은 몸의 중심을 잃었고 애초에 계획했던 것처럼 전속력으로 도망가는 대신 다리를 하늘로 들어올린 채 바닥에 벌렁 자빠졌다. 덩치 큰 여인은 몸을 돌려서 소년의 청바지 엉덩짝을 발로 한 대 걷어찼다. 그다음 그녀는 손을 뻗어 소년의 소매 앞자락을 잡아 그의 이들이 서로 부딪칠 때까지 아이를 흔들었다.

그다음 그녀가 아이에게 말했다. "당장 내 지갑을 집어서 내게 줘." 그녀는 아직 아이를 꼭 붙잡고 있었기 때문에 아이가 몸을 굽혀서 지갑을 줍는 만큼 그녀도 몸을 기울여야 했다. 그녀가 소년에게 말했다. "어때, 네 행동이 부끄럽지 않니?" 소매를 꼭 붙잡힌 채 아이가 대답했다. "예, 아주머니."

여자가 물었다. "지갑을 훔쳐서 뭐 하려고 한 거지?"

"특별한 이유는 없었어요." 아이가 말했다.

"거짓말하지 마!"

지나가던 사람들이 서너 명 발걸음을 멈추거나 뒤돌아서서 무슨 일이 벌어지고 있는지 지켜봤다.

"소매를 놓아주면 달아날 거지?" 여자가 물었다.

"예." 소년이 말했다.

"그러면 소매를 놓아줄 수가 없지." 여인은 소년을 붙잡은 손을 놓지 않았다.

"아주머니, 죄송해요." 소년이 말했다.

"좋아! 얼굴은 왜 그렇게 더럽지? 네 얼굴을 씻겨주고 싶은 마음이 갑자기 굴뚝같구나. 너희 집에서는 아무도 너한테 얼굴을 닦으라고 하는 사람이 없니?"

"네." 아이가 대답했다.

"그럼 오늘 밤에 닦아야겠다." 덩치 큰 여인이 놀란 아이를 끌고 거리를 따라 걸어가며 말했다.

아이는 열네 살이나 열다섯쯤 되어 보였다. 청바지에 테니스화 차림인 아이는 마르고 약해 보였다.

여자가 말했다. "네가 만약 내 아들이었다면 행실머리를 제대로 가르쳐주련만, 지금은 세수만이라도 시켜주마. 배고프니?"

"아뇨." 끌려가면서 아이가 말했다. "좀 놔주시면 안 돼요?"

"모퉁이를 돌아갈 때 내가 너를 괴롭혔니?" 여인이 물었다.

"아뇨."

"나와의 관계를 시작한 것은 너야." 여인이 말했다. "이 관계가 바로 끝날 줄 알았다면 오산이야. 나랑 헤어지고 난 다음에는 루엘라 베이츠 워싱턴 존스 여사를 똑똑히 기억하게 될 거다."

아이의 얼굴에 진땀이 배기 시작했다. 아이는 그녀의 손에서 풀려나려고 애를 썼다. 존스 여사는 걸음을 멈추고 아이를 자신의 앞으로 끌어당긴 후 헤드록을 건 채로 그를 끌고 가기 시작했다. 집에 도착한 그녀는 아이를 끌고 집 안으로 들어가서 복도를 지나 집 뒤쪽에 있는 부엌이 딸린 커다란 방으로 갔다. 전등 스위치를 올린 그녀는 방문을 열린 채로 놓아두었다. 소년은 그 커다란 집의 다른 방에 있는 사람들이 웃고 떠드는 소리를 들을 수 있었다. 다른 방들도 문을 열어둔 곳들이 있어서 소년은 그 집에 자신과 여인, 두 사람만 있는 게 아니라는 것을 알 수 있었다. 방 한가운데에 이르렀지만 여인은 아직 소년의 목덜미를 놓지 않았다.

여인이 물었다. "이름이 뭐니?"

"로저예요." 아이가 대답했다.

"좋아, 로저. 우선 저 세면대로 가서 얼굴을 씻어라." 여인이 말하면서 마침내 소년을 놓아주었다. 로저는 문을 쳐다봤다가 여인을 쳐다본 후 다시 문을 봤다가는 세면대로 향했다.

"따뜻한 물이 나올 때까지 물을 좀 틀어 놔." 그녀가 말했다. "여기, 깨끗한 타월이 있다."

"절 경찰서로 데리고 가실 거예요?" 아이가 세면대에 몸을 굽히며 물었다.

"그런 몰골로는 데려갈 수 없지. 아무 데도 안 데려갈 거다." 여인이 말했다. "밥을 해 먹으러 집으로 오는 중이었는데 네가 내 지갑을 날치기하려 한 거였어. 꽤 늦긴 했지만 어쩌면 너도 저녁을 안 먹었을 것 같구나. 맞지?"

"우리 집에는 아무도 없어요." 아이가 말했다.

"그럼 같이 식사를 하자." 여인이 말했다. "내 생각엔 네가 배가 고플 것 같아. 아니 쭉 굶주렸는지도 모르지. 내 지갑을 훔치려 한 걸 보면 말이야."

"난 파란색 스웨이드 운동화를 갖고 싶었어요." 아이가 말했다.

"스웨이드 운동화를 갖고 싶었다면 내 지갑을 훔치지 않아도 되었어." 루엘라 베이츠 존스 여사가 말했다. "나에게 부탁을 했으면 될 문제였다고."

"네?"

얼굴에서 물을 뚝뚝 흘리며 소년은 여인을 쳐다봤다. 긴 침묵이 흘렀다. 아주 긴 침묵이. 얼굴을 타월로 말린 소년은 뭘 해야 좋을지 몰라 다시 얼굴을 수건으로 말린 후 어정쩡한 마음으로 뒤돌아섰다. 문이 열려 있었다. 복도를 따라 달려 나가기만 하면 문밖으로 나갈 수 있었다. 그저 눈 딱 감고 뛰어나가기만 하면 될 일이었다.

여인은 침대 겸 소파에 앉아 있었다. 얼마 후 여인이 입을 열었다. "나도 어릴 때가 있었지. 그땐 나도 내가 얻을 수 없는 것을 원했단다."

다시 긴 침묵이 흘렀다. 아이가 입을 열었다. 그는 인상을 찌푸렸지만 자신이 인상을 찌푸린 것도 모르는 눈치였다.

"물론 너는 내가 '하지만'이라고 다음 말을 시작할 줄 알았지? '하지만 나는 사람들의 지갑을 날치기하지는 않았어', 이렇게 말이야. 나는 그런 말을 하려고 하지 않았어." 그리고 그녀는 잠시 아무 말이 없었다. "나도 못된 짓들을 했지. 네게 내가 무슨 일을 했는지 말해주지는 않으련다. 아직 모르고 계시다면은 하나님에게도 말이야. 모든 사람은 같은 일들을 저지르지. 자, 이제 내가 음식을 준비하는 동안 너는 가서 앉아 있어라. 그동안 저기 빗으로 머리에 빗질이라도 해서 좀 멀끔해 보이도록 하든가."

휘장이 쳐진 방의 다른 한쪽 구석에는 가스스토브와 아이스박스가 놓여 있었다. 여인은 아이가 도망을 가는지 내다보지도 않았고 소파 위에 놓아둔 그녀의 지갑이 잘 있는지 신경을 쓰는 눈치도 아니었다. 소년은 지갑에서 멀리 떨어진 곳, 그리고 그녀가 혹시 내다보면 바로 자신이 눈에 띌 만한 자리를 찾아 앉았다. 그는 여인이 자신을 완전히 믿는다고 생각하지 않았다. 그는 혹시라도 그녀의 오해를 사고 싶지 않았다.

"가게에 심부름 보내실 일은 없어요?" 소년이 자청해서 물었다. "우유 같은 거 필요하지 않으세요?"

"그럴 필요는 없을 것 같은데," 여인이 대답했다. "생우유를 먹고 싶다면 모르겠지만, 난 연유로 코코아를 만들려고 하는데"

"저도 그거면 돼요." 아이가 말했다.

여인은 아이스박스에 있던 리마 콩과 햄을 덥히고 코코아를 만들어 상을 차렸다. 여인은 소년에게 어디에 사는지, 가족들은 있는지, 소년이 불편해할 만한 아무 질문도 하지 않았다. 대신에 여인은 자신이 일하고 있는, 늦게까지 영업을 하는 호텔 미용실에서 그녀가 어떤 일을 하는지, 금발, 빨간 머리, 스페인 여자 등 어떤 여자들이 손님으로 오가는지에 대한 이야기를 해주었다. 이야기를 하던 여인은 십 센트짜리 케이크를 반으로 잘라 소년의 접시에 놓았다.

"더 먹으렴." 그녀가 말했다.

식사를 마쳤을 때 그녀가 일어서며 말했다. "자, 여기 십 달러를 줄테니 파란색 스웨이드 운동화를 사려무나. 그리고 다음에는 내 지갑이든 다른 사람들의 지갑이든 낚아채려는 일은 하지 말아라. 그렇게 못된 짓으로 산 운동화는 결국 네 발을 태워버릴 거야. 이제 나는 좀 쉬어야겠다. 어쨌든 지금부터는 네가 바르게 처신을 했으면 좋겠구나."

여인은 소년을 데리고 복도를 지나 현관문을 열었다. "잘 가렴! 행동 조심하고." 여인은 소년이 계단을 내려갈 때 거리를 내다보았다.

소년은 "고맙습니다. 아줌마"라는 말 말고 뭔가 다른 말을 미시즈 루엘라 베이츠 워싱턴 존스에게 하고 싶었고 심지어 입까지 떼기는 했지만 황량한 문간에서 몸을 돌이켜 그 거대한 여인을 올려다보았을 때 아무 말도 할 수가 없었다. 여인은 문을 닫았다.

01 Who is the protagonist of the story?

02 Why does Mrs. Jones who at first scolds him drag the boy home with her to get him cleaned and fed?

03 Where does she live now?

04 Mrs. Jones treats Roger not only with kindness but also with true respect. Provide one example.

05 At the end of the story Mrs. Jones gives Roger money before sending him on his way. Why does this action matter?

Answer

01 Mrs. Luella Bates Washington Jones

02 It is because she realizes that he likely has no family looking out for him.

03 She lives on her own in a boarding house.

04 She trusts him not to run off or attempt to steal her purse again once they enter her home. (This is revealed to have a meaningful effect on the boy, who longs to become worthy of her trust.)

05 This action reveals a gesture of trust and goodwill that signals her faith in his ability to make better decisions for himself.

03 | Setting / Atmosphere 배경 / 분위기

01 Setting

Setting is **the location and time frame in which the action of a narrative takes place**서사의 행위가 발생하는 장소와 시간. Settings include the background, atmosphere or environment in which characters live and move, and usually include physical characteristics of the surroundings. Settings enables the reader to better envision how a story unfolds by relating necessary physical details of a piece of literature.

The makeup기질 and behaviour of fictional characters often depend on their environment quite as much as on their personal characteristics개인적 성격. Setting is of great importance in Émile Zola's novels에밀 졸라의 소설, for example, because he believed that environment determines character.

Ghost Dance

Sherman Alexie(1966—)

Two cops, one big and the other little, traveled through the dark. The big cop hated Indians. Born and raised in a Montana that was home to eleven different reservations and over 47,000 Indians, the big cop's hatred had grown vast. Over a twenty-two-year law enforcement career he'd spent in service to one faded Montana town or another, the big cop had arrested 1,217 Indians for offenses ranging from shoplifting to assault, from bank robbery to homicide, all of the crimes committed while under the influence of one chemical or another.

"Damn redskins would drink each other's piss if they thought there was enough booze left in it," the big cop said to the little cop, a nervous little snake-boy just a few years out of Anaconda High School.

"Sure," said the little cop. He was a rookie and wasn't supposed to say much at all.

It was June 25th, three in the morning, and still over 100 degrees. Sweating through his polyester uniform, the big cop drove the patrol car east along Interstate 90, heading for the Custer Memorial Battlefield on the banks of the Little Big Horn River.

"But you want to know the worst thing I ever saw?" asked the big cop. He drove with one hand on the wheel and the other in his crotch. He felt safer that way.

"Sure," said the little cop.

"Out on the Crow rez, I caught these Indian boys," the big cop said. "There were five or six of them scalp-hunters, all of them pulling a train on this pretty little squaw-bitch."

"That's bad."

"Shoot, that ain't the bad part. Gang rape is, like, a sacred tradition on some of these rez ghettoes. Hell, the bad part ain't the rape. The bad part is the boys were feeding this girl some Lysol sandwiches."

"What's a Lysol sandwich?"

"You just take two slices of bread, spray them hard with Lysol, slam them together, and eat it all up."

"That'll kill you, won't it?"

"Sure, it will kill you, but slow. Make you a retard first, make you run around in a diaper for about a year, and then it will kill you."

"That's bad."

"About the worst thing there is," said the big cop.

The little cop stared out the window and marveled again at the number of visible stars in the Montana sky. The little cop knew he lived in the most beautiful place in the world. The big cop took the Little Big Horn exit off 1-90, drove the short distance to the visitors' center, and then down a bumpy road to the surprisingly simple gates of the Custer Memorial Cemetery.

"This is it," said the big cop. "This is the place where it all went to shit."

"Sure," said the little cop.

"Two hundred and fifty-six good soldiers, good men, were murdered here on that horrible June day in 1876," said the big cop. He'd said the same thing many times before. It was part of a speech he was always rehearsing.

"I know it," said the little cop. He wondered if he should say a prayer.

"If it wasn't for these damn Indians," said the big cop, "Custer would've been the president of these United States."

"Right."

"We'd be living in a better country right now, let me tell you what."

"Yes, we would."

The big cop shook his head at all of the injustice of the world. He knew he was a man with wisdom and felt burdened by the weight of that powerful intelligence.

"Well," said the big cop. "We've got some work to do."

"Sure," said the little cop.

The cops stepped outside, both cursing the ridiculous heat, and walked to the back of the car. The big cop opened the trunk and stared down at the two Indian men lying there awake, silent, bloodied, and terrified. The cops had picked them up hitchhiking on the Flathead Reservation and driven them for hours through the limitless dark.

"Come on out of there, boys," said the big cop with a smile.

The Indians, one a young man with braids and the other an older man with a crew cut, crawled out of the trunk and stood on unsteady legs. Even with already-closing eyes and broken noses, with shit and piss running down their legs, and with nightstick bruises covering their stomachs and backs, the Indians tried to stand tall.

"You know where you are?" the big cop asked the Indians.

"Yes," said the older one.

"Tell me."

"Little Big Horn."

"You know what happened here?"

The older Indian remained silent.

"You better talk to me, boy," said the big cop. "Or I'm going to hurt you piece by piece."

The older Indian knew he was supposed to be pleading and begging for mercy, for his life, as he'd had to beg for his life from other uniformed white men. But the older Indian was suddenly tired of being afraid. He felt brave and stupid. The younger Indian knew how defiant his older friend could be. He wanted to run.

"Hey, chief," said the big cop. "I asked you a question. Do you know what happened here?"

The older Indian refused to talk. He lifted his chin and glared at the big cop.

"Fuck it," said the big cop as he pulled his revolver and shot the older Indian in the face, then shot him twice more in the chest after he crashed to the ground. Though the big cop had lived and worked violently, this was his first murder, and he was surprised by how easy it was.

After a moment of stunned silence, the younger Indian ran, clumsily zigzagging between gravestones, and made it thirty feet before the big cop shot him in the spine, and dropped him into the dirt.

"Oh, Jesus, Jesus, Jesus," said the younger cop, terrified. He knew he had to make a decision: Be a good man and die there in the cemetery with the Indians or be an evil man and help disappear two dead bodies.

"What do you think of that?" the big cop asked the little cop.

"I think it was good shooting."

Decision made, the little cop jogged over to the younger Indian lying there alive and half-paralyzed. His spine was shattered, and he'd die soon, but the Indian reached out with bloodied hands, grabbed handfuls of dirt, rock, and grass, tearing his nails off in the process, and pulled himself away in one last stupid and primal effort to survive. With his useless legs dragging behind him, the Indian looked like a squashed bug. Like a cockroach in blue jeans, thought the little cop and laughed a little, then retched his truck stop dinner all over the back of the dying Indian.

There and here, everywhere, Indian blood spilled onto the ground, and seeped down into the cemetery dirt. The big cop kneeled beside the body of the old Indian and pushed his right index finger into the facial entrance wound and wondered why he was doing such a terrible thing. With his damn finger in this dead man's brain, the big cop felt himself split in two and become twins, one brother a killer and the other an eyewitness to murder.

Away, the little cop was down on all fours, dry heaving and moaning like a lonely coyote.

"What's going on over there?" asked the big cop.

"This one is still alive," said the little cop.

"Well, then, finish him off."

The little cop struggled to his feet, pulled his revolver, and pressed it against the back of the Indian's head. Maybe he would have found enough cowardice and courage to pull the trigger, but he never got the chance. All around him, awakened and enraptured by Indian blood, the white soldiers in tattered uniforms exploded from their graves and came for the little cop. As he spun in circles, surrounded, he saw how many of these soldiers were little more than skeletons with pieces of dried meat clinging to their bones. Some of the soldiers still had stomachs and lungs leaking blood through jagged wounds, and other soldiers picked at their own brains through arrow holes punched into their skulls, and a few dumb, clumsy ones tripped over their intestines and ropy veins spilling onto the ground. Dead for over a century and now alive and dead at the same time, these soldiers rushed the little cop. Backpedaling, stepping side to side, the little cop dodged arms and tongueless mouths as he fired his revolver fifteen times. Even while panicked and shooting at moving targets, he was still a good marksman. He blasted the skull off one soldier, shot the arms off two others and the leg off a third, had six bullets pass through the ribs of a few officers and one zip through the empty eye socket of a sergeant. But even without arms, legs, and heads, the soldiers came for him and knocked him to the ground, where they pulled off his skin in long strips, exposed his sweet meats, and feasted on him. Just before two privates pulled out his heart and tore it into halves, the little cop watched a lieutenant, with a half-decayed face framing one blue eye, feed the big cop's cock and balls to a horse whose throat, esophagus, and stomach were clearly visible through its ribs.

That night, as the Seventh Cavalry rose from their graves in Montana, Edgar Smith slept in his bed in Washington, D.C., and dreamed for the first time about the death of George Armstrong Custer. Inside the dream, it was June 1876 all over again, and Custer was the last survivor of his own foolish ambitions. On a grassy hill overlooking the Little Big Horn River, Custer crawled over the bodies of many dead soldiers and a few dead Indians. Seriously wounded, but strong enough to stand and stagger, then walk on broken legs, Custer was followed by a dozen quiet warriors, any one of them prestigious enough to be given the honor of killing this famous Indian Killer, this Long Hair, this Son of the Morning Star. Crazy Horse and Sitting Bull walked behind Custer, as did Gall, Crow King, Red Horse, Low Dog, Foolish Elk, and others close and far. But it was a quiet Cheyenne woman, a warrior whose name has never been spoken aloud since that day, who stepped forward with an arrow in her hand and stabbed it through Custer's heart. After Custer fell and died, the Cheyenne woman stood over his body and sang for two hours. She sang while her baby son slept in the cradleboard on her back. She sang an honor song for the brave Custer, for the great white warrior, and when she ended her song, she kneeled and kissed the general. But Custer was no longer Custer. The quiet Cheyenne woman kissed Edgar Smith lying dead in the greasy grass of his dream.

A ringing telephone pulled Edgar from sleep. Reflexively and professionally, he answered, heard the details of his mission, grabbed a bag that was always packed, and hurried for the airport. Brown-eyed, brown-haired, pale of skin, and just over six feet tall, he was completely unremarkable in appearance, a blank Caucasian slate. Measured by his surface, Edgar could have been a shortstop for the New York Yankees, a dentist from Sacramento, or the night shift manager at a supermarket. This mutability made him the ideal FBI agent.

Two hours after the phone call, after his Custer dream, Edgar sat in a window seat of the FBI jet flying toward the massacre site in Montana. All around him, other anonymous field agents busied themselves with police reports and history texts, with biographies and data on Native American radicals, white separatists, domestic terrorists, religious cultists, and the other assorted crazies who lived within a five-hundred-mile radius of the Custer Memorial Battlefield.

"Can you imagine the number of men it took to pull this off?" asked one agent. "Over two hundred graves looted and sacked. How big a truck do you need to haul off two hundred bodies? You'd need a well-trained army. I'm thinking militia."

"But it's two hundred dead bodies buried for a hundred years, so that's about two million pieces of dead bodies," said another agent. "Hell, you'd be hauling loose teeth, ribs, some hair, a fingernail or two, and just plain dust. You'd need a vacuum for all this. It's not the size of the job; it's the ritual nature of it. You have to be crazy to do this, and you have to be even crazier to convince a bunch of other people to do it with you. We're looking for the King of the Crazy People."

"You want my opinion?" asked the third agent. "I'm thinking these two dead Indians, along with a bunch of other radical Indians, were desecrating these graves. I mean, it is the anniversary of Custer's Last Stand, right? They were trying to get back at Custer."

"But Custer isn't even buried there," said a fourth agent. "He's buried at West Point."

"So maybe these were stupid Indians," said yet another agent. "These Indians were pissing and shitting on the graves, digging them up, and piling the bones and shit into some old pickup. And along come our local boys, Mr. Fat Cop and Mr. Skinny Cop, who shoot a couple of renegades before the rest of the tribe rises up and massacres them."

"That's well and good," said the last agent, "but damn, the local coroner says our cops were chewed on. Human bite marks all over their bones and what's left of their bodies. Are you saying a cannibalistic army of Indian radicals ate the cops?"

All of the agents, hard-core veterans of domestic wars, laughed long and hard. They'd all seen the evil that men do, and it was usually simple and concise, and always the result of the twisted desire for more power, money, or sex. Perhaps the killers in this case were new and unusual. The FBI agents thrilled at the possibility of discovering an original kind of sin and capturing an original group of sinners. The local cops had described the massacre scene as the worst thing they'd ever seen, but each FBI agent was quite confident he'd already seen the worst death he would ever see. One more death, no matter how ugly, was just one more death.

In his seat apart from the other agents, Edgar wondered why he had dreamed about Custer on the same night, at the very same moment, these horrible murders were happening on the battlefield that bore Custer's name. He didn't believe in ESP or psychics, in haunted houses or afterlife experiences, or in any of that paranormal bullshit. Edgar believed in science, in cause and effect, in the here and now, in facts. But no matter how rational he pretended to be, he knew the world had always contained more possibilities than he could imagine, and now, here he was, confronted by the very fact of a dream killing so closely tied with real killings. Edgar Smith was scared. He was even more scared after he and the other agents walked over a rise and stood before the Little Big Horn massacre site. Three of the agents immediately vomited and could only work the perimeter of the scene. Another agent, who was the first rescuer at the bombing of the U.S. military barracks in Beirut and had searched the rubble for bodies and pieces of body, turned back at the cemetery gate and retired on half-pension. Everybody else ran back to their cars and donned thick yellow haz-mat suits with oxygen tanks. Trembling with terror and nausea, the agents worked hard. They had a job to do, and they performed it with their customary grace and skill, but all along, the agents doubted they had enough strength to face an enemy capable of such destruction.

Edgar counted two hundred and fifty-six open graves, all of them filled with blood, pieces of skin, and unidentifiable body parts. Witches' cauldrons, thought Edgar as he stared down into the worst of them. The dirt and grass were so soaked with blood and viscera that it felt like walking through mud. And then there was the dead. One of the state cops, or what was left of him, was smeared all over his cruiser. He was now a pulp-filled uniform and one thumb dark with fingerprint powder. The other cop was spread over a twenty-foot circle, his blood and bones mixing with the blood and bones of one Indian. The other Indian, older, maybe fifty years old, was largely untouched, except for twenty or thirty tentative bite marks, as if his attackers had tasted him and found him too sour. One tooth, a human molar, was broken off at the root and imbedded in the old Indian's chin. This was all madness, madness, madness, and Edgar knew that a weaker person could have easily fallen apart here and run screaming into the distance. A weaker person might have looked for escape, but Edgar knew he would never truly leave this nightmare.

And yet, Edgar could only know the true extent of this nightmare after he followed the blood trails. There were two hundred and fifty-six blood trails, one for each grave, and they led away from the cemetery in all directions. Occasionally, five or ten or fifteen blood trails would merge into one, until there were only forty or fifty blood trails in total, all of them leading away in different directions. Eventually all of these trails faded into the grass and dirt, and became only a stray drop of blood, a strip of shed skin, or small chip of bone, then a series of footprints or single hoofprint before they disappeared altogether. Edgar had no idea what humans, animals, or things had left these blood trails, but they were gone now, traveling in a pattern that suggested they were either randomly fleeing from the murder scene or beginning a carefully planned hunt.

Early the next morning, in Billings, Montana, Junior Estes sat on the front counter of the Town Pump convenience store, where he'd worked graveyard shift for two years. He worked alone that night because his usual partner, Harry Quakenbrush, had called in sick at the last moment.

"Jesus," Junior had cursed. "You know I can't get nobody to work graveyard at the last sec. Come on, Harry, if you ain't got cancer of the balls, then you better get your ass in here."

"It is cancer of the nuts, and you should feel sorry for bringing it up," Harry had said as he'd hung up the phone and crawled back into bed with his new girlfriend.

So Junior was all by himself in the middle of the night, and knew he couldn't cashier, stock the coolers, and disinfect the place all at the same time, so he decided to do nothing. He might get fired when the boss man showed up at 6 a.m., but he knew Harry would get fired, too, and that would be all right enough. Most nights, twenty or thirty insomniacs, other night shift workers, and the just plain crazy would wander into the store, but only two hookers had been in that night and had pointedly ignored Junior. Poor Junior wasn't ugly, but he was lonely, and that made him stink.

At 3:17 a.m., according to the time stamped on the surveillance tape, Junior noticed a man staggering in slow circles around the gas pump. Junior grabbed a baseball bat from beneath the counter and dashed outside. The external cameras were too blurry and dark to pick up much detail as he confronted the drunken man. A few years earlier, up north in Poplar, a drunk Indian had set a gas pump on fire and burned down half a city block, so Junior must have remembered that as he pushed the man away from the store. Then, at the very edge of the video frame, the drunken man grabbed Junior by the head and bit out his throat. As the video rolled, the drunken man fell on Junior and ate him. Later examination of the videotape revealed that the drunken man was horribly scarred and that he was wearing a Seventh Cavalry uniform, circa 1876.

Edgar and another agent were on the scene twenty minutes after Junior was killed. In the parking lot, as Edgar knelt over Junior's mutilated body, he felt like he was falling; then he did fall. In a seizure, with lightning arcing from one part of his brain to another, Edgar saw a series of mental images, as clear as photographs, as vivid as film.

He saw death. On Sheep Mountain, near the Montana-Wyoming border, six members of the Aryan Way Militia were pulled out of an SUV and dismembered.

Edgar saw this and somehow knew that Richard Usher, the leader of the Aryan Way, was the great-grandson of a black coal miner named Jefferson Usher.

On an isolated farm near Jordan, Montana, a widowed farmer and his three adult sons fought an epic battle against unknown intruders. Local police would gather five hundred and twelve spent bullet shells, five shotguns with barrels twisted from overheating, two illegal automatic rifles with jammed firing mechanisms, and six pistols scattered around the farm and grounds. The bodies of the farmer and his sons were missing.

But Edgar saw their stripped skeletons buried in a shallow grave atop the much deeper grave of a one-thousand-year-old buffalo jump near the Canadian border. Edgar saw this and somehow knew the exact latitude and longitude of that particular buffalo jump. He knew the color of the grass and dirt.

Outside Killdeer, North Dakota, a few miles from the Fort Berthold Indian Reservation, five Hidatsa Indians were found nailed to the four walls and ceiling of an abandoned hunting cabin.

Edgar saw these bodies and suddenly knew these men's names and the names of all of their children, but he also knew their secret names, the tribal names that had been given to them in secret ceremonies and were never said aloud outside of the immediate family.

All told, sixty-seven people were murdered that night and Edgar saw all of their deaths. Somehow, he knew their histories and most personal secrets. He saw their first cars, marriages, sex, and fights. He suddenly knew them and mourned their butchery as if he'd given birth to them. And then, while still inside his seizure and fever-dream, and just when Edgar didn't know if his heart could withstand one more murder, he saw survival.

At a highway rest stop off Interstate 94, a trucker changing a flat tire was attacked and bitten by a soldier, but he fought him off with the tire iron. He jumped into his truck and ran over twelve other soldiers as he escaped. Throwing sparks by riding on one steel rim and seventeen good tires, he drove twenty miles down the freeway and nearly ran down the Montana State Patrolman who finally stopped him.

Edgar saw an obese white trucker weep in the arms of the only black cop within a one-thousand-mile radius.

In the Pryor Forest, Michael X, a gold-medal winner in downhill bicycling at the last ESPN X Games, escaped five soldiers on horseback by riding his bike off a cliff and dropping two hundred feet into Big Horn Lake. With a broken leg and punctured lung, Michael swam and waded north for ten miles before a local fisherman pulled him out of the river.

Edgar could taste the salt in the boy's tears.

At Crow Agency, a seven-year-old Indian girl was using the family outhouse when she was attacked. While the soldiers tore off the door, she sneaked out the moon-shaped window and crawled onto the outhouse roof. On the roof, she saw she was closer to a tall poplar tree than to her family's trailer, and there was nobody else home anyway, so she jumped to the ground and outran two soldiers to the base of the tree. She climbed for her life to the top and balanced on a branch barely strong enough to hold her weight. Again and again, the two soldiers climbed after her, but their decayed bones could not support the weight of their bodies, and so they broke apart, hands and arms hanging like strange fruit high in the tree, while their bodies kicked and screamed on the ground below.

Here, Edgar pushed himself into his vision, into the white-hot center of his fever, and attacked those two soldiers with his mind.

"Go away," he screamed as he seized in the convenience store parking lot. The other agents thought Edgar was hallucinating and screaming at ghosts. But Edgar's voice traveled through the dark and echoed in the soldiers' ears. The little Indian girl heard Edgar's disembodied voice and wondered if God was trying to save her. But the soldiers were not afraid of God or his voice. Edgar watched helplessly as the soldiers leaned against the tree, pushed it back and forth, and swung the girl at the top in an ever-widening arc. Edgar knew they were trying to break the tree at the base.

"Leave her alone," he screamed. But the soldiers ignored him and worked against the tree. Up high, the Indian girl cried for her mother and father, who had gone to a movie and were unaware that the baby-sitter had left their daughter alone in the house.

"Stop, stop, stop," Edgar screamed. He was desperate. He knew the girl would die unless he stopped the soldiers, and then he knew, without knowing why he knew, exactly how to stop them.

"Attention," he screamed. The two soldiers, obedient and well trained, immediately stood at full attention.

"Right face," Edgar screamed. With perfect form, the two soldiers faced right, away from the tree.

"Forward march," Edgar screamed.

Stunned, the little Indian girl watched the two soldiers marching away from her. They marched into the darkness. Edgar knew the soldiers would keep marching until they fell into a canyon or lake, or until they crossed an old road where a fast-moving logging truck might smash them into small pieces. Edgar knew these two soldiers would never stop. He knew all of these soldiers, all two hundred and fifty-six of them, would never quit, not until they had found whatever it was they were searching for.

Sixty miles away from that little girl, Edgar burned with vision-fever as he saw the world with such terrible clarity. In that filthy Town Pump parking lot, illuminated by cheap neon, his fellow agents kneeled over him, held his arms and legs, and shoved a spoon into his mouth so he wouldn't swallow his tongue. Edgar pushed and pulled with supernatural strength. Six other men could barely hold him down. Then it was over. Edgar quickly awoke from his seizure, stood on strong legs, rushed to a dispatch radio transmitter, and told his story. On open channels, Edgar told dozens of police officers and FBI agents exactly where to find dead bodies and survivors. And once those doubtful police officers and agents traveled all over Montana, Wyoming, North and South Dakota, and across the border into Canada, and found exactly what Edgar had said would be found, he was quickly escorted to a hospital room, where he was first examined and found healthy, and then asked again and again how he had come to know what he knew. He told the truth, and they did not believe him, and he didn't blame them because he knew that it sounded crazy. He'd interviewed hundreds of people who claimed to see visions of the past and future. He'd made fun of them all, and now he wondered how many of them had been telling the truth. How many of those schizophrenics had really been talking to God? How many of those serial killers had really been possessed by the Devil? How many murdered children had returned to; haunt their surviving parents?

"I don't know what else to say; it's the truth," Edgar said to his fellow agents, who were so sad to see a good man falling apart, and so they left him alone in his hospital room. In the dark, Edgar listened hard for the voices he was sure would soon be speaking to him, and he wondered what those voices would ask him to do and if he would honor their requests. Edgar felt hunted and haunted, and when he closed his eyes, he smelled blood and he didn't know how much of it would be spilled before all of this was over.

작품해설

제목에 등장하는 "Ghost Dance유령 춤"는 미국 원주민들의 믿음 체계에 기반한 종교적 운동이었다. 유령 춤에서 사용된 전통 의식인 원형 춤은 선사시대로부터 많은 미국 인디언들이 사용했었다. 이는 워보카(Wovoka)라는 이름으로 알려진 평화의 선지자 잭 윌슨(Jack Wilson)의 가르침에 의해 1889년 네바다 파이우트(Nevada Paiute)족 사이에서 처음으로 수행됐다.

1890년 12월 29일 새벽, 미 제7기병연대 병사 500여명은 사우스다코타주 운디드니(Wounded Knee) 냇가 근처에 수족 (Sioux)의 한 갈래인 라코타(Lakota)족 350명을 포위하고 무장 해제를 시도했다. 남자 230명, 여성과 어린이 120명 등 모두 350명이었다. 이때 '노란 새(Yellow Bird)'라는 인디언이 '유령 춤(Ghost Dance)'을 췄다. 이에 미 군대는 이들을 모두 잔인 하게 학살했다. 심지어 미군은 죽은 인디언들을 그냥 내버려두어 시신은 모두 얼음처럼 돼버렸다.

당시 미합중국의 군대에 쫓기며 절망적이던 인디언들 사이에 고스트 댄스가 폭발적으로 유행했다. 파이우트족 지도자 워 보카가 창안한 고스트 댄스는 인디언들의 자유 세상과 함께 버팔로들이 초원에 돌아온다는 종말론적 신앙이었다. 수족 (Sioux) 주술사는 '유령 셔츠(ghost shirts)'를 입으면 백인들의 총탄을 맞아도 총알이 관통하지 않고 멀쩡하다고 주장하면서 저항을 독려했다. 미국 정부는 이 종말론적 종교가 인디언들의 저항심을 부추긴다며 철저히 탄압했다.

한글번역

유령 춤

어둠을 뚫고 두 명의 경찰이 차를 몰고 달렸다. 한 사람은 덩치가 컸고, 다른 한 사람은 왜소했다. 덩치 큰 경찰은 인디언을 증오했다. 인디언 보호 구역이 열한 군데나 되고 47,000명이 넘는 인디언들의 고향인 몬태나에서 나고 자란 덩치의 증오심 은 어마어마하게 깊었다. 그는 스물두 해가 넘도록 몬태나의 이름 없는 도시들을 떠돌며 법 집행관 노릇을 하는 동안, 각종 알코올에 취해 절도, 폭행, 은행 강도, 살인 등을 저지른 1,217명의 인디언을 잡아넣었다.

"빌어먹을 인디언 새끼들은 오줌 속에 술이 들었다면 그거라도 서로 받아 처먹으려고 할 걸." 덩치 큰 경찰이 왜소한 경찰 에게 말했다. 아나콘다 고등학교를 졸업한 지 몇 년 안 된 겁 많은 꼬마였다.

"물론입니다." 꼬마 경찰이 말했다. 그는 신참이므로 말이 많으면 안 됐다.

6월 25일이었고, 새벽 3시인데도 기온은 38도를 웃돌았다. 덩치는 폴리에스테르 경관복이 다 젖을 만큼 땀을 뻘뻘 흘리면서 순찰차를 몰아 90번 주간 고속도로를 따라 리틀빅혼 강둑에 위치한 커스터 추모전장을 향해 달렸다.

"내가 지금까지 본 것 중 최악이 뭔지 알고 싶냐?" 덩치가 물었다. 그는 한 손은 가랑이 사이에 끼우고 한 손으로만 핸들을 잡았다. 그게 더 편한 모양이었다.

"물론입니다." 꼬마가 말했다.

"크로 보호 구역에서 내가 인디언 놈들을 잡았는데," 덩치가 말했다. "머릿가죽 사냥꾼 대여섯 놈이 예쁘게 생긴 인디언 여자 하나를 돌아가며 타고 있더라고."

"저런."

"젠장, 그건 약과라니까. 윤간이야 그런 보호구역 게토에서는 그냥 신성한 전통이고, 빌어먹을 최악은 윤간이 아니었어. 최악은, 그놈들이 여자애한테 리졸 샌드위치를 먹이고 있었다는 거지."

"리졸 샌드위치가 뭡니까?"

"식빵 두 조각에다 리졸을 딱딱해질 때까지 뿌린 다음 샌드위치처럼 딱 붙인 거야."

"그걸 먹으면 죽잖아요?"

"당연히 죽지, 하지만 천천히 죽어. 먼저 병신이 돼서 한 1년은 기저귀를 차고 다니다가 나중에 죽는 거지."

"저런."

"대충 그런 게 최악인 거야." 덩치가 말했다.

꼬마 경찰은 창밖을 바라보다가 몬태나 하늘을 수놓은 수많은 별들에 다시 한번 감탄을 금치 못했다. 그는 새삼 자신이 세상에서 가장 아름다운 곳에 살고 있다고 생각했다. 덩치는 리틀빅혼 방면 출구로 고속도로를 빠져나가 관광센터까지 짧은 길을 달린 다음, 의외로 수수하게 생긴 커스터 추모묘지 정문까지 비포장도로를 터덜터덜 내려갔다.

"저기다." 덩치가 말했다. "바로 저기서부터 모든 게 잘못된 거야."

"물론입니다." 꼬마가 말했다.

"256명의 훌륭한 군인들과 남자들이, 1876년 6월의 그 끔찍한 날 여기서 죽었다." 덩치가 말했다. 전에도 여러 번 했던 얘기다. 늘상 하는 연설의 일부였다.

"그렇죠." 꼬마가 말했다. 그는 묵념이라도 해야 하는 건가 궁금했다.

"그 망할 인디언 새끼들만 아니었다면, 커스터 장군님은 미합중국의 대통령이 되셨을 거다."

"맞습니다."

"그랬다면 지금 우리는 훨씬 더 좋은 나라에서 살고 있을 텐데, 아무렴."

"네, 그랬을 텐데요."

덩치는 세상의 모든 부당함에 고개를 절레절레 저었다. 그는 자신의 영리한 머리와 엄청난 지능에 부담을 느꼈다.

"하여간," 덩치가 말했다. "우린 할 일이 있으니까."

"물론입니다." 꼬마가 말했다.

두 경찰은 이 어처구니없는 더위에 욕설을 퍼부으며 차에서 내려 차 뒤쪽으로 걸어갔다. 덩치가 트렁크를 열고 거기 누워 있는 인디언 남자 둘을 내려다보았다. 양쪽 다 의식은 멀쩡했고 조용했으나 피투성이었고 겁에 질려 있었다. 두 경찰은 플랫헤드 보호 구역에서 히치하이킹을 하는 이들을 차에 태우고 칠흑 같은 어둠을 뚫고 몇 시간 동안 운전해 여기까지 왔다.

"새끼들, 거기서 나와." 덩치가 씨익 웃으며 말했다.

인디언들은 트렁크에서 기어나와 부들부들 떨리는 다리로 섰다. 한 명은 머리를 길게 땋아내린 청년이었고, 다른 한 명은 머리를 짧게 깎은 중년이었다. 이미 부어올라 감긴 눈에 코는 부러졌고 아랫도리에는 똥오줌이 흐르고 복부와 등은 야경봉에 두들겨 맞아 상처투성이였지만, 두 인디언은 똑바로 서려고 노력했다.

"니들이 어디 있는지 아냐?" 덩치가 인디언에게 물었다.

"네." 나이 든 쪽이 말했다.

"말해봐."

"리틀빅혼입니다."

"여기서 무슨 일이 있었는지 알아?"

나이 든 인디언은 침묵했다.

"대답해, 이 새끼야." 덩치가 말했다. "안 그럼 갈가리 찢어버릴 테니."

나이 든 인디언은 살기 위해서는 애걸복걸해야 한다는 것을 알았다. 예전에도 제복을 입은 다른 백인한테 목숨을 구걸해야 했었다. 하지만 문득 겁내고 무서워하는 게 지긋지긋해졌다. 어리석은 용기가 생겼다. 젊은 인디언은 자신의 나이 든 친구가 저항할 것임을 깨달았다. 그는 도망치고 싶었다.

"야, 추장," 덩치가 말했다. "지금 내가 너한테 묻고 있잖아. 여기서 무슨 일이 있었는지 아냐고."

나이 든 인디언은 대답을 거부했다. 그는 턱을 들고 덩치를 노려보았다.

"지랄하네." 덩치는 권총을 꺼내 나이 든 인디언의 얼굴을 향해 쐈고, 인디언이 땅바닥에 쓰러지자 연달아 두 발을 더 심장을 향해 쐈다. 덩치가 비록 험하게 살아오긴 했어도 사람을 죽인 것은 이번이 처음이었고, 너무나 쉬워서 자기도 어리둥절했다.

얼어붙은 침묵이 잠시 흐른 후, 인디언 청년이 걸음아 날 살려라 도망치기 시작했다. 묘비 사이를 비틀거리며 지그재그로 30피트쯤 달아나다가, 덩치가 쏜 총에 척추를 맞고 고꾸라졌다.

"오, 하느님, 맙소사, 세상에." 신참 경찰은 겁에 질렸다. 판단을 내려야 했다. 착한 사람이 되어 인디언들과 함께 이곳 묘지에서 죽느냐, 악한 사람이 되어 시체 두 구를 숨기는 것을 돕느냐.

"어떻게 생각하냐?" 덩치가 꼬마에게 물었다.

"멋진 사격이었다고 생각합니다."

판단은 내려졌고, 꼬마는 하반신은 마비됐지만 아직 살아있는 인디언 청년을 향해 뛰어갔다. 척추가 산산조각 났으니 얼마 안 가 죽겠지만, 그래도 인디언은 피 묻은 손을 뻗어 흙과 돌멩이와 풀을 움켜잡으며 손톱이 부서져도 도망치려고, 살아남으려고 어리석고 본능적인 마지막 발버둥을 치고 있었다. 쓸모없는 두 다리를 축 늘어뜨린 채 버둥거리는 인디언은 으깨진 곤충 같았다. 꼬마는 청바지를 입은 바퀴벌레 같다는 생각이 들어 조금 웃었다. 그리고 고속도로 휴게소에서 먹은 저녁을 죽어가는 인디언의 등 위에다 몽땅 게웠다.

여기저기, 온 사방에, 인디언의 피가 흩뿌려져 묘지의 흙속으로 스며들었다. 덩치는 나이 든 인디언의 시신 옆에 무릎을 대고 앉아서 오른손 검지를 안면에 뚫린 총알 구멍에 찔러보고는 자신이 왜 이런 끔찍한 짓을 저질렀는지 의아해했다. 죽은

03

사내의 뇌수에 손가락을 집어넣은 채로, 덩치는 자신이 둘로 쪼개져 쌍둥이가 되는 것 같았다. 형은 살인자로, 동생은 살인을 목격한 증인으로.

멀리서 꼬마가 네발로 엉금엉금 기면서 헛구역질을 하고 외로운 코요테처럼 신음 소리를 냈다.

"거기서 뭐 하는 거냐?" 덩치가 물었다.

"이 사람 아직 살아있어요." 꼬마가 말했다.

"뭐, 그럼, 끝장내."

꼬마는 비틀거리며 일어나서 권총을 꺼내 인디언의 뒤통수에 댔다. 정말로 방아쇠를 당기기 위해서는 더 소심하거나 더 용감했어야 했는지도 모르겠지만, 어쨌든 꼬마는 그럴 짬이 없었다. 주변 사방에서 인디언의 피에 이끌려 넋 없이 눈을 뜬 백인 병사들이 너덜너덜해진 군복 차림으로 무덤을 깨고 일어나 꼬마에게 다가오고 있었다. 포위된 채 한 바퀴 빙 돌아본 꼬마는, 이 수많은 군인들이 뼈에 붙은 마른 고기 몇 점 덜렁거리는 해골과 다를 바 없음을 깨달았다. 찢어진 상처 틈으로 보이는 위와 폐에서 아직도 피를 흘리는 군인들도 있었고, 머리에 맞은 화살 구멍으로 자기 뇌수를 쑤시는 군인도 있었다. 몇몇 어설프고 멍청한 놈들은 땅에 쏟아진 제 창자와 혈관에 걸려 넘어지기도 했다. 백 년이 넘게 죽어 있던 군인들은 산 것도 죽은 것도 아닌 상태로 꼬마에게 덤벼들었다. 꼬마는 침착하게 옆으로 한 발짝씩 움직였고, 혀도 없는 입과 팔들을 획획 피하며 열다섯 발을 쏘았다. 공황상태에서 움직이는 목표를 쏘면서도, 꼬마는 여전히 명사수였다. 한 명은 두개골을 날리고, 다른 두 명은 팔을 맞히고, 세 번째는 다리를 맞혔다. 여섯 발은 몇 명의 갈비뼈 사이를 관통했고, 한 발은 어느 병장의 빈 안구를 통과해 지나갔다. 그러나 팔과 다리, 머리가 없어도 군인들은 꼬마를 향해 다가왔고 그를 땅에 넘어뜨린 다음 살갗을 길게 찢어내고 맛있는 근육을 드러내 신나게 씹어먹었다. 이등병 두 명이 꼬마의 심장을 꺼내 반으로 가르기 직전, 꼬마는 반쯤 썩은 얼굴에 파란 눈알이 달린 한 중위가 덩치의 음경과 고환을 말에게 먹이는 것을 보았다. 말의 목구멍과 식도와 위가 그 동물의 갈비뼈 틈새로 똑똑히 보였다.

그날 밤, 제 7기병대가 몬태나의 무덤에서 깨어날 무렵, 에드거 스미스는 워싱턴 D.C.의 자기 집에서 자고 있었다. 그는 생전 처음으로 조지 암스트롱 커스터의 죽음을 보았다. 꿈에서 그는 1876년 6월로 되돌아갔다. 커스터는 자신의 어리석은 야망의 마지막 생존자였다. 리틀빅혼강이 내려다 보이는 풀이 우거진 언덕에서, 커스터는 수많은 병사들의 시신과 몇몇 인디언의 시신을 타고 넘었다. 치명적인 부상을 입고 휘청거리면서도 강건히 일어나 부러진 다리로 걸었다. 그는 12명의 조용한 전사들에게 쫓기고 있었다. 하나같이 이 악명 높은 인디언 킬러를, 이 롱헤어를, 이 모닝스타의 아들을 죽이는 영예를 얻기에 한 점 부족함 없는 전사들이었다. 크레이지호스와 시팅불이 커스터를 뒤쫓았고, 골, 크로킹, 레드호스, 로독, 풀리시엘크 등 다른 이들도 앞서거니 뒤서거니 뒤쫓았다. 그러나 커스터의 심장을 찌른 이는, 그날 이후로 단 한 번도 큰소리로 이름을 불린 적 없는 샤이엔족 여전사였다. 그녀는 손에 화살을 들고 앞으로 나아가 커스터를 죽였다. 커스터가 쓰러져 죽은 후, 샤이엔족 여자는 그의 시체를 밟고 서서 2시간 동안 노래했다. 그녀가 노래하는 사이 그녀의 젖먹이 아들은 등에 업혀 자고 있었다. 여전사는 용맹한 커스터와 위대한 백인 전사들을 기리는 노래를 불렀고, 노래를 마친 후 무릎을 꿇고 장군에게 키스했다. 그러나 커스터는 더 이상 커스터가 아니었다. 조용한 샤이엔족 여자는 꿈속에서 기름진 풀밭에 죽어 누워있는 에드거 스미스에게 키스했다.

에드거는 전화벨 소리에 잠에서 깼다. 그는 프로답게 반사적으로 전화를 받고, 자세한 임무를 듣고는, 언제나 짐이 꾸려져 있는 가방을 집어들고 서둘러 공항으로 향했다. 갈색 눈에 갈색 머리, 하얀 피부, 6피트가 간신히 넘는 키, 전혀 인상을 남기지 않는 흔한 외모의 코카서스인이었다. 겉모습만 보면 에드거는 뉴욕 양키스의 유격수로도, 새크라멘토의 치과 의사로도, 슈퍼마켓의 야간 매니저로도 보였다. 이런 변화무쌍함 덕분에 그는 이상적인 FBI 요원이 되었다.

전화를 받고 2시간 후, 커스터의 꿈을 꾼 에드거는 몬태나의 학살지로 날아가는 FBI 제트기의 창가 쪽 좌석에 앉아있었다. 에드거 주위에는 마찬가지로 특색 없는 익명의 필드요원들이 경찰 보고서와 역사책을 들척이면서 커스터 추모전장 반경 500마일 이내에 살고 있는 아메리카 선주민 급진주의자, 백인 분리주의자, 국내 테러리스트, 광신자, 그 밖에 정신이상자로 분류된 사람들에 관한 자료와 기록을 읽느라 분주했다.

"이걸 다 끌어내려면 얼마나 많은 인원이 필요할지 상상이 돼?" 한 요원이 물었다. "200개가 넘는 무덤이 파헤쳐지고 약탈당했어. 시신 200구를 실으려면 트럭이 얼마나 커야 할까? 잘 훈련된 군대가 필요할걸. 내 생각엔 민병대 짓 같아."

"하지만 백 년 동안 묻혀있던 시신 200구니까 대략 200만 개의 시체 조각일걸." 다른 요원이 말했다. "젠장, 빠진 이와 갈비뼈와 머리카락과 손톱 한두 개와 흙먼지 정도나 나오려나. 이걸 일일이 다 운반하려면 진공청소기가 필요하다고. 일의 분량이 문제가 아니라, 그 제례적 본질이 중요해. 이런 짓을 하려면 미쳐야 하고, 심지어 이걸 같이 하자고 다른 사람들을 설득하려면 미쳐도 단단히 미쳐야 하지. 우린 미친놈들의 왕을 찾고 있다고."

"내 생각을 말해볼까?" 세번 째 요원이 말했다. "이 죽은 인디언 두 명이, 다른 인디언 과격분자들과 함께 이 묘지를 더럽히고 훼손했던 거야. 이날은 커스터 장군의 마지막 전투 추모일이잖아? 놈들은 커스터에게 복수하려고 했던 거지."

"하지만 커스터는 거기 묻혀있지도 않잖아." 다른 요원이 지적했다. "그의 무덤은 웨스트포인트에 있어."

"그럼 이 인디언들은 좀 무식했나보지." 또 다른 요원이 말했다. "인디언들이 무덤에 침을 뱉고 오줌을 싸고 시체를 발굴해서 낡은 트럭에 뼈와 잔해를 쌓고 있었어, 그런데 우리의 지방 경찰 동지인 덩치 씨와 빼빼 씨가 반역자 두 사람을 총살했고 그에 나머지 부족사람들이 들고일어나서 경찰을 학살한 거지."

"그거 괜찮네." 마지막 요원이 말했다. "근데 망할, 지방검시관이 말하길 우리의 경찰 동지들은 씹어먹혔다는데? 온몸의 뼈마디며 얼마 안 남은 잔해에 인간의 잇자국이 나 있대. 식인 인디언 과격분자 군대가 경찰을 먹었다고 말하고 싶은 거야?"

다들 호탕하게 한참을 웃었다. 이들은 모두 국내 분쟁 사건에서 잔뼈가 굵은 베테랑이었으며, 인간이 저지르는 악행을 수도 없이 봐왔다. 사건들은 대체로 단순하고 간결했으며, 항상 더 많은 권력과 돈과 섹스를 탐하는 뒤틀린 욕망의 결과였다. 이 사건의 범인은 십중팔구 새로운 유형의 독특한 인간들일 것이다. FBI요원들은 이 유례없는 죄악을 발견하고 유례없는 죄인을 체포할 수 있는 기회에 스릴을 느꼈다. 지방 경찰에서는 학살현장을 보고 세상에 둘도 없는 최악의 상황이라고 말했지만, FBI요원들은 저마다 자기들은 이미 볼 만큼 봤다고 확신했다. 하나 더 죽어봤자. 그게 아무리 흉측해도, 하나 더 죽은 것일 뿐이었다.

다른 요원들과 멀찌감치 떨어져 앉은 에드거는 하필 어젯밤 커스터 장군의 이름을 딴 전장에서 끔찍한 살인 사건이 일어난 바로 그 시각에, 자신이 왜 커스터 장군의 꿈을 꾸었는지 궁금했다. 그는 초능력이나 심령술, 귀신 들린 집이나 사후 세계 경험 등, 과학으로 설명할 수 없는 인과 관계를 믿었고, 현실과 사실을 믿었다. 하지만 그가 아무리 이성적이고 합리적인 척해도 세상에는 언제나 그의 상상을 뛰어넘는 일이 존재할 수 있다는 것을 알고 있었고, 지금 여기서 실제 살인 사건과 깊이 연관된 살인을 꿈에서 봤다는 엄연한 사실에 직면하게 된 것이었다. 에드거는 다른 요원들과 함께 오르막길을 걸어 리틀빅혼 학살현장 앞에 서자 더욱 등골이 오싹해졌다. 요원 중 셋은 곧바로 속의 것을 게웠고 현장 주변을 간신히 걸어다녔다. 베이루트의 미 육군기지가 폭격당했을 때 첫 번째 구조팀에 투입되어 시신 잔해와 조각난 몸뚱이를 수색했던 한 요원은 곧장 묘지 입구로 돌아가더니 연금이 반토막 나리란 걸 빤히 알면서 그 자리에서 은퇴해버렸다. 나머지는 모두 차로 달려가 두툼한 노란색 방호복을 입고 산소 탱크를 썼다. 욕지기와 공포로 벌벌 떨면서도 요원들은 열심히 소임을 다했다. 그들에게는 해야 할 일이 있었고, 몸에 밴 노련함과 전문 기술로 그 일을 수행했다. 그러나 한편으로는 다들 과연 이런 파괴력을 가진 적과 맞설 힘이 자신에게 있을지 의심스러웠다.

에드거는 파헤쳐진 무덤의 수를 256까지 셌다. 어디에나 피와 살갗과 어느 부위인지 알 수 없는 몸뚱이 조각들이 널려 있었다. 에드거는 그중 가장 상태가 나쁜 무덤을 들여다보며 마녀의 솥 같다고 생각했다. 흙과 풀이 피와 내장으로 축축하게 젖어 진창을 걷는 기분이었다. 그리고 거기에 시신이 있었다. 지방 경찰 중 한 명, 아니 그의 잔해가 순찰차 곳곳에 짓이겨진 채였다. 그는 이제 제복 속의 걸쭉한 무언가에 지나지 않았고, 한쪽 엄지손가락은 지문 감식용 파우더로 검게 물들었다. 다른 경찰은 땅바닥에 지름 20피트 정도로 넓고 둥글게 펼쳐져 있었고, 피와 뼈가 인디언의 것과 섞여 잘 구분이 되지 않았다. 좀 더 나이 든, 쉰 살쯤으로 보이는 다른 인디언은 스물에서 서른 개 정도의 조심스러운 잇자국 외에는 거의 멀쩡했다. 마치 맛만 보고 너무 써서 포기한 것 같았다. 뿌리가 부러진 사람의 어금니 하나가 나이 든 인디언의 턱에 박혀 있었다. 미쳤어, 미쳤어, 미쳤어, 이것은 완전히 미친 짓이었다. 에드거는 좀 더 심약했더라면 분명 허물어져 비명을 지르며 멀리 달아났을 거라고 생각했다. 좀 더 심약한 사람이라면 빠져나갈 탈출구를 찾았겠지만, 에드거는 자신이 이 악몽에서 절대 빠져나갈 수 없으리란 것을 잘 알고 있었다.

에드거는 핏자국을 쫓아가본 후에야 이 악몽의 실체를 알게 되었다. 무덤마다 하나씩 256개의 핏자국이 줄줄이 이어져 있었고, 그 흔적은 묘지에서 사방으로 흩어지고 있었다. 다섯이나 열 혹은 열다섯 정도가 한 방향으로 합쳐지는 경우도 있어서 발자취가 총 마흔에서 쉰 개 정도로 줄긴 했지만, 그 흔적들은 잠시 후 또다시 제각기 다른 방향으로 흩어져 희미해졌다. 결국 핏자국들은 모두 풀숲과 땅으로 스며들어 핏방울 하나, 피부 조각 하나, 작은 뼛조각으로 줄어들다가 발자국과 말굽자국만 이어지더니 이내 완전히 자취를 감추었다. 에드거는 도대체 어떤 인간이, 동물이, 아니 괴물이 이런 핏자국을 남겼는지 짐작도 할 수 없었다. 어쨌거나 놈들은 이제 사라져버렸고, 이동한 흔적으로 볼 때 놈들은 살해 현장에서 무계획적으로 달아나는 중이거나 아니면 신중하게 계획된 또 다른 사냥을 시작하려는 참이었다.

03

다음 날 새벽, 몬태나의 빌링스에서 주니어 에스테스는 타운펌프 편의점 계산대에 앉아있었다. 그는 여기서 2년째 야간 근무를 맡고 있다. 어젯밤에는 같이 일하는 해리 퀘이큰브러시가 근무 시간이 다 되어서야 아프다고 전화가 오는 바람에 혼자서 가게를 봤다.

"젠장," 주니어는 욕설을 퍼부었다. "이렇게 늦게 전화하면 대신할 사람을 어떻게 찾으란 말이야? 야, 해리, 거시기가 암에 걸린 게 아니라면 후딱 튀어와."

"진짜 거시기 암이야. 막말한 거 나중에 후회하게 될걸." 이렇게 대꾸하고 전화를 끊은 해리는 새 여자친구가 있는 이불 속으로 도로 기어들어갔다.

그래서 주니어는 한밤중에 혼자 가게를 지켰다. 그런데 혼자서는 계산대 지키기, 냉장고 채우기, 청소와 소독하기를 동시에 할 수 없었으므로 그냥 아무것도 안 하기로 했다. 오전 6시에 주인이 나타나면 아마 해고되겠지만 적어도 해리 놈도 같이 해고될 테니 그거면 족했다. 밤에는 평균 20~30명 정도의 불면증 환자들, 다른 야간 근무자들, 그냥 미친놈들 정도가 어슬 렁거리며 가게에 들어왔지만, 그날 밤에는 손님이라곤 매춘부 둘뿐이었다. 여자들은 대놓고 주니어를 무시했다. 가엾은 주니 어는 못생긴 편은 아니었지만 너무 외로운 인생인 나머지 몸에서 악취가 났다.

새벽 3시 17분, CCTV에 찍힌 시각에 의하면, 주니어는 웬 놈이 주유 펌프 근처에서 비틀거리며 천천히 맴돌고 있는 것을 보았다. 주니어는 카운터 밑에 놓아둔 야구방망이를 들고 밖으로 뛰어나갔다. 외부 카메라로는 너무 흐릿하고 어두워서 주니 어가 그 술주정뱅이와 맞닥뜨렸을 때의 자세한 정황을 알아볼 수가 없었다. 몇 년 전에 저 윗동네 포플러에서 술 취한 인디언 이 주유 펌프에 불을 질러 동네의 절반이 타버린 적이 있었으므로, 주니어는 분명 그 사건을 떠올리고 주정뱅이를 가게에서 멀리 내쫓으려 했을 것이다. 그런데 비디오 화면 가장자리에서 주정뱅이가 주니어의 머리를 붙잡더니 목을 물었다. 비디오는 계속해서 주정뱅이가 쓰러진 주니어 위에 올라타고 그를 뜯어먹는 장면을 보여주었다. 나중에 비디오테이프를 면밀히 판독 한 결과, 그 주정뱅이는 온몸이 끔찍한 상처투성이였고 1876년 당시 제7기병대 제복을 입고 있었음이 드러났다.

에드거와 다른 요원들은 주니어가 살해되고 20분이 지나서 현장에 도착했다. 주차장에서 엉망으로 훼손된 주니어의 시체 옆에 한쪽 무릎을 꿇고 앉았을 때, 에드거는 기절하는 줄 알았다. 그러나 그는 기절하지 않았다. 머릿속 여기저기에서 번개와 전광이 번쩍이며 경련이 일었고, 사진처럼 선명하고 영화처럼 생생한 일련의 이미지가 눈앞에 떠올랐다.

그는 죽음을 보았다. 몬태나와 와이오밍 경계에 있는 쉽마운틴에서 아리안웨이 민병대 군인 6명이 SUV에서 끌려 내려와 사지가 잘리고 뭉개졌다.

에드거는 그 장면을 보았고, 영문은 알 수 없었지만, 아리안웨이 민병대 대장인 리처드 어셔가 제퍼슨 어셔라는 이름의 흑인 광부의 증손자라는 사실을 깨달았다.

몬태나의 조던 근처 외딴 농장에서 홀아비 농부와 장성한 세 아들이 정체 모를 침입자에 대항하여 한 편의 서사시와 같은 장렬한 전투를 벌였다. 지방 경찰은 탄피 512개, 과열되어 총열이 비틀린 샷건 5정, 발사 장치가 망가진 불법 자동 소총 2정, 농장과 땅 여기저기에 흩어진 권총 6정을 수거했다. 농부와 그 아들들의 시신은 찾지 못했다.

그러나 에드거에게는 뼈만 남은 그들의 시체가 캐나다 국경 근처의 얕은 무덤에 묻혀있는 것이 보였고, 그 무덤 밑 훨씬 깊숙한 아래쪽으로 천 년 묵은 버팔로 점프와 들소 무덤도 보였다. 영문은 모르겠지만, 에드거는 그 버팔로 점프의 정확한 위도와 경도가 떠올랐다. 그곳 풀과 땅의 색깔도 알았다.

노스다코타 킬디어 외곽, 포트베르톨트 인디언 보호 구역에서 몇 마일 떨어진 곳에서 히다차족 인디언 5명이 버려진 사냥 오두막의 천장과 사방 벽에 못 박힌 채 발견되었다.

에드거는 그들의 시신을 보고 돌연 그들의 이름은 물론 그 자식들 이름까지 모조리 알게 됐을 뿐 아니라, 비밀 의식을 통해 수여되어 직계 가족들만 있을 때를 빼고는 절대 큰 소리로 부르지 않았던 그들의 부족 이름과 비밀 이름까지 알게 되었다.

모두 합치면, 그날 밤 67명이 살해되었는데 에드거는 그들의 죽음을 모두 보았다. 어쨌든 그는 그들의 역사와 매우 개인적 인 비밀들을 알고 있었다. 그들의 첫 차, 결혼, 섹스, 그리고 싸움을 보았다. 그는 갑자기 그들을 알게 되었고, 그들을 마치 자신이 낳은 것이라도 되는 양 그들의 도살을 애도했다. 그 시점에서, 경련과 열병 같은 꿈에 계속 시달리며 이런 참극을 한 번만 더 봤다간 심장이 도저히 견뎌낼 수 없겠다는 생각이 들었을 때, 에드거는 생존자를 보았다.

94번 주간고속도로 휴게소에서, 펑크 난 타이어를 교체하고 있던 트럭 운전수가 군인에게 습격당해 물렸지만 타이어 교체용 쇠지렛대를 휘둘러 군인을 떼어냈다. 운전수는 트럭 안으로 뛰어들어가 군인 12명을 깔아뭉개며 도망쳤다. 그는 17개의 멀쩡 한 타이어와 휠만 남은 타이어 하나로 불꽃을 튀기며 고속도로를 20마일 정도 달렸고, 몬태나주 순찰경찰관을 들이받을 뻔한 끝에 겨우 멈췄다.

에드거는 살이 뒤룩뒤룩 찐 백인 트럭 운전수가 반경 1000마일 내 유일한 흑인 경찰관의 품에 안겨 엉엉 우는 모습을 보았다.

프라이어포리스트에서는, 지난번 ESPN의 X게임 다운힐 바이크에서 금메달을 딴 마이클 엑스가 자전거를 타고 절벽에서 200피트 아래 빅혼 호수로 뛰어내려 말을 탄 군인 5명을 따돌렸다. 한쪽 다리는 부러지고 폐에 구멍이 난 채로 마이클은 북쪽으로 힘겹게 10마일을 걷다 헤엄치다가 마침내 그 지역 어부에 의해 강에서 구출됐다.

에드거는 청년의 눈물에서 짠맛을 느꼈다.

크로 에이전시에서는, 일곱 살 난 인디언 여자애가 야외 변소에서 일을 보다가 군인들의 습격을 받았다. 군인들이 문짝을 떼어내는 동안 아이는 달 모양 창문으로 빠져나가 변소 지붕으로 기어올라갔다. 지붕에서 보니까 트레일러 집보다 키 큰 포플러 나무가 더 가까이에 있었고, 어차피 집에는 아무도 없었다. 아이는 땅으로 뛰어내려 군인 2명을 제치고 나무 밑까지 달렸고, 목숨을 걸고 나무 꼭대기로 올라가서 자신의 몸무게를 간신히 지탱할 만한 나뭇가지에 앉았다. 두 군인은 두 번 세 번 아이를 뒤쫓아 나무에 올랐지만 다 썩은 뼈가 몸무게를 감당하지 못해 부러져나갔고, 손과 팔이 나무 높은 곳에 이상한 열매처럼 매달렸다. 군인들은 나무 밑에서 괴성을 지르며 나무둥치를 발로 찼다.

이때 에드거는 자신의 환각 속으로, 뜨겁게 달아오른 열병의 한가운데로 들어가서 마음으로 그 군인 둘을 공격했다.

"저리 가!" 그는 편의점 주차장에서 경련하며 고함쳤다. 다른 요원들은 에드거가 헛것을 보며 귀신한테 소리지르고 있다고 생각했다. 그러나 에드거의 음성은 어둠을 뚫고 날아가 군인들의 귓속에 메아리쳤다. 인디언 꼬마 소녀도 에드거의 육체에서 분리된 소리를 듣고 하느님이 자신을 구해주려는 것인가 생각했다. 그러나 군인들은 하느님도 에드거의 목소리도 두려워하지 않았다. 에드거는 군인들이 나무에 몸을 기대 앞뒤로 밀어대서 꼭대기에 있는 아이가 점점 큰 원을 그리며 무섭게 휘둘리는 것을 무력하게 바라보았다. 에드거는 그들이 나무 밑동을 부수려 한다는 것을 알았다.

"그 여자애를 놔 둬!" 에드거는 절규했다. 그러나 군인들은 그를 무시하고 계속 나무를 흔들어댔다. 나무 꼭대기의 인디언 여자애는 비명을 지르며 엄마와 아빠를 찾았지만, 영화를 보러 간 부모는 베이비시터가 딸아이를 집에 혼자 놔뒀다는 사실을 까맣게 모르고 있었다.

"그만해, 그만, 멈춰!" 에드거는 소리쳤다. 속수무책이었다. 자신이 군인들을 말리지 않으면 아이가 죽을 것이다. 그때 그는 깨달았다. 어째서인지 모르겠지만. 그는 그들을 멈추게 하는 방법을 정확히 알고 있었다.

"차렷!" 그는 악을 쓰며 외쳤다. 잘 훈련된 군인들은 명령에 복종하여 즉각 차렷 자세로 섰다.

"우향우!" 에드거가 고함을 질렀다. 2명의 군인은 완벽한 자세로 우향우를 하며 나무에서 떨어졌다.

"앞으로 가!" 에드거는 소리쳤다.

인디언 꼬마 소녀는 어리둥절해서 행진하듯 걸어가는 군인 둘을 바라보았다. 군인들은 어둠 속으로 척척 걸어갔다. 에드거는 그들이 계곡이나 호수로 떨어지거나 후미진 도로를 건너다 무시무시한 속도로 달리는 목재 운반용 트럭에 치여 산산조각이 날 때까지 계속 행진할 것임을 알고 있었다. 그들 모두가, 256명의 군인들 모두가 절대 멈추지 않을 것임을, 자기들이 찾고 있던 것을 찾을 때까지 결코 쉬는 법이 없으리란 걸 알고 있었다.

인디언 꼬마 소녀의 집에서 60마일 떨어진 곳에서, 에드거는 온 세상이 지독히 선명하게 보이는 열병에 시달렸다. 타운펌 프의 지저분한 주차장에서 싸구려 네온사인 불빛을 받으며 동료 요원이 에드거 옆에 한쪽 무릎을 꿇어앉아 그의 팔과 다리를 잡고 혀 때문에 기도가 막힐까봐 숟가락을 그의 입속에 쑤셔넣었다. 에드거는 초자연적인 힘으로 동료를 잡아당기고 밀쳐냈다. 6명이 더 달려들어 겨우 그를 잡아 눕혔다. 그때 환각과 열병이 사라졌다. 에드거는 금세 경련에서 회복됐고 씩씩하게 두 다리로 일어나 긴급 무전 송신기가 있는 곳으로 달려가 자신이 알고 있는 것을 얘기했다. 그는 무선 채널을 열고 수십 명의 경찰과 FBI요원들에게 시체와 생존자의 구체적인 위치를 전달했다. 경찰과 요원들은 반신반의하면서도 와이오밍, 노스 다코타, 사우스다코타, 캐나다 국경 너머 등등 전역으로 흩어졌고, 그곳에서 정확히 에드거가 말한 것을 찾아냈다. 에드거는 신속히 병원으로 이송됐고, 건강검진에서 이상 없음으로 판명됐다. 그는 사건 장소를 어떻게 알았느냐는 질문을 거듭 받았는데, 사실대로 말했지만 사람들은 믿지 않았다. 그의 얘기는 본인의 귀에도 헛소리처럼 들렸기에 그는 사람들을 원망하지 않았다. 지금까지 그는 과거와 미래를 볼 수 있다는 사람들 수백 명을 만나 인터뷰했다. 당시엔 그들을 죄다 비웃었는데, 이제는 그들 중 얼마나 많은 사람들이 진실을 말한 것이었을까 궁금해졌다. 그 정신 분열증 환자들 중 진짜 신과 얘기하는 사람은 몇 명이었을까? 그 연쇄살인범들 중 진짜로 악마가 씐 사람은 몇 명이었을까? 살해된 아이들 중 집으로 돌아와 남은 가족들 주위를 떠도는 아이는 몇 명이었을까?

"달리 무슨 말을 해야 할지 모르겠어. 그게 사실인걸." 에드거는 동료 요원들에게 말했다. 동료들은 훌륭한 요원 하나가

망가지는 것을 보며 마음이 아팠고, 그를 병원에 홀로 남겨두고 떠났다. 어두컴컴한 병실에서 에드거는 곧 음성이 들리리라 확신하며 귀를 기울였다. 그 음성이 자신에게 무엇을 시킬지, 그 요구를 자신이 받아들일지는 알 수 없었다. 에드거는 귀신에 홀린 기분이었고, 눈을 감으니 피 냄새가 났다. 이 모든 것이 끝날 때까지 얼마나 많은 피가 흐를지 알 수 없었다.

01 The following is the summary of the story. Fill in each blank with the THREE most appropriate words respectively.

Two cops in Montana drive during a hot summer night up to _____①_____. Their cargo in the trunk is two Native Americans, which the cops intend to kill. The reason is simple: vendetta for the slaughtering of the 7th Cavalry. However the malign act mutates into a full sized horror show, when awakened by the Indian blood the two hundred and fifty six buried soldiers dig out of their graves and start feasting on human flesh. At the same time FBI agent Edgar Smith dreams the death of the 7th Cavalry leader _____②_____ and as he studies the Little Big Horn case, discovers that has a connection with the dead troops.

02 Fill in each blank with the TWO most appropriate words.

> This short story explores racism. The beginning of "Ghost Dance" handles the topic, which has quite a few dimensions. People these days don't restrict themselves to hating color only and they certainly don't restrict themselves to words when it comes to showing their opinion. The story portrays a situation, which is a frightening reality not only in the US; police officers abuse the power given them by the state or country to punish them for the deeds of their forefathers as it is in this current situation. For one thing this is rather stupid since historically speaking the settlers dealt deeper wounds on the _____.

02 Atmosphere

Atmosphere is **the overall mood of a piece of literature**문학 작품에 흐르는 전반적인 분위기(느낌). It's usually something readers can't quite put their finger on—not a motif or a theme, but a **"feel" that readers get as they read**. It's very difficult to define, but you know an atmosphere when you read it. Atmosphere mainly emerges **through description rather than action**—it's not what people do that creates an atmosphere, but **the settings and environments** that stage what they do등장인물들이 행위를 하도록 만드는 배경과 환경.

These two examples describe **the same scene**, but they create **a very different atmosphere**. Notice how they both end with similes describing the same sound in opposite ways:

① Lauren's small apartment was bathed with light from the new floor-to-ceiling windows. Outside, the sounds of a balmy summer day floated up to her ears like the gurgle of a cool, clear brook.

로렌의 작은 아파트는 바닥에서 천장까지 이르는 새로운 창문으로 들어오는 빛으로 덮여 있었다. 밖에서는 시원하고 맑은 시냇물의 콸콸 소리처럼 온화한 여름날의 소리가 그녀의 귓가로 떠올랐다.

② Lauren's cramped apartment was roasting in the scorching sunlight that burned through her floor-to-ceiling windows. And if there was anything more oppressive than the heat, it had to be the constant din that bubbled up from the city street below like steam from a putrid stew.

로렌의 작고 답답한 아파트는 바닥에서 천장까지 이어진 창문을 통해 모든 것을 태워버릴 듯이 강렬한 햇볕에 구워지고 있었다. 그리고 더위보다 더 억압적인 것이 있다면, 그것은 썩은 국에서 나오는 증기처럼 아래쪽의 도시 거리에서 부글부글 끓어오르는 끝도 없는 시끄러운 소음일 것이다.

Dry September

William Faulkner(1867−1962)

I

THROUGH THE BLOODY September twilight, aftermath of sixty-two rainless days, it had gone like a fire in dry grass—the rumor, the story, whatever it was. Something about Miss Minnie Cooper and a Negro. Attacked, insulted, frightened: none of them, gathered in the barber shop on that Saturday evening where the ceiling fan stirred, without freshening it, the vitiated air, sending back upon them, in recurrent surges of stale pomade and lotion, their own stale breath and odors, knew exactly what had happened.

"Except it wasn't Will Mayes," a barber said. He was a man of middle age; a thin, sand-colored man with a mild face, who was shaving a client. "I know Will Mayes. He's a good nigger. And I know Miss Minnie Cooper, too."

"What do you know about her?" a second barber said.

"Who is she?" the client said. "A young girl?"

"No," the barber said. "She's about forty, I reckon. She aint married. That's why I dont believe—"

"Believe, hell!" a hulking youth in a sweat-stained silk shirt said. "Wont you take a white woman's word before a nigger's?"

"I dont believe Will Mayes did it," the barber said. "I know Will Mayes."

"Maybe you know who did it, then. Maybe you already got him out of town, you damn niggerlover."

"I dont believe anybody did anything. I dont believe any-thing happened. I leave it to you fellows if them ladies that get old without getting married dont have notions that a man cant—"

"Then you are a hell of a white man," the client said. He moved under the cloth. The youth had sprung to his feet.

"You dont?" he said. "Do you accuse a white woman of lying?"

The barber held the razor poised above the half-risen client. He did not look around.

"It's this durn weather," another said. "It's enough to make a man do anything. Even to her."

Nobody laughed. The barber said in his mild, stubborn tone: "I aint accusing nobody of nothing. I just know and you fellows know how a woman that never—"

"You damn niggerlover!" the youth said.

"Shut up, Butch," another said. "We'll get the facts in plenty of time to act."

"Who is? Who's getting them?" the youth said. "Facts, hell! I—"

"You're a fine white man," the client said. "Aint you?" In his frothy beard he looked like a desert rat in the moving pictures. "You tell them, Jack," he said to the youth. "If there aint any white men in this town, you can count on me, even if I aint only a drummer and a stranger."

"That's right, boys," the barber said. "Find out the truth first. I know Will Mayes."

"Well, by God!" the youth shouted. "To think that a white man in this town—"

"Shut up, Butch," the second speaker said. "We got plenty of time."

The client sat up. He looked at the speaker. "Do you claim that anything excuses a nigger attacking a white woman? Do you mean to tell me you are a white man and you'll stand for it? You better go back North where you came from. The South dont want your kind here."

"North what?" the second said. "I was born and raised in this town."

"Well, by God!" the youth said. He looked about with a strained, baffled gaze, as if he was trying to remember what it was he wanted to say or to do. He drew his sleeve across his sweating face. "Damn if I'm going to let a white woman—"

"You tell them, Jack," the drummer said. "By God, if they—"

The screen door crashed open. A man stood in the floor, his feet apart and his heavy-set body poised easily. His white shirt was open at the throat; he wore a felt hat. His hot, bold glance swept the group. His name was McLendon. He had commanded troops at the front in France and had been decorated for valor.

"Well," he said, "are you going to sit there and let a black son rape a white woman on the streets of Jefferson?"

Butch sprang up again. The silk of his shirt clung flat to his heavy shoulders. At each armpit was a dark halfmoon. "That's what I been telling them! That's what I—"

"Did it really happen?" a third said. "This aint the first man scare she ever had, like Hawkshaw says. Wasn't there something about a man on the kitchen roof, watching her undress, about a year ago?"

"What?" the client said. "What's that?" The barber had been slowly forcing him back into the chair; he arrested himself reclining, his head lifted, the barber still pressing him down.

McLendon whirled on the third speaker. "Happen? What the hell difference does it make? Are you going to let the black sons get away with it until one really does it?"

"That's what I'm telling them!" Butch shouted. He cursed, long and steady, pointless.

"Here, here," a fourth said. "Not so loud. Dont talk so loud."

"Sure," McLendon said; "no talking necessary at all. I've done my talking. Who's with me?" He poised on the balls of his feet, roving his gaze.

The barber held the drummer's face down, the razor poised. "Find out the facts first, boys. I know Willy Mayes. It wasn't him. Let's get the sheriff and do this thing right."

McLendon whirled upon him his furious, rigid face. The barber did not look away.

They looked like men of different races. The other barbers had ceased also above their prone clients. "You mean to tell me," McLendon said, "that you'd take a nigger's word before a white woman's? Why, you damn niggerloving—"

The third speaker rose and grasped McLendon's arm; he too had been a soldier. "Now, now. Let's figure this thing out. Who knows anything about what really happened?"

"Figure out hell!" McLendon jerked his arm free. "All that're with me get up from there. The ones that aint—" He roved his gaze, dragging his sleeve across his face.

Three men rose. The drummer in the chair sat up. "Here," he said, jerking at the cloth about his neck; "get this rag off me. I'm with him. I dont live here, but by God, if our mothers and wives and sisters—" He smeared the cloth over his face and flung it to the floor. McLendon stood in the floor and cursed the others. Another rose and moved toward him. The remainder sat uncomfortable, not looking at one another, then one by one they rose and joined him.

The barber picked the cloth from the floor. He began to fold it neatly. "Boys, dont do that. Will Mayes never done it. I know."

"Come on," McLendon said. He whirled. From his hip pocket protruded the butt of a heavy automatic pistol. They went out. The screen door crashed behind them reverberant in the dead air.

The barber wiped the razor carefully and swiftly, and put it away, and ran to the rear, and took his hat from the wall. "I'll be back as soon as I can," he said to the other barbers. "I cant let—" He went out, running. The two other barbers followed him to the door and caught it on the re-bound, leaning out and looking up the street after him. The air was flat and dead. It had a metallic taste at the base of the tongue.

"What can he do?" the first said. The second one was saying "Jees Christ, Jees Christ" under his breath. "I'd just as lief be Will Mayes as Hawk, if he gets McLendon riled."

"Jees Christ, Jees Christ," the second whispered.

"You reckon he really done it to her?" the first said.

II

SHE WAS thirty-eight or thirty-nine. She lived in a small frame house with her invalid mother and a thin, sallow, un-flagging aunt, where each morning between ten and eleven she would appear on the porch in a lace-trimmed boudoir cap, to sit swinging in the porch swing until noon. After dinner she lay down for a while, until the afternoon began to cool. Then, in one of the three or four new voile dresses which she had each summer, she would go downtown to spend the afternoon in the stores with the other ladies, where they would handle the goods and haggle over the prices in cold, immediate voices, without any intention of buying.

She was of comfortable people—not the best in Jefferson, but good people enough—and she was still on the slender side of ordinary looking, with a bright, faintly haggard manner and dress. When she was young she had had a slender, nervous body and a sort of hard vivacity which had enabled her for a time to ride upon the crest of the town's social life as exemplified by the high school party and church social period of her contemporaries while still children enough to be unclassconscious.

She was the last to realize that she was losing ground; that those among whom she had been a little brighter and louder flame than any other were beginning to learn the pleasure of snobbery—male—and retaliation—female. That was when her face began to wear that bright, haggard look. She still carried it to parties on shadowy porticoes and summer lawns, like a mask or a flag, with that bafflement of furious repudiation of truth in her eyes. One evening at a party she heard a boy and two girls, all schoolmates, talking. She never accepted another invitation.

She watched the girls with whom she had grown up as they married and got homes and children, but no man ever called on her steadily until the children of the other girls had been calling her "aunty" for several years, the while their mothers told them in bright voices about how popular Aunt Minnie had been as a girl. Then the town began to see her driving on Sunday afternoons with the cashier in the bank. He was a widower of about forty—a high-colored man, smelling always faintly of the barber shop or of whisky. He owned the first automobile in town, a red runabout; Minnie had the first motoring bonnet and veil the town ever saw. Then the town began to say: "Poor Minnie." "But she is old enough to take care of herself," others said. That was when she began to ask her old schoolmates that their children call her "cousin" instead of "aunty."

It was twelve years now since she had been relegated into adultery by public opinion, and eight years since the cashier had gone to a Memphis bank, returning for one day each Christmas, which he spent at an annual bachelors' party at a hunting club on the river. From behind their curtains the neighbors would see the party pass, and during the over-the-way Christmas day visiting they would tell her about him, about how well he looked, and how they heard that he was prospering in the city, watching with bright, secret eyes her haggard, bright face. Usually by that hour there would be the scent of whisky on her breath. It was supplied her by a youth, a clerk at the soda fountain: "Sure; I buy it for the old gal. I reckon she's entitled to a little fun."

Her mother kept to her room altogether now; the gaunt aunt ran the house. Against that background Minnie's bright dresses, her idle and empty days, had a quality of furious unreality. She went out in the evenings only with women now, neighbors, to the moving pictures. Each afternoon she dressed in one of the new dresses and went downtown alone, where her young "cousins" were already strolling in the late afternoons with their delicate, silken heads and thin, awkward arms and conscious hips, clinging to one another or shrieking and giggling with paired boys in the soda fountain when she passed and went on along the serried store fronts, in the doors of which the sitting and lounging men did not even follow her with their eyes any more.

III

THE BARBER WENT SWIFTLY up the street where the sparse lights, insect-swirled, glared in rigid and violent suspension in the lifeless air. The day had died in a pall of dust; above the darkened square, shrouded by the spent dust, the sky was as clear as the inside of a brass bell. Below the east was a rumor of the twice-waxed moon.

When he overtook them McLendon and three others were getting into a car parked in an alley. McLendon stooped his thick head, peering out beneath the top. "Changed your mind, did you?" he said. "Damn good thing; by God, tomorrow when this town hears about how you talked tonight—"

"Now, now," the other ex-soldier said. "Hawkshaw's all right. Come on, Hawk; jump in."

"Will Mayes never done it, boys," the barber said. "If anybody done it. Why, you all know well as I do there aint any town where they got better niggers than us. And you know how a lady will kind of think things about men when there aint any reason to, and Miss Minnie anyway—"

"Sure, sure," the soldier said. "We're just going to talk to him a little; that's all."

"Talk hell!" Butch said. "When we're through with the—"

"Shut up, for God's sake!" the soldier said. "Do you want everybody in town—"

"Tell them, by God!" McLendon said. "Tell every one of the sons that'll let a white woman—"

"Let's go; let's go: here's the other car." The second car slid squealing out of a cloud of dust at the alley mouth. McLendon started his car and took the lead. Dust lay like fog in the street. The street lights hung nimbused as in water. They drove on out of town.

A rutted lane turned at right angles. Dust hung above it too, and above all the land. The dark bulk of the ice plant, where the Negro Mayes was night watchman, rose against the sky. "Better stop here, hadn't we?" the soldier said. McLendon did not reply. He hurled the car up and slammed to a stop, the headlights glaring on the blank wall.

"Listen here, boys," the barber said; "if he's here, dont that prove he never done it? Dont it? If it was him, he would run. Dont you see he would?" The second car came up and stopped. McLendon got down; Butch sprang down beside him. "Listen, boys," the barber said.

"Cut the lights off!" McLendon said. The breathless dark rushed down. There was no sound in it save their lungs as they sought air in the parched dust in which for two months they had lived; then the diminishing crunch of McLendon's and Butch's feet, and a moment later McLendon's voice:

"Will! ⋯ Will!"

Below the east the wan hemorrhage of the moon increased. It heaved above the ridge, silvering the air, the dust, so that they seemed to breathe, live, in a bowl of molten lead. There was no sound of nightbird nor insect, no sound save their breathing and a faint ticking of contracting metal about the cars. Where their bodies touched one another they seemed to sweat dryly, for no more moisture came. "Christ!" a voice said; "let's get out of here."

But they didn't move until vague noises began to grow out of the darkness ahead; then they got out and waited tensely in the breathless dark. There was another sound: a blow, a hissing expulsion of breath and McLendon cursing in undertone. They stood a moment longer, then they ran forward. They ran in a stumbling clump, as though they were fleeing something. "Kill him, kill the son," a voice whispered. McLendon flung them back.

"Not here," he said. "Get him into the car." "Kill him kill the black son!" the voice murmured. They dragged the Negro to the car. The barber had waited beside the car. He could feel himself sweating and he knew he was going to be sick at the stomach.

"What is it, captains?" the Negro said. "I aint done nothing. 'Fore God, Mr John." Someone produced handcuffs. They worked busily about the Negro as though he were a post, quiet, intent, getting in one another's way. He submitted to the handcuffs, looking swiftly and constantly from dim face to dim face. "Who's here, captains?" he said, leaning to peer into the faces until they could feel his breath and smell his sweaty reek. He spoke a name or two. "What you all say I done, Mr John?"

McLendon jerked the car door open. "Get in!" he said.

The Negro did not move. "What you all going to do with me, Mr John? I aint done nothing. White folks, captains, I aint done nothing: I swear 'fore God." He called another name.

"Get in!" McLendon said. He struck the Negro. The others expelled their breath in a dry hissing and struck him with random blows and he whirled and cursed them, and swept his manacled hands across their faces and slashed the barber upon the mouth, and the barber struck him also. "Get him in there," McLendon said. They pushed at him. He ceased struggling and got in and sat quietly as the others took their places. He sat between the barber and the soldier, drawing his limbs in so as not to touch them, his eyes going swiftly and constantly from face to face. Butch clung to the running board. The car moved on. The barber nursed his mouth with his handkerchief.

"What's the matter, Hawk?" the soldier said.

"Nothing," the barber said. They regained the highroad and turned away from town. The second car dropped back out of the dust. They went on, gaining speed; the final fringe of houses dropped behind.

"Goddamn, he stinks!" the soldier said.

"We'll fix that," the drummer in front beside McLendon said. On the running board Butch cursed into the hot rush of air. The barber leaned suddenly forward and touched McLendon's arm.

"Let me out, John," he said.

"Jump out, niggerlover," McLendon said without turning his head. He drove swiftly. Behind them the sourceless lights of the second car glared in the dust. Presently McLendon turned into a narrow road. It was rutted with disuse. It led back to an abandoned brick kiln—a series of reddish mounds and weed- and vine-choked vats without bottom. It had been used for pasture once, until one day the owner missed one of his mules. Although he prodded carefully in the vats with a long pole, he could not even find the bottom of them.

"John," the barber said.

"Jump out, then," McLendon said, hurling the car along the ruts. Beside the barber the Negro spoke:

"Mr Henry."

The barber sat forward. The narrow tunnel of the road rushed up and past. Their motion was like an extinct furnace blast: cooler, but utterly dead. The car bounded from rut to rut.

"Mr Henry," the Negro said.

The barber began to tug furiously at the door. "Look out, there!" the soldier said, but the barber had already kicked the door open and swung onto the running board. The soldier leaned across the Negro and grasped at him, but he had already jumped. "The car went on without checking speed.

The impetus hurled him crashing through dust-sheathed weeds, into the ditch. Dust puffed about him, and in a thin, vicious crackling of sapless stems he lay choking and retching until the second car passed and died away. Then he rose and limped on until he reached the highroad and turned toward town, brushing at his clothes with his hands. The moon was higher, riding high and clear of the dust at last, and after a while the town began to glare beneath the dust. He went on, limping. Presently he heard cars and the glow of them grew in the dust behind him and he left the road and crouched again in the weeds until they passed. McLendon's car came last now. There were four people in it and Butch was not on the running board.

They went on; the dust swallowed them; the glare and the sound died away. The dust of them hung for a while, but soon the eternal dust absorbed it again. The barber climbed back onto the road and limped on toward town.

IV

AS SHE DRESSED for supper on that Saturday evening, her own flesh felt like fever. Her hands trembled among the hooks and eyes, and her eyes had a feverish look, and her hair swirled crisp and crackling under the comb. While she was still dressing the friends called for her and sat while she donned her sheerest underthings and stockings and a new voile dress. "Do you feel strong enough to go out?" they said, their eyes bright too, with a dark glitter. "When you have had time to get over the shock, you must tell us what happened. What he said and did; everything."

In the leafed darkness, as they walked toward the square, she began to breathe deeply, something like a swimmer pre-paring to dive, until she ceased trembling, the four of them walking slowly because of the terrible heat and out of solicitude for her. But as they neared the square she began to tremble again, walking with her head up her hands clenched at her sides, their voices about her murmurous, also with that feverish, glittering quality of their eyes.

They entered the square, she in the center of the group, fragile in her fresh dress. She was trembling worse. She walked slower and slower, as children eat ice cream,

03

her head up and her eyes bright in the haggard banner of her face, passing the hotel and the coatless drummers in chairs along the curb looking around at her: "That's the one: see? The one in pink in the middle." "Is that her? What did they do with the nigger? Did they—?" "Sure. He's all right." "All right, is he?" "Sure. He went on a little trip." Then the drug store, where even the young men lounging in the door-way tipped their hats and followed with, their eyes the motion of her hips and legs when she passed.

They went on, passing the lifted hats of the gentlemen, the suddenly ceased voices, deferent, protective. "Do you see?" the friends said. Their voices sounded like long, hovering sighs of hissing exultation. "There's not a Negro on the square. Not one."

They reached the picture show. It was like a miniature fairyland with its lighted lobby and colored lithographs of life caught in its terrible and beautiful mutations. Her lips began to tingle. In the dark, when the picture began, it would be all right; she could hold back the laughing so it would not waste away so fast and so soon. So she hurried on before the turning faces, the undertones of low astonishment, and they took their accustomed places where she could see the aisle against the silver glare and the young men and girls coming in two and two against it.

The lights flicked away; the screen glowed silver, and soon life began to unfold, beautiful and passionate and sad, while still the young men and girls entered, scented and sibilant in the half dark, their paired backs in silhouette delicate and sleek, their slim, quick bodies awkward, divinely young, while beyond them the silver dream accumulated, inevitably on and on. She began to laugh. In trying to suppress it, it made more noise than ever; heads began to turn. Still laughing, her friends raised her and led her out, and she stood at the curb, laughing on a high, sustained note, until the taxi came up and they helped her in.

They removed the pink voile and the sheer underthings and the stockings, and put her to bed, and cracked ice for her temples, and sent for the doctor. He was hard to locate, so they ministered to her with hushed ejaculations, renewing the ice and fanning her. While the ice was fresh and cold she stopped laughing and lay still for a time, moaning only a little. But soon the laughing welled again and her voice rose screaming.

"Shhhhhhhhhhh! Shhhhhhhhhhhhhhhh!" they said, fresh-ening the icepack, smoothing her hair, examining it for gray; "poor girl!" Then to one another: "Do you suppose anything really happened?" their eyes darkly aglitter, secret and passionate. "Shhhhhhhhhhh! Poor girl! Poor Minnie!"

V

IT WAS MIDNIGHT when McLendon drove up to his neat new house. It was trim and fresh as a birdcage and almost as small, with its clean, green-and-white paint. He locked the car and mounted the porch and entered. His wife rose from a chair beside the reading lamp. McLendon stopped in the floor and stared at her until she looked down.

"Look at that clock," he said, lifting his arm, pointing. She stood before him her face lowered, a magazine in her hands. Her face was pale, strained, and weary-looking. "Haven't I told you about sitting up like this, waiting to see when I come in?"

"John," she said. She laid the magazine down. Poised on the balls of his feet, he glared at her with his hot eyes, his sweating face.

"Didn't I tell you?" He went toward her. She looked up then. He caught her shoulder. She stood passive, looking at him.

"Don't, John. I couldn't sleep ⋯ The heat; something. Please, John. You're hurting me."

"Didn't I tell you?" He released her and half struck, half flung her across the chair, and she lay there and watched him quietly as he left the room.

He went on through the house, ripping off his shirt, and on the dark, screened porch at the rear he stood and mopped his head and shoulders with the shirt and flung it away. He took the pistol from his hip and laid it on the table beside the bed, and sat on the bed and removed his shoes, and rose and slipped his trousers off. He was sweating again already, and he stooped and hunted furiously for the shirt. At last he found it and wiped his body again, and, with his body pressed against the dusty screen, he stood panting. There was no movement, no sound, not even an insect. The dark world seemed to lie stricken beneath the cold moon and the lidless stars.

작품해설

Early on in the story, one of the men in the barbershop cites the "durn weather" — it is an unseasonably dry September, as Faulkner's title reminds us — as a factor in **making men do 'anything'**, whether assaulting a woman or murdering another man. When McLendon arrives home, having supposedly just defended the honour of a white woman (at least in his mind), he is happy to strike his own wife for merely waiting up for him.

한글번역

메마른 9월

I

피로 얼룩진 듯한 9월의 황혼 녘을 가로질러, 62일 동안 비 한 방울 내리지 않은 메마른 날이 계속된 그때, 소문인지 이야기 인지 또는 그 무엇이었던 간에 그것은 마른 풀에 불이 붙은 것처럼 퍼져나갔다. 그것은 미니 쿠퍼와 한 흑인에 관한 어떤 것이었다. 공격당하고, 모욕당하고, 겁에 질렸다는 내용이 담긴 이야기였다. 토요일 저녁에, 천장 선풍기가 신선미 없이 탁한 공기를 휘젓고 순환하는 퀴퀴한 포마드와 로션, 그들 자신의 입냄새와 몸냄새가 순환하는 큰 파도처럼 다시 그들에게 돌아오 는 이발소에 모여있는 사람들 중 그 누구도 무슨 일이 일어났는지 정확히 알지 못했다.

"윌 메이즈가 그랬다는 사실만 빼면," 한 이발사가 말했다. 그는 중년에, 마르고, 모래빛의 안면을 지닌 온화한 얼굴의 사람이었는데, 지금 손님에게 면도를 하고 있는 중이었다. "나는 윌 메이즈를 알아. 그는 착한 깜둥이야. 그리고 나는 미니 쿠퍼 양도 알고 있지."

"그녀에 대해서 무엇을 알고 있다는 거야?" 두 번째 이발사가 말했다.

"그녀가 누군가요?" 손님이 말했다. "젊은 아가씨인가요?"

"아니오." 이발사가 말했다. "아마 40살 정도 될 거요. 아직 결혼을 안 했다오. 그게 바로 내가 (소문을) 믿지 않는 이유요"

"믿기는, 젠장!" 땀으로 얼룩진 실크 셔츠를 입고 있는 몸집이 큰 젊은이가 말했다. "흑인이 한 말을 백인 여자의 말보다 더 믿는다는 거요?"

"나는 윌 메이즈가 그런 일을 했다고 믿지 않소." 이발사가 말했다. "나는 윌 메이즈를 알아요."

"그렇다면 아마 당신은 누가 그랬는지 알고 있는 게지. 아마 그 사람을 이미 마을 밖으로 빼돌렸겠지. 이 깜둥이 두둔자야!"

"나는 누가 어떤 짓을 했다고 믿지 않소. 나는 어떤 일이 일어났다고 믿지 않소. 당신들 맘대로 생각하도록 내버려 두겠소. 만약 결혼도 못하고 늙은 여자들이 어떤 족속인지 모른다면 말이오."

"그래, 당신은 죽이는 백인이구만." 손님이 말했다. 그는 가운 밑으로 움직였다. 그 젊은이가 발을 걸어차면서 일어났다.

"당신, 못믿겠다고?" 그가 말했다. "그럼 당신은 백인 여자가 거짓말을 했다는 말이오?"

이발사는 면도칼을 든 채로, 반쯤 몸을 일으킨 손님을 내려다보았다. 다른 데로 눈길을 돌리지 않았다.

"이런 빌어먹을 날씨 때문이지." 다른 사람이 말했다. "이런 날씨는 사람이 어떤 짓이든 하게 만들기 충분하오. 심지어 그런 여자에게라도 말이오."

아무도 웃지 않았다. 이발사는 부드럽고 완강한 어조로 말했다. "나는 아무도 그 어느 것에 대해서도 비난하고 있지 않아. 나는 단지 알고 있을 뿐이고 당신들도 알지 않소. 결혼하지 않은 여성이 어떤지―"

"이 제길 깜둥이 두둔자!" 젊은이가 말했다.

"닥쳐, 버치." 다른 사람이 말했다. "일단 진상을 밝혀보자구. 그러고 나서 조치를 취해도 충분해."

"누가? 누가 그 사실을 밝혀낸다는 말이오?" 젊은이가 말했다. "사실 좋아하네…빌어먹을! 나는―"

"당신은 훌륭한 백인이오." 손님이 말했다. "그렇지 않소?" 턱수염에 거품이 묻은 채 있으니 그는 영화 속에 나오는 사막 쥐 같았다. "잭, 자네가 말하게." 그는 젊은이에게 말했다. "만약 이 마을에 백인 남자가 한 명도 없다면, 내가 비록 외판원이 고 이방인이라 할지라도 나라도 부르게."

"그렇게 하면 되겠네, 이보게들," 이발사가 말했다. "우선 진실을 찾자구. 난 윌 메이즈가 어떤 사람인지 아니까."

"잘도 알겠지, 빌어먹을." 젊은이가 소리쳤다. "이 마을에 사는 백인이 저 모양이라니…한심하군"

"닥쳐, 버치," 두 번째 누군가가 말했다. "우리는 시간이 충분하다니까."

손님이 일어났다. 그는 말한 사람을 보았다. "당신은 그 흑인이 백인 여자를 공격하는 것에 어떤 변명의 요지가 있다 보오? 지금 당신이 백인 남성이고, 백인 남성을 대표하겠다는 뜻이오? 당신은 당신이 왔던 북부로 돌아가는 편이 낫겠구려. 남부는 당신 같은 사람 원하지 않소."

"북부, 뭣이오?" 두 번째 사람이 말했다. "나는 이 마을에서 태어나고 자랐소."

"아이고 맙소사!" 젊은이가 말했다. 그는 마치 그가 말하거나 하고 싶은 것이 무엇이었는지 기억하려 애쓰고 있는 것 처럼 긴장되고 당황한 시선으로 이리저리 둘러봤다. 그는 땀이 흐르는 얼굴을 소매로 닦았다. "젠장, 내가 백인 여자가 당하게 놔둘 것 같은가?"

"잭, 당신이 진상을 밝혀보시오." 떠돌이 외판원이 말했다. "맹세코, 만약 그들이―"

그 순간 방충망이 요란하게 울리더니, 한 사내가 들어왔다. 그의 육중한 몸이 두 다리로 마룻바닥에 균형을 잡고 섰다. 그의 하얀 셔츠는 앞부분이 열려있었고, 중절모를 쓰고 있었다. 그는 강렬하고 도전적인 눈짓으로 사람들을 둘러봤다. 그의 이름은 맥랜든이었다. 그는 (제1차 세계대전 동안) 프랑스 전선에서 군대를 지휘했고 용맹을 떨쳐 훈장을 받았다.

"이보시오들," 그가 말했다. "거기 죽치고 앉아서 깜둥이가 제퍼슨 거리에서 백인 여자를 강간하게 놔둘 거요?"

잭 버치가 다시 발을 걷어차며 일어났다. 그가 입은 셔츠의 실크가 그의 육중한 어깨에 착 달라붙어 있었다. 양쪽 겨드랑이에 땀자국이 있었다. "내 말이 바로 그 말이오! 그게 바로 내가―"

"그게 정말 일어나기나 했소? 세 번째 사람이 물었다. "호크쇼가 말했듯이, 그 여자는 전에도 남자한테 무서운 일을 당했다고 하지 않았소? 일 년 전쯤에 한 남자가 옷을 벗고 있는 그녀를 주방 창문 위에서 몰래 훔쳐봤다면서?"

"뭐요?" 손님이 말했다. "그런 일이 있었어요?" 이발사는 그가 의자에 기대게 천천히 눌렀다. 그는 기대는 것을 거부하며 머리를 들었지만, 이발사가 여전히 그를 내리누르고 있었다.

맥랜든은 세 번째 말한 사람에게 고개를 휙 돌렸다. "일어났냐고? 그게 도대체 무슨 차이가 있나? 그럼 자네는 어떤 놈이 정말로 그런 일을 할 때까지 깜둥이 놈들을 놔줄 작정인가?

"내 말이 그거요!" 버치가 소리쳤다. 그는 길게, 계속 무의미한 욕지거리를 했다.

"여기, 여기," 네 번째 사람이 말했다. "소리치지 마. 그렇게 고함을 질러댈 필요는 없잖아."

"좋소," 맥랜든이 말했다. "더 이상 말이 필요 없소. 내 말은 다 끝났소. 누가 나랑 같이 가겠소?" 그는 시선을 이리저리 굴리며 빈틈없는 자세를 취했다.

이발사는 면도칼을 든 채로 외판원의 얼굴을 눌렀다. "여러분들, 먼저 진상을 알아보게. 나는 윌 메이즈를 알고 있어. 범인은 그가 아니야. 보안관을 불러야 일이 올바르게 처리될거야."

맥랜든은 사납고 경직된 얼굴로 그를 쏘아봤다. 이발사는 그의 시선을 피하지 않았다. 그들은 마치 다른 인종처럼 보였다. 다른 이발사 또한 그의 엎드린 손님 위로 행동을 멈췄다. "진심이오?" 맥랜든이 말했다. "백인 여성의 말보다 흑인의 말을 믿는다는 게? 왜, 이 빌어먹을 깜둥이 두둔자―"

세 번째 말한 사람이 일어나 맥랜든의 팔을 잡았다. 그 또한 군인이었다. "자, 자, 사실을 알아봅시다. 정말 무엇이 일어났는지 아는 사람이 있소?"

"알아내기는 지랄하네!" 맥랜든은 팔을 뿌리쳤다. "나와 함께할 사람, 모두 일어나시오! 안 갈 작자들은―" 그는 얼굴을 소매로 닦으며 두리번거렸.

세 사람이 일어났다. 외판원이 의자에서 몸을 일으켰다. "여기요," 그가 그의 목 근처에 있는 천을 올리며 말했다. "이 헝겊 쪼가리를 치우시오. 나는 그와 함께 가겠소. 나는 여기 살지 않지만 맹세코, 만약 우리 어머님들이, 부인들이, 여동생들이―" 그는 그의 얼굴 위로 천을 벗어서 마룻바닥으로 던졌다. 맥랜든은 바닥에 서서 다른 사람들에게 욕을 했다. 그러자 몇몇 사람들이 일어나서 그에게로 움직였다. 나머지 사람들은 불안하게, 서로를 보지 않고 앉아 있다가 차례대로 그에게 합세했다.

이발사는 바닥에 있는 천을 주워 들었다. 그는 그것을 차곡차곡 접기 시작했다. "이보게들, 그러지 마. 메이즈는 절대 그럴 사람이 아니야 내가 안다구."

"자 갑시다." 맥랜든이 말했다. 그는 뒤로 돌았다. 그의 바지 뒷주머니에는 자동 권총의 손잡이가 불룩 튀어나와 있었다. 그들은 밖으로 나갔다. 방충망 친 문이 그들 뒤에서 쾅 하고 닫혔고 답답한 공기 속에서 요란한 소리가 울려 퍼졌다.

이발사는 세심하면서도 빠르게 면도칼을 닦아 내려놓고는, 뒤로 뛰어가 벽에서 그의 모자를 집어들고는 다른 이발사에게 말했다. "될 수 있는 한 곧 돌아올게. 그냥 내버려 둘 순 없어―" 그는 뛰어 나갔다. 두 명의 다른 이발사들은 문까지 그들을 따라갔고 상체를 내밀며 그가 간 길을 바라보면서 반동으로 되돌아 오는 문을 붙잡았다. 공기는 지루하고 답답했다. 혀 끝에서 금속질 맛이 났다.

"그가 뭘 할 수 있을까?" 첫 번째가 말했다. 두 번째 이발사는 소리 죽여 "주여, 주여."라고 말하고 있었다. "호크쇼가 맥랜든을 화나게 하면 안 되는데. 그러면 호크쇼가 되느니보다 흑인이 되는 게 낫겠소."

"맙소사, 주여." 두 번째 이발사가 속삭였다.

"당신은 메이즈가 정말 그녀에게 그렇게 했을 거라 생각하오?" 첫 번째 이발사가 말했다.

II

그녀는 서른여덟 또는 서른아홉쯤 먹었다. 그녀는 병든 어머니와 마르고 창백하고 지칠 줄 모르는 이모와 함께 작은 목조가옥에서 살았는데 매일 아침 10시와 11시 사이에 그녀는 레이스로 장식한 여성의 내실 모자를 쓰고 현관 앞에 나와 정오까지 현관에 있는 그네를 타곤 했다. 저녁 식사 후 그녀는 오후의 날씨가 차가워지기 시작할 때까지 잠시 동안 누워있었다. 그런 다음, 그녀는 매년 여름마다 새로 구입하는 속이 비치는 천으로 된 서너 벌의 옷 중에서 하나를 입고 시내로 가서 다른 나이든 여자들과 함께 가게에서 오후를 보내곤 했는데, 그곳에서 그들은 아무런 구매 의사 없이 상품들을 만져보거나 차갑고 직접적인 억양으로 값을 깎고는 했다.

그녀는 넉넉한 집안에서 자랐는데, 제퍼슨에서 최고는 아니지만 부족할 것 없이 충분했다. 그녀는 밝고, 가냘프게 앙칼진 태도와 옷차림을 한, 보통 외모에 여전히 날씬한 몸을 가졌었다. 그녀가 젊었을 때, 계급의식 같은 게 생기기 전이었던, 그녀의 동년배들의 고등학교 파티와 교회 사교계에서 예증이 되었듯이, 그녀는 한동안 그녀를 마을의 사교계에서 정상을 달릴 수 있도록 해준 날씬하고 예민한 몸과 일종의 지나친 발랄함을 가지고 있었다.

그녀는 자신의 입지가 좁아지고 있다는 것, 그녀가 그들 사이에서 다른 누구보다 조금 더 명랑하고 화려했던, 그 사람들이 남자의 경우 속물근성을, 여자의 경우 복수심의 즐거움을 배워가기 시작하고 있다는 것을 결코 깨달은 것 같지 않았다. 그녀의 얼굴이 밝지만 초췌한 표정을 띠기 시작한 것도 그때부터였다. 그녀는 어두워진 주랑 현관이나 여름이면 잔디밭에서 열리는 파티들에 마치 가면 혹은 깃발 같은 얼굴로 나타났다. 두 눈에는 현실에 대한 완강한 거부의 좌절을 가득 담은 채. 어느 저녁 파티에서 그녀는 모두 동기생들인 소년 하나와 두 명의 소녀가 이야기하는 것을 들었다. 그 이후, 그녀는 어떠한 파티 초대에도 응하지 않았다.

그녀는 함께 자란 여자애들이 결혼하여 가정을 꾸리고 아이들이 생기는 것을 지켜보았다. 이윽고 그들의 자녀들이 그녀를 "아줌마"라고 부르는 몇 년 동안, 그들의 어머니들이 미니 아줌마가 처녀였을 적 얼마나 인기가 있었는지 그 자녀들에게 이야기해주는 동안, 그녀에게 청혼하는 남자는 아무도 없었다. 그리고 나서 마을 사람들이 그녀가 일요일 오후, 은행 지배인과 드라이빙 나가는 것을 보기 시작했다. 그는 40세 가량의 홀아비였는데, 혈색이 좋은 남자로, 항상 희미하게 이발소 냄새나 위스키 냄새를 풍겼다. 그는 마을에서 첫 번째로 자동차를 소유한 사람이었다. 빨간색 소형차였다. 그래서 미니는 마을에서 첫 번째로 차량용 모자와 베일을 지닌 여자가 되었다. 그러자 마을 사람들은 수군대기 시작했다. "불쌍한 미니."라고 누군가가 말하면, 다른 이들은 "그러나 자기 자신을 책임지기에 충분한 나이야." 라고 말했다. 그 무렵 그녀는 옛 친구들의 아이들이 자신을 "아줌마"가 아니라 "사촌(언니)"라고 부르게 해 달라고 그들에게 요구하기 시작했다.

이제 그녀가 사람들로부터 간통 혐의로 손가락질 받게 된 지 12년째 되고, 멤피스 은행으로 전근 간 은행원이 크리스마스 때마다 강변의 사냥 클럽으로 총각 파티를 하러 온 지 8년째 되는 해였다. 이웃들은 자기 집 커튼 뒤에서 그 파티가 진행되는 것을 보곤 했고, 크리스마스 휴가 동안 그에 관해 이런 저런 말들을 하곤 했다. 그가 얼마나 잘생겼는지, 멤피스에서 얼마나 잘나가는지 자기들이 들은 얘기들을 활기차고 은밀한 눈으로, 미니의 밝지만 초췌한 얼굴을 쳐다보면서, 그녀에게 말해주곤 했다. 보통 그 시간쯤 되면 미니의 입에선 위스키 냄새가 풍기곤 했다. 소다수 가게 점원인 한 청년은 그녀에게 위스키를 건네며 이렇게 말하곤 했다. "나이 든 처녀분을 위해 이건 제가 사죠. 그 정도 즐거움을 받을 자격은 있는 분이니까요."

그녀의 어머니는 그녀의 방에 틀어박혀 나오지 않았고, 비쩍 마른 이모가 살림을 꾸려 나갔다. 이런 우울한 배경에 반해서, 미니의 화려한 의상과 그녀의 게으르고 공허한 나날들은 분노를 자아낼 정도로 비현실적이었다. 그녀는 저녁이면 이웃 여자들만 영화를 보러 나간다. 매일 오후에는 새 옷 중 하나를 골라 입고, 혼자 시내에 나갔다. 거리에는 벌써 처녀 티가 나는 그녀의 어린 "사촌들"이 비단결처럼 보드라운 머릿결과 얇은 팔뚝과 엉덩이를 어색하게 흔들어대며, 소다수 가게에서 만난 소년들과 짝을 지어 쏘다니고 있었다. 소리를 지르고 낄낄거리면서. 그녀가 밀집한 가게를 따라 지나갈 때, 문가에 앉아 빈둥거리는 남자들은 더이상 아무도 그녀에게 눈길조차 주지 않았다.

III

이발사는 빠른 속도로 길을 따라 올라갔다. 드문드문 서 있는, 날벌레가 잔뜩 맴돌고 있는 가로등에서 흘러내린 불빛이 무겁게 가라앉은 공기속으로 경직되고 난폭하게 퍼져가고 있었다. 하루가 먼지의 장막 속에 죽어있었다. 가라앉은 먼지로 덮인 어두운 광장 위의 하늘은 통방울의 내부만큼이나 맑았다. 동쪽 아래에는 두 배로 차오른 달 만한 소문이 있었다.

그가 그들을 따라잡았을 때, 맥랜든과 다른 세 명은 뒷골목에 세워져 있는 차를 타고 있었다. 맥랜든은 그의 굵은 머리를 구부리고 자동차 지붕 밑으로 내다보았다. "마음을 고쳐먹은 거요? 다행이군" 그가 말했다. "아주 좋은 일이야. 내일 마을 사람들이 당신이 오늘 밤 했던 말을 듣는다면—"

"자, 그만해" 다른 전직 군인이 말했다. "호크쇼 말이 옳을 지도 모르잖아. 차에 타요, 호크쇼"

"윌 메이즈는 절대 그런 짓을 할 사람이 아냐, 이 사람들아." 이발사가 말했다. "만약 누가 그랬다면. 글쎄, 자네들도 나와 마찬가지로 잘 알지 않나. 우리보다 더 나은 흑인이 있는 마을이 없다는 것을. 그리고 자네들도 알지 않는가, 여자는 아무 이유 없이 남자가 그런 일을 했다고 생각할 때도 있다는 것을. 더구나 미니 양은—"

"맞아, 맞아," 군인이 말했다. "우리는 단지 윌 메이즈와 얘기를 좀 하려는 거예요. 그게 다라고요."

"얘기 같은 소리 하네!" 버치가 말했다. "우리가 발을 뺀다면—."

"닥쳐, 제발!" 군인이 말했다. "자네가 원하는 게 마을 사람들이 모두—"

"사람들에게 말해야지, 맹세코!" 맥랜든이 말했다. "백인 여자에게 그렇게 하려는 자식들 하나하나에게 모두 말해야지—"

"가자, 가자: 여기 다른 차도 오고 있어." 두 번째 자동차가 끽끽대며 먼지 구름을 일으키며 골목길 입구에서 미끄러져 나왔다. 맥랜든은 차에 시동을 켜고 앞장서 나갔다. 먼지는 길 위에 안개처럼 가라앉았다. 거리의 등불들이 물 속에서 후광을 비추며 걸려 있었다. 그들은 마을을 벗어나 달렸다.

바퀴 자국 난 길이 직각으로 돌려져 있었다. 먼지가 그 위에도, 그리고 모든 대지 위에 드리워 있었다. 흑인 메이즈가 야간 경비원으로 일하는 얼음 공장의 어둑한 실체가 하늘에 비쳐 보였다. "여기서 세우는 게 좋겠군, 그렇지?" 군인이 말했다. 맥랜든은 아무 말도 하지 않았다. 그는 차를 거칠게 몰아 브레이크를 세차게 밟아 정지시켰고 헤드라이트는 빈벽을 비췄다.

"이보게들. 들어보게나." 이발사가 말했다. "만약 그가 여기 있다면 그가 그런 짓을 하지 않았다는 증거가 되지 않겠나? 그렇지 않은가? 만약 범인이 그라면, 그는 도망을 갔겠지. 그렇게 생각하지 않는가?" 두 번째 차가 와서 정지했다. 맥랜든은 내렸다. 버치가 그의 옆으로 뛰어내렸다. "들어봐, 이 사람들아," 이발사가 말했다.

"헤드라이트 꺼!" 맥랜든이 말했다. 숨이 막힐 듯한 어둠이 몰려왔다. 그들이 두 달 동안 살아온 바싹 마른 먼지에서 그들이 공기를 들이 마시려 할 때 그들의 폐에서 나는 소리 말고는 아무 소리도 나지 않았다. 잠시 후 맥랜든과 버치의 발에서 나는 쿵쿵거리는 소리가 줄어들었고 잠시 뒤, 맥랜든의 목소리가 들렸다.

"윌!…윌!"

동쪽 하늘이 달에서 흘러내린 창백한 피로 물들기 시작했다. 달은 상등성이 위로 솟아올라 먼지로 가득한 대기를 은빛으로 물들여서 그것들이 마치 녹아내리는 납 그릇 안에서 살아 숨쉬고 있는 것처럼 보였다. 그들의 숨소리와 자동차에서 철판이 수축하여 생기는 희미한 똑딱거리는 소리 빼고는 밤 새의 소리도, 곤충의 소리도 들리지 않았다. 그들이 서로 몸을 맞닿는 경우에도 땀이 전혀 나지 않았다. 왜냐하면 더 이상 수분이 나오지 않기 때문이다. "젠장!" 누군가 말했다. "여기서 나가자."

그러나 그들은 앞쪽의 어둠 속으로부터 막연한 소음이 생기기 전까지 움직이지 않았다. 그리고 그들은 밖으로 나와 숨막히는 어둠 속에서 긴장한 채 기다렸다. 또 다른 소리가 들렸다. 구타하는 소리며, 숨을 헐떡이는 소리 그리고 맥랜든이 낮은 톤으로 저주하는 소리였다. 그들은 좀 더 오랫동안 서 있다가, 앞으로 뛰어나갔다. 그들은 무엇인가로부터 도망치듯이 비트적 거리는 덤불 속으로 달려갔다. "그 자식을 죽여. 죽여라." 누군가 속삭였다. 맥랜든은 그들을 뒤로 젖혔다.

"여기선 안 돼." 맥랜든이 말했다. "그를 차로 집어넣어." "그놈을 죽여, 저 깜둥이 새끼를 죽여!" 누군가가 투덜거리며 말했다. 그들은 차가 있는 곳으로 흑인을 질질 끌었다. 이발사는 차 옆에서 기다리고 있었다. 그는 그 자신이 땀을 흘리고 있다고 느끼고 있었으며 그는 막 구역질이 나려고 한다는 것을 알고 있었다.

"무슨 일입니까, 대위님?" 흑인이 말했다. "저는 아무 짓도 하지 않았습니다. 하늘에 맹세합니다." 누군가 수갑을 꺼냈다. 그들은 그가 마치 말뚝인양 흑인의 주위에서 분주하게, 조용히, 열중하여, 서로를 방해하기도 하며 일했다. 흑인은 재빨리 그리고 지속적으로 어렴풋한 얼굴에서 희미한 얼굴을 보며 수갑을 차는 데 순종적이었다. "여기 있는 분들은 누구세요, 대위 님?" 그는 사람들이 그의 호흡을 느낄 수 있고 그의 땀냄새가 풍기는 악취를 맡을 수 있기까지 사람들의 얼굴을 들여다 보기 위해 몸을 기울였다. 그는 한두 이름을 말했다. "제가 뭘 잘못했는지 말 좀 해주세요, 존 나으리?"

맥랜든은 자동차 문을 확 잡아당겼다. "들어가!" 그가 말했다.

흑인은 꼼짝하지 않았다. "저한테 무슨 짓을 하려는 겁니까? 존 나으리? 전 아무 짓도 안 했습니다. 백인 나으리들, 나으리 들, 저는 아무 짓도 하지 않았습니다. 신 앞에 맹세합니다." 그는 또 다른 이름을 불렀다.

"들어가!" 맥랜든이 그렇게 말하며 흑인을 때렸다. 다른 사람들은 마른 숨을 몰아쉬며 흑인을 닥치는 대로 두들겨 팼다. 그리고 흑인은 몸을 획 돌려 그들에게 욕을 퍼부었다. 그리고 수갑이 채워진 손으로 그들의 얼굴을 가로질러 휘두르다 이발사의 입을 후려쳤다. 그러자 이발사 또한 그를 때렸다. "그를 여기에 넣어," 맥랜든이 말했다. 그들은 흑인을 밀어넣었다.

흑인은 몸부림치는 것을 그만두고 들어가서 다른 사람들이 자리를 차지하는 동안 조용히 앉아있었다. 그는 이발사와 군인 사이에 앉아서 그들에게 닿지 않도록 사지를 바짝 끌어당겨 앉았다. 그의 눈은 재빠르고 지속적으로 이 얼굴, 저 얼굴을 살펴보고 있었다. 자동차가 움직였다. 이발사는 그의 손수건으로 입을 치료했다.

"왜 그래요, 호크쇼?" 군인이 말했다.

"아무것도 아냐," 이발사가 말했다. 그들은 다시 간선도로로 돌아가 마을로부터 멀리 방향을 돌렸다. 두 번째 차가 먼지 때문에 뒤로 처졌다. 그들은 속도를 더해가며 달렸다; 마지막 변두리 집들이 뒤로 물러갔다.

"젠장, 저놈 냄새가 지독해!" 군인이 말했다.

"우리가 해결할 거야—" 앞에서 맥랜든 옆에 있던 외판원이 말했다. 발판 위에서 부치는 몰려오는 더운 공기에 대고 욕을 해댔다. 이발사가 갑자기 앞으로 기대어 맥랜든의 팔을 건드렸다.

"나 좀 내려주게, 존." 이발사가 말했다.

"뛰어내려, 깜둥이 두둔자야!" 맥랜든은 고개를 돌리지도 않고 말했다. 그는 재빠르게 차를 몰았다. 그들 뒤에 두 번째 자동차의 출처를 알기 힘든 라이트가 먼지 속에서 빛났다. 머지 않아 맥랜든은 좁은 길로 들어섰다. 사용하지 않는 길에는 바퀴 자국만 남았다. 그 곳에는 버려진 벽돌 가마—붉은색을 띤 둑과 잡초가 죽 늘어서 있는—그리고 넝쿨—밑바닥을 알 수 없는 우거진 통이 있었다. 그것은 주인이 그의 당나귀 중 하나를 잃어버렸던 날까지 한 때 목장으로 쓰였었다. 그는 긴 막대로 통을 조심스레 휘저었지만 통의 밑바닥 에서는 아무것도 나오지 않았다.

"존," 이발사가 말했다.

"그럼 뛰어내려," 맥랜든이 바퀴 자국을 따라 차를 몰며 말했다. 이발사 옆에서 흑인이 말했다.

"헨리 나으리."

이발사가 앞쪽으로 앉았다. 길의 좁은 터널이 몰려왔다가 지나갔다. 그들의 행동은 마치 꺼진 용광로의 송풍같았다: 서늘 하지만 완전히 불씨가 죽은. 자동차는 바퀴 사이에서 흔들렸다.

"헨리 나으리," 흑인이 말했다.

이발사는 미친듯이 문 손잡이를 잡아당기기 시작했다. "조심해, 거기!" 군인이 말했지만 이발사는 이미 발로 자동차 문을 차서 발판 위에 올라섰다. 군인은 흑인 너머로 몸을 기대어 이발사를 잡았으나 그는 이미 뛰어 내려버렸다. 자동차는 속도를 줄이지 않고 계속 갔다.

자동차에서 뛰어내린 충격으로 그는 도랑에 먼지를 뒤집어쓴 잡초 사이로 나동그라졌다. 이발사에게서 먼지가 나왔고, 마르고 심술궂게 부러진 시즌 줄기 속에서 그는 두 번째 차가 지나갈 때 까지 숨막히고 구역질이 나는 채로 누워있었다. 그리고 그는 일어나서 그의 손으로 옷을 털며 절뚝절뚝 큰 길로 나가서 마을로 향했다. 달은 더 높게 있었고 결국 먼지를 뚫고 나왔다. 그리고 한참 후에 먼지 아래로 마을이 번쩍이기 시작했다. 그는 절뚝거리며 갔다. 이윽고 그는 자동차 소리를 들었고, 자동차의 불빛이 그의 뒤, 먼지 속에서 커지고 있었다. 그는 길에서 벗어나 그들이 지나갈 때 까지 다시 잡초 속에 쭈그리고 앉아있었다. 이제는 맥랜든의 차가 마지막으로 갔다. 거기에는 사람이 네 명 있었고 부치는 발판 위에 있지 않았다.

그들은 지나갔다; 먼지가 그들을 삼켰다; 반짝거리는 빛과 소리가 잠잠해졌다. 그들이 지나가고 난 먼지가 한동안 자욱했다. 그러나 끝없는 먼지가 그것을 다시 흡수해버렸다. 이발사는 도로로 다시 올라가 절뚝거리며 마을 쪽으로 걸어갔다.

IV

토요일 저녁, 외식을 위해 옷을 차려입을 때, 그녀의 살갗에 열병이 있는 것처럼 느껴졌다. 그녀의 손은 옷걸이 사이에서 흔들렸고, 그녀의 눈은 열이 있는 것 같은 표정을 띠었으며, 그녀의 머리카락은 파삭하게 말라서 빗질에 부서졌다. 그녀가 아직 옷을 입고 있는 동안 그녀의 친구들은 그녀를 데리러 갔고 그녀가 그녀의 가장 얇은 속옷과 스타킹, 그리고 새 얇은 드레스를 입는 동안 앉아있었다. "나갈 수 있을 만큼 충분히 괜찮은 거니?" 친구들이 눈동자를 음험하게 반짝이며 말했다. "충격에서 벗어날 만큼 시간이 지나면 무슨 일이 있었는지 이야기해줘야 해. 그 자식이 뭐라고 했는지, 뭘 했는지, 하나도 빠짐없이."

잎이 무성한 그늘을 통해, 그들이 광장으로 걸어가는 동안, 그녀는 떨림이 멈출 때까지 잠수하려는 사람처럼 깊게 숨을 쉬기 시작했고, 그들 중 네 사람은 무서운 열기와 그녀에 대한 걱정 때문에 천천히 걷고 있었다. 그러나 그들이 광장에 다다르자 그녀는 머리를 꼿꼿하게 세우고 손은 옆구리에 꼭 움켜쥐고 걸으면서 다시 떨기 시작했고, 그들은 그 열기와 반짝거리는 눈으로 그녀에 관해 뭐라 웅성거리는 목소리를 냈다.

화려한 옷에 싸인 연약한 그녀를 둘러싸고 그들은 광장으로 들어갔다. 그녀는 더 심하게 떨고 있었다. 그녀는 머리를 꼿꼿이 하고 거친 깃발 같은 얼굴에 눈을 반짝이며 어린 아이들이 아이스크림을 먹을 때 그렇게 하듯이 점점 더 천천히 걸었고, 호텔을 지나 연석을 따라서 의자에 앉아 그녀를 쳐다보는, 웃옷을 입지 않은 외판원들을 지나갔다. "저 사람이야. 알겠어? 가운데 핑크색 옷 입은 사람." "저 여자야? 흑인은 어떻게 한 거지? 그 사람들이-?" "물론. 그는 무사해." "무사하다고? 그 사람이?" "그래. 그냥 잠시 여행을 간 것뿐이야." 그리고 약국을 지나갔는데, 약국 문간에서 빈둥거리고 있는 젊은이들이 그들의 모자를 약간 들어 인사를 했고, 그녀가 지나갈 때 그녀의 엉덩이와 다리의 움직임을 눈으로 쫓아갔다.

그들은 갑자기 잠잠해진 목소리로 경의를 표하며 보호해주려는 듯 모자를 올려든 신사들을 지나쳐 걸어갔다. "봤어?" 친구들이 말했다. 그들의 목소리는 긴 희열의 한숨 같았다. "광장에 흑인이 한 명도 없어. 단 한 명도."

그들은 영화관에 다다랐다. 불켜진 로비와 인생의 호되지만 아름다운 천태만상을 표현한 색칠한 석판화로 그곳은 꿈나라의 축소판 같았다. 그녀의 입술이 떨리기 시작했다. 어둠 속에서 영화가 시작되면 모든 것이 괜찮아 질 것이다. 그녀는 그 상태가 빨리 없어지지 않게 웃음을 참았다. 그리고 그녀는 돌아보는 얼굴과 놀라움으로 낮게 속삭이는 목소리 앞을 서둘러 지나갔다. 그리고 그들은 항상 앉던 자리에 앉았는데 그 자리는 그녀가 스크린 불빛을 배경으로 통로와 젊은 남자와 여자가 쌍을 지어 들어오는 것을 볼 수 있는 자리였다.

불이 꺼졌다. 스크린이 은빛으로 빛났고 곧 삶이 아름답고 정열적이고 슬프게 펼쳐졌다. 그러는 동안에도 여전히 젊은 남자들과 여자들은 향수 냄새를 풍기며 약간의 어둠 속에서 쉬쉬 소리를 내며 들어오고 있었다. 쌍을 지은 그들의 실루엣은 섬세하고 매끄러웠고, 그들의 가늘고 생생한 몸은 어색하면서도 신기하게 젊었다. 그 동안 그들 너머로 은빛 꿈이 계속해서 쌓이고 있었다. 그녀는 웃기 시작했다. 웃음소리를 진정시키려고 하는 것이 오히려 더 크게 만들었다. 얼굴들이 하나씩 그녀를 향했다. 여전히 웃고있는 그녀를 친구들은 일으켜서 데리고 나갔다. 그녀는 보도에 서서 높은 음으로 웃으며 서있었고, 택시가 오자 친구들은 그녀를 택시에 태웠다.

그들은 분홍색 여름 옷과 얇은 여성용 속옷과 스타킹을 벗기고 그녀를 침대에 눕혔다. 그리고 잘게 부순 얼음을 그녀의 관자놀이에 대주고 의사를 부르러 갔다. 의사를 찾기가 어려워서 그들은 말소리를 죽인 채 얼음도 갈아주고 부채질도 해주며 그녀를 위해 봉사했다. 얼음을 새로 갈아 차가워진 동안엔 그녀는 웃음을 멈추고 잠시 동안 가만히 누워 끙끙 앓는 소리만 낼 뿐이었다. 그러나 곧 다시 웃음소리가 솟아났고 그녀의 목소리는 비명처럼 날카롭게 찢어지도록 높아졌.

"쉬이이잇! 쉬이이잇!" 그들이 얼음을 갈아주고 그녀의 머리를 쓰다듬며 흰 머리가 있는지 살피며 "가엾은 것!"이라고 말했다. 그리고 서로에게 "정말 어떤 일이 일어났던 거야?" 그들의 눈동자는 음험하고 은밀하고 정열적으로 어둡게 빛났다. "쉬이이잇! 불쌍한 것! 불쌍한 미니!"

V

맥랜든이 자신의 깔끔하게 새로 단장한 집으로 차를 몰고 도착한 것은 자정이었다. 집은 잘 정돈되어 있었고 새장처럼, 거의 그만큼 작았는데 깨끗한 녹색과 흰색 페인트로 칠해져 있어 선명했다. 그는 자동차 문을 잠그고 현관으로 올라와 들어왔다. 아내가 독서등 옆의 의자에서 일어났다. 맥랜든은 거실에 멈춰 서서 그녀가 고개를 내려뜨릴 때까지 그녀를 노려보았다.

"저 시계를 봐," 그가 팔을 들어올려 가리키며 말했다. 그녀는 그 앞에서 고개를 떨군 채 그의 앞에 서있었다. 그녀의 손엔 잡지가 들려 있었다. 그녀의 얼굴은 창백하고, 긴장되고 지친 모습이었다. "내가 이렇게, 내가 언제 들어오나 보려고 기다리며 앉아 있는 거에 대해서 말하지 않았던가?"

"존," 그녀가 말했다. 그녀는 잡지를 내려놓았다. 그는 발 앞꿈치에 힘을 준 채 균형을 잡고, 땀에 젖은 얼굴과 이글거리는 눈으로 그녀를 응시했다.

"내가 말 안 했어?" 그는 그녀에게 다가갔다. 그러자 그녀가 올려보았다. 그는 그녀의 어깨를 잡았다. 그녀는 그를 바라보며 수동적으로 서 있었다.

"그러지 마요, 존. 난 잘 수가 없어서…… 이 더위, 뭔가가. 부탁이에요, 존. 나를 다치게 하고 있어요."

"내 말이 말 같지 않아?" 그는 그녀를 반쯤은 치고 반쯤은 의자 너머로 내던지듯 놓아주었고, 그녀는 그곳에 누워 그가 방으로 들어가는 것을 말없이 바라보았다.

그는 셔츠를 거칠게 벗어젖히며 집 안을 가로질러, 어두운, 칸막이가 쳐진 집 뒤의 현관에 서서 머리와 어깨를 셔츠로 닦고는 셔츠를 던져버렸다. 그는 엉덩이에서 권총을 꺼내 침대 옆의 테이블에 내려놓았고, 침대에 앉아서 신발을 벗었고, 올라가서 바지를 벗었다. 그는 다시 땀에 젖었다. 그는 몸을 숙여 신경질적으로 셔츠를 찾았다. 마침내 옷을 찾았고 그것으로 다시 몸을 닦았다. 그리고 그는 먼지 낀 스크린에 몸을 기대어 서며 헉헉 거렸다. 아무런 움직임도 소리도 없었고, 날벌레 한 마리조차 없었다. 어두운 세계가 차가운 달과 눈도 깜빡이지 않고 세상을 내려다보고 있는 별들 아래 고통스럽게 누워 있었다.

01 Fill in each blank with the ONE most appropriate word respectively.

"Dry September" focuses on town gossip and its relation to the individual.
But unlike "A Rose for Emily", which explores the ways in which rumour
surrounds an unmarried aristocratic woman living in the American South,
'Dry September' takes an even darker theme for its subject: ___①___
prejudice and the ___②___ of black people in the Deep South.

02 Fill in the blank with the TWO most appropriate words.

By the end of the story, a number of factors—the barber's good opinion
of Mayes, Mayes' own sincere profession of innocence, Minnie Cooper's
'form' when it comes to accusing men of indecent behaviour, and her
hysterical behaviour in the _____ — have accumulated to give the
reader what the law courts would call 'reasonable doubt' over whether the
alleged incident ever took place. As a result, mob mentality and
deep-seated racism towards African Americans has led to an innocent man
being killed.

03 Explain McLendon's hypocrisy in terms of dealing with his wife.

Answer

01 ① racial ② lynching

02 movie theatre

03 When McLendon arrives home, having supposedly just defended the honour of a white woman, he is happy to strike his own wife for merely waiting up for him. For him, the hounding of Mayes was never about standing up for a woman or justice. That was merely an excuse for violence towards a black man. (On another level, though, it may point to McLendon's self-loathing at having given in to such a base impulse: he knows that what they did was wrong and they have murdered an innocent man, and his profuse sweating and desire to strip off his clothes may be caused by more than the hot, 'dry September' of the story's title.)

Chapter

04 | Plot 플롯

Plot is **the sequence of events in the story from the beginning to the end (timeline)**. Usually the order of events is: exposition, rising action, climax, falling action, denouement.

01 Exposition 발단

The beginning of the story where the author introduces the setting, characters, and other important information the readers needs to know.

02 Rising Action 전개

A series of events that builds from the beginning of the story. Rising action is where the author builds interest and tension in the story.

03 Climax 절정; 전환점

Also can be called the "turning point". This is the highest point of tension or action in the story. The climax often leads the reader to wonder, "What will happen? How is everything going to turn out?" The climax is an important turning point for the characters or the story.

04 Falling Action 하강

The events of the story after the climax or turning point. The events are leading to the end of the story and the resolution.

05 Denouement 결말

The resolution. This is the final outcome or "untangling" of the events of the story.

The Open Window

Saki

"My aunt will be down presently, Mr. Nuttel," said a very self-possessed young lady of fifteen; "in the meantime you must try and put up with me."

Framton Nuttel endeavoured to say the correct something which should duly flatter the niece of the moment without unduly discounting the aunt that was to come. Privately he doubted more than ever whether these formal visits on a succession of total strangers would do much towards helping the nerve cure which he was supposed to be undergoing.

"I know how it will be," his sister had said when he was preparing to migrate to this rural retreat; "you will bury yourself down there and not speak to a living soul, and your nerves will be worse than ever from moping. I shall just give you letters of introduction to all the people I know there. Some of them, as far as I can remember, were quite nice."

Framton wondered whether Mrs. Sappleton, the lady to whom he was presenting one of the letters of introduction, came into the nice division.

"Do you know many of the people round here?" asked the niece, when she judged that they had had sufficient silent communion.

"Hardly a soul," said Framton. "My sister was staying here, at the rectory, you know, some four years ago, and she gave me letters of introduction to some of the people here."

He made the last statement in a tone of distinct regret.

"Then you know practically nothing about my aunt?" pursued the self-possessed young lady.

"Only her name and address," admitted the caller. He was wondering whether Mrs. Sappleton was in the married or widowed state. An undefinable something about the room seemed to suggest masculine habitation.

"Her great tragedy happened just three years ago," said the child; "that would be since your sister's time."

"Her tragedy?" asked Framton; somehow in this restful country spot tragedies seemed out of place.

"You may wonder why we keep that window wide open on an October afternoon," said the niece, indicating a large French window that opened on to a lawn.

"It is quite warm for the time of the year," said Framton; "but has that window got anything to do with the tragedy?"

"Out through that window, three years ago to a day, her husband and her two young brothers went off for their day's shooting. They never came back. In crossing the moor to their favourite snipe-shooting ground they were all three engulfed in a treacherous piece of bog. It had been that dreadful wet summer, you know, and places that were safe in other years gave way suddenly without warning. Their bodies were never recovered. That was the dreadful part of it." Here the child's voice lost its self-possessed note and became falteringly human. "Poor aunt always thinks that they will come back some day, they and the little brown spaniel that was lost with them, and walk in at that window just as they used to do. That is why the window is kept open every evening till it is quite dusk. Poor dear aunt, she has often told me how they went out, her husband with his white waterproof coat over his arm, and Ronnie, her youngest brother, singing 'Bertie, why do you bound?' as he always did to tease her, because she said it got on her nerves. Do you know, sometimes on still, quiet evenings like this, I almost get a creepy feeling that they will all walk in through that window—"

She broke off with a little shudder. It was a relief to Framton when the aunt bustled into the room with a whirl of apologies for being late in making her appearance.

"I hope Vera has been amusing you?" she said.

"She has been very interesting," said Framton.

"I hope you don't mind the open window," said Mrs. Sappleton briskly; "my husband and brothers will be home directly from shooting, and they always come in this way. They've been out for snipe in the marshes to-day, so they'll make a fine mess over my poor carpets. So like you men-folk, isn't it?"

She rattled on cheerfully about the shooting and the scarcity of birds, and the prospects for duck in the winter. To Framton it was all purely horrible. He made a desperate but only partially successful effort to turn the talk on to a less ghastly topic; he was conscious that his hostess was giving him only a fragment of her attention, and her eyes were constantly straying past him to the open window and the lawn beyond. It was certainly an unfortunate coincidence that he should have paid his visit on this tragic anniversary.

"The doctors agree in ordering me complete rest, an absence of mental excitement, and avoidance of anything in the nature of violent physical exercise," announced Framton, who laboured under the tolerably wide-spread delusion that total strangers and chance acquaintances are hungry for the least detail of one's ailments and infirmities, their cause and cure. "On the matter of diet they are not so much in agreement," he continued.

"No?" said Mrs. Sappleton, in a voice which only replaced a yawn at the last moment. Then she suddenly brightened into alert attention—but not to what Framton was saying.

"Here they are at last!" she cried. "Just in time for tea, and don't they look as if they were muddy up to the eyes!"

Framton shivered slightly and turned towards the niece with a look intended to convey sympathetic comprehension. The child was staring out through the open window with dazed horror in her eyes. In a chill shock of nameless fear Framton swung round in his seat and looked in the same direction.

In the deepening twilight three figures were walking across the lawn towards the window; they all carried guns under their arms, and one of them was additionally burdened with a white coat hung over his shoulders. A tired brown spaniel kept close at their heels. Noiselessly they neared the house, and then a hoarse young voice chanted out of the dusk: "I said, Bertie, why do you bound?"

Framton grabbed wildly at his stick and hat; the hall-door, the gravel-drive, and the front gate were dimly-noted stages in his headlong retreat. A cyclist coming along the road had to run into the hedge to avoid an imminent collision.

"Here we are, my dear," said the bearer of the white mackintosh, coming in through the window; "fairly muddy, but most of it's dry. Who was that who bolted out as we came up?"

"A most extraordinary man, a Mr. Nuttel," said Mrs. Sappleton; "could only talk about his illnesses, and dashed off without a word of good-bye or apology when you arrived. One would think he had seen a ghost."

"I expect it was the spaniel," said the niece calmly; "he told me he had a horror of dogs. He was once hunted into a cemetery somewhere on the banks of the Ganges by a pack of pariah dogs, and had to spend the night in a newly dug grave with the creatures snarling and grinning and foaming just above him. Enough to make anyone their nerve."

Romance at short notice was her speciality.

한글번역

열린 창문

"숙모가 곧 내려올 거예요, 넛틸 씨." 매우 침착한 15세의 젊은 여성이 말했다. "그 사이에 당신은 나를 참아내야만 할 거예요." 프램톤 넛틸은 곧 내려올 아주머니를 부당하게 무시하지 않고 지금 상대하고 있는 조카를 기분 좋게 할 어떤 말을 하려고 애쓰고 있다. 그는 사적으론 그 어느 때보다 일련의 완전히 낯선 사람들을 이렇게 연속해서 정식으로 방문하는 것이 자신이 현재 앓고 있는 것으로 되어 있는 신경증 치료에 도움이 되는지를 의심하고 있었다.

"어떻게 될지 내가 알지" 그가 이 시골의 은신처로 이사할 준비를 하고 있을 때 그의 누이가 말했었다. "너는 거기에서 파묻혀 살고, 살아있는 사람들과 대화하지도 못해서 그 어느 때보다 심각해진 우울증을 겪게 될 거야. 내가 거기에 알고 있는 모든 사람에게 너를 위해 소개장을 줄 거야. 내가 기억하는 한, 그들 중 몇몇은 꽤 친절했단다."

프램톤은 소개장들 중 하나를 건네주게 될 여성인 새플리톤 부인이 좋은 쪽에 들어있는지를 궁금히 여겼다.

"이 근처에는 아는 사람들이 많나요?" 그들이 무언의 교제를 충분히 나누었다고 판단했을 때 그 질녀는 질문을 했다.

"전혀 없어요." 프램톤이 말했다. "내 누이가, 당신도 아시다시피 약 4년 전부터 여기 교구 목사관에 머물고 있습니다. 그녀가 저에게 여기에 살고 있는 분들에게 드릴 소개장을 주었어요."

그는 명백하게 유감스런 어조로 끝말을 건넸다.

"그럼 당신은 우리 숙모에 대해서 특별히 아는 것이 없겠군요." 침착한 그 여인은 집요하게 질문했다.

"그녀의 이름과 주소만을 알 뿐이죠." 방문객이 인정했다. 그는 새플리톤 부인이 결혼한 상태인지 과부인지 궁금하기 시작했다. 이 방에 대한 정의할 수 없는 무언가가 남자들이 거주하고 있다는 사실을 제시하는 것처럼 보였다.

"그녀가 지닌 가장 큰 비극은 바로 3년 전에 일어났죠." 그 아이가 말했다. "당신 누이가 온 이후의 일일 거예요."

"그녀의 비극이라뇨?" 프램톤이 물었다. 이렇게 평화로운 시골에서 비극이라는 말이 다소 어울리지 않는 것처럼 여겨졌다.

"우리가 10월 오후에 창문을 활짝 열어놓고 있는 걸 당신이 의아해할지 모르겠어요." 잔디밭으로 열린 큰 프랑스식 창문을 가리키면서 그 질녀가 말했다.

"요즘 날씨치고는 꽤 따뜻하군요." 프램톤이 말했다. "하지만 저 창문이 그 비극과 무슨 관련이 있습니까?"

"저 창문 밖으로 그날도 어김없이 3년 전에 그녀의 남편과 두 남동생이 낮 사냥을 나갔어요. 그리고는 다시 돌아오지 않았죠. 그들이 가장 좋아하는 도요새 사냥터로 가는 습지 초원을 가로질렀을 때 세 명 모두 위험한 늪에 빠져들게 되었어요. 당신도 아시겠지만 비가 많이 오던 지긋지긋한 여름날이었어요. 다른 해에는 안전했던 곳이 갑자기 경고도 없이 무너져버렸죠. 그들의 시체는 결코 찾을 수 없었답니다. 그게 그 이야기의 끔찍한 부분이지요." 이 지점에서 그 아이의 목소리는 그 침착하던 말투를 잃어버리고 떨리며 인간적으로 변하기 시작했다. "불쌍한 숙모는 항상 그들과 같이 따라다니던 작은 갈색 스패니얼이 언젠가는 돌아올 거라고 생각하고 있어요. 그리고 늘 하던 것처럼 저 창문으로 걸어 들어올 거라고 믿고 있죠. 그래서 매우 어둑해질 때까지 저 창문이 매일 저녁에 열려있는 거예요. 불쌍한 숙모는 하얀 방수 외투를 팔에 걸친 남편과 동생이 누이가 짜증나해서 싫어하는 데도 언제나 누이를 놀릴 때마다 '버티, 왜 이렇게 튀어오르는 거야?'란 노래를 부른 남동생이 그날 어떻게 나갔는지를 종종 저에게 말해주곤 했어요. 오늘같이 고요하고 조용한 저녁에 그들이 저 창문으로 모두 들어올지도 모른다는 오싹한 느낌을 때때로 받는 걸 당신이 알까요?"

그녀는 약간의 몸서리를 치며 말을 멈추었다. 아주머니가 늦게 나타나서 미안하다며 계속 변명을 늘어놓으며 방 안에 들어왔을 때 프램톤은 안도감을 느꼈다.

"베라가 당신을 즐겁게 해주었기를 바라네요." 그녀는 말했다.

"매우 재미있었습니다." 프램톤이 말했다.

"저 열린 창문이 당신의 신경을 거슬리지 않았으면 좋겠어요." 새플린톤 부인이 기분 좋게 말했다. "내 남편과 남동생들이 사냥에서 곧 돌아올 거예요. 그들은 항상 창문으로 들어오죠. 그들은 오늘 늪지에 사냥하러 나가 있지요. 그래서 불쌍한 카펫을 엉망으로 만들어놓을 거예요. 당신 같은 남자들이 그렇듯이. 그렇지 않아요?"

그녀는 사냥과 적은 수의 새들과 겨울의 오리 사냥 전망에 대해서 기분 좋게 빠른 말로 지껄이고 있었다. 프램톤에게는 이 모든 것이 완전히 무시무시했다. 그는 이야기를 좀 덜 소름끼치는 화제로 옮겨보려고 필사적으로 애를 썼으나 겨우 부분적으로만 성공했을 뿐이었다. 그는 여주인이 자기에게는 주의를 조금만 기울이고 있으며, 계속해서 그녀의 눈길이 자기 뒤쪽에 있는 열린 창문과 그 너머 잔디밭 쪽으로 향하고 있다는 것을 알아차렸다. 이러한 비극적인 기념일에 그가 방문했다는 것은 확실히 불행한 우연인 것이었다.

"의사들은 제가 완벽한 휴식을 취하고 정신적인 흥분을 전혀 하지 않고 격렬한 육체적인 운동을 회피해야 하는 데 동의했어요." 프램톤은 말했다. 그는 처음 만난 사람들과 우연히 만난 사람들은 상대방의 병이나 질환, 또 그 원인과 치료에 대해서 자세히 알고 싶어 한다는 꽤 널리 퍼진 망상 때문에 고민하고 있었다. "식단의 문제에 대해서는 그들이 일치하지는 못했죠." 라고 그는 말을 이었다.

"못했다고요?" 새플리톤 부인이 하품 끝 마지막 순간에 겨우 내는 목소리로 말했다. 그런 다음 그녀는 갑자기 얼굴이 환해지면서 바짝 긴장한 표정을 지었다. 그러나 프램톤이 말한 내용에 향한 것은 아니었다.

"마침내 그들이 여기에 왔네요." 그녀는 소리 질렀다. "차 마시는 시간에 딱 맞추었네요. 마치 그들이 완전히 진흙투성이인 것처럼 보이지 않나요?"

프램톤은 약간 소름이 끼쳤고 동정어린 공감을 전달할 목적의 시선으로 그 조카를 쳐다보았다. 아이는 두 눈이 멍하니 두려움에 사로잡힌 채 열린 창밖을 응시하고 있었다. 형언할 수 없는 공포의 굉장한 충격 속에 프램톤은 의자에서 몸을 홱 돌려서 같은 방향을 쳐다보았다.

어두워지는 황혼 속에 세 명의 사람들이 잔디를 가로질러 창문 쪽으로 걸어오고 있었다. 그들 모두 팔 아래로 총을 가지고 있었고, 그들의 한 명은 부가적으로 어깨에 하얀 코트를 매달고 있었다. 지친 갈색 스패니얼은 그들의 뒤꽁무니를 바짝 쫓아오고 있었다. 소리 없이 그들은 집 가까이에 다다랐고, 목쉰 소리의 젊은 목소리가 황혼 속에서 노래를 했다. "내가 말했지 버티, 왜 튀어오르는 거야?"

프램톤은 지팡이와 모자를 사납게 움켜잡았다. 황급히 빠져나오는 동안 현관문과 자갈길 진입로, 그리고 정문이 희미하게 눈에 들어왔다. 길을 따라오고 있던 자전거를 탄 사람이 갑작스런 충돌을 막기 위해서 울타리에 박았다.

"우리가 왔어요." 하얀 방수 외투를 걸친 사람이 창문을 통해 들어오면서 말했다. "상당히 진흙투성이었지만 대부분은 건조한 편이었소. 우리가 들어오고 있을 때 갑작스럽게 뛰어나간 사람은 누구지?"

"넛텔 씨라고 하는 매우 특이한 사람인데요." 새플리톤 부인은 말했다. "자신의 질병만을 이야기하고 당신이 도착했을 때 작별 인사나 사과의 말없이 그냥 나가버렸어요. 그가 마치 유령이라도 본 것처럼 말이에요."

"아마도 스패니얼 개 때문이라고 생각해요." 질녀가 차분하게 말했다. "그가 개를 무서워한다고 말했거든요. 그가 한때 한 무리의 남부 인도 개들한테 쫓겨 갠지스강의 강둑 어딘가의 공동묘지까지 도망쳐야 했고, 위로는 으르렁거리고 울부짖고 게거품을 문 개들과 함께 새로이 파 놓은 무덤에서 하룻밤을 보내야 했대요. 누구라도 기죽을 정도로 충분했던 거죠."

순식간에 이야기를 꾸며내는 것이 그녀의 특기였던 것이다.

01 This short story has a tripartite structure. Explain it.

02 In the story's first sentence, Vera is depicted as "a very self-possessed young lady of fifteen" by Mr. Nuttel. In the overall plot terms, as what character does the writer encourage the reader to view Vera?

03 The short story features a surprise ending. Explain it.

Answer

01 It has a tripartite structure: the first part beginning with the conversation between Vera and Framton, the second with the entrance of the aunt, and the third with the return of the hunting party.

02 By emphasizing her manners and her young age (as well as her gender), the writer encourages the reader to view Vera as credible and innocent.

03 In the end, the reader discovers that Vera is never truthful.

Chapter

05 Theme 주제

A common thread or repeated idea that is incorporated throughout a literary work. A theme is a thought or idea the author presents to the reader that may be deep, difficult to understand, or even moralistic. Generally, a theme has to be extracted as the reader explores the passages of a work. The author utilizes the characters, plot, and other literary devices to assist the reader in this endeavor.

In truly great works of literature, the author intertwines the theme throughout the work and the full impact is slowly realized as the reader processes the text. The ability to recognize a theme is important because it allows the reader to understand part of the author's purpose in writing the book.

Reflections on the Iguana

Isak Dinesen(1885–1962)

In the Reserve I have sometimes come upon the Iguana, the big lizards, as they were sunning themselves upon a flat stone in a river-bed. They are not pretty in shape, but nothing can be imagined more beautiful than their colouring. They shine like a heap of precious stones or like a pane cut out of an old church window. When, as you approach, they swish away, there is a flash of azure, green and purple over the stones, the colour seems to be standing behind them in the air, like a comet's luminous tail.

Once I shot an Iguana. I thought that I should be able to make some pretty things from his skin. A strange thing happened then, that I have never afterwards forgotten. As I went up to him, where he was lying dead upon his stone, and actually while I was walking the few steps, he faded and grew pale, all colour died out of him as in one long sigh, and by the time that I touched him he was grey and dull like a lump of concrete. It was the live impetuous blood pulsating within the animal, which had radiated out all that glow and splendour. Now that the flame was put out, and the soul had flown, the Iguana was as dead as a sandbag.

Often since I have, in some sort, shot an Iguana, and I have remembered the one of the Reserve. Up at Meru I saw a young Native girl with a bracelet on, a leather strap two inches wide, and embroidered all over with very small turquoise-coloured beads which varied a little in colour and played in green, light blue and ultramarine. It was an extraordinarily live thing; it seemed to draw breath on her arm, so that I wanted it for myself, and made Farah buy it from her. No sooner had it come upon my own arm than it gave up the ghost. It was nothing now, a small, cheap, purchased article of finery. It had been the play of colours, the duet between the turquoise and the 'nègre',—that quick, sweet, brownish black, like peat and black pottery, of the Native's skin,—that had created the life of the bracelet.

In the *Zoological Museum of Pietermaritzburg*, I have seen, in a stuffed deep-water fish in a showcase, the same combination of colouring, which there had survived death; it made me wonder what life can well be like, on the bottom of the sea, to send up something so live and airy. I stood in Meru and looked at my pale hand and at the dead bracelet. It was as if an injustice had been done to a noble thing, as if truth had been suppressed. So sad did it seem that I remembered the saying of the hero in a book that I had read as a child: "I have conquered them all, but I am standing among graves."

In a foreign country and with foreign species of life one should take measures to find out whether things will be keeping their value when dead. To the settlers of East Africa I give the advice: "For the sake of your own eyes and heart, shoot not the Iguana."

작품해설

In this short story, the writer tells us the nature of beauty—its true source. She suggests that essential beauty lies not only in the object itself, but is **something drawn from the setting**(environment) **in which it is found**. The skin of the iguana draws its beauty from life. The bracelet draws its beauty from the dark skin of the native girl. This reflection might be her idealized racism talking, with the native object inextricably linked to the native girl and ruined by the European. In another view, this attitude simply reflects the painter's vision, the importance having the proper ground for an object.

Theme

The writer narrates that she was attracted to the colors of the Iguana and shot it to use its skin but she was surprised to find that it lost its beautiful colors once it's dead. **Possessing something especially if possession involves taking it from its place or origin may destroy the beauty one seeks to possess.**

Dinesen compares **the Iguana** after being dead to a "**lump of concrete**" and adds that the Iguana is dead as a "**Sandbag.**" Also, she says that she took **a bracelet** from a native girl because it looked so beautiful when the girl was wearing it. But didn't match the color of her skin and she noticed that the beauty of a piece of jewelry or an article of clothing depends on the person wearing it. Moreover, the writer adds that she saw **a stuffed fish** in the Zoological Museum with its beautiful colors. She says it must have been really beautiful alive if it looks that attractive when dead in a showcase.

나는 보호 구역에서 때때로 큰 도마뱀인 이구아나를 우연히 만났는데, 그들이 강바닥의 평평한 돌 위에서 햇볕을 쬐고 있었다. 그것들은 모양이 예쁘지는 않지만, 색깔만큼은 그 어떠한 것보다도 더 아름다웠다. 이구아나는 보석 더미처럼 빛나거나 오래된 교회 창문에서 잘라낸 유리창처럼 빛난다. 여러분이 다가갈 때, 그들이 휙소리를 내며 사라지면, 돌들 위로 하늘색과 녹색 그리고 보라색의 반짝임이 있고, 그 색깔은, 혜성의 빛나는 꼬리처럼, 공중에 서 있는 것처럼 보인다.

한번은 이구아나 하나를 쏜 적이 있다. 나는, 그 이구아나의 피부로 예쁜 것들을 만들 수 있을 거라 생각했다. 그 후 한번도 잊은 적이 없는 이상한 일이 일어났다. 내가 돌 위에 죽은 채 누워있는 그 이구아나에게 다가갔을 때- 실제로 내가 몇 발자국을 걷고 있는 동안- 그 이구아나는 색깔이 바래져 창백해졌고, 긴 한숨처럼 그의 얼굴에서 모든 색이 사라졌고, 내가 그를 만졌을 때 쯤엔, 그는 콘크리트 덩어리처럼 회색빛이었고 윤기가 없었다. 그 모든 빛과 화려함을 발산한 것은 그 동물 안에서 펄쩍펄쩍 뛰는 살아 있는 약동하는 피였다. 이제 그 불꽃이 꺼지고 영혼이 날아갔기 때문에 이구아나는 모래 주머니처럼 죽은 상태였다.

내가 어떤 식으로든 이구아나를 쏜 이후로, 나는 보호 구역의 하나를 기억했다. 위쪽 메루에서 나는 어린 원주민 소녀를 보았는데, 그녀는 팔찌를 차고 있었다. 그 팔찌는 2인치 너비의 가죽 끈과 녹색, 옅은 파란색, 울트라마린 등 다양한 색깔이 작동하는 아주 작은 터키석 색깔의 구슬들로 온통 수놓아져 있었다. 그 팔찌는 정말 보기 드물 정도로 살아있는 것이었다. 그것은 그녀의 팔 위에서 살아 숨 쉬는 것 같았다. 그래서 나는 그 팔찌를 원했고, 파라에게 그것을 사게 했다. 그것이 내 팔에 걸리자마자 그 팔찌는 죽어버렸다. 그 팔찌는 이제 아무것도 아닌, 작고, 싸구려로 구입한 장신구일 따름이었다. 터키석과 '네그레'의 이중주인 색상의 놀이, 즉 토탄과 검은 도자기처럼 빠르고 달콤하며 갈색이 도는 검은 색상의 원주민 피부가 팔찌의 생명을 만들어냈던 것이다.

피에테르마리츠부르크 동물 박물관에서, 나는 진열장에 있는 심해 물고기 박제에서, 죽음에서 살아남은 것과 같은 색의 조합을 봤다. 그렇게 살아있고 섬세한 무언가를 뿜어내는 해저에서의 삶이란 도대체 어떤 것일 수 있는지 나는 궁금했다. 나는 메루에 서서 창백한 내 손과 죽은 팔찌를 바라보았다. 마치 고귀한 일에 불의가 가해진 것 같았고, 진실이 억압된 것 같았다. 너무 슬픈 나머지 어린 시절 읽은 책 속 영웅의 말이 생각났다: "나는 그들을 모두 정복했지만, 나는 무덤들 사이에 서 있다."

낯선 나라에 있을 때, 그리고 다른 종의 생물과 함께 있을 때, 우리는 어떤 것이 죽었을 때 그것들의 가치를 유지할 수 있는지를 알아내기 위한 조치를 취해야 한다. 동아프리카에 있는 (백인) 정착민들에게 충고한다: "당신의 눈과 마음을 위해서, 이구아나를 쏘지 말라"고.

Further Reading

The Bridle

Raymond Carver (1938－1988)

This old station wagon with Minnesota plates pulls into a parking space in front of the window. There's a man and woman in the front seat, two boys in the back. It's July, temperature's one hundred plus. These people look whipped. There are clothes hanging inside; suitcases, boxes, and such piled in back. From what Harley and I put together later, that's all they had left after the bank in Minnesota took their house, their pickup, their tractor, the farm implements, and a few cows.

The people inside sit for a minute, as if collecting themselves. The air-conditioner in our apartment is going full blast. Harley's around in back cutting grass. There's some discussion in the front seat, and then she and him get out and start for the front door.

I pat my hair to make sure that it's in place and wait till they push the doorbell for the second time. Then I go to let them in. "You're looking for an apartment?" I say. "Come on in here where it's cool." I show them into the living room. The living room is where I do business. It's where I collect the rents, write the receipts, and talk to interested parties. I also do hair. I call myself a stylist. That's what my cards say. I don't like the word beautician. It's an old-time word. I have the chair in a corner of the living room, and a dryer I can pull up to the back of the chair. And there's a sink that Harley put in a few years ago. Alongside the chair, I have a table with some magazines. The magazines are old. The covers are gone from some of them. But people will look at anything while they're under the dryer.

The man says his name.

"My name is Holits."

He tells me she's his wife. But she won't look at me. She looks at her nails instead. She and Holits won't sit down, either. He says they're interested in one of the furnished units.

"How many of you?" But I'm just saying what I always say. I know how many. I saw the two boys in the back seat. Two and two is four.

"Me and her and the boys. The boys are thirteen and fourteen, and they'll share a room, like always."

She has her arms crossed and is holding the sleeves of her blouse. She takes in the chair and the sink as if she's never seen their like before. Maybe she hasn't.

"I do hair," I say.

She nods. Then she gives my prayer plant the once-over. It has exactly five leaves to it.

"That needs watering," I say. I go over and touch one of its leaves. "Everything around here needs water. There's not enough water in the air. It rains three times a year if we're lucky. But you'll get used to it. We had to get used to it. But everything here is air-conditioned."

"How much is the place?" Holits wants to know.

I tell him and he turns to her to see what she thinks. But he may as well have been looking at the wall. She won't give him back his look. "I guess we'll have you show us," he says. So I move to get the key for 17, and we go outside.

I HEAR Harley before I see him.

Then he comes into sight between the buildings. He's moving along behind the power mower in his Bermudas and T-shirt, wearing the straw hat he bought in Nogales. He spends his time cutting grass and doing the small maintenance work. We work for a corporation, Fulton Terrace, Inc. They own the place. If anything major goes wrong, like air-conditioning trouble or something serious in the plumbing department, we have a list of phone numbers.

I wave. I have to. Harley takes a hand off the mower handle and signals. Then he pulls the hat down over his forehead and gives his attention back to what he's doing. He comes to the end of his cut, makes his turn, and starts back toward the street.

"That's Harley." I have to shout it. We go in at the side of the building and up some stairs. "What kind of work are you in, Mr. Holits?" I ask him.

"He's a farmer," she says.

"No more."

"Not much to farm around here." I say it without thinking.

"We had us a farm in Minnesota. Raised wheat. A few cattle. And Holits knows horses. He knows everything there is about horses."

"That's all right, Betty."

I get a piece of the picture then. Holits is unemployed. It's not my affair, and I feel sorry if that's the case—it is, it turns out—but as we stop in front of the unit, I have to say something. "If you decide, it's first month, last month, and one-fifty as security deposit." I look down at the pool as I say it. Some people are sitting in deck chairs, and there's somebody in the water.

Holits wipes his face with the back of his hand. Harley's mower is clacking away. Farther off, cars speed by on Calle Verde. The two boys have got out of the station wagon. One of them is standing at military attention, legs together, arms at his sides. But as I watch, I see him begin to flap his arms up and down and jump, like he intends to take off and fly. The other one is squatting down on the driver's side of the station wagon, doing knee bends.

I turn to Holits.

"Let's have a look," he says.

I turn the key and the door opens. It's just a little two-bedroom furnished apartment. Everybody has seen dozens. Holits stops in the bathroom long enough to flush the toilet. He watches till the tank fills. Later, he says, "This could be our room." He's talking about the bedroom that looks out over the pool. In the kitchen, the woman takes hold of the edge of the drainboard and stares out the window.

"That's the swimming pool," I say.

She nods. "We stayed in some motels that had swimming pools. But in one pool they had too much chlorine in the water."

I wait for her to go on. But that's all she says. I can't think of anything else, either.

"I guess we won't waste any more time. I guess we'll take it." Holits looks at her as he says it. This time she meets his eyes. She nods. He lets out breath through his teeth. Then she does something. She begins snapping her fingers. One hand is still holding the edge of the drainboard, but with her other hand she begins snapping her fingers.

03

Snap, snap, snap, like she was calling her dog, or else trying to get somebody's attention. Then she stops and runs her nails across the counter.

I don't know what to make of it. Holits doesn't either. He moves his feet.

"We'll walk back to the office and make things official," I say. "I'm glad."

I was glad. We had a lot of empty units for this time of year. And these people seemed like dependable people. Down on their luck, that's all. No disgrace can be attached to that.

Holits pays in cash—first, last, and the one-fifty deposit. He counts out bills of fifty-dollar denomination while I watch. U. S. Grants, Harley calls them, though he's never seen many. I write out the receipt and give him two keys. "You're all set."

He looks at the keys. He hands her one. "So, we're in Arizona. Never thought you'd see Arizona, did you?"

She shakes her head. She's touching one of the prayer-plant leaves.

"Needs water," I say.

She lets go of the leaf and turns to the window. I go over next to her. Harley is still cutting grass. But he's around in front now. There's been this talk of farming, so for a minute I think of Harley moving along behind a plow instead of behind his Black and Decker power mower.

I WATCH them unload their boxes, suitcases, and clothes. Holits carries in something that has straps hanging from it. It takes a minute, but then I figure out it's a bridle. I don't know what to do next. I don't feel like doing anything. So I take the Grants out of the cashbox. I just put them in there, but I take them out again. The bills have come from Minnesota. Who knows where they'll be this time next week? They could be in Las Vegas. All I know about Las Vegas is what I see on TV—about enough to put into a thimble. I can imagine one of the Grants finding its way out to Waikiki Beach, or else some other place. Miami or New York City. New Orleans. I think about one of those bills changing hands during Mardi Gras. They could go anyplace, and anything could happen because of them. I write my name in ink across Grant's broad old forehead: MARGE. I print it. I do it on every one. Right over his thick brows. People will stop in the midst of their spending and wonder. Who's this Marge? That's what they'll ask themselves, Who's this Marge?

Harley comes in from outside and washes his hands in my sink. He knows it's something I don't like him to do. But he goes ahead and does it anyway.

"Those people from Minnesota," he says. "The Swedes. They're a long way from home." He dries his hands on a paper towel. He wants me to tell him what I know. But I don't know anything. They don't look like Swedes and they don't talk like Swedes.

"They're not Swedes," I tell him. But he acts like he doesn't hear me.

"So what's he do?"

"He's a farmer."

"What do you know about that?"

Harley takes his hat off and puts it on my chair. He runs a hand through his hair. Then he looks at the hat and puts it on again. He may as well be glued to it. "There's not much to farm around here. Did you tell him that?" He gets a can of soda pop from the fridge and goes to sit in his recliner. He picks up the remote-control, pushes something, and the TV sizzles on. He pushes some more buttons until he finds what he's looking for. It's a hospital show. "What else does the Swede do? Besides farm?"

I don't know, so I don't say anything. But Harley's already taken up with his program. He's probably forgotten he asked me the question. A siren goes off. I hear the screech of tires. On the screen, an ambulance has come to a stop in front of an emergency-room entrance, its red lights flashing. A man jumps out and runs around to open up the back.

THE next afternoon the boys borrow the hose and wash the station wagon. They clean the outside and the inside. A little later I notice her drive away. She's wearing high heels and a nice dress. Hunting up a job, I'd say. After a while, I see the boys messing around the pool in their bathing suits. One of them springs off the board and swims all the way to the other end underwater. He comes up blowing water and shaking his head. The other boy, the one who'd been doing knee bends the day before, lies on his stomach on a towel at the far side of the pool. But this one boy keeps swimming back and forth from one end of the pool to the other, touching the wall and turning back with a little kick.

There are two other people out there. They're in lounge chairs, one on either side of the pool. One of them is Irving Cobb, a cook at Denny's. He calls himself Spuds. People have taken to calling him that, Spuds, instead of Irv or some other nickname. Spuds is fifty-five and bald. He already looks like beef jerky, but he wants more sun. Right now, his new wife, Linda Cobb, is at work at the K Mart. Spuds works nights. But him and Linda Cobb have it arranged so they take their Saturdays and Sundays off. Connie Nova is in the other chair. She's sitting up and rubbing lotion on her legs. She's nearly naked—just this little two-piece suit covering her. Connie Nova is a cocktail waitress. She moved in here six months ago with her so-called fiancé, an alcoholic lawyer. But she got rid of him. Now she lives with a long-haired student from the college whose name is Rick. I happen to know he's away right now, visiting his folks. Spuds and Connie are wearing dark glasses. Connie's portable radio is going.

Spuds was a recent widower when he moved in, a year or so back. But after a few months of being a bachelor again, he got married to Linda. She's a red-haired woman in her thirties. I don't know how they met. But one night a couple of months ago Spuds and the new Mrs. Cobb had Harley and me over to a nice dinner that Spuds fixed. After

03

dinner, we sat in their living room drinking sweet drinks out of big glasses. Spuds asked if we wanted to see home movies. We said sure. So Spuds set up his screen and his projector. Linda Cobb poured us more of that sweet drink. Where's the harm? I asked myself. Spuds began to show films of a trip he and his dead wife had made to Alaska. It began with her getting on the plane in Seattle. Spuds talked as he ran the projector. The deceased was in her fifties, good-looking, though maybe a little heavy. Her hair was nice.

"That's Spuds's first wife," Linda Cobb said. "That's the first Mrs. Cobb."

"That's Evelyn," Spuds said.

The first wife stayed on the screen for a long time. It was funny seeing her and hearing them talk about her like that. Harley passed me a look, so I know he was thinking something, too. Linda Cobb asked if we wanted another drink or a macaroon. We didn't. Spuds was saying something about the first Mrs. Cobb again. She was still at the entrance to the plane, smiling and moving her mouth even if all you could hear was the film going through the projector. People had to go around her to get on the plane. She kept waving at the camera, waving at us there in Spuds's living room. She waved and waved. "There's Evelyn again," the new Mrs. Cobb would say each time the first Mrs. Cobb appeared on the screen.

Spuds would have shown films all night, but we said we had to go. Harley made the excuse.

I don't remember what he said.

CONNIE NOVA is lying on her back in the chair, dark glasses covering half of her face. Her legs and stomach shine with oil. One night, not long after she moved in, she had a party. This was before she kicked the lawyer out and took up with the long-hair. She called her party a housewarming. Harley and I were invited, along with a bunch of other people. We went, but we didn't care for the company. We found a place to sit close to the door, and that's where we stayed till we left. It wasn't all that long, either. Connie's boyfriend was giving a door prize. It was the offer of his legal services, without charge, for the handling of a divorce. Anybody's divorce. Anybody who wanted to could draw a card out of the bowl he was passing around. When the bowl came our way, everybody began to laugh. Harley and I swapped glances. I didn't draw. Harley didn't draw, either. But I saw him look in the bowl at the pile of cards. Then he shook his head and handed the bowl to the person next to him. Even Spuds and the new Mrs. Cobb drew cards. The winning card had something written across the back. "Entitles bearer to one free uncontested divorce," and the lawyer's signature and the date. The lawyer was a drunk, but I say this is no way to conduct your life. Everybody but us had put his hand into the bowl, like it was a fun thing to do. The woman who drew the winning card clapped. It was like one of those game shows. "Goddamn, this is the first time I ever won anything!" I was told she had a husband in the military. There's no way of knowing if she still has him, or if she got her divorce, because Connie Nova took up with a different set of friends after she and the lawyer went their separate ways.

We left the party right after the drawing. It made such an impression we couldn't say much, except one of us said, "I don't believe I saw what I think I saw."

Maybe I said it.

A WEEK later Harley asks if the Swede—he means Holits—has found work yet. We've just had lunch, and Harley's in his chair with his can of pop. But he hasn't turned his TV on. I say I don't know. And I don't. I wait to see what else he has to say. But he doesn't say anything else. He shakes his head. He seems to think about something. Then he pushes a button and the TV comes to life.

She finds a job. She starts working as a waitress in an Italian restaurant a few blocks from here. She works a split shift, doing lunches and then going home, then back to work again in time for the dinner shift. She's meeting herself coming and going. The boys swim all day, while Holits stays inside the apartment. I don't know what he does in there. Once, I did her hair and she told me a few things. She told me she did waitressing when she was just out of high school and that's where she met Holits. She served him some pancakes in a place back in Minnesota.

She'd walked down that morning and asked me could I do her a favor. She wanted me to fix her hair after her lunch shift and have her out in time for her dinner shift. Could I do it? I told her I'd check the book. I asked her to step inside. It must have been a hundred degrees already.

"I know it's short notice," she said. "But when I came in from work last night, I looked in the mirror and saw my roots showing. I said to myself, 'I need a treatment.' I don't know where else to go."

I find Friday, August 14. There's nothing on the page.

"I could work you in at two-thirty, or else at three o'clock," I say.

"Three would be better," she says. "I have to run for it now before I'm late. I work for a real bastard. See you later."

At two-thirty, I tell Harley I have a customer, so he'll have to take his baseball game into the bedroom. He grumps, but he winds up the cord and wheels the set out back. He closes the door. I make sure everything I need is ready. I fix up the magazines so they're easy to get to. Then I sit next to the dryer and file my nails. I'm wearing the rose-colored uniform that I put on when I do hair. I go on filing my nails and looking up at the window from time to time.

She walks by the window and then pushes the doorbell. "Come on in," I call. "It's unlocked."

She's wearing the black-and-white uniform from her job. I can see how we're both wearing uniforms. "Sit down, honey, and we'll get started." She looks at the nail file. "I give manicures, too," I say.

She settles into the chair and draws a breath.

I say, "Put your head back. That's it. Close your eyes now, why don't you? Just relax. First I'll shampoo you and touch up these roots here. Then we'll go from there. How much time do you have?"

"I have to be back there at five-thirty."

"We'll get you fixed up."

"I can eat at work. But I don't know what Holits and the boys will do for their supper."

"They'll get along fine without you."

I start the warm water and then notice Harley's left me some dirt and grass. I wipe up his mess and start over.

I say, "If they want, they can just walk down the street to the hamburger place. It won't hurt them."

"They won't do that. Anyway, I don't want them to have to go there."

It's none of my business, so I don't say any more. I make up a nice lather and go to work. After I've done the shampoo, rinse, and set, I put her under the dryer. Her eyes have closed. I think she could be asleep. So I take one of her hands and begin.

"No manicure." She opens her eyes and pulls away her hand.

"It's all right, honey. The first manicure is always no charge."

She gives me back her hand and picks up one of the magazines and rests it in her lap. "They're his boys," she says. "From his first marriage. He was divorced when we met. But I love them like they were my own. I couldn't love them any more if I tried. Not even if I was their natural mother."

I turn the dryer down a notch so that it's making a low, quiet sound. I keep on with her nails. Her hand starts to relax.

"She lit out on them, on Holits and the boys, on New Year's Day ten years ago. They never heard from her again." I can see she wants to tell me about it. And that's fine with me. They like to talk when they're in the chair. I go on using the file. "Holits got the divorce. Then he and I started going out. Then we got married. For a long time, we had us a life. It had its ups and downs. But we thought we were working toward something." She shakes her head. "But something happened. Something happened to Holits, I mean. One thing happened was he got interested in horses. This one particular race horse, he bought it, you know—something down, something each month. He took it around to the tracks. He was still up before daylight, like always, still doing the chores and such. I thought everything was all right. But I don't know anything. If you want the truth, I'm not so good at waiting tables. I think those wops would fire me at the drop of a hat, if I gave them a reason. Or for no reason. What if I got fired? Then what?"

I say, "Don't worry, honey. They're not going to fire you."

Pretty soon she picks up another magazine. But she doesn't open it. She just holds it and goes on talking. "Anyway, there's this horse of his. Fast Betty. The Betty part is a joke. But he says it can't help but be a winner if he names it after me. A big winner, all right. The fact is, wherever it ran, it lost. Every race. Betty Longshot—that's what it should have been called. In the beginning, I went to a few races. But the horse always ran ninety-nine to one. Odds like that. But Holits is stubborn if he's anything. He wouldn't give up. He'd bet on the horse and bet on the horse. Twenty dollars to win. Fifty dollars to win. Plus all the other things it costs for keeping a horse. I know it don't sound like a large amount. But it adds up. And when the odds were like that— ninety-nine to one, you know—sometimes he'd buy a combination ticket. He'd ask me if I realized how much money we'd make if the horse came in. But it didn't, and I quit going."

I keep on with what I'm doing. I concentrate on her nails. "You have nice cuticles," I say. "Look here at your cuticles. See these little half-moons? Means your blood's good."

She brings her hand up close and looks. "What do you know about that?" She shrugs. She lets me take her hand again. She's still got things to tell. "Once, when I was in high school, a counselor asked me to come to her office. She did it with all the girls, one of us at a time. 'What dreams do you have?' this woman asked me. 'What do you see yourself doing in ten years? Twenty years?' I was sixteen or seventeen. I was just a kid. I couldn't think what to answer. I just sat there like a lump. This counselor was about the age I am now. I thought she was old. She's old, I said to myself. I knew her life was half over. And I felt like I knew something she didn't. Something she'd never know. A secret. Something nobody's supposed to know, or ever talk about. So I stayed quiet. I just shook my head. She must've written me off as a dope. But I couldn't say anything. You know what I mean? I thought I knew things she couldn't guess at. Now, if anybody asked me that question again, about my dreams and all, I'd tell them."

"What would you tell them, honey?" I have her other hand now. But I'm not doing her nails. I'm just holding it, waiting to hear.

She moves forward in the chair. She tries to take her hand back.

"What would you tell them?"

She sighs and leans back. She lets me keep the hand. "I'd say, 'Dreams, you know, are what you wake up from.' That's what I'd say." She smooths the lap of her skirt. "If anybody asked, that's what I'd say. But they won't ask." She lets out her breath again. "So how much longer?" she says.

"Not long," I say.

"You don't know what it's like."

03

"Yes, I do," I say. I pull the stool right up next to her legs. I'm starting to tell how it was before we moved here, and how it's still like that. But Harley picks right then to come out of the bedroom. He doesn't look at us. I hear the TV jabbering away in the bedroom. He goes to the sink and draws a glass of water. He tips his head back to drink. His Adam's apple moves up and down in his throat.

I move the dryer away and touch the hair at both sides of her head. I lift one of the curls just a little.

I say, "You look brand-new, honey."

"Don't I wish."

THE boys keep on swimming all day, every day, till their school starts. Betty keeps on at her job. But for some reason she doesn't come back to get her hair done. I don't know why this is. Maybe she doesn't think I did a good job. Sometimes I lie awake, Harley sleeping like a grindstone beside me, and try to picture myself in Betty's shoes. I wonder what I'd do then.

Holits sends one of his sons with the rent on the first of September, and on the first of October, too. He still pays in cash. I take the money from the boy, count the bills right there in front of him, and then write out the receipt. Holits has found work of some sort. I think so, anyway. He drives off every day with the station wagon. I see him leave early in the morning and drive back late in the afternoon. She goes past the window at ten-thirty and comes back at three. If she sees me, she gives me a little wave. But she's not smiling. Then I see Betty again at five, walking back to the restaurant. Holits drives in a little later. This goes on till the middle of October.

Meanwhile, the Holits couple acquainted themselves with Connie Nova and her long-hair friend, Rick. And they also met up with Spuds and the new Mrs. Cobb. Sometimes, on a Sunday afternoon, I'd see all of them sitting around the pool, drinks in their hands, listening to Connie's portable radio. One time Harley said he saw them all behind the building, in the barbecue area. They were in their bathing suits then, too. Harley said the Swede had a chest like a bull. Harley said they were eating hot dogs and drinking whiskey. He said they were drunk.

IT was Saturday, and it was after eleven at night. Harley was asleep in his chair. Pretty soon I'd have to get up and turn off the set. When I did that, I knew he'd wake up. "Why'd you turn it off? I was watching that show." That's what he'd say. That's what he always said. Anyway, the TV was going, I had the curlers in, and there's a magazine on my lap. Now and then I'd look up. But I couldn't get settled on the show. They were all out there in the pool area—Spuds and Linda Cobb, Connie Nova and the long-hair, Holits and Betty. We have a rule against anyone being out there after ten. But this night they didn't care about rules. If Harley woke up, he'd go out and say something. I felt it was all right for them to have their fun, but it was time for it to stop. I kept getting up and going over to the window. All of them except Betty had on bathing suits. She was still in her uniform. But she had her shoes off, a glass in her hand, and she was drinking right along with the rest of them. I kept putting off having to turn off the set. Then one of them shouted something, and another one took it up and began to laugh. I looked and saw Holits finish off his drink. He put the glass down on the deck. Then he walked over to the cabana. He dragged up one of the tables and climbed onto that. Then—he seemed to do it without any effort at all—he lifted up onto the roof of the cabana. It's true, I thought; he's strong. The long-hair claps his hands, like he's all for this. The rest of them are hooting Holits on, too. I know I'm going to have to go out there and put a stop to it.

Harley's slumped in his chair. The TV's still going. I ease the door open, step out, and then push it shut behind me. Holits is up on the roof of the cabana. They're egging him on. They're saying, "Go on, you can do it." "Don't belly-flop, now." "I double-dare you." Things like that.

Then I hear Betty's voice. "Holits, think what you're doing." But Holits just stands there at the edge. He looks down at the water. He seems to be figuring how much of a run he's going to have to make to get out there. He backs up to the far side. He spits in his palm and rubs his hands together. Spuds calls out, "That's it, boy! You'll do it now."
I see him hit the deck. I hear him, too.
"Holits!" Betty cries.
They all hurry over to him. By the time I get there, he's sitting up. Rick is holding him by the shoulders and yelling into his face. "Holits! Hey, man!"
Holits has this gash on his forehead, and his eyes are glassy. Spuds and Rick help him into a chair. Somebody gives him a towel. But Holits holds the towel like he doesn't know what he's supposed to do with it. Somebody else hands him a drink. But Holits doesn't know what to do with that, either. People keep saying things to him. Holits brings the towel up to his face. Then he takes it away and looks at the blood. But he just looks at it. He can't seem to understand anything.
"Let me see him." I get around in front of him. It's bad. "Holits, are you all right?" But Holits just looks at me, and then his eyes drift off. "I think he'd best go to the emergency room." Betty looks at me when I say this and begins to shake her head. She looks back at Holits. She gives him another towel. I think she's sober. But the rest of them are drunk. Drunk is the best that can be said for them.
Spuds picks up what I said. "Let's take him to the emergency room."
Rick says, "I'll go, too."

"We'll all go," Connie Nova says.

"We better stick together," Linda Cobb says.

"Holits." I say his name again.

"I can't go it," Holits says.

"What'd he say?" Connie Nova asks me.

"He said he can't go it," I tell her.

"Go what? What's he talking about?" Rick wants to know.

"Say again?" Spuds says. "I didn't hear."

"He says he can't go it. I don't think he knows what he's talking about. You'd best take him to the hospital," I say. Then I remember Harley and the rules. "You shouldn't have been out here. Any of you. We have rules. Now go on and take him to the hospital."

"Let's take him to the hospital," Spuds says like it's something he's just thought of. He might be farther gone than any of them. For one thing, he can't stand still. He weaves. And he keeps picking up his feet and putting them down again. The hair on his chest is snow white under the overhead pool lights.

"I'll get the car." That's what the long-hair says. "Connie, let me have the keys."

"I can't go it," Holits says. The towel has moved down to his chin. But the cut is on his forehead.

"Get him that terry-cloth robe. He can't go to the hospital that way." Linda Cobb says that. "Holits! Holits, it's us." She waits and then she takes the glass of whiskey from Holits's fingers and drinks from it.

I can see people at some of the windows, looking down on the commotion. Lights are going on. "Go to bed!" someone yells.

Finally, the long-hair brings Connie's Datsun from behind the building and drives it up close to the pool. The headlights are on bright. He races the engine.

"For Christ's sake, go to bed!" the same person yells. More people come to their windows. I expect to see Harley come out any minute, wearing his hat, steaming. Then I think, No, he'll sleep through it. Just forget Harley.

Spuds and Connie Nova get on either side of Holits. Holits can't walk straight. He's wobbly. Part of it's because he's drunk. But there's no question he's hurt himself. They get him into the car, and they all crowd inside, too. Betty is the last to get in. She has to sit on somebody's lap. Then they drive off. Whoever it was that has been yelling slams the window shut.

THE whole next week Holits doesn't leave the place. And I think Betty must have quit her job, because I don't see her pass the window anymore. When I see the boys go by, I step outside and ask them, point-blank: "How's your dad?"

"He hurt his head," one of them says.

I wait in hopes they'll say some more. But they don't. They shrug and go on to school with their lunch sacks and binders. Later, I was sorry I hadn't asked after their step-mom.

When I see Holits outside, wearing a bandage and standing on his balcony, he doesn't even nod. He acts like I'm a stranger. It's like he doesn't know me or doesn't want to know me. Harley says he's getting the same treatment. He doesn't like it. "What's with him?" Harley wants to know. "Damn Swede. What happened to his head? Somebody belt him or what?" I don't tell Harley anything when he says that. I don't go into it at all.

Then that Sunday afternoon I see one of the boys carry out a box and put it in the station wagon. He goes back upstairs. But pretty soon he comes back down with another box, and he puts that in, too. It's then I know they're making ready to leave. But I don't say what I know to Harley. He'll know everything soon enough.

Next morning, Betty sends one of the boys down. He's got a note that says she's sorry but they have to move. She gives me her sister's address in Indio where she says we can send the deposit to. She points out they're leaving eight days before their rent is up. She hopes there might be something in the way of a refund there, even though they haven't given the thirty days' notice. She says, "Thanks for everything. Thanks for doing my hair that time." She signs the note, "Sincerely, Betty Holits."

"What's your name?" I ask the boy.

"Billy."

"Billy, tell her I said I'm real sorry."

Harley reads what she's written, and he says it will be a cold day in hell before they see any money back from Fulton Terrace. He says he can't understand these people. "People who sail through life like the world owes them a living." He asks me where they're going. But I don't have any idea where they're going. Maybe they're going back to Minnesota. How do I know where they're going? But I don't think they're going back to Minnesota. I think they're going someplace else to try their luck.

Connie Nova and Spuds have their chairs in the usual places, one on either side of the pool. From time to time, they look over at the Holits boys carrying things out to the station wagon. Then Holits himself comes out with some clothes over his arm. Connie Nova and Spuds holler and wave. Holits looks at them like he doesn't know them. But then he raises up his free hand. Just raises it, that's all. They wave. Then Holits is waving. He keeps waving at them, even after they've stopped. Betty comes downstairs and touches his arm. She doesn't wave. She won't even look at these people. She says something to Holits, and he goes on to the car. Connie Nova lies back in her chair and reaches over to turn up her portable radio. Spuds holds his sunglasses and watches

Holits and Betty for a while. Then he fixes the glasses over his ears. He settles himself in the lounge chair and goes back to tanning his leathery old self.

Finally, they're all loaded and ready to move on. The boys are in the back, Holits behind the wheel, Betty in the seat right up next to him. It's just like it was when they drove in here.

"What are you looking at?" Harley says.

He's taking a break. He's in his chair, watching the TV. But he gets up and comes over to the window.

"Well, there they go. They don't know where they're going or what they're going to do. Crazy Swede."

I watch them drive out of the lot and turn onto the road that's going to take them to the freeway. Then I look at Harley again. He's settling into his chair. He has his can of pop, and he's wearing his straw hat. He acts like nothing has happened or ever will happen.

"Harley?"

But, of course, he can't hear me. I go over and stand in front of his chair. He's surprised. He doesn't know what to make of it. He leans back, just sits there looking at me.

The phone starts ringing.

"Get that, will you?" he says.

I don't answer him. Why should I?

"Then let it ring," he says.

I go find the mop, some rags, S.O.S. pads, and a bucket. The phone stops ringing. He's still sitting in his chair. But he's turned off the TV. I take the passkey, go outside and up the stairs to 17. I let myself in and walk through the living room to their kitchen— what used to be their kitchen.

The counters have been wiped down, the sink and cupboards are clean. It's not so bad. I leave the cleaning things on the stove and go take a look at the bathroom. Nothing there a little steel wool won't take care of. Then I open the door to the bedroom that looks out over the pool. The blinds are raised, the bed is stripped. The floor shines. "Thanks," I say out loud. Wherever she's going, I wish her luck. "Good luck, Betty." One of the bureau drawers is open and I go to close it. Back in a corner of the drawer I see the bridle he was carrying in when he first came. It must have been passed over in their hurry. But maybe it wasn't. Maybe the man left it on purpose.

"Bridle," I say. I hold it up to the window and look at it in the light. It's not fancy, it's just an old dark leather bridle. I don't know much about them. But I know that one part of it fits in the mouth. That part's called the bit. It's made of steel. Reins go over the head and up to where they're held on the neck between the fingers. The rider pulls the reins this way and that, and the horse turns. It's simple. The bit's heavy and cold. If you had to wear this thing between your teeth, I guess you'd catch on in a hurry. When you felt it pull, you'd know it was time. You'd know you were going somewhere.

한글번역

굴레

미네소타주 번호판을 단 낡은 스테이션 왜건이 창 너머 주차장으로 들어온다. 앞좌석에는 남자와 여자가, 뒷자석에는 남자아이 둘이 타고 있다. 7월이고 온도는 화씨 100도가 넘는다. 그들은 채찍질이라도 당한 듯 지쳐보인다. 차 안에는 옷들이 걸려있다. 뒤에는 여행 가방, 박스 등이 쌓여있다. 할리와 내가 나중에 얘기를 맞춰본 바에 따르면, 미네소타에 있는 은행에다가 집, 픽업, 트랙터, 농기구, 소 몇 마리를 넘겨버린 뒤, 그들에게 남은 건 그게 다다.

안에 있는 사람들은 마음을 가라앉히려는 듯 잠시 가만히 앉아있다. 우리 아파트의 에어컨은 풀가동되고 있다. 할리는 건물 뒤에서 잔디를 깎고 있다. 앞자리에서 잠시 말을 주고받은 뒤, 여자와 남자가 차에서 내려 현관문으로 다가온다. 나는 손으로 머리칼을 매만진 뒤 그들이 벨을 두 번 누를 때까지 기다린다. 그 다음에 나는 그들을 안으로 들어오게 한다. "아파트를 찾으시나요?" 나는 말한다. "안이 시원하니 이쪽으로 들어오세요." 나는 그들을 거실로 안내한다. 거실은 내가 일 하는 곳이다. 거기서 나는 집세를 걷고, 영수증을 작성하고, 관심이 있는 고객들과 상담한다. 나는 머리도 만진다. 나는 나를 스타일리스트라고 부른다. 내 명함에 그렇게 적혀있다. 나는 미용사라는 말이 싫다. 촌스러운 말이다. 거실 한쪽에는 의자가 있고, 의자 뒤에는 내가 뽑아서 쓸 수 있는 드라이어가 있다. 몇 년 전 할리가 설치한 세면대도 있다. 의자 옆 탁자에는 잡지를 몇 권 갖다 놓았다. 낡은 잡지들이다. 어떤 잡지는 표지도 뜯어지고 없다. 하지만 머리를 말리는 동안 사람들은 뭐라도 봐야 한다.

남자는 이름을 말한다.

"홀리츠라고 합니다."

그는 내게 여자가 아내라고 말한다. 하지만 그녀는 나를 쳐다보지도 않는다. 대신에 그녀는 자기 손톱을 바라본다. 그녀와 홀리츠는 앉으려고도 하지 않는다. 그는 자신들이 가구 딸린 집에 관심이 있다고 말한다.

"가족은 몇 명이신가요?" 하지만 나는 늘 하던 대로 묻는 것뿐이다. 나는 몇 명인지 알고 있다. 나는 뒷자리에 있는 사내 애 두 명을 봤다. 2 더하기 2는 4. 네 명이다.

"나하고 아내하고 아들들입니다. 하나는 열세 살이고 하나는 열 살입니다. 늘 그랬지만, 걔들은 방을 같이 쓸 겁니다."

그녀는 팔짱을 끼고 블라우스의 소매를 잡고 있다. 그녀는 처음 보는 물건인 양 의자와 세면대를 뚫어지게 바라본다. 어쩌면 이제껏 보지 못했을 수도 있겠다.

"제가 미용 일도 하거든요." 나는 말한다.

그녀는 고개를 끄덕인다. 그러더니 내 마란타를 대충 훑어본다. 정확하게 이파리가 다섯 개 남았다.

"물을 줘야해요." 나는 말한다. 나는 다가가 잎 하나를 만진다. "여기는 모든 게 물이 부족해요. 공기 중에 수분이 많지 않거든요. 운이 좋아야 일 년에 세 번 정도 비가 내릴까. 하지만 곧 익숙해질 거예요. 우리는 익숙해졌어요. 여기에는 다 에어컨들이 있으니까."

"집세는 얼마나 합니까?" 홀리츠는 그게 궁금하다.

내가 말하자 그는 의견을 묻기 위해 그녀를 돌아본다. 하지만 그건 벽을 쳐다보고 있는 것이나 마찬가지다. 그녀는 그를 바라보지도 않는다. "집을 좀 보여주시면 좋겠네요." 그가 말한다. 그래서 나는 17호의 열쇠를 가져와 함께 나간다.

할리를 보기도 전에 나는 그의 소리를 듣는다.

그리고 그가 건물 사이로 모습을 드러낸다. 노갈레스에서 산 밀짚모자에 버뮤다 반바지와 티셔츠를 걸친 그는 잔디 깎는 기계 뒤에서 움직이고 있다. 그는 잔디를 깎고 자질구레한 관리 업무를 한다. 우리는 풀턴 테라스라는 회사에서 일한다. 여기는 그 회사 소유다. 에어컨이 고장나거나 배관 설비에 이상이 생기는 등 큰 문제가 발생할 때 연락할 수 있는 전화번호 목록이 우리에게는 있다.

나는 손을 흔든다. 그래야만 한다. 할리는 잔디 깎는 기계의 손잡이에서 한 손을 떼고 손짓한다. 그러고는 모자를 이마까지 잡아내리고 다시 하던 일에 몰두한다. 한쪽 끝까지 다 깎은 그는 기계를 돌려 거리 쪽으로 다시 돌아가기 시작한다.

"저 사람은 할리예요." 소리를 질러야만 한다. 우리는 건물 옆으로 들어가 계단을 올라간다. "홀리츠 씨는 무슨 일을 하시나요?" 내가 그에게 묻는다.

"농사지어요." 그녀가 말한다.

"이젠 아니야."

"이 근방에는 농사지을 만한 땅이 많지 않아요." 아무 생각 없이 내가 말한다.

"미네소타에 우리 농장이 있었어요. 밀을 키웠죠. 소도 몇 마리. 남편은 말에 관해 잘 알아요. 말이라면 모르는 게 없어요."

"그만 됐어, 베티."

그제야 사정이 얼마간 이해된다. 홀리츠는 무직이다. 내 알 바는 아니고, 또 그렇다면 결국 사실 그렇다. 안 된 일이지만 집 앞에 다다랐을 때 내게는 해야 할 말이 있다. "결정하시면 첫 달치와 마지막 달치, 그리고 보증금으로 백오십 달러를 내셔야만 합니다." 이렇게 말하면서 나는 수영장을 내려다본다. 접이식 의자에 몇 명이 앉아있고 물 속에 누군가 들어가 있다.

홀리츠는 손등으로 얼굴을 닦는다. 할리가 모는 기계 소리가 멀어진다. 멀리 자동차들이 칼레 베르데 길을 질주한다. 두 아이가 스테이지 왜건에서 나왔다. 그중 한 아이는 군대식으로 다리를 모으고 두 발을 몸에 붙인 채 서 있다. 하지만 계속 바라보니 하늘로 날아오르려고 하는 것처럼 아래위로 날갯짓을 하면서 껑충거린다. 다른 아이는 스테이션 왜건의 운전석 쪽에 무릎을 굽혀 쪼그리고 앉는다.

나는 홀리츠 쪽으로 돌아선다.

"한번 봅시다." 그가 말한다.

나는 키를 돌려 문을 연다. 가구가 딸린, 방 두 개짜리 아파트일 뿐이다. 어디서나 볼 수 있는 집이다. 홀리츠는 오랫동안 욕실에 있으면서 변기의 물을 내려본다. 그는 물탱크에 물이 찰 때까지 지켜본다. 조금 있다가 그는 "우리가 여기를 쓰면 되겠군"이라고 말한다. 수영장이 보이는 쪽의 방을 말하는 것이다. 부엌에서는 그 여자가 건조대 모서리를 잡고 창밖을 내다보고 있다.

"수영장입니다." 내가 말한다.

그녀는 고개를 끄덕인다. "우리가 잔 모텔 중에도 수영장이 딸린 곳이 있었죠. 그런데 그중에 한 곳은 물에다 염소를 너무 많이 풀어놓았어요."

나는 그녀가 더 말할 때까지 기다린다. 하지만 그게 다다. 나 역시 뭐라고 할 말이 없다.

"괜한 시간을 허비할 필요가 없을 것 같아. 그냥 여기로 하자구." 그렇게 말하면서 홀리츠는 그녀를 바라본다. 이번에는 그녀가 눈을 맞춘다. 그녀는 고개를 끄덕인다. 그는 이 사이로 숨을 내쉰다. 그때 그녀가 무슨 행동을 한다. 그녀는 손가락으로 딱딱 소리를 내기 시작한다. 한 손으로는 여전히 건조대 모서리를 잡고 있지만, 다른 손으로는 손가락으로 소리를 낸다. 딱, 딱, 딱, 개를 부르는 것처럼, 혹은 누군가의 가락으로 소리를 낸다. 시선을 끌려고 하는 것처럼. 그러더니 그 짓을 멈추고 이번에는 조리대를 손끝으로 쓱 긁는다.

나로서는 그게 도대체 무슨 의미인지 알 수가 없다. 홀리츠 역시 마찬가지다. 그는 발을 움직인다.

"다시 사무실로 돌아가서 서류를 작성하시죠." 내가 말한다. "반갑습니다."

나는 정말 반가웠다. 올해에는 빈집이 많았다. 게다가 이 사람들은 믿을 만해 보였다. 단지 운이 나빠진 것뿐이다. 거기다 수치스럽다는 딱지를 붙일 일은 전혀 없다.

홀리츠는 현금으로 지불한다—첫 달치, 마지막 달치, 보증금 백오십 달러. 그는 내가 보는 앞에서 액면가 오십 달러짜리 지폐를 헤아린다. 자주 볼 기회도 없으면서 할리는 그걸 U. S. 그랜트라고 부른다. 나는 영수증을 작성하고 그에게 열쇠 두 개를 건네준다. "이제 다 됐습니다."

그는 열쇠를 본다. 그리고 하나를 그녀에게 준다. "이렇게 해서 애리조나에 오게 됐네. 애리조나를 볼 줄은 상상도 못했겠지?"

그녀는 고개를 가로젓는다. 그녀는 마란타 잎사귀를 만지고 있다.

"물을 줘야해요." 나는 말한다.

그녀는 잎사귀에서 손을 떼고 창문 쪽으로 돌아선다. 나는 그녀의 옆으로 간다. 할리는 여전히 잔디를 깎고 있다. 하지만 이제는 앞쪽에 서 있다. 농사짓는 이야기가 나온 김에, 나는 잠시 할리가 블랙 앤 데커 사의 잔디 깎는 기계가 아니라 쟁기 뒤에 있는 모습을 생각해본다.

나는 그들이 박스와 여행 가방과 옷가지를 부리는 걸 바라본다. 홀리츠는 가죽끈이 늘어진 뭔가를 나른다. 한 일 분쯤 지났을 무렵 나는 그게 말굴레라는 걸 알아챈다. 나는 이제 뭘 해야 할지 모르겠다. 뭘 하고 싶은 기분이 아니다. 그래서 금고에서 그랜트를 꺼낸다. 이내 돈을 넣었다가 다시 꺼낸다. 미네소타에서 온 지폐들이다. 다음 주 이 시간에는 이 돈들이 어디에 있을지 누가 알겠는가? 라스베이거스에 있을지도 모른다. 라스베이거스라면, TV에서 본 게 내가 아는 전부다. 겨우 손톱만큼만 알 뿐이다. 이 그랜트 중 한 장이 와이키키 해변이나 다른 어딘가로 간다고 상상할 수도 있다. 마이애미나 뉴욕 시티로, 뉴올리언스로, 이 지폐 중 한 장이 마르디 그라에 손에서 손으로 넘어가는 장면을 상상한다. 지폐들은 어딘든 갈 수 있고, 이 지폐들이 원인이 되어 무슨 일이든 일어날 수 있다. 나는 그랜트의 훤칠한 이마에다 잉크로 내 이름을 쓴다. 마지. 나는 활자체로 쓴다. 모든 지폐에다가 쓴다. 그의 짙은 눈썹 바로 위에. 돈을 쓰려던 사람들은 궁금해할 것이다. 마지가 누구야? 그들은 그게 궁금할 것이다. 마지가 누구야?

할리는 밖에서 들어와 내 세면대에서 손을 씻는다. 그는 그렇게 하면 내가 싫어한다는 걸 알고 있다. 하지만 어쨌든 그는 계속 그렇게 한다.

"미네소타에서 온 사람들 말이야." 그가 말한다. "그 스웨덴 사람들. 참 멀리도 왔구면" 그는 종이 타월로 손을 닦는다. 그는 내게 뭐 아는게 있으면 말해보라고 한다. 하지만 나도 아는 게 없다. 그들은 스웨덴 사람처럼 보이지도 않고 스웨덴 사람처럼 말하지도 않는다.

"스웨덴 사람들이 아니야." 그에게 말한다. 그는 내 말을 듣지 못한 것처럼 군다.

"그래서 그 양반은 무슨 일을 한대?"

"농사짓는대."

"농사가 뭔지 알기나 알고 하는 소리야?"

그는 모자를 벗더니 내 의자 위에 올려놓는다. 그는 손으로 머리로 한 번 훑는다. 그러더니 모자를 바라보다가 다시 쓴다. 그는 모자를 딱 눌러쓰는 게 낫다. "이 근처에는 농사 지을 만한 땅이 없어. 그 얘기는 한 거야?" 그는 냉장고에서 탄산음료 캔을 꺼내더니 안락의자에 가서 앉는다. 그가 리모컨을 들고 누르자, TV가 지직거린다. 그는 그가 보고자 하는 것을 찾을 때까지 몇 개의 버튼을 더 누른다. 병원을 배경으로 한 드라마다. "그 스웨덴 사람들, 또 하는 일이 뭐래? 농사 말고?"

나는 모르기 때문에 아무 말도 하지 않는다. 하지만 할리는 벌써 TV 프로그램에 빠져있다. 자기가 나한테 질문을 던졌다는 사실도 잊어버린 게 분명하다. 사이렌이 울린다. 타이어 미끄러지는 소리가 들린다. 붉은 경광등을 번쩍이며 구급차 한 대가 응급실 앞에 멈춰 서는 장면이 나온다. 한 남자가 뛰어내려 뒷문을 열기 위해 달려간다.

다음날 오후 호스를 빌린 소년들은 스테이션 왜건을 세차한다. 아이들은 안과 밖을 청소한다. 조금 뒤, 나는 그녀가 차를 몰고 나가는 것을 본다. 그녀는 하이힐을 신고 멋진 원피스를 입었다. 일자리를 알아보러 가는군, 나는 혼자 말한다. 잠시 뒤, 수영복을 입은 아이들이 수영장에서 즐겁게 노는 모습이 보인다. 한 아이는 발판을 밟고 물에 뛰어들어 반대편까지 쭉 잠수해 수영한다. 그 아이는 물을 내뿜으며 올라와 머리를 흔든다. 다른 아이, 그러니까 전날 무릎을 굽히고 있었던 아이는 수영장 저쪽에 타월을 깐 뒤 배를 깔고 누워있다. 하지만 물속의 아이는 벽을 손으로 짚은 뒤, 살짝 발로 차 방향을 틀며, 수영장의 한쪽 끝에서 다른 쪽 끝으로 반복해서 수영하고 있다.

거기에는 두 사람이 더 있다. 그들은 수영장의 양쪽에 있는 일광욕 의자에 앉아있다. 한 사람은 데니스 식당의 요리사인 어빙 콥이다. 그는 자신을 스퍼즈라고 부르란다. 사람들은 점차 어브나 다른 애칭 대신에 그를 스퍼즈라고 부르게 됐다. 스퍼즈는 쉰다섯 살로 머리가 벗겨졌다. 이미 살갗이 육포처럼 됐는데도 햇볕을 더 원한다. 지금 이 시각, 그의 새로운 아내인 린다 콥은 K마트에서 일하고 있다. 스퍼즈는 밤에 일한다. 하지만 그와 린다 콥은 토요일과 일요일에는 쉴 수 있도록 시간을 조정했다. 코니 노바는 다른 의자에 앉아있다. 그녀는 몸을 일으키고 앉아 다리에 로션을 문지르고 있다. 거의 벌거벗은 상태다. 몸을 가린 것이라고는 작은 천 쪼가리 두 개뿐이다. 코니 노바는 칵테일 바의 웨이트리스다. 그녀는 여섯 달 전에, 말하자면 피앙세라고 할 수 있는 술주정뱅이 변호사와 이곳을 찾아왔다. 하지만 그녀는 그를 차버렸다. 지금은 릭이라는 이름의 장발 대학생과 함께 산다. 지금은 그가 부모 집에 갔다는 사실을 우연히 알게 됐다. 스퍼즈와 코니는 짙은색 선글라스를 끼고 있다. 코니의 휴대용 라디오가 돌아간다.

일 년쯤 전인가 스퍼즈가 여기 이사 왔을 때, 그는 막 아내를 여읜 직후였다. 다시 독신으로 생활한 지 몇 달 지나지 않아 그는 린다와 결혼했다. 그녀는 붉은 머리의 삼십 대 여자다. 그들이 어떻게 만났는지 나는 모른다. 하지만 두 달 전 어느 밤, 스퍼즈와 새로운 콥 부인과 할리와 나는 스퍼즈가 차린 멋진 저녁을 먹었다. 저녁을 먹은 뒤에는 큰 병에 든 달짝지근한 술을 마시며 거실에 앉아있었다. 스퍼즈는 홈 무비를 보겠느냐고 우리에게 물었다. 우리는 그러

03

겠다고 대답했다. 그러자 스퍼즈는 스크린과 영사기를 설치했다. 린다 콥은 그 달짝지근한 술을 우리 잔에 더 따랐다. 나쁠 게 어디 있겠어? 나는 혼자 생각했다. 스퍼즈는 자신과 죽은 전처가 함께 떠난 알래스카 여행을 담은 필름을 보여주기 시작했다. 죽은 전처가 시애틀에서 비행기에 올라타는 장면부터 시작했다. 스퍼즈는 영사기가 돌아가는 동안 얘기했다. 조금 뚱뚱해 보이긴 했지만, 고인은 오십 대의 미인이었다. 헤어스타일이 멋졌다.

"스퍼즈의 첫 번째 아내죠." 린다 콥이 말했다. "첫 번째 콥 부인."

"에벌린이야." 스퍼즈가 말했다.

첫 번째 아내는 오랫동안 스크린에 머물러 있었다. 그들이 그녀에 대해 그런 식으로 이야기하는 걸 들으며 그녀를 보고 있노라니 우스꽝스러웠다. 할리가 나를 힐끔 쳐다봤으므로 나는 그도 비슷한 생각을 했다는 걸 안다. 린다 콥은 술을 더 마실 건지, 마카롱을 먹을 건지 우리에게 물었다. 우리는 생각이 없었다. 스퍼즈는 다시 첫 번째 콥 부인에 대해 뭐라고 얘기했다. 그녀는 여전히 비행기 입구에 서서 미소를 지으며 입을 움직였다. 비록 우리가 들을 수 있었던 것은 가는 필름 소리뿐이었지만, 사람들은 그녀를 피해서 비행기에 올라타야만 했다. 그녀는 카메라를 향해, 스퍼즈의 거실에 앉아있는 우리들을 향해 계속 손을 흔들었다. "또 에벌린이네." 새로운 콥 부인은 첫 번째 콥 부인이 스크린에 나타날 때마다 말했다.

스퍼즈는 밤새도록 그 필름을 보여줄 것 같았지만, 우리는 가야겠다고 말했다. 할리가 핑계를 만들었다.

그가 뭐라고 말했는지 기억나지 않는다.

코니 노바는 의자에 등을 대고 누워있다. 짙은 색 선글라스가 얼굴의 반을 가린다. 그녀의 다리와 배는 오일로 빛난다. 그녀가 이사 오고 얼마 지나지 않은 어느 밤, 그녀가 파티를 열었다. 그건 그녀가 변호사를 차버리고 장발족을 잡기 전의 일이었다. 그녀는 그걸 집들이 파티라고 했다. 한 무리의 사람들과 함께 할리와 나도 초대받았다. 파티에 가서도 우리는 다른 사람들에겐 관심이 없었다. 우리는 문 가까운 곳에 자리를 잡았는데, 돌아갈 때까지 거기 앉아있었다. 그다지 오랫동안 머문 건 아니었지만, 코니의 애인은 사람들에게 추첨표를 나눠줬다. 당첨자에게는 수임료 없이 이혼에 필요한 법률적인 서비스를 제공한다는 것이었다. 원하는 사람은 누구든지 그가 돌리고 있는 그릇에서 카드를 뽑을 수 있었다. 그릇이 우리에게 왔을 때, 모두가 웃기 시작했다. 할리와 나는 시선을 주고받았다. 나는 뽑지 않았다. 할리도 뽑지 않았다. 하지만 그가 접시 안에 든 카드 뭉치를 힐끔 보는 건 봤다. 그는 고개를 내젓더니 옆에 있는 사람에게 그릇을 넘겼다. 심지어 스퍼즈와 새로운 콥 부인도 카드를 뽑았다. 당첨 카드의 뒤에는 글자가 적혀있었다. "이 카드의 지참인에게 1회 무료 무소송 이혼의 권리를 허함"이라는 문구와 함께 날짜와 변호사의 사인이 있었다. 변호사는 술주정꾼이었지만 그래도 삶을 이런식으로 대해서는 안 된다고 나는 말하고 싶었다. 우리만 빼고 다들 그게 장난이라도 되는 양 그릇에다가 손을 넣었다. 당첨 카드를 뽑은 여자는 박수를 쳤다. 마치 TV에서 하는 게임 프로그램을 보는 것 같았다. "빌어먹을 내 평생 뭐가 당첨돼보기는 이번이 처음이야!" 그 여자의 남편은 군대에 있다고 들었다. 그녀가 여전히 그 사람과 사는지, 아니면 이혼했는지 내가 알 방법은 없다. 왜냐하면 변호사와 헤어진 뒤로 코니 노바는 이제 다른 종류의 사람들을 불러들였기 때문이다.

추첨이 끝나자마자 우리는 그 모임을 떠났다. 그게 하도 충격적이라 할 말이 그다지 많지는 않았지만, 우리 둘 중 하나가 "아까 본 게 진짜 본 게 맞는지 믿기지 않아"라고 말하긴 했다.

아마도 내가 한 말 같다.

일주일 뒤 할리는 스웨덴 사람—홀리츠 얘기다—이 이제 일자리를 구했는지 묻는다. 함께 점심을 먹고 난 뒤, 할리는 탄산음료 캔을 들고 자기 의자에 앉아있다. 그렇지만 TV를 켜지는 않는다. 나는 모른다고 말한다. 사실 나는 정말 모른다. 나는 그가 또 무슨 말을 할 것인지 기다린다. 하지만 그는 더 이상 말하지 않는다. 그는 머리를 가로젓는다. 뭔가 생각하는 모양이다. 그러더니 리모컨을 눌러 TV를 켠다.

그녀는 일자리를 구한다. 그녀는 여기서 몇 블록 떨어진 이탈리아 음식점에서 웨이트리스로 일하기 시작한다. 점심 때 일하고 집에 돌아왔다가 저녁 시간에 다시 일하러 간다. 오가는 동안은 오롯이 그녀뿐이다. 아이들은 하루종일 수영만 하고 홀리츠는 아파트 안에만 있다. 그 안에서 뭘 하는지는 나도 모른다. 한번은 내가 그녀의 머리를 해준 일이 있었는데 그때 그녀가 몇 가지를 말했다. 그녀는 고등학교를 막 졸업한 뒤 식당 웨이트리스로 일한 적이 있었는데, 바로 거기서 홀리츠를 만났다고 말했다. 미네소타에 있는 어떤 식당에서 그에게 팬케이크를 갖다췄다고 했다.

그녀는 아침에 걸어가다가 내게 좀 도와줄 수 있느냐고 물었다. 점심시간이 끝나고 다시 저녁 시간에 일하러 가기 전에 내가 자기 머리를 좀 만져줬으면 좋겠다고 했다. 가능하려나? 나는 수첩을 좀 봐야겠다고 말했다. 그리고 그녀에게 안으로 좀 들어오라고 말했다. 벌써 화씨 100도는 넘는 날씨 같았다.

"갑작스런 부탁이라는 거 알아요." 그녀가 말했다. "하지만 어젯밤에 일하고 돌아와서 거울로 내 모근을 살펴봤거든요. '트리트먼트가 필요하잖아'라고 혼잣말을 했어요. 그런데 어디 아는 데도 없고."

8월 14일 금요일을 찾는다. 그 페이지에는 무엇도 적혀 있지 않다.

"두 시 삼십 분, 아니면 세 시에 해드릴 수 있어요." 나는 말한다.

"세 시가 좋겠네요." 그녀는 말한다. "지금은 뛰어가야지 늦지 않겠어요. 정말 끔찍한 작자 밑에서 일하거든요. 나중에 봐요."

삼십 분이 되어 이제 손님이 올 거라고 말하니 할리는 야구 중계를 침실에서 보기로 한다. 툴툴거리긴 해도 그는 코드를 감아들고 바퀴를 밀어 TV를 옮긴다. 그는 문을 닫는다. 나는 만반의 준비를 갖춘다. 쉽게 집을 수 있는 곳에 잡지들을 둔다. 그러고선 모발 건조기에 앉아 손톱을 다듬는다. 나는 머리를 할 때면 늘 입는 장미색 작업복을 입는다. 나는 손톱을 다듬으며 이따금 창 쪽을 올려다본다.

그녀는 창을 지나 벨을 누른다. "들어오세요" 나는 외친다. "안 잠겼어요."

그녀는 일할 때 입는, 흑백이 뒤섞인 작업복을 입고 있다. 우리 둘 모두 작업복을 입고 있는 게 내 눈에 보인다. "앉으시면 시작할게요." 그녀는 손톱을 가는 줄을 바라본다. 손톱도 손질해 드리거든요."라고 나는 말한다.

그녀는 자리를 잡고 앉아서 숨을 들이마신다.

나는 말한다. "머리를 뒤로 기대세요. 예, 그렇게. 이제 눈을 감는 게 좋겠죠. 그냥 쉰다고 생각해요. 먼저 샴푸한 뒤에 여기 모근을 마사지 할 거예요. 그런 뒤, 다음으로 넘어갈게요. 시간은 어느 정도 있는 건가요?"

"다섯 시 삼십 분까지는 돌아가야 해요."

"그때까지는 다 될 거예요."

"나야 식당에서 밥을 먹으면 돼. 그런데 홀리츠와 애들은 저녁에 뭘 먹어야 할지 모르겠네요."

"그쪽 없이도 자기들끼리 잘 지낼 거예요."

나는 온수를 틀면서 할리가 남겨놓은 흙과 풀이 있다는 걸 알아차린다. 나는 지저분한 것들을 닦아내고 시작한다.

"조금만 가면 햄버거 가게가 있으니까 사 먹어도 나쁘지 않을 거예요" 내가 말한다.

"그럴 것 같지 않아요. 어쨌든 거기까지 가게 하는 건 저도 싫어요."

내가 상관할 문제가 아니었으므로 나는 더 이상 말하지 않는다. 나는 거품을 멋지게 만든 뒤 일하기 시작한다. 샴푸에 린스까지 마치고 머리를 세트로 만 뒤 나는 그녀를 건조기 밑에 둔다. 그녀는 눈을 감고 있다. 나는 그녀가 잠들었으리라고 생각한다. 그래서 나는 그녀의 한 손을 잡고 시작한다.

"손톱 손질은 싫어요." 그녀는 두 눈을 뜨고 손을 뺀다.

"괜찮아요. 처음 손질하는 건 요금을 안 받아요."

그녀는 손을 다시 내게 내밀고 잡지 하나를 집어 무릎에 둔다. "그 사람 애들이에요." 그녀는 말한다. "첫 결혼에서 낳은 아이들이죠. 우린 그 사람이 이혼한 뒤에 만났어요. 하지만 나는 내 자식처럼 애들을 사랑해요. 노력해서 되는 거라면 그렇게까지 사랑하진 못할 거예요. 내 배로 낳은 애들은 아니지만."

건조기의 스위치를 한 단계 낮추자 낮고 조용한 소리가 들린다. 나는 손톱 손질을 계속한다. 그녀의 손에서 긴장이 풀린다.

"전처는 십 년 전 새해 전날에 그 사람들, 그러니까 홀리츠와 애들을 버리고 도망갔어요. 다시는 소식을 들을 수 없었죠." 그녀가 그 얘기를 계속하고 싶어한다는 걸 알 수 있다. 나야 괜찮다. 이 의자에 앉으면 사람들은 뭔가 말하고 싶어한다. 나는 손톱 줄을 들고 계속 다듬는다. "홀리츠는 이혼했어요. 그다음에 나하고 사귀기 시작했죠. 그렇게 우리는 결혼했어요. 오랫동안 함께 살았죠. 오르막도 있었고 내리막도 있었어요. 하지만 점점 나아지고 있다고 우린 생각했어요." 그녀가 머리를 저었다. "그런데 일이 벌어졌어요. 그러니까 내 말은 홀리츠에게 일이 벌어졌던 뜻이에요. 뭐냐면 그 사람이 말에 흥미를 느끼기 시작한 거예요. 이 특별한 경주마를 사서는 말이에요. 처음에 얼마를 내고 매달 얼마씩을 냈단 말이지요. 그 사람은 그놈을 경마장에 데리고 갔어요. 그 사람은 늘 그랬듯이 해 뜨기 전에 일어나서 이런저런 일을 계속했어요. 아무런 문제가 없다고 나는 생각했어요. 하지만 아무것도 몰라요. 사실대로 말씀드리자면, 나는 식당 일을 잘 못해요. 내가 무슨 빌미라도 주면, 그 이탈리아 놈들은 지체 없이 나를 자를 거예요. 빌미가 없더라도 그럴 거예요. 잘리면 어떡하죠?"

"걱정 마세요. 그 사람들이 자를리는 없으니까요." 나는 말한다.

이내 그녀는 다른 잡지를 집는다. 하지만 잡지는 들춰보지도 않는다. 그녀는 그저 잡지를 쥐고는 계속 얘기한다. "어쨌든 그 사람 말이 있어요. 날쌘 베티. 베티라는 건 농으로 붙인 거죠. 그 사람은 말에다가 내 이름을 붙이면 우승마가 될 수밖에 없다고 말하죠. 엄청난 우승마, 틀림없다구요. 진실을 말하자면, 그 말은 달리기만 하면 진다는 거죠. 모든 경주에서. 백전백패 베티. 그렇게 이름을 지어야 했다니까요. 처음에는 나도 몇 번 경마장에 가봤어요. 그런데 그 말은 항상 99 : 1로 달렸어요. 배당률이 그래요. 하지만 홀리츠는 다른 건 다 몰라도 고집이 세죠. 포기하려고 하지 않았어요. 그 말에만 걸고 또 걸어요. 단승에 이십 달러를 걸고, 단승에 오십 달러를 걸고 말을 돌보는 데 드는 다른 모든 비용까지 합해보세요.. 어마어마한 돈처럼 들리지 않을 거라는 건 나도 알아요. 하지만 쌓이면 꽤 된답니다. 게다가 배당률이 그렇다면, 99 : 1이라면 알 만하죠. 때로 그 사람은 그 말이 일등으로 들어오면 우리가 따는 돈이 얼마인지 아느냐고 말하곤 했죠. 하지만 그런 적은 한 번도 없었고, 저는 경마장 가는 걸 그만뒀어요."

나는 하던 일을 계속한다. 나는 그녀의 손톱에 정신을 집중한다. "큐티클이 너무 예뻐요." 나는 말한다. "이것 좀 보세요. 이 예쁜 반달들이 보이나요? 이건 피가 건강하다는 뜻이에요."

그녀는 손을 가까이 들어 살펴본다. "그걸 어떻게 알아요?" 그녀는 어깨를 으쓱한다. 그녀는 다시 손을 내게 맡긴다. 그녀는 아직도 말할 게 남아있다. "옛날에 고등학교 다닐 때였는데, 상담 교사가 상담실로 오라고 하더라구요. 모든 여학생들과 한 번씩 그렇게 면담 시간을 가졌죠. '너는 꿈이 뭐니?'라고 그 여자가 묻더라구요. 십 년 뒤에 네가 어떤 모습일 것 같니? 이십 년 뒤에는?' 열일곱 아니면 열여덟이었어요. 애였죠. 뭐라고 대답해야 할지 모르겠더라구요. 꿔다놓은 보릿자루처럼 가만히 앉아있었어요. 그 상담 교사 나이가 지금 내 나이쯤 됐을 거예요. 늙었다고 생각했죠. 늙은 여자라고 혼자 생각했어요. 그 여자의 인생은 이미 반이 지나갔다는 걸 알고 있었어요. 그렇게 생각하니 그녀는 모르는 뭔가를 나는 안다는 느낌이 들더군요. 그녀는 절대로 알 수 없는 걸 말이에요. 비밀이라고나 할까. 누구도 알 수 없고 한 번도 말해본 적 없는 그래서 잠자코 있었어요. 머리만 저었을 뿐이에요. 멍청이라고 생각했을 거예요. 하지만 아무 말도 할 수 없었어요. 무슨 뜻인지 아시겠어요? 그 여자는 짐작조차 할 수 없는 걸 나는 알고 있다고 생각했거든요. 이제는 누군가 내게 그 질문을 다시 하면, 그러니까 내 꿈에 대해 묻는다면 말할 수 있어요."

"뭐라고 말할 건데요? 나는 이제 그녀의 다른 손을 잡는다. 하지만 손톱을 다듬지는 않고 있다. 그저 손을 잡고 이야기를 기다린다.

그녀는 의자에서 몸을 앞으로 움직인다. 그녀는 손을 뒤로 빼려고 한다.

"뭐라고 말할 건데요?"

그녀는 한숨을 쉬더니 몸을 뒤로 기댄다. 그녀는 손을 내게 내둔다. "이렇게 말할 거예요. '꿈이란 말이죠, 깨라고 있는 거잖아, 그렇게 말할 거예요." 그녀는 무릎까지 오는 치마의 주름을 편다. "누가 물으면 그렇게 대답할 거예요. 하지만 이젠 그렇게 묻는 사람이 아무도 없어요." 그녀는 다시 숨을 내쉰다. "얼마나 더 걸리나요?" 그녀는 말한다.

"오래 걸리지 않아요." 나는 말한다.

"잘 이해되지 않는 말이겠죠."

"이해가 가요." 나는 말한다. 나는 스툴을 그녀 다리 옆에 가져온다. 나는 우리가 여기로 이사 오기 전에 어땠는지, 또 그때와 얼마나 똑같은지 말하기 시작한다. 하지만 그때를 딱 골라서 할리가 침실에서 나온다. 그는 우리를 쳐다보지도 않는다. 침실에서 TV가 떠들어대는 소리가 들린다. 그는 싱크대로 가더니 물 한 잔을 따른다. 그는 목을 젖히고 물을 마신다. 그의 목젖이 위아래로 움직인다.

나는 건조기를 치우고 양쪽에서 그녀의 머리칼을 어루만진다. 나는 컬 하나를 조금 들어본다.

"완전 다른 사람 같아요." 내가 말한다.

"그럼 얼마나 좋겠어요."

아이들은 개학할 때까지, 매일, 하루종일 수영만 한다. 베티는 일을 계속한다. 하지만 무슨 이유인지 그녀는 다시 머리를 하러 찾아오지 않는다. 나는 그 이유가 뭔지 모른다. 아마도 내 실력이 좋지 않다고 생각하는 모양이다. 때로 기차 화통을 삶아먹은 것처럼 할리가 내 옆에서 잠자는 동안, 나는 깨어있는 채로 누워 내가 베티의 경우였다면 어떻게 됐을지 상상해본다. 그렇다면 내가 어떻게 할지 나도 궁금하다.

홀리츠는 9월 첫날에도, 10월 첫날에도 아들 하나를 시켜 집세를 보낸다. 그는 여전히 현금으로 집세를 치른다. 나는 아이에게서 돈을 받아 그 자리에서 세어본 뒤, 영수증을 작성한다. 홀리츠는 무슨 일인가를 구했다. 어쨌든 내가 보기엔 그렇다. 그는 매일 스테이션 왜건을 타고 나간다. 그가 아침 일찍 떠났다가 오후 늦게 차를 타고 돌아오는 것을 볼 수 있다. 그녀는 열 시 삼십 분에 창가를 지나갔다가 세 시에 돌아온다. 나를 볼 때면 힘없이 손을 살짝 흔든다. 하지만 웃지는 않는다. 그런 뒤 다섯 시에 식당으로 걸어가는 베티를 다시 볼 수 있다. 홀리츠는 조금 늦게 차를 몰고 온다. 10월 중순까지 이런 식으로 계속된다.

그러는 동안, 홀리츠 부부는 코니 노바와 장발족 애인 릭과 친해졌다. 또 그들은 스퍼즈와 새로운 콥 부인과도 안면을 텄다. 가끔은 일요일 오후에 그 사람들이 저마다 음료수를 들고 수영장 주위에 앉아 코니의 휴대용 라디오 소리에 귀를 기울이는 것을 보게 된다. 한번은 그 사람들이 건물 뒤, 바비큐장에 모인 걸 봤다고 할리가 말한 적이 있었다. 그들은 그때도 수영복을 입고 있었다. 할리는 스웨덴 남자의 가슴이 황소 가슴 같다고 말했다. 그 사람들이 핫도그를 먹고 위스키를 마시더라고 할리는 말했다. 그들은 모두 취했다고 그는 말했다.

토요일이었고, 밤 열한 시를 넘긴 시간이었다. 할리는 자기 의자에서 설핏 잠들었다. 나는 곧바로 일어나 TV를 껐다. 그리고 나는 그가 깨어났다는 걸 알았다. "왜 끄는 거야? 보고 있는데." 꼭 그렇게 이야기한다. 맨날 하는 얘기가 그렇다. 아무튼 그래서 TV는 켜져있었고 나는 머리에 컬 클립을 말고 있었고, 내 무릎 위에는 잡지 한 권이 있었다. 가끔씩 나는 고개를 들었다. 하지만 좀처럼 TV 프로그램에는 시선이 가지 않았다. 다들 수영장 부근에 나와있었다. 스퍼즈와 린다 콥, 코니 노바와 장발족, 홀리츠와 베티. 열 시 이후에는 거기 나와있으면 안 된다는 게 우리 규칙이다. 하지만 그날 밤, 그들은 규칙을 신경 쓰지 않았다. 할리가 깨어 있었다면 나가서 한 소리 했을 것이다. 즐겁게 노는 거야 괜찮지만 이젠 끝낼 시간이라는 생각이 들었다. 나는 일어나 창가로 가기를 여러 번 반복했다. 베티를 빼고 모두들 수영복을 입고 있었다. 그때까지도 그녀는 웨이트리스 복장이었다. 하지만 신발을 벗은 채 그녀는 한 손에 잔을 들고 다른 사람들과 함께 술을 마셨다. 나는 TV 끄는 걸 미루고 있었다. 그때 누군가 뭐라고 외쳤고 다른 사람이 그 말을 받으며 웃음을 터뜨렸다. 내가 보니 홀리츠가 자기 술잔을 비우고 있었다. 그는 데크에 술잔을 내려놓았다. 그러더니 간이 탈의실 쪽으로 걸어갔다. 그는 테이블 하나를 끌고 가더니 그 위로 기어 올라갔다. 그다음에는—그는 아무런 힘도 들이지 않는 것 같았다—그는 간이 탈의실 지붕 위로 몸을 올렸다. 정말이구나라고 나는 생각했다. 힘이 세구나, 장발족이 환영해 마지않는다는 듯이 손뼉을 쳤고 다른 사람들은 홀리츠를 응원하는 소리를 낸다. 이제 밖으로 나가 그만들 하시라고 말할 때라는 걸 나는 알고 있다.

할리는 의자에 축 늘어져 있다. TV는 여전히 켜져있다. 나는 조심스레 문을 열고 걸어나간 뒤, 밀어서 문을 닫는다. 홀리츠는 간이 탈의실 지붕 위에 있다. 그들은 홀리츠를 부추긴다. 그들은 말한다. "계속 하라구, 할 수 있다니까." "배치기로 떨어지면 안 돼." "해볼 테면 해 보란 말이야." 그런 얘기들.

그러다가 나는 베티의 목소리를 듣는다. "홀리츠, 지금 뭐하는 건지 알고나 있는 거예요?" 하지만 홀리츠는 가장자리에 그대로 서 있다. 그는 물을 내려다본다. 거기에 뛰어들려면 얼마나 뛰면 좋을지 계산하고 있는 것처럼 보인다. 그는 물에서 먼 방향으로 끝까지 물러선다. 그는 손바닥에 침을 뱉고 두 손을 비빈다. 스퍼즈가 외친다. "파이팅! 할 수 있다."

나는 그가 데크에 부딪히는 것을 본다. 소리도 들린다.

"홀리츠!" 베티가 외친다.

다들 그에게 달려간다. 내가 거기까지 갔을 때, 그는 몸을 일으켜 앉아있었다. 릭이 그의 어깨를 잡고 얼굴에다 소리친다. "홀리츠! 이봐요!"

홀리츠의 이마에는 상처가 깊이 패었고 두 눈동자는 흐리멍텅하다. 스퍼즈와 릭이 그를 의자까지 부축한다. 누군가 그에게 수건을 건넨다. 하지만 홀리츠는 그걸로 뭘 하라는 건지 알지 못하는 사람처럼 그 수건을 들고만 있다. 다른 사람이 그에게 마실 걸 쥐여준다. 그러나 그걸로 뭘 해야 할지 역시 홀리츠는 알지 못한다. 사람들은 그에게 계속 말을 건다. 홀리츠는 수건을 얼굴에 가져다 댄다. 그리고 수건을 떼고 피를 들여다본다. 그저 바라볼 뿐이다. 그는 그 어떤 것도 이해하지 못하는 것처럼 보였다.

"제가 한번 볼게요." 나는 그의 앞으로 돌아간다. 좋지 않다. "홀리츠, 괜찮아요?" 하지만 홀리츠는 그저 나를 바라볼 뿐이다. 그러다 금방 그 눈동자가 풀린다. "응급실로 가는 게 제일 좋겠어요." 내가 이렇게 말하는 동안 베티는 나를 쳐다보다가 머리를 젓기 시작한다. 그녀는 다시 홀리츠에게로 시선을 돌린다. 그녀는 그에게 수건을 한 장 더 준다. 그녀는 취하지 않은 것 같았다. 하지만 다른 사람들은 모두 취했다. 취했다는 말이 그들에게 가장 적당하다.

스퍼즈가 내가 한 말을 받는다. "응급실로 데려갑시다."

"나도 갈게요." 릭이 말한다.

"우리 모두 가죠." 코니 노바가 말한다.

"우리 모두 힘을 합치는 게 좋겠어요." 린다 콥이 말한다.

"홀리츠." 나는 그의 이름을 다시 부른다.

"난 더 못 가겠어." 홀리츠가 말한다.

"뭐라고 한 거야?" 코니 노바가 내게 묻는다.

"자긴 더 못 간다고 했어요." 그녀에게 말한다.

"어딜 못 간다는 거야? 뭐라고 말하는 거야?" 릭은 궁금하다.

"다시 말해봐." 스퍼즈가 말한다. "못 들었어."

"자긴 더 못 가겠다고 말하네요. 이 사람은 지금 자기가 지금 자기가 무슨 말을 하는지도 모르는 것 같아요. 병원으로 데려가시는 게 제일 좋겠어요." 나는 말한다. 그때 나는 할리를, 그리고 그 규칙을 떠올린다. "지금 여기 나와있으면 안 돼요. 누구도, 그게 규칙이에요. 어서 이 사람을 병원으로 데리고 가세요."

"병원으로 데려갑시다." 스퍼즈는 막 좋은 생각이 났다는 듯이 말한다. 그는 그중에서 제일 취한 것 같다. 일례로 그는 가만히 서 있지도 못한다. 그는 비틀거린다. 그리고 쉬지 않고 발을 들었다가 내려놓는다. 머리 위 수영장 조명을 받은 가슴의 털은 눈처럼 희다.

"내가 차를 가져올게요." 장발족의 말이다. "코니, 열쇠를 줘."

"난 더 못 가겠어." 홀리츠가 말한다. 그는 수건을 턱에 갖다댄다. 하지만 상처는 이마에 나 있다.

"목욕 가운을 갖다 줘요. 저렇게 하고서는 병원에 못 갈 테니까." 린다 콥이 그렇게 말한다. "홀리츠! 홀리츠, 우리예요." 그녀는 대답을 기다리다가 홀리츠의 손에 쥐어진 위스키 잔을 빼앗아 자신이 마신다.

창가로 나와 그 소동을 내려다보는 사람들이 몇몇 내 눈에 보인다. 불들이 켜지고 있다. "잠 좀 자자!"라고 누군가 외친다.

마침내 장발족이 건물 뒤에서 코니의 닷선 자동차를 가져와 수영장 가까이 세운다. 전조등 불빛이 환하다. 엔진 소리가 요란하다.

"제발 잠 좀 자자고" 아까 그 사람이 외친다. 더 많은 사람들이 창가로 나온다. 곧 할리가 잔뜩 열받은 채 모자를 쓰고 나오는 걸 볼 수 있으리라. 그러다가 나는 아니야. 그 사람은 계속 잘 거라고 생각한다. 할리는 잊고.

스퍼즈와 코니 노바가 홀리츠의 양쪽에 붙는다. 홀리츠는 똑바로 걷지도 못한다. 그는 휘청거린다. 얼마간은 술에 취했기 때문이기도 하다. 하지만 그가 부주의하게 다친 것만은 확실하다. 그들은 그를 차 안에 태우고, 모두 비집고 들어간다. 제일 마지막에 베티가 들어간다. 그녀는 누군가의 무릎 위에 앉아야만 한다. 그리고 그들은 출발한다. 고함을 질렀던 사람이 누구인지는 모르지만 그가 소리나게 창문을 닫는다.

그다음 일주일 내내 홀리츠는 아파트를 떠나지 않는다. 나는 베티가 일자리를 그만둔 게 틀림없다고 생각하는데, 그건 이제 더 이상 창 너머로 그녀가 지나가는 모습을 볼 수 없기 때문이다. 아이들이 지나가는 길 보고 내가 밖으로 나가 단도직입적으로 묻는다. "아빠는 어떠시니?"

"머리를 다쳤어요." 아이들 중 하나가 말한다.

나는 아이들이 더 말하기를 기다린다. 하지만 그 애들은 그러지 않는다. 아이들은 어깨를 으쓱해 보인 뒤 도시락 가방과 바인더 노트를 들고 학교로 간다. 나중에야 나는 새엄마의 안부를 묻지 않은 걸 후회했다.

밖에 나갔다가 붕대를 감고 발코니에 서 있는 홀리츠를 봤을 때, 그는 내게 고개를 끄덕이지도 않는다. 내가 처음 보는 사람인 양 행동한다. 나를 모르기도 하거니와 알고 싶은 생각도 없는 것 같다. 할리도 같은 취급을 받는다고 말한다. 그는 그게 싫은 거다. "그 사람 왜 그래?" 할리는 궁금하다. "빌어먹을 스웨덴 녀석, 머리가 어떻게 된 거 아니야? 어디서 얻어터진 모양이지?" 그렇게 말해도 나는 할리에게 아무 얘기도 하지 않는다. 그쪽으로는 조금도 들어가지 않는다.

그리고 일요일 오후에 한 아이가 상자 하나를 들고 와 스테이션 왜건에 싣는 걸 본다. 아이는 다시 위로 올라간다. 하지만 곧 아이는 또 다른 상자를 들고 내려와 차에 싣는다. 그제야 그 사람들이 떠나려는 준비를 한다는 걸 안다. 그렇지만 알았다고 해서 할리에게 말하지는 않는다. 그 사람도 금방 다 알게 될 테니까.

다음날 아침, 베티는 아이 하나를 아래로 보낸다. 아이가 가져온 종이에는 미안하게 됐지만 이사를 가야 한다는 메모가 적혀있다. 그녀는 우리가 보증금을 보낼 곳이라며 인디오에 있는 언니 집 주소를 내게 알린다. 그녀는 만기가 되기 여드레 전에 떠나는 것이라고 지적한다. 비록 삼십 일 전 통보 규칙을 지키지는 못했지만 거기 환불금이라 는 게 있을 것으로 그녀는 기대한다. 그녀는 이렇게 쓴다. "여러모로 감사합니다. 그때 머리해주신 것도요." 그녀는 서명을 남긴다. "베티 홀리츠 올림."

"이름이 뭐니?" 나는 아이에게 묻는다.

"빌리입니다."

"빌리야. 참 아쉽게 됐다고 전해드려라."

할리는 그녀가 써놓은 것들을 읽고 풀턴 테라스에서 조금이라도 돈을 돌려받느니 지옥이 얼어붙기를 기다리는 게 나을 거라고 말한다. 도대체 이런 사람들을 이해할 수 없다고 말한다. "사람 살 곳은 골골이 있다는 듯 동가식서가숙하는 사람들." 그 사람들은 어디로 가느냐고 묻는다. 그 사람들이 어디로 가는지 나도 모른다. 미네소타로 돌아가나보지, 어디로 가는지 내가 어떻게 알겠어? 하지만 미네소타로 돌아가지는 않을 것 같다. 어디 다른 곳에서 또 운을 시험해볼지도 모르겠다.

코니 노바와 스퍼즈는 수영장의 한쪽 끝, 늘 그 자리의 의자에 앉아있다. 이따금 그들은 홀리츠네 아이들이 스테이션 왜건으로 물건을 나르는 걸 바라본다. 그러다가 홀리츠가 팔에 옷가지를 걸치고 밖으로 나온다. 코니 노바와 스퍼즈는 소리를 지르며 손을 흔든다. 홀리츠는 모르는 사람인 양 그들을 바라본다. 하지만 빈손을 든다. 그저 들고 있다. 그게 다다. 그들은 손을 흔든다. 홀리츠는 손을 흔들고 있다. 그들이 멈춘 뒤에도 그는 계속 손을 흔든다. 베티가 아래로 내려와 그의 팔을 잡는다. 그녀는 손을 흔들지 않는다. 그녀는 그 사람들을 쳐다보지도 않는다. 그녀는 홀리츠에게 뭐라고 말하고, 그는 자동차로 간다. 코니 노바는 다시 의자에 누워서는 손을 뻗어 휴대용 라디오의 전원을 켠다. 스퍼즈는 선글라스를 쥐고 잠시 홀리츠와 베티를 바라본다. 그런 다음 그는 선글라스를 쓴다. 그는 라운지 의자에서 자세를 잡고 오래된 가죽 같은 몸을 다시 태우기 시작한다.

마침내 그들은 짐을 모두 싣고 떠날 준비를 마친다. 아이들은 뒷좌석에, 홀리츠는 운전석에, 베티는 그의 옆자리에 앉아있다. 처음 여기로 왔을 때와 마찬가지다.

"뭘 보고 있는 거야?" 할리가 묻는다. 그는 잠깐 쉬고 있다.

그는 자기 의자에서 TV를 보고 있다. 하지만 그는 일어나 창가로 다가온다.

"어라, 가는구먼, 어디로 가는 건지, 뭘 하게 되는 건지도 모르는 사람들이, 얼빠진 스웨덴 놈."

나는 그 사람들의 차가 주차장을 빠져나와 프리웨이로 나아가는 길 위로 들어서는 것을 바라본다. 그리고 할리를 다시 바라본다. 그는 자기 의자에 앉고 있다. 그는 탄산음료 캔을 들고 밀짚모자를 쓰고 있다. 아무 일도 없었다는 듯이, 또 아무 일도 없으리라는 행동한다.

"할리?"

하지만, 당연하게도, 그는 내 말을 듣지 못한다. 나는 걸어가 그의 의자 앞에 선다. 그는 놀란다. 도대체 무슨 일인지 그는 알지 못한다. 그는 의자 깊숙이 몸을 파묻고 앉아 나를 바라본다.

전화벨이 울리기 시작한다.

"받아보지그래." 그가 말한다.

나는 대답하지 않는다. 왜 내가 그래야만 하지?

"그럼 그냥 두든지." 그가 말한다.

나는 가서 자루걸레, 걸레 몇 개, S.O.S. 패드, 양동이를 찾는다. 전화벨은 그친다. 그는 여전히 의자에 앉아있다. 하지만 TV는 껐다. 나는 마스터키를 들고 밖으로 나가 계단을 밟으며 17호로 올라간다. 안으로 들어간 나는 거실을 지나 그 사람들의 부엌—이었던 곳으로 간다.

조리대는 닦아놓았고 싱크대와 찬장도 깨끗하다. 그렇게 나쁘지 않다. 나는 가스레인지 위에 청소용품을 올려놓고 화장실을 한번 둘러본다. 철 수세미로 문지를 만한 게 하나도 없다. 그런 다음 나는 수영장이 보이는 침실의 문을 연다. 블라인드는 걷어놓았고 침대 시트는 벗겨놓았다. 마루바닥은 반짝인다. "고마워요"라고 나는 큰 소리로 말한다. 그녀가 어디로 가든 행운이 함께하기를 나는 기원한다. "잘 되길 바라요, 베티." 옷장 서랍 하나가 나와있어 나는 닫으려고 거기로 간다. 서랍 안쪽 구석에서 나는 그 남자가 처음 찾아왔을 때 들고온 말 굴레를 본다. 서둘러서 떠나느라 빼놓고 간 게 틀림없다. 하지만 그 남자가 일부러 두고 갔을 수도 있다.

"굴레"라고 나는 말한다. 나는 그걸 창 쪽으로 들고 가 밝은 빛에서 바라본다. 멋질 수가 없는, 검은 가죽의 낡은 말 굴레일 뿐이다. 내가 아는 바는 그다지 많지 않다. 하지만 거기에 말의 입에 물리는 부분이 있다는 것은 안다. 그 부분을 재갈이라고 부른다. 강철로 만들었다. 말의 머리 뒤로 고삐를 넘겨 목 부위에서 손가락에 낀다. 말에 탄 사람이 고삐를 이리저리 잡아당기면 말은 방향을 바꾼다. 간단하다. 재 같은 무겁고 차갑다. 이빨 사이에 이런 걸 차게 된다면 금방 많은 것을 알게 되리라. 재갈이 당겨지는 느낌이 들 때가 바로 그때라는 걸. 지금 어딘가로 가고 있는 중이라는 걸.

03

01 What is the story about?

02 In what way is Marge a classic Carver character?

03 What is the main conflict that pervades the story?

04 Why is the central metaphor of the bridle important?

05 Marge struggles very hard to believe that she has a strong, personal identity, though it is completely subsumed into her dull, sad life with her husband, Harley. How does Marge try to declare a strong identity for herself?

06 Marge never appears to leave the apartment complex, spending most of her time looking out the window at the guests who live there. Why is this important in terms of the overall theme?

07 How is the loneliness of the apartment building depicted by the writer Raymond Carver?

08 Marge lives a life of nothing but restraint and is slowly withering in it, just like her plants. Marge dreams of wearing a bridle in the final lines: "If you had to wear this thing between your teeth, I guess you'd catch on in a hurry. When you felt it pull, you'd know it was time. You'd know you were going somewhere." What sort of life does she dream of?

Answer

01 It is a story about people trapped in their lives.

02 Marge, is a classic Carver character in that she suffers from a severe desperation that she lacks the vocabulary to adequately express.

03 The conflicts that pervade the story are between "dreams" — of other possibilities, other places, being other people — and the limitations imposed by the lack of opportunity.

04 The bridle is used to control a horse for maximum effect. Placed into a horse's mouth and controlled by the rider, it is an extreme way to force restraint on the part of a wild horse. And yet it produces results. So it serves as illustration of another conflict, that between restraint and impetuousness. The metaphor helps to appreciate the way the story explores the main theme.

Symbolically Carver could be suggesting that Marge herself is being controlled, she is after all just an employee of Fulton Terrace, Inc and she appears to live her life based solely on her job as caretaker of the complex. Unlike the Holits' who have moved on the reader doesn't suspect that Marge or Harley will every move on. In many ways they remain stuck at the apartment complex.

05 First of all, she wants to be viewed as a businesswoman. The reader can note the way she tells us her business routine and the way she endeavors to create a distance between herself and the customers. She holds desperately to this illusion that she is in charge, even though she knows deep down that she's just an anonymous face in Fulton Terrace, Inc. Also, the same is certainly true of her stylist business. Even if she has few customers, she pretends as if she is actually in a thriving business, checking her empty book before scheduling Betty for an appointment. It's all part of the way Marge attempts to declare a strong identity for herself, to validate the life choices that have gotten her where she is.

06 This is significant in that it suggests that Marge is isolated from other people. In some ways the reader also senses that Marge longs to be connected with other people. This is noticeable when she is doing Betty's nails. There is a sense that by offering Betty a free manicure, Marge is doing so, so that Betty will continue talking about her life. This may suggest that Marge longs to know more about others, not out of being nosy but because she finds her own life too mundane and she longs to escape.

07 The loneliness of the apartment building is well depicted by Carver. That is, Carver mentions that it is on a highway, and never does Marge talk about getting out to town. It's a literally dried-out place (the plants never blossom), which seems an apt metaphor for where Marge has ended up.

08 She dreams of a life where restraint could provide purpose, where she could be who she is but not feel so trapped. Contrarily, she is attracted to the idea of purposeless travel, the way the dollar bills or the Holits family does.

MEMO

literature

유희태 영미문학 **1**

영미문학개론

literature

Phase

02

Drama / Criticism

Chapter

01 Tragedy 비극

01 Plot Structure 플롯의 구조

One of the primary things that drama and fiction have in common is plot structure. We need to remember that a vital aspect of plot is conflict—there needs to be some element of conflict within the story, whether it's between several characters or within a specific character. The same holds true in drama: There needs to be some sort of conflict, some struggle taking place as the story unfolds.

The structure of plots in drama is essentially the same as in fiction, involving the elements of ① **exposition**발단, ② **complication**전개, ③ **climax**최고조(절정), ④ **falling action**하강부, **and** ⑤ **resolution**대단원(결말). Here is the diagram. The numbers refer to the elements of exposition and so forth.

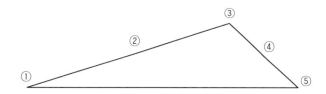

02 Tragedy 비극

In tragedy, the plot deals with serious issues, and ends badly for the protagonist. More specifically, a tragedy generally begins with the protagonist at the top of Fortune's wheel. Life is going well, and the protagonist is enjoying good luck and fortune. The protagonist of classic tragedies was frequently a person with some power and influence—often royalty, such as a prince or king. We quickly discover, however, that the protagonist has an adversary—the antagonist—who is in some form of conflict with him. This is frequently another character, such as another nobleman or a person of lower class, who is jealous of the protagonist's good fortune. Sometimes the antagonist might be an abstract concept—perhaps even Fortune herself. This is the case, for example, in the Greek tragedy Oedipus Rex, where the protagonist (Oedipus) is struggling to avoid fulfilling an ancient prophecy of his own downfall. The climax is the point where the protagonist and the antagonist reach some sort of decisive action. The antagonist might finally gain control over the protagonist, or the protagonist might finally make some fatal mistake. One common theme in drama is that of **hubris**과도한 자부심(자만)**, which refers to mankind's inherent pride**. In this case, the protagonist's climax comes when he or she falls into the fatal error of pride. The climax of a tragedy generally entails something bad for the protagonist. This is the point at which Fortune's wheel takes a sudden spin, and the protagonist finds himself spinning down from good fortune to a bad ending. The resolution of a tragedy generally is that **the protagonist has fallen from his or her high position**—whether that position involves power or wealth or just a good reputation. So a tragedy involves the protagonist's fall from happiness into misery. Tragedies also tend to be more serious in their tone. This does not mean that there is no humor in a tragedy. Many great tragedies include a character or two whose role is to bring comic relief, to relieve the tension of the serious drama by interjecting some element of laughter. But the overall tone and atmosphere of a tragedy is serious.

The subject matter of tragedies also tends to be deep and significant. Tragedies deal with big issues in life, such as pride, betrayal, the dangers of war or politics, and so forth.

03 Soliloquy 혼잣말

Soliloquy is a speech in a play that is meant to be heard **by the audience but not by other characters on the stage**. If there are no other characters present, the soliloquy represents the character's thinking aloud.

A **soliloquy** is a speech that <u>**one gives to oneself**</u>. A character delivering a soliloquy talks to herself—thinking out loud, as it were—so that the audience better understands what is happening to the character internally. The most well-known soliloquy in the English language appears in Act III, Scene 1 of Hamlet:

Hamlet

William Shakespeare(1564－1616)

To be, or not to be: that is the question:
Whether 'tis nobler in the mind to suffer
The slings and arrows of outrageous fortune,
Or to take arms against a sea of troubles,
And by opposing end them? To die: to sleep;
No more; and by a sleep to say we end
The heart-ache and the thousand natural shocks
That flesh is heir to, 'tis a consummation
Devoutly to be wish'd. To die, to sleep;
To sleep: perchance to dream: ay, there's the rub;
For in that sleep of death what dreams may come
When we have shuffled off this mortal coil,
Must give us pause: there's the respect
That makes calamity of so long life;
For who would bear the whips and scorns of time,
The oppressor's wrong, the proud man's contumely,
The pangs of despised love, the law's delay,
The insolence of office and the spurns
That patient merit of the unworthy takes,
When he himself might his quietus make
With a bare bodkin? who would fardels bear,
To grunt and sweat under a weary life,
But that the dread of something after death,
The undiscover'd country from whose bourn
No traveller returns, puzzles the will
And makes us rather bear those ills we have
Than fly to others that we know not of?
Thus conscience does make cowards of us all;
And thus the native hue of resolution
Is sicklied o'er with the pale cast of thought,
And enterprises of great pith and moment
With this regard their currents turn awry,

And lose the name of action.—Soft you now!
The fair Ophelia! Nymph, in thy orisons
Be all my sins remember'd.

한글번역

햄릿

사느냐, 죽느냐, 그것이 문제로다.
가혹한 운명의 화살을 맞고
마음 속으로 참는 것이 고귀한 것이냐,
아니면 노도(怒濤)처럼 밀려오는 고난과 맞서
용감히 싸워 없애는 것이 더 고귀한 것이냐?
죽는다는 것은 잠드는 일.
잠들면서 시름을 잊을 수 있다면,
잠들면서 수만 가지 인간의 숙명적인 고통을 잊을 수 있다면,
그것이야말로 우리들이 진심으로 바라는 극치로다.
죽는 일은 잠드는 일;
아마, 꿈을 꾸겠지. 아, 그것이 괴롭다.
이 세상 온갖 번민으로부터 벗어나서
잠 속에서 어떤 꿈을 꿀 것인가 생각하면 망설여진다.
이 같은 망설임이 있기에 비참한 인생을
지루하게 살아가는 것인가.
그렇지 않다면, 이 세상의 채찍과 조롱을,
무도한 폭군의 거동을,
우쭐대는 꼴불견들의 치욕을,
버림받은 사랑의 아픔을, 재판의 지연을, 관리들의 불손을,
선의의 인간들이 불한당들로부터 받고 견디는
수많은 모욕을 어찌 참아 나갈 수 있단 말인가.
한 자루의 단검으로 찌르기만 하면
이 세상으로부터 벗어날 수 있을진대,
어찌 참아 나가야 한단 말인가.
생활의 고통에 시달리며, 땀 범벅이 되어 신음하면서도,
사후의 한 가닥 불안 때문에,
그 미지의 나라에 대한 불안이 있기 때문에
우리들의 결심은 흐려지고, 이 세상을 떠나
또 다른 미지의 고통을 받는 것보다는
이 세상에 남아서 현재의 고통을 참고 견디려 한다.
사리 분별이 우리들을 겁쟁이로 만드는구나.
이글이글 타오르는 타고난 결단력이 망설임으로 창백해진다.
의미심장한 대사업도 이 때문에 옆길로 쏠리고,
실천의 힘을 잃게 된다.
쉿, 이것 보게. 오, 아름다운 오필리아. 기도하는 미녀여.
그대의 기도 속에서 나의 죄도 용서를 받게 하라.

Further Reading

Othello: The Moor of Venice

William Shakespeare(1564−1616)

Othello and Iago are walking back. When Cassio sees Othello coming, he feels too embarrassed to greet him and quickly leaves.

Iago	I don't like the way that looks.
Othello	What did you say?
Iago	Nothing, sir. It was only that ⋯
Othello	Wasn't that Cassio who rushed past us just now?
Iago	Cassio, sir? I'm sure you're mistaken. Why would Cassio run away, looking so guilty, when he saw you coming?
Othello	I'm sure it was Cassio, though.

As Othello and Iago reach the sitting-room door, Desdemona opens it with her usual smile of welcome.

Desdemona	How now, my lord? I've just been nursing someone who has made you angry.
Othello	Who do you mean?
Desdemona	Your poor ex-lieutenant, Cassio. Oh, if I've got any influence over you at all, please patch things up with him. In my judgment, this man truly loves you, and his mistake was innocent rather than wicked. Please call him and tell him to come back here.
Othello	Has he just left?
Desdemona	Yes, and looking so hopeless that out of pity, I spoke with him. Do call him back, my love.
Othello	Not now, dearest. I'll do it some other time.
Desdemona	But will it be soon?
Othello	Soon, my dear, if that's what you want.
Desdemona	Shall we say tonight at supper then?
Othello	No, not tonight.
Desdemona	Then tomorrow at dinner?
Othello	I won't be eating dinner at home. I'll be meeting the captains at the citadel.
Desdemona	Well then, tomorrow night, or Tuesday morning. Or Tuesday noon or at night, or Wednesday morning. Please just name a time, but don't wait more than three days. He's very sorry. His mistake was hardly worth punishing him for in the first place—though in wartime it is sometimes necessary to make examples out of even the best soldiers. So when

	should he come? Tell me, Othello. I can't imagine you asking me for something and me telling you no or standing there muttering. Michael Cassio came with you when you were trying to win my love. Sometimes I'd criticize you to him, and he'd defend you. And now I have to make this big fuss about bringing him back? I swear, I could do so much—
Othello	No, not tonight. Please no more. Let him come when he will; I will deny you nothing.
Desdemona	Shall I deny you? No, farewell, my lord.
Othello	Goodbye, my Desdemona. I'll come see you right away.

Desdemona and Emilia exit.

Othello(aside)	Excellent wretch! Even if I walk in hell, I will love her! And when I love her not, chaos is come again.
Iago	My noble lord—
Othello	What is it, Iago?
Iago	Did the lieutenant know your wife before you were married?
Othello	Of course, he did. What do you mean?
Iago	Oh, nothing. I didn't realize that they had met before, that's all.
Othello	Oh yes, he even carried secret messages between us.
Iago	Hmm··· Did he?
Othello	Yes, what of it? He's a man I trust completely.
Iago	Do you trust him completely?
Othello	Most certainly. Why not?
Iago	Why not, sir?
Othello	Stop repeating what I say. You keep repeating everything I say as if you were thinking something too horrible to say out loud. You're thinking something. Just a minute ago I heard you say you didn't like it when Cassio left my wife. What didn't you like? And when I told you he was involved the whole time I was trying to get Desdemona, you were like, "Oh, really?" And then you frowned and wrinkled up your forehead as if you were imagining something horrible. If you're my friend, tell me what you're thinking.
Iago	Well, you know that I am true to you, my lord.
Othello	I know that well. You're true and honest. I know you weigh your words before you speak because you speak from the heart. That's why these pauses of yours frighten me. If some fool were withholding things from me, I wouldn't think twice about it. If some lying, cheating villain acted like that, it would just be a trick. But when an honest man acts like that, you know he's wrestling with bad thoughts and can't help it.

Iago	From what I know of Michael Cassio, I do believe that he's an honest man.
Othello	I think so too.
Iago	People should be what they appear to be. If they're not honest, they shouldn't look like they are!
Othello	Absolutely, people should be what they appear to be.
Iago	In that case, I think Cassio's an honest man.
Othello	No, I think there's more to this than you're letting on. Please tell me what you're thinking—even your worst suspicions.
Iago	Please don't make me do that, sir. I have to obey all your orders, but surely I'm not obligated to reveal my deepest thoughts—even slaves aren't expected to do that. You want me to say what I'm thinking? What if my thoughts are disgusting and wrong? Even good people think horrible things sometimes. Who is so pure that they never think a bad thought?
Othello	You're not being a good friend, Iago, if you even think your friend has been wronged and you don't tell him about it.
Iago	Please don't ask me to tell you. I might be completely wrong. I have a bad tendency to be suspicious of people and to look too closely into what they're doing. Often I imagine crimes that aren't really there. You would be wise to ignore my weak guesses and imaginary suspicions, and don't worry yourself about the meaningless things I've noticed. For me to tell you my thoughts would only destroy your peace of mind, and it wouldn't be wise, honest, or responsible for me to tell them.
Othello	What are you talking about?
Iago	A good reputation is the most valuable thing we have—men and women alike. If you steal my money, you're just stealing trash. It's something, it's nothing: it's yours, it's mine, and it'll belong to thousands more. But if you steal my reputation, you're robbing me of something that doesn't make you richer, but makes me much poorer.
Othello	I'm going to find out what you're thinking.
Iago	You can't find that out, even if you held my heart in your hand you couldn't make me tell you. And as long my heart's inside my body, you never will.
Othello	What?
Iago	Beware of jealousy, my lord! It's a green-eyed monster that makes fun of the victims it devours. The man who knows his wife is cheating on him is happy, because at least he isn't friends with the man she's sleeping with. But think of the unhappiness of a man who worships his wife, yet doubts her faithfulness. He suspects her, but still loves her.
Othello	Oh, what misery!

:: 한글번역

오셀로와 이아고가 걸어 들어온다. 캐시오가 오셀로가 오는 것을 보고, 당황하여 재빨리 떠난다.

이아고	진짜 싫군.
오셀로	무슨 소리야?
이아고	아니, 아무것도 아닙니다. 장군님. 혹시… 아… 아닙니다.
오셀로	지금 막 아내하고 헤어진 게 캐시오 아닌가?
이아고	예? 캐시오라고요! 그렇지 않을걸요. 장군 오시는 걸 보고 죄나 지은 것처럼 슬그머니 달아날 이유가 없잖습니까?
오셀로	아니, 캐시오가 틀림없어.

03

오셀로와 이아고가 거실문에 당도하자 데스데모나가 문을 열고 항상 하듯 환영의 웃음으로 맞아준다.

데스데모나	당신이군요. 지금 어떤 사람과 얘길 하고 있던 차예요. 당신께 눈총을 맞고 풀이 죽어서 사정을 하러 왔더군요.
오셀로	누구 말이오?
데스데모나	최근에 해고당한 캐시오 부관이에요. 당신이 내 덕과 힘을 아껴 주신다면, 그분을 당장 용서해 주세요. 내 판단컨대, 그는 당신을 정말 사랑해요! 좀 잘못하긴 했지만, 실수를 한 것뿐이지 일부러 계획적으로 한 건 아녜요. 아무리 봐도 그런 것 같지 않아요. 복직시켜 주세요.
오셀로	지금 여기서 나갔소?
데스데모나	아주 얼굴도 제대로 못 들고 한탄하다가 갔어요. 나까지 눈물이 나올 지경예요. 그를 다시 불러 주세요.
오셀로	지금은 안 돼요. 더 두고 봅시다.
데스데모나	하지만 곧 되겠지요?
오셀로	당신의 청이니 곧 하리다.
데스데모나	오늘 저녁 먹을 때에요?
오셀로	오늘 저녁엔 안 되오.
데스데모나	내일 점심때는요?
오셀로	내일 점심은 밖에서 먹소. 성에서 장교들을 만나기로 했으니까.
데스데모나	그럼 내일 밤이든지, 화요일 아침이든지, 화요일 낮이든지 밤이든지, 수요일 아침이든지. 시간을 정하세요. 사흘이 넘으면 안 돼요. 그분은 정말 후회하고 있다니까요. 일을 저질렀다고 하지만 보통 때 같으면 —그야 전쟁 중엔 지위가 높은 사람도 벌을 받는다죠?—보통 때 같으면 그다지 인연을 끊을 정도의 실수는 아니지 않아요? 언제 불러들이시겠어요? 어서 말씀하세요. 당신이 나한테 청을 하면 내가 싫단 말을 하겠어요? 그렇게 망설이겠느냐 말예요? 마이클 캐시오는 당신하고 같이 제 집에 오고는 했죠? 내가 당신을 좋지 않게 얘기했을 때, 그분은 늘 당신 편을 들었어요. 그런데 그 사람을 돌봐주려고 하는데, 이렇게 힘이 들어서야! 만일 나 같으면…
오셀로	오늘 저녁엔 안 되오. 이제 그만. 캐시오더러 언제든지 오라고 하시오. 당신 말대로 하겠소.
데스데모나	어찌 제가 당신 말을 거역하겠어요. 절대 아니지요. 그럼 안녕 내 사랑.
오셀로	안녕 내 사랑 데스데모나. 곧 따라 가리다.

데스데모나와 에밀리아 나간다.

오셀로(방백)	귀여운 것! 내가 사랑하지 않는다면 이 영혼이 지옥으로 떨어져도 좋지. 그대를 사랑하지 않는 때가 온다면 그 때는 혼돈이 다시 올 때이지.
이아고	장군님!
오셀로	뭔가, 이아고!
이아고	혼담이 있었을 때 캐시오가 두 분 사이를 알고 있었나요?
오셀로	다 알고 있었지, 그건 왜 묻나?
이아고	아… 아무것도 아닙니다. 캐시오가 사모님과 아는 사이였다는 것을 전혀 몰랐거든요. 그게 전붑니다.
오셀로	알고말고. 중간에서 애를 많이 썼지.

이아고	그가요?
오셀로	그래, 그게 어떻단 말인가? 그는 내가 진심으로 믿는 사람이지.
이아고	그를 진심으로 믿으신다구요?
오셀로	물론이지. 그렇지 않을 이유가 있는가.
이아고	그럴지도 모르죠. 장군님.
오셀로	내 말을 반복하지 말거라. 자넨 내가 한 말을 계속 반복하는데, 뭔가 말 꺼내는 것이 겁나는 것 같군. 무슨 곡절이 있는 모양이지. 지금 막 자네는 "이게 또 무슨 짓이야" 그랬것다. 캐시오가 아내하고 얘기하다 나갈 때 말야. 뭣이 어떻게 됐단 말인가? 그리고 또 혼담이 있을 때 심부름을 했다고 하니까 "아니 정녕 말입니까?" 하면서 놀란 것처럼 상을 찌푸리지 않았나? 꼭 뭔가 머릿속에 무서운 일이나 감춰둔 것 같군. 나를 생각한다면 생각하고 있는 걸 얘기하게.
이아고	장군님, 제가 장군님께 충실한 것을 아시죠?
오셀로	알지, 성실하고 정직해서 뭣이고 말을 꺼내기 전에 재삼 숙고하는 성격인 줄 알기 때문에 지금 자네가 말을 꺼내다가 주저하는 걸 심상치 않게 생각하네, 그건 속이 검은 인간이라면 사람을 속이는 수단이겠지만 마음이 곧은 사람이 그러는 것을 뭔가 참을 수 없는 것이 있어서 그걸 입 밖에 내지 못해서 고민하는 게 분명해.
이아고	내 지금까지 알아왔던 바로 판단컨대, 마이클 캐시오는 성실한 사람이라고 생각합니다.
오셀로	나도 그렇게 생각하네만.
이아고	사람은 외양과 같아야 되지 않겠습니까? 그렇지 않을 경우에는 그렇게 뵈지 않도록 했으면 좋겠어요.
오셀로	물론이지, 사람이란 안팎이 같아야지.
이아고	그럼, 캐시오는 정직한 사람이라 봅니다.
오셀로	자넨 아직도 뭘 생각하고 있어. 어서 생각하고 있는 대로 말하게. 천하에 없이 나쁜 일이라도 나쁜 대로 얘기하란 말야.
이아고	그건 전 못 하겠습니다. 직책상의 일이라면 무슨 일이든지 하겠습니다만 종놈이라도 의사 표시의 자유는 있습니다. 생각한 대로 말하란 말씀이시죠? 제가 무슨 나쁜 생각을 품고 있는지 아십니까? 휘황찬란한 궁전 속에도 못된 것이 들어가지 말라는 법은 없습니다. 아무리 깨끗한 가슴 속에도 좋지 못한 생각이 올바른 생각하고 같이 앉아서 재판질을 하고 있거든요.
오셀로	이아고, 자네는 친구한테 좋지 못한 생각을 품고 있어. 그 친구가 모욕을 당하고 있다고 생각하면서도 그걸 알리려고 하지 않으니 말이네.
이아고	제발 저에게 말하라 하지 말아주세요. 아마 제가 완전히 잘못된 생각을 가지고 있는 것일지도 모르죠. 전 어쩐지 남의 잘못을 알아내는 버릇이 있어서요. 까딱 잘못하면 없는 것도 있는 것처럼 잘못 볼 때가 있습니다. 그러니까 그런 확실치 않은 어림쳐 말씀드린 걸 귀담아듣지 마십쇼. 제가 본 애매한 것들 때문에 걱정하시면 안 됩니다. 괜히 불안스럽게만 해 드릴 뿐이지 뭐 하나 좋은 것이 없습니다. 저로 말씀하더라도 사내답지 못하다든가 성실치 않다든가 주착이 없다든가 좋지 않은 말씀만 들을 거고요. 생각하고 있는 대로 말씀드린다면 말입니다.
오셀로	도대체 무슨 말을 하는 거지?
이아고	장군님, 명예는 남녀를 불문하고 가장 가치 있는 것이지요. 제 지갑을 훔쳤다면 쓰레기를 훔치는 거죠. 있고도 없는 거나 마찬가지예요. 제 것이던 것이 지금의 그 녀석의 것 그 전에도 수천 명이 쓰던 겁니다. 그렇지만, 저한테서 명예를 뺏는다면, 그걸 가질 수도 없으면서 난 나대로 털터리가 되거든요.
오셀로	자네가 생각하고 있는 것을 알아내고 말겠네.
이아고	설사 제 심장이 장군의 수중에 있다고 해도 그건 안 됩니다. 하물며 제가 가지고 있는데 말입니까.
오셀로	뭐라고?
이아고	장군님, 절대로 의심을 하시면 안 됩니다. 의심이라는 건 사람의 마음을 맘대로 농락하고 사로잡는 파란 눈을 한 괴물입니다. 아내의 부정을 알면서도 자기 운명을 잘 알고 불의의 사람을 사랑하지 않는 남자는 행복한 사람이지만 일구월심 그 여자한테 빠져서 의심하고 그러면서도 사랑하지 않을 수 없는 남자는 얼마나 가련합니까.
오셀로	아! 얼마나 비참한 일인가!

Death of a Salesman

Arthur Miller(1915—2005)

1.

Willy	Not finding yourself at the age of thirty four is a disgrace!
Linda	Shh!
Willy	The trouble is he's lazy, goddammit!
Linda	Willy, please!
Willy	Biff is a lazy bum!
Linda	They're sleeping. Get something to eat. Go on down.
Willy	Why did he come home? I would like to know what brought him home.
Linda	I don't know. I think he's still lost, Willy. I think he's very lost.
Willy	Biff Loman is lost. In the greatest country in the world a young man with such —personal attractiveness, gets lost. And such a hard worker. There's one thing about Biff—he's not lazy.
Linda	Never.
Willy	[*With pity and resolve.*] I'll see him in the morning; I'll have a nice talk with him. I'll get him a job selling. He could be big in no time. My God! Remember how they used to follow him around in high school? When he smiled at one of them their faces lit up. When he walked down the street ⋯ [*He loses himself in reminiscences.*]
Linda	[*Trying to bring him out of it.*] Willy, dear, I got a new kind of American type cheese today. It's whipped.
Willy	Why do you get American when I like Swiss?
Linda	I just thought you'd like a change—
Willy	I don't want a change! I want Swiss cheese. Why am I always being contradicted?
Linda	[*With a covering laugh*] I thought it would be a surprise.
Willy	Why don't you open a window in here, for God's sake?
Linda	[*With infinite patience.*] They're all open, dear.
Willy	The way they boxed us in here. Bricks and windows, windows and bricks.
Linda	We should've bought the land next door.
Willy	The street is lined with cars. There's not a breath of fresh air in the neighborhood. The grass don't grow any more, you can't raise a carrot in the back yard. They should've had law against apartment houses. Remember those two beautiful elm trees out there? When I and Biff hung the swing between them?
Linda	Yeah, like being a million miles from the city.

Willy	They should've arrested the builder for cutting those down. They massacred the neighborhood. [*Lost.*] More and more I think of those days, Linda. This time of year it was lilac and wisteria. And then the peonies would come out, and the daffodils. What fragrance in this room!
Linda	Well, after all, people had to move somewhere.
Willy	No, there's more people now.
Linda	I don't think there's more people. I think—
Willy	There's more people! That's what ruining this country! Population is getting out of control. The competition is maddening! Smell the stink from that apartment house! And another one on the other side ⋯ How can they whip cheese?

[*On Willy's last line, Biff and Happy raise themselves up in their beds, listening.*]

Linda	Go down, try it. And be quiet.
Willy	[*Turning to Linda, guiltily.*] You're not worried about me, are you, sweetheart?
Biff	What's the matter?
Happy	Listen!
Linda	You've got too much on the ball to worry about.

2.

Biff	You know why I had no address for three months? I stole a suit in Kansas City and I was in jail. I stole myself out of every good job since high school!
Willy	And whose fault is that?
Biff	And I never got anywhere because you blew me so full of hot air I could never stand taking orders from anybody! That's whose fault it is!
Willy	I hear that!
Linda	Don't, Biff!
Biff	It's goddam time you heard that! I had to be boss big shot in two weeks, and I'm through with it.
Willy	Then hang yourself! For spite, hang yourself!
Biff	No! Nobody's hanging himself, Willy! I ran down eleven flights with a pen in my hand today. And suddenly I stopped, you hear me? And in the middle of that office building, do you hear this? I stopped in the middle of that building and I saw — the sky. I saw the things that I love in this world. The work and the food and time to sit and smoke. And I looked at the pen and said to myself, what the hell am I grabbing this for? Why am I trying to become what I don't want to be? What am I doing in an office, making a contemptuous, begging fool of myself, when all I want is out there, waiting for me the minute I say I know who I am! Why can't I say that, Willy? [*He tries to make Willy face him, but Willy pulls away and moves to the left.*]

Willy	[*with hatred, threateningly*] The door of your life is wide open!
Biff	Pop! I'm a dime a dozen, and so are you!
Willy	[*tuning on him now in an uncontrolled outburst*] : I am not a dime a dozen! I am Willy Loman, and you are Biff Loman!
	[*Biff starts for Willy, but is blocked by Happy. In his fury, Biff seems on the verge of attacking his father.*]
Biff	I am not a leader of men, willy, and neither are you. You were never anything but a hard-working drummer who landed in the ash can like all the rest of them! I'm one dollar an hour, Willy! I tried seven states and couldn't raise it. A buck an hour! Do you gather my meaning? I'm not bringing home an prizes any more, and you're going to stop waiting for me to bring them home!
Willy	[*directly to* Biff] You vengeful, spiteful mut!
	[*Biff breaks from Happy. Willy, in fright, starts up the stairs. Biff grabs him.*]
Biff	[*at the peak of his fury*] I'm nothing! I'm nothing. Pop. Can't you understand that? There's no spite in it any more. I'm just what I am, that's all.
	[*Biff's fury has spent himself, and he breaks down, sobbing, holding on to* Willy, *who dumbly fumbles for Biff's face.*]
Willy	[*astonished*] What're you doing? What're you doing? [*to Linda*] Why is he crying?
Biff	[*crying, broken*] Will you let me go, for Christ's sake? Will you take that phony dream and burn it before something happens? [*Struggling to contain himself, he pulls away and moves to the stairs*] I'll go in the morning. Put him-put him to bed. [*Exhausted, Biff moves up the stairs to his room.*]
Willy	[*After a long pause, astonished, elevated*] Isn't that—isn't that remarkable? Biff—he likes me!
Linda	He loves you, Willy.
Happy	Always did, Pop.
Willy	Oh, Biff! [*Staring wildly.*] He cried! Cried to me. [*He is choking with his love, and now cries out his promise.*] That boy—that boy is going to be magnificent!

[*Ben appears in the light just outside the kitchen.*]

▶ 한글번역

세일즈맨의 죽음

1.

윌리	나이 서른넷이 되도록 제 앞가림을 못한다니 망신이지!
린다	쉿!
윌리	문제는 그놈이 게으르단 거요, 젠장!
린다	제발, 여보!
윌리	비프는 게으른 건달이야!
린다	애들이 자고 있어요. 뭐라도 좀 드세요. 내려가 봐요.

윌리	집에는 왜 온 거야? 왜 집에 왔는지 알고 싶군.
린다	모르겠어요. 여전히 길을 못 찾고 있는 것 같아요, 여보. 많이 방황하는 것 같아요.
윌리	비프 로먼이 길을 잃고 방황한다. 세상에서 가장 위대한 나라에서 그렇게, 그렇게 매력 있는 젊은이가 길을 잃고 헤맨다. 그렇게 열심히 일하는 청년인데. 한 가지 분명한 건, 비프는 게으르지 않다는 거야.
린다	절대 아니지요.
윌리	(동정심과 결단이 얽혀) 아침에 그 아이를 좀 봐야겠소. 잘 얘기해 봐야지. 세일즈 자리를 주선해 주어야겠어. 곧 거물이 될 거야. 제기랄! 고등학교 때 아이들이 그 아이를 얼마나 따라다녔는지 기억나오? 그중 하나에게 웃어주기라도 할라치면 애들 얼굴빛이 다 환해졌지. 길을 걸을 때면…. (회상 속으로 빠져 들어간다.)
린다	(윌리를 회상으로부터 끄집어내려고) 여보, 오늘 새로운 미국 치즈를 샀어요. 거품 치즈예요.
윌리	난 스위스 치즈가 좋은데 왜 미국 치즈를 샀어?
린다	바꿔 보는 것도 좋아할 거 같아서.
윌리	난 바꾸는 거 싫어. 스위스 치즈가 좋아. 왜 항상 내 말에 반대만 하는 거요?
린다	(무마하려고 웃으며) 놀라게 해주려고 그랬지요.
윌리	이런 젠장, 왜 창문을 열어놓지 않은 거야?
린다	(무한한 인내심으로) 여보, 다 열려있어요.
윌리	저것들이 우리를 여기 가둬 놓은 꼴 좀 봐. 벽돌과 창문, 벽돌과 창문밖에 없어.
린다	옆집 땅을 샀어야 했어요.
윌리	길가엔 자동차가 줄지어 섰어. 동네에 신선한 공기라고는 한 점도 없어. 잔디는 더 이상 자라지도 않고, 뒤뜰에 당근도 키울 수가 없어. 아파트를 짓지 못하게 하는 법이라도 만들어야 해. 저기 있던 멋진 느릅나무 두 그루 기억나? 나와 비프가 그 사이에 그네를 매었던?
린다	네, 마치 도시에서 100만 킬로미터나 떨어진 것 같았죠.
윌리	그런 나무들을 잘라내다니 건설업자들을 잡아 가두어야 해. 동네를 다 망쳐놨어. (상념에 빠져) 여보, 점점 더 옛날 생각을 하게 되는군. 이맘때쯤이면 라일락과 등나무가 한창이었지. 그다음엔 작약이고, 그러고 나면 수선화지. 이 방에 향기가 가득했는데!
린다	그래서 결국 사람들은 어디론가 옮겨가야 했잖아요.
윌리	아냐. 지금도 많아.
린다	그렇게 많지는 않아요. 내 생각엔—
윌리	사람들이 너무 많아! 그래서 이 나라가 망가지고 있다고! 인구가 통제 불가능이야. 경쟁 때문에 사람이 미칠 지경이지. 아파트에서 나오는 악취 좀 맡아 봐! 다른 쪽에 또 아파트가 하나 더 있지… 어떻게 치즈에 거품을 내?

(윌리의 마지막 말에 비프와 해피가 침대에서 일어나 귀를 기울인다.)

린다	내려가서 잡숴 보세요. 그리고 좀 조용히 하세요.
윌리	(린다를 향해 겸연쩍게) 내가 걱정되는 건 아니겠지, 여보?
비프	무슨 일이야?
해피	들어 봐!
린다	너무 잘 알아서 하는 사람인데 뭘 걱정하겠어요.

2.

비프	왜 내가 석 달 동안 연락이 안 됐는지 아세요? 캔사스시티에서 양복을 훔쳐서 감옥에 있었단 말이에요. 전 고등학교 이후 다닌 직장마다 쫓겨났어요!
윌리	그래, 그게 누구 잘못이란 말이냐?
비프	그리고 아버지가 저를 너무 띄워 놓으신 탓에 저는 남에게 명령받는 자리에서는 일할 수가 없었어요! 그게 누구 잘못이겠어요!
윌리	알아들었다!
린다	그만해, 비프!
비프	이제 진실을 아셔야 할 때예요. 전 금방이라도 사장이 되어야만 했지요. 이젠 그런 것들을 끝내려는 거예요!
윌리	그러면 나가 죽어라! 아비에게 반항하는 자식아, 나가 죽으라고!

비프 아뇨! 아무도 나가 죽지 않아요, 아버지! 전 오늘 손에 만년필을 쥐고 11층을 달려 내려왔어요. 그러다 갑자기 멈췄어요. 그 사무실 건물 한가운데에서 말예요. 그 건물 한복판에 멈춰서서 저는, 하늘을 봤어요. 제가 세상에서 가장 사랑하는 것들을 봤어요. 일하고 먹고 앉아서 담배 한 대 피우는 그런 시간들을요. 그러고 나서 만년필을 내려다보며 스스로에게 말했죠. 뭐 하려고 이 빌어먹을 놈의 물건을 쥐고 있는 거야? 왜 원하지도 않는 존재가 되려고 이 난리를 치고 있는 거야? 왜 여기 사무실에서 무시당하고 애걸해 가며 비웃음거리가 되고 있는 거야? 내가 원하는 건 저 밖으로 나가 내가 누군지 알게 되는 그때를 기다리는 건데! 전 왜 그렇게 말하지 못하는 거죠, 아버지? (그는 윌리의 눈을 자신에게 돌리려 하지만 윌리는 멀리 떨어져 왼쪽으로 간다.)

윌리 (증오심에 가득 차 협박하듯이) 네 인생의 문은 활짝 열려 있어!

비프 아버지! 전 1달러짜리 싸구려 인생이고 아버지도 그래요!

윌리 (통제할 수 없이 격앙하여 비프에게 돌아서서) 난 싸구려 인생이 아냐! 나는 윌리 로먼이야! 너는 비프 로먼이고!

(비프는 윌리에게 다가서려 하지만 해피가 가로막는다. 격한 나머지 비프는 거의 아버지를 칠 듯한 기세다.)

비프 저는 사람들의 리더가 되지 못하고, 그건 아버지도 마찬가지예요. 열심히 일해 봤자 결국 쓰레기통으로 들어가는 세일즈맨일 뿐이잖아요. 저는 시간당 1달러짜리예요! 일곱 개의 주를 돌아다녔지만 더 이상 올려 받지 못했어요. 한 시간에 1달러! 무슨 말인지 아시겠어요? 저는 더 이상 집에 상패를 들고 들어오지 못하고 아버지도 그런 건 기대하지 말아야 해요!

윌리 (비프에게 대놓고) 악에 받친 개 같은 자식!

(비프가 해피를 뿌리치고 나선다. 윌리, 놀라서 계단으로 올라가려고 한다. 비프가 그를 붙잡는다.)

비프 (분노가 머리끝까지 치밀어 올라서) 아버지, 저는 이런 놈이에요! 전 아무것도 아닌 놈이라고요! 모르시겠어요? 반항하는 게 아니에요. 전 그냥 이렇게 생겨 먹은 놈이에요. 그뿐이라고요.

(분노가 제풀에 꺾여 비프는 윌리를 잡은 채로 흐느끼며 주저 앉는다. 윌리는 멍하니 비프의 얼굴을 더듬는다.)

윌리 (놀라서) 왜 이러는 거냐? 너 왜이러는 거야? (린다에게) 얘가 왜 울어?

비프 (기진해서 울며) 제발 절 좀 놓아주세요, 예? 더 큰일이 나기 전에 그 거짓된 꿈을 태워 없앨 수 없나요? (자제하려고 애쓰며 일어나 계단으로 간다.) 아침에 나갈게요. 아버지를, 침대로 모셔다 드리세요. (기진맥진하여 계단을 올라가 자기 방으로 간다.)

윌리 (한참 있다가 놀라고 들떠서) 놀랍지…않아? 비프가…나를 좋아해!

린다 비프는 당신을 사랑해요, 여보!

해피 (깊이 감동하여) 언제나 그랬어요, 아버지.

윌리 오 비프! (흥분하여 응시한다.) 울었어. 나를 보고 울었어! (사랑의 감정에 벅차 컥컥거린다. 자신의 믿음을 소리쳐 내뱉는다.) 저 애는… 저 애는 훌륭한 사람이 될 거야!

(벤이 부엌 바로 바깥의 불빛에 나타난다.)

02 Comedy 희극

The short definition for comedy is that the plot deals with **common, everyday issues and ends well for the protagonist**. By common and everyday issues, we mean simply the sorts of things that the common man might experience in life, such as love, marriage, prosperity, dealings with neighbors, pursuing a career, and so forth. But comedies can also deal with those negative things that everyone is subject to: divorce, infidelity, disagreements with neighbors, losing a job, and so forth. The subject matter may actually be something negative in a comedy, but it is the sort of thing that just about anybody might go through. A comedy generally **begins with the protagonist at the bottom of Fortune's wheel, rather than at the top.** Life is not exactly a bed of roses; the protagonist would like to improve his or her position in the world in some way. Shakespeare's comedy *The Tempest* begins with a group of people being shipwrecked on a deserted island. Oscar Wilde's *The Importance of Being Earnest*, begins with two young men who happen to be very wealthy and comfortable— certainly at the top of Fortune's wheel in that respect—but who are in love with two women whom they cannot marry. Their issue is not their wealth or prestige, but the fact that, for one reason or another, they are not permitted to marry their sweethearts. This is the element of conflict, or opposition, in comedy. Note that both comedy and tragedy include the element of conflict. The protagonist in both genres is faced with some situation or force or person that is opposing him or her.

The key difference between comedy and tragedy is the outcome of that conflict. In comedy, the protagonist eventually overcomes the opposition and wins the conflict. Therefore, the climax in a comedy entails the protagonist gaining the upper hand over the antagonist—the opposite of tragedy. Here again we see Lady Fortune spin her wheel, but this time the protagonist moves upward on the wheel, from misfortune to fortune, from bad to good. The resolution in a comedy is the happy ending, the point where all details of the conflict are resolved and the protagonist is restored to good fortune. In *The Importance of Being Earnest*, the two young men make some startling discoveries about their true identities, and in the process find that they are now free to marry the women whom they love. Comedies tend to be more humorous and frivolous in their tone. This does not mean that a comedy contains no unhappiness or danger; many great comedies include some elements of great risk for the protagonist. But overall, the tone is generally comic, humorous, with characters and dialogue that keep the audience laughing. Finally, the protagonist of a comedy is frequently someone of common birth rather than someone of nobility and power. Comedy is the genre of the common man, stories about people who are not of great privilege or unusually high moral character. Comedies tend to be written in a more conversational, everyday style of speech, whereas tragedies often involve great speeches with very formal and impressive style.

03

The Rivals

Richard Brinsley Sheridan(1751−1816)

MRS MALAPROP Nay, nay, Sir Anthony, you are an absolute misanthropy.

SIR ANTHONY In my way hither, Mrs Malaprop, I observed your niece's maid coming forth from a circulating library. She had a book in each hand. They were half-bound volumes, with marble covers. From that moment I guessed how full of duty I should see her mistress.

MRS MALAPROP Those are vile places, indeed.

SIR ANTHONY Madam, a circulating library in a town is as an evergreen tree of diabolical knowledge. It blossoms through the year. And depend on it, Mrs Malaprop, that they who are so fond of handling the leaves, will long for the fruit at last.

MRS MALAPROP Fie, fie, Sir Anthony. You surely speak laconically.

SIR ANTHONY Why, Mrs Malaprop, in moderation now, what would you have a woman know?

MRS MALAPROP Observe me, Sir Anthony. I would by no means wish a daughter of mine to be a progeny of learning; I don't think so much learning becomes a young woman. For instance, I would never let her meddle with Greek, or Hebrew, or algebra, or simony, or fluxions, or paradoxes, or such inflammatory branches of learning. Neither would it be necessary for her to handle any of your mathematical, astronomical, diabolical instruments. But, Sir Anthony,

I would send her, at nine years old, to a boarding-school, in order to learn a little ingenuity and artifice. Then, sir, she should have a supercilious knowledge in accounts; and as she grew up, I would have her instructed in geometry, that she might know something of the contagious countries; but above all, Sir Anthony, she should be mistress of orthodoxy, that she might not mis-spell, and mis-pronounce words so shamefully as girls usually do; and likewise that she might reprehend the true meaning of what she is saying. This, Sir Anthony, is what I would have a woman know; and I don't think there is a superstitious article in it.

Further Reading

Pygmalion

George Bernard Shaw(1856－1950)

LIZA　　Oh, I didn't mean it either, when I was a flower girl. It was only my way. But you see I did it; and that's what makes the difference after all.

Colonel PICKERING No doubt. Still, he taught you to speak; and I couldn't have done that, you know.

LIZA　　[*trivially*] Of course: that is his profession.

Professor HENRY HIGGINS Damnation!

LIZA　　[*continuing*] It was just like learning to dance in the fashionable way: there was nothing more than that in it. But do you know what began my real education?

PICKERING　What?

LIZA　　[*stopping her work for a moment*] Your calling me Miss Doolittle that day when I first came to Wimpole Street. That was the beginning of self-respect for me. [*She resumes her stitching*]. And there were a hundred little things you never noticed, because they came naturally to you. Things about standing up and taking off your hat and opening door—

PICKERING　Oh, that was nothing.

LIZA　　Yes, things that shewed you thought and felt about me as if I were something better than a scullery-maid; though of course I know you would have been just the same to a scullery-maid if she had been let in the drawing-room. You never took off your boots in the dining room when I was there.

PICKERING　You mustn't mind that. Higgins takes off his boots all over the place.

LIZA   I know. I am not blaming him. It is his way, isnt it? But it made such a difference to me that you didn't do it. You see, really and truly, apart from the things anyone can pick up (the dressing and the proper way of speaking, and so on), the difference between a lady and a flower girl is not how she behaves, but how she's treated. I shall always be a flower girl to Professor Higgins, because he always treats me as a flower girl, and always will; but I know I can be a lady to you, because you always treat me as a lady, and always will.

03

03 Absurd Theatre 부조리극

Theater of the Absurd came about as a reaction to World War II. It took the basis of existential philosophy and combined it with dramatic elements to create a style of theatre which presented a world which can not be logically explained, life is in one word, ABSURD. Thus, The Theatre of the Absurd is a designation for particular plays of absurdist fiction⋯as well as to the style of theatre which has evolved from their work.

The "Theatre of the Absurd" is a term coined by Hungarian-born critic Martin Esslin, who made it the title of his 1962 book on the subject. Examples of absurd play: *Waiting for Godot* by Samuel Beckett; *Rhinoceros* by Eugene Ionesco; *The Room* by Harold Pinter; *Mountain Language* by Harold Pinter; *The Zoo Story* by Edward Albee.

The Zoo Story

Edward Albee(1928−2016)

Jerry   Now I'll let you in on what happened at the zoo; but first, I should tell you why I went to the zoo. I went to the zoo to find out more about the way people exist with animals, and the way animals exist with each other, and with people too. It probably wasn't a fair test, what with everyone separated by bars from everyone else, the animals for the most part from each other, and always the people from the animals. But, if it's a zoo, that's the way it is. [*He pokes Peter on the arm.*] Move over.

Peter   [*friendly*] I'm sorry, haven't you enough room? [*He shifts a little.*]

Jerry   [*smiling slightly*] Well, all the animals are there, and all the people are there, and it's Sunday and all the children are there. [*He pokes Peter again.*] Move over.

Peter   [*patiently, still friendly*] All right. [*He moves some more, and Jerry has all the room he might need.*]

Jerry	And it's a hot day, so all the stench is there, too, and all the balloon sellers, and all the ice-cream sellers, and all the seals are barking, and all the birds are screaming. [*Pokes Peter harder*] Move over!
Peter	[*beginning to be annoyed*] Look here, you have more than enough room! [*but he moves more, and is now fairly cramped at one end of the bench.*]
Jerry	And I am there, and it's feeding time at the lion's house, and the lion keeper comes into the lion cage, one of the lion cages, to feed one of the lions. [*Punches Peter on the arm, hard.*] MOVE OVER!
Peter	[*very annoyed*] I can't move over any more, and stop hitting me. What's the matter with you?
Jerry	Do you want to hear the story? [*Punches Peter's arm again.*]
Peter	[*flabbergasted*] I'm not so sure! I certainly don't want to be punched in the arm.
Jerry	[*punches Peter's arm again.*] Like that?
Peter	Stop it. What's the matter with you?
Jerry	I'm crazy, you bastard.
Peter	That isn't funny.

03

작품해설

제리가 하숙집 개와의 사건을 통해서 깨달은 것은 다른 사람과 관계를 맺어야한다는 인식이다. 제리는 동물들은 어떻게 다른 동물들과 관계를 맺으며, 인간과 어떻게 지내는지 알아보기 위해 동물원을 찾아간 것이다. 제리는 동물원이라는 공간에서 동물과 동물 그리고 인간은 서로 분리된 채 어떤 관계도 이루지 못하고 있는 것을 발견한다. 그리고 이것은 현대인이 살고 있는 사회도 동물원의 세계와 같다는 것을 인식한다.

한글번역

제리	자, 동물원에서 일어난 얘길 당신에게만 일러주지. 하지만 먼저, 내가 왜 동물원에 갔는지 얘기하겠소. 난 사람들이 동물들과 존재하고 있는 방식과, 동물들이 서로서로와 지내는 방식, 그리고 사람들과 지내는 방식에 대해 좀 더 알고 싶어서 동물원엘 간 거요. 그건 아마도 올바른 테스트는 아니겠지만, 사람들이 서로 그리고 대부분의 경우 동물들도 서로 간에 쇠창살로 분리되어 있었고, 사람들은 예외 없이 동물들과 떨어져 있었소. 그러나 동물원이 바로 그런 곳이오. [피터의 팔을 꾹 찌른다.] 좀 더 옮기시지.
피터	[친근하게] 미안해요. 충분한 공간이 없었군요? [약간 움직인다.]
제리	[가볍게 웃으며] 모든 동물이 거기에 있다우. 그리고 모든 인간도 거기에 있고. 일요일이어서 모든 아이들도 거기에 있고. [다시 피터를 꾹 찌른다.] 좀 더 옮기시지.
피터	[참을성 있게, 여전히 친근하게] 알았어요. [피터는 조금 더 움직이고, 제리는 필요한 만큼의 공간을 확보한다.]
제리	근데 참 더워서 모든 악취가 거기 또 있지. 모든 풍선 장수도, 그리고 모든 아이스크림 판매상들도, 그리고 모든 물개는 짖고 있지. 모든 새들은 짹짹거리고 있고. [피터를 더 세게 찌른다.] 좀 더 움직이라니까!
피터	[화가 나기 시작한다] 여기 좀 보시오, 당신은 충분히 공간을 차지하고 있잖소! [하지만 약간 더 움직여 의자의 한쪽 끝에 간신히 머무른다.]
제리	그리고 나도 거기에 있지, 사자 우리에서 먹이 주는 시간이지. 그리고 사자 사육사는 사자 우리에 들어오고, 그 사자우리 가운데 하나로, 사자에게 먹이를 주기 위해서. [피터의 팔을 세게 때린다.] 더 움직이라니까!
피터	[매우 화가 나서] 더 이상 움직일 곳이 없단 말이오. 그리고 더 이상 날 치지 마시오. 도대체 당신 뭐가 문제요?

제리 애기 듣고 싶어? [피터의 팔을 다시 친다.]
피터 [크게 놀라서] 잘 모르겠소! 하지만 다시는 팔을 치지 않았으면 좋겠소.
제리 [피터의 팔을 다시 친다.] 이렇게?
피터 그만 하시오. 도대체 당신 뭐가 문제요?
제리 그래 나 미쳤다. 이 새끼야.
피터 이건 전혀 재밌지 않소.

A Slight Ache

Harold Pinter(1930-2008)

Edward Ah, it's a good day. I feel it in my bones. In my muscles. I think I'll stretch my legs in a minute. Down to the pool. My God, look at that flowering shrub over there. Clematis. What a wonderful⋯

(*He stops suddenly.*)

Flora What?

(*Pause.*)

Edward, what is it?

(*Pause.*)

Edward⋯

Edward (*thickly*) He's there.

Flora Who?

Edward (*low murmuring*) Blast and damn it, he's there, he's there at the back gate.

Flora Let me see.

(*She moves over to him to look. Pause.*)

(*Lightly.*) Oh, it's the matchseller.

Edward He's back again.

Flora But he's always there.

Edward Why? What is he doing there?

Flora But he's never disturbed you, has he? The man's been standing there for weeks. You've never mentioned it.

Edward What is he doing there?

Flora He's selling matches, of course.

Edward It's ridiculous. What's the time?

Flora Half past nine.

Edward What in God's name is he doing with a tray full of matches at half past nine in the morning?

Flora He arrives at seven o'clock.

Edward Seven o'clock?

Flora	He's always there at seven.
Edward	Yes, but you've never⋯ actually seen him arrive?
Flora	No, I⋯
Edward	Well, how do you know he's⋯not been standing there all night? (*Pause.*)
Flora	Do you find him interesting, Edward?
Edward	(*casually*) Interesting? No. No, I⋯ don't find him interesting.
Flora	He's a very nice old man, really.
Edward	You've spoken to him?
Flora	No. No. I haven't spoken to him. I've nodded.
Edward	(*pacing up and down*) For two months he's been standing on that spot, do you realize that? Two months. I haven't been able to step outside the back gate.
Flora	Why on earth not?
Edward	(*to himself*) It used to give me great pleasure, such pleasure, to stroll along through the long grass, out through the back gate, pass into the lane. That pleasure is now denied me. It's my own house, isn't it? It's my own gate.
Flora	I really can't understand this, Edward.

한글번역

가벼운 통증

에드워드 좋은 날이야. 뼛속까지 스며드는걸. 근육까지 느끼겠어. 잠시 다리를 좀 뻗어야겠어. 풀 쪽으로 가서. 이런. 저기 꽃이 핀 관목 좀 봐. 클레마티스야. 얼마나 멋져⋯
(갑자기 멈춘다.)
플로라 뭐예요?
(사이.)
에드워드, 뭐예요?
(사이.)
에드워드⋯
에드워드 (탁한 목소리로) 그가 저기 있어.
플로라 누구요?
에드워드 (목소리를 낮춰서, 속삭이며) 빌어먹을, 망할 것. 저놈이 저기 있어. 뒷문 쪽에 있다고.
플로라 어디 봐요.
(여자가 남자 쪽으로 가서 본다. 사이.)
(가볍게) 오, 그 성냥팔이네요.
에드워드 다시 왔어.
플로라 저 사람은 항상 저기 있었어요.
에드워드 왜? 저기서 뭐하는데?
플로라 저 사람은 당신을 방해한 적이 없잖아요, 안 그래요? 몇 주 동안이나 저기 서 있었다고요. 당신은 아무 말도 안 했잖아요.

에드워드   저놈 뭐하고 있는 거야?
플로라   성냥을 팔지요, 물론.
에드워드   웃기는 구먼. 몇 시야?
플로라   아홉 시 반이에요.
에드워드   도대체 아침 아홉 시 반에 성냥 가득한 트레이를 들고 뭐 하고 있는 거야?
플로라   아침 일곱 시면 와요.
에드워드   일곱 시에?
플로라   항상 일곱 시면 와요.
에드워드   그래, 하지만 당신은 그가 오는 것을… 실제로 본적은 없었지?
플로라   아니, 나는…
에드워드   그런데 저자가… 밤새도록 서 있는게 아닌지 어떻게 알아?
   (사이.)
플로라   에드워드, 저 사람에 관심 있어요?
에드워드   (가볍게) 관심 있냐고? 아니, 아니야, 난… 흥미 없어.
플로라   아주 괜찮은 노인이에요… 정말로
에드워드   얘기해 봤어?
플로라   아니, 아니요, 얘기해 본 적은 없어요. 목례는 해 봤지만.
에드워드   (왔다갔다하면서) 두 달 동안, 저 놈이 저 자리에 있었어. 당신 알고 있어? 두 달 동안. 난 뒷문으로 나갈 수가 없었다고.
플로라   대체 왜요?
에드워드   (혼잣말로) 긴 풀 사이를 뚫고, 저 뒷문으로 나가는 게 얼마나 내게 큰 즐거움을 주었는지 몰라. 그 즐거움을 이제 빼앗긴 거지. 이건 내 집이란 말야. 그렇지? 바로 내 대문이라고.
플로라   나는 정말 이해하지 못하겠어요, 에드워드.

Further Reading

Who's Afraid of Virginia Woolf?

Edward Albee(1928−2016)

George   How old *are* you?
Nick   Twenty-eight.
George   I'm forty something. (*Waits for reaction… gets none.*) Aren't you surprised? I mean… don't I look older? Doesn't this… *gray* quality suggest the fifties? Don't I sort of fade into backgrounds… get lost in the cigarette smoke? Hunh?
Nick   (*looking around for an ashtray*) I think you look… fine.
George   I've always been lean… I haven't put on five pounds since I was your age. I don't have a paunch, either… What I've got… I've got this little distension just below the belt… but it's hard… It's not soft flesh. I use the handball courts. How much do *you* weigh?
Nick   I…
George   Hundred and fifty-five, sixty… something like that? Do you play handball?
Nick   Well, yes… no… I mean, not very well.

George	Well, then··· we shall play some time. Martha is a hundred and eight··· years *old*. She weighs somewhat more than that. How old is *your* wife?
Nick	(*a little bewildered*) She's twenty-six.
George	Martha is a remarkable woman. I would imagine she weighs around a hundred and ten.
Nick	Your··· wife··· weighs···?
George	No, no, my boy. Yours! *Your* wife. My wife is Martha.
Nick	Yes··· I know.
George	If you were married to Martha you would know what it means. (*pause*) But then, if I were married to your wife I would know what that means, too··· wouldn't I?
Nick	(*after a pause*) Yes.
George	Martha says you're in the Math Department, or something.
Nick	(*as if for the hundredth time*) No··· I'm not.
George	Martha is seldom mistaken··· maybe you *should* be in the Math Department, or something.
Nick	I'm a biologist. I'm in the Biology Department.
George	(*after a pause*) Oh. (*Then, as if remembering something*) OH!
Nick	Sir?
George	You're the one! You're the one's going to make all that trouble··· making everyone the same, rearranging the chromozones, or whatever it is. Isn't that right?
Nick	(*with that small smile*) Not exactly: chromo*somes*.
George	I'm very mistrustful. Do you believe··· (*Shifting in his chair*)··· do you believe that people learn nothing from history? Not that there is nothing to learn, mind you, but that people learn nothing? I am in the History Department.
Nick	Well···
George	I am a Doctor. A.B.···M.A.···PH.D.···ABMAPHID! Abmaphid has been variously described as a wasting disease of the frontal lobes, and as a wonder drug. It is actually both. I'm really very mistrustful. Biology, hunh? (NICK *does not answer··· nods··· looks.*) I read somewhere that scienve fiction is really not fiction at all··· that you people are arranging my genes, so that everyone will be like everyone else. Now, I won't have that! It would be a··· shame. I mean··· look at me! Is it really such a good idea··· if everyone was forty something and looked fifty-five? You didn't answer my question about history.
Nick	This genetic business you're talking about···

George	Oh, that. (*Dismisses it with a wave of his hand.*) That's very upsetting… very… disappointing. But history is a great deal more… disappointing. I am in the History Department.
Nick	Yes… you told me.
George	I know I told you… I shall probably tell you several more times. Martha tells me often, that I am *in* the History Department… as opposed to *being* the History Department… in the sense of *running* the History Department. I don't run the History Department.
Nick	Well, I don't run the Biology Department.
George	You're twenty-one!
Nick	Twenty-eight.

한글번역

조지	자넨 몇 살인가?
닉	스물여덟입니다.
조지	난 사십 대지. (반응을 기다리지만 아무 대답이 없자) 놀랍지 않아? 내 말은… 내가 더 늙어 보이지 않나? 이 흰머리가 오십 대같이 보이지 않는가? 어쩐지 구석에 물러앉아… 담배 연기 속으로 사라져 가는 그런 느낌이 나지 않느냐고? 응?
닉	(눈으로 재떨이를 찾으며) 보기에… 괜찮으신데요.
조지	난 마른 체질이지… 자네 나이 이후로 2.5킬로로 더 찌지 않았지. 난 말이야 똥배도 안 나왔지... 벨트 아래가 조금 두꺼워지긴 했지. 그렇지만 단단한 살이지. 물렁살이 아니고. 난 핸드볼을 하지. 자넨 몸무게가 어떻게 되나?
닉	전…
조지	75, 6 킬로그램… 그 정도지? 핸드볼은 하나?
닉	어, 예… 아니요… 저기 잘 못합니다
조지	그래… 그러면… 언제 핸드볼이나 한번 함세. 마사는 예전에… 50킬로그램이었지. 지금은 그보다 약간 더 나갈 거야. 자네 부인은 몇 살인가?
닉	(약간 당황스러워하며) 스물여섯입니다.
조지	마사는 놀라운 여자야. 내가 보기에 그녀는 50킬로그램 쯤 나갈 거야.
닉	부인… 말씀… 이신가요?
조지	아니, 아니, 딱한 사람 같으니. 자네 말야! 자네 부인말이야. 내 부인은 마사고.
닉	예… 압니다.
조지	마사와 살면 내 말이 무슨 뜻인지 알게 될 걸세. (사이) 하지만 그와 반대로 내가 자네 부인과 산다면 그게 무슨 뜻인지도 알게 되겠지… 안 그런가?
닉	(잠시 후) 그렇겠죠.
조지	마사 말로는 자네는 수학과라고 하던데.
닉	(백 번쯤 얘기한 듯). 아니요. 아닙니다.
조지	마사는 거의 실수하질 않아… 자넨 수학과나, 뭐 그런 거여야 하네.
닉	전 생물학잡니다. 생물학과에 있습니다.
조지	(잠시 후) 아. (뭔가 기억난 사람처럼 다시) 아!
닉	선생님?
조지	자네로군! 자네가 모든 인간을 똑같이 만들고 엽색체인지 뭔지를 재배열해서… 난리를 피울 사람이로군. 그치?
닉	(보일 듯 말 듯 미소) 그렇지 않지만 정확하게는 염색체입니다.

조지   난 매우 불신이 많지. 자넨 (의자에서 앉은 위치를 바꾸며) 사람들이 역사에서 조금도 배우지 못한다고 생각하나? 배울게 없어서가 아니라 아무것도 배우지 않기 때문이란 점을? 난 역사학과 교수라네.

닉   음…

조지   난 박사지. 학사… 석사… 박사… 학석박사! 학석박사는 전두엽에 생기는 소모성질환으로 다양하게 묘사되지. 생물학이라고, 응? (닉는 대답하지 않고… 고개를 끄떡인 후… 쳐다본다.) 어디선가 과학 소설은 전혀 소설이 아니라고 하는 것을 읽은 적 있지… 거 왜 자네 같은 사람들이 유전자를 재배열해서 모든 사람이 다 똑같이 생기도록 하는 거 말야. 오오 난 싫어! 그건… 창피한 일이지. 내 말은 … 날 보라고! 모든 이가 마흔 몇 살에 이미 쉰다섯처럼 보인다면 좋겠어? 자넨 역사에 대한 내 질문에 대답하지 않았어.

닉   선생님이 말하는 유전적인 것은…

조지   아 그거. (손을 흔들어 무시해 버린다.) 그건 매우 불쾌하고… 매우… 실망스러운 일이야. 하지만 역사는 훨씬 더… 실망스럽지. 난 역사학과에 있다네.

닉   네… 이미 얘기했어요.

조지   자네 스물하나잖아!

닉   스물여덟입니다.

Chapter 04 | Neo-classical / Romantic Criticism

Progress

Peter Meinke(1932-)

Man is mind
Cried old Descartes
And Wordsworth
Answered
Man is heart
Down a new road
At last we come;
Our cry: Libidoergosum

진보

사람은 (이성적) 정신이다
그 옛날 데카르트는 외쳤지
워즈워스는
대답했다.
사람은 (감성적) 마음이라고
새로운 길을 따라
마침내 우리는 도달했지
우리의 외침: 성욕이 있다 고로(그러므로) 우리는 존재한다

Nature and Art

Alexander Pope(1688-1744)

First follow Nature, and your judgment frame
By her just standard, which is still the same:
Unerring Nature, still divinely bright,
One clear, unchang'd, and universal light,
Life, force, and beauty, must to all impart,

At once the source, and end, and test of art.
Art from that fund each just supply provides,
Works without show, and without pomp presides:
In some fair body thus th' informing soul
With spirits feeds, with vigour fills the whole,
Each motion guides, and ev'ry nerve sustains;
Itself unseen, but in th' effects, remains.
Some, to whom Heav'n in wit has been profuse,
Want as much more, to turn it to its use;
For wit and judgment often are at strife,
Though meant each other's aid, like man and wife.
'Tis more to guide, than spur the Muse's steed;
Restrain his fury, than provoke his speed;
The winged courser, like a gen'rous horse,
Shows most true mettle when you check his course.

   Those Rules of old discover'd, not devis'd,
Are Nature still, but Nature methodis'd;
Nature, like liberty, is but restrain'd
By the same laws which first herself ordain'd.

from *An Essay on Criticism* : Part 1

먼저 자연을 따르고, 항상 변하지 않는
자연의 정당한 기준에 의해 판단을 하라
오류 없는 자연은 항상 거룩하게 빛나고
명확하고, 변하지 않는 보편적 빛으로서
만물에게 생명과 힘과 아름다움을 나눠주며
동시에 예술의 근원이자 목적이며 시금석이다.
예술은 그 자원(근본 즉 자연)으로부터 각각의 올바른 수요를 공급해주고
보이지 않게 작용하며, 허세 없이 지배하네.
이처럼 아름다운 신체 속에서도 생명을 주는(informing) 영혼이
온몸에 정신을 공급하고, 활력으로 채우며
모든 움직임을 인도하고, 모든 신경을 지탱한다.
영혼 그 자체는 보이지 않으나, 그 효력은 존재하네.
하늘에서 상상력(wit)을 풍부히 받은 어떤 이는
그것을 이용하는 데 있어 그만큼 더 판단력이 부족하다.
상상력과 판단력은 남편과 아내처럼
서로를 돕도록 되어 있으나 다투는 일이 잦다.
시신(Muse)의 천마는 박차를 가하는 것 보다는 유도함이 더 좋고
그 속력을 자극하기보다 그의 분노를 억제함이 더 중요하네.
 날개 달린 천마(The winged courser)는 잘 훈련된 말과 같이
그 질주를 억제할 때 진정한 패기(mettle)를 보이는 것이니.

옛 규칙은 만들어낸 것이 아니라 발견된 것으로
여전히 자연이다. 허나 정리된 자연이다.
자연은 자유와 마찬가지로 시초에 그 자체를
있게 한 바로 그 법칙에 의해 규제될 뿐이다.

William Wordsworth said that "poetry is the spontaneous overflow of powerful feelings: it takes its origin from emotion recollected in tranquility".

"The principle object, then proposed in these poems was to choose incidents and situations from common life, and to relate and describe them, throughout, as far as possible in a selection of language really used by men, and, at the same time, to throw over them a certain colouring of imagination, whereby ordinary things should be presented to the mind in an usual aspect."

Daffodils

William Wordsworth(1770－1850)

I wandered lonely as a cloud
That floats on high o'er vales and hills,
When all at once I saw a crowd,
A host, of golden daffodils;
Beside the lake, beneath the trees,
Fluttering and dancing in the breeze.

Continuous as the stars that shine
And twinkle on the milky way,
They stretched in never-ending line
Along the margin of a bay:
Ten thousand saw I at a glance,
Tossing their heads in sprightly dance.

The waves beside them danced; but they
Out-did the sparkling waves in glee:
A poet could not but be gay,
In such a jocund company:
I gazed—and gazed—but little thought
What wealth the show to me had brought:

For oft, when on my couch I lie
In vacant or in pensive mood,
They flash upon that inward eye
Which is the bliss of solitude;
And then my heart with pleasure fills,
And dances with the daffodils.

▶ 작품해설

수선화(자연)와 시적 화자(인간)가 하나가 되는(合一) 과정을 평범한 일상의 언어를 통해 표현하고 있다. 제1연에서 화자와 수선화는 분리되어 있다. 화자는 떠도는 구름처럼 지향 없이 거닐고 있고, 수선화는 호숫가 나무 아래 그저 피어 있을 뿐이다. 그러나 제2연에 오면 수선화의 존재가 하나의 의미로 화자에게 다가온다. 제3연에서는 마침내 수선화의 '기쁨의 춤'에 화자의 마음이 움직인다. 그러나 아직 수선화와 화자 사이에 완전한 영적 교감이 이루어진 상태는 아니다. 제4연에 와서, 조용히 자리에 누워 수선화가 피어 있는 광경을 회상하는 순간, 홀연히 낮에는 깨닫지 못한 자연의 경이(驚異)가 화자의 가슴을 기쁨으로 충만하게 하고 화자와 수선화는 비로소 합일되어 완전한 영적 교감을 이루게 된다.

▶ 한글번역

산골짜기 언덕 위 높은 하늘에
떠도는 구름처럼 이내 혼자서
지향 없이 떠돌다 보았네,
한 무리 모여 있는 황금 수선화.
호숫가 수목이 우거진 그늘
미풍에 나부끼며 춤을 추었네.

은하수가 물가 저 멀리
반짝이며 비치는 별들과 같이
구비진 포구의 언덕을 따라
끊임없이 줄지어 피어 있는 수선화.
천만 송이 꽃들이
머리를 흔들면서 춤을 추었지.

주위의 물결도 춤을 추건만
반짝이는 그 물결 어찌 따르리.
그처럼 즐거운 친구 속에서
어찌 시인인들 즐겁지 않으리
나는 하염없이 바라보았네.
그 정경의 보배로움이 나에게 준 걸 깨닫지 못한 채.

멍한 상태로 수심에 깊이 잠기어
내 침상 위에 외로이 누웠을 때
고독의 축복인 마음의 눈에
홀연 떠오르는 수선화.
그 때 내 가슴은 즐거움에 넘치고
마음은 황금 수선화와 함께 춤추었네.

In Defense of Poetry

Percy Bysshe Shelley(1792—1822)

In relation to **the objects which delight a child** expressions are what poetry is to higher objects. The savage (for the savage is to ages what the child is to years) expresses the emotions produced in him by surrounding objects in a similar manner; and language and gesture, together with plastic or pictorial imitation, become the image of the combined effect of those objects, and of his apprehension of them. Man in society, with all his passions and his pleasures, next becomes the object of the passions and pleasures of man; an additional class of emotions produces an augmented treasure of expressions; and language, gesture, and the imitative arts, become at once the representation and the medium, the pencil and the picture, the chisel and the statute, the chord and the harmony. The social sympathies, or those laws from which, as from its elements, society results, begin to develop themselves from the moment that two human beings coexist; **the future is contained within the present, as the plant within the seed**상상력을 통해서 현재 안에서 미래를 볼 수 있다; and **equality, diversity, unity, contrast, mutual dependence**, become the principles alone capable of affording the motives according to which the will of a social being is determined to action, inasmuch as he is social; and constitute pleasure in sensation, virtue in sentiment, beauty in art, truth in reasoning, and love in the intercourse of kind.

시와 이야기의 차이

A poem is the very image of life expressed in its eternal truth. There is this **difference between a story and a poem**, that a story is a catalogue of detached facts, which have no other connection than time, place, circumstance, cause and effect; the other is the creation of actions according to the unchangeable forms of human nature, as existing in the mind of the Creator, which is itself the image of all other minds. The one is partial, and applies only to a definite period of time, and a certain combination of events which can never again recur; the other is universal, and contains within itself the germ of a relation to whatever motives or actions have place in the possible varieties of human nature.

시가 비도덕하다는 주장에 대한 반론

The whole objection, however, of **the immorality of poetry**시의 불멸성에 대한 반대 rests upon a **misconception of the manner in which poetry acts to produce the moral improvement of man**. Ethical science arranges the elements which poetry has created, and propounds schemes and proposes examples of civil and domestic life: nor is it for want of admirable doctrines that men hate, and despise, and censure, and deceive, and subjugate one another. But **poetry acts in another and diviner manner.** It awakens and enlarges the mind itself by **rendering it the receptacle of a thousand unapprehended combinations of thought**아직까지 이해되지 않은 수많은 사상들을 함께 담아내어 주는 그릇이 되게 함으로써. **Poetry lifts the veil from the hidden beauty of the world and makes familiar objects be as if they were not familiar**세상에서 숨겨져 있던 아름다움을 가리고 있던 베일을 들추고, 우리에게 익숙한 것들을 마치 낯선 것처럼 보이도록 만드는 것이 바로 시이다; it reproduces all that it represents, and the impersonations clothed in its Elysian light stand thenceforward in the minds of those who have once contemplated them, as memorials of that gentle and exalted content which extends itself over all thoughts and actions with which it coexists. **The great secret of morals is love; or a going out of our nature, and an identification of ourselves with the beautiful which exists in thought, action, or person, not our own.** A man, to be greatly good, must imagine intensely and comprehensively; he must put himself in the place of another and of many others; the pains and pleasure of his species must become his own. **The great instrument of moral good is the imagination;** and poetry administers to the effect by acting upon the cause도덕적 선의 가장 큰 도구는 상상력이다.

밀튼에 대한 높은 평가와 찰스 2세 시대에 대한 비판

The period in our own history of the grossest degradation of the drama is the reign of Charles II, when all forms in which poetry had been accustomed to be expressed became hymns to the triumph of kingly power over liberty and virtue. **Milton stood alone illuminating an age unworthy of him.** At such periods the calculating principle pervades all the forms of dramatic exhibition, and poetry ceases to be expressed upon them. Comedy loses its ideal universality: wit succeeds to humor; we laugh from self-complacency and triumph, instead of pleasure; malignity, sarcasm, and contempt succeed to sympathetic merriment; we hardly laugh, but we smile. Obscenity, which is ever blasphemy against the divine beauty in life, becomes, from the very veil which it assumes, more active if less disgusting: it is a monster for which the corruption of society forever brings forth new food, which it devours in secret.

시적 능력의 두 가지 기능

The functions of the poetical faculty are twofold: by one **it creates new materials of knowledge, and power, and pleasure;** by the other **it engenders in the mind a desire to reproduce and arrange** them according to a certain rhythm and order which may be called the beautiful and the good. The cultivation of poetry is never more to be desired than at periods when, from an excess of the selfish and calculating principle, the accumulation of the materials of external life exceed the quantity of the power of assimilating them to the internal laws of human nature. The body has then become too unwidely for that which animates it.

시는 논리적 추론과 다르다.

Poetry is not like reasoning, a power to be exerted according to the determination of the will. A man cannot say, "I will compose poetry." The greatest poet even cannot say it; for the mind in creation is as a fading coal, which some invisible influence, like an inconstant wind, awakens to transitory brightness; this power arises from within, like the color of a flower which fades and changes as it is developed, and the conscious portions of our natures are unprophetic either of its approach or its departure.

시는 저절로 떠오르고 사라진다.

Poetry is **the record of the best and happiest moments of the happiest and best minds**. We are aware of **evanescent** visitations of thought and feeling sometimes associated with place or person, sometimes regarding our own mind alone, and **always arising unforeseen and departing unbidden**, but elevating and delightful beyond all expression: so that even in the desire and the regret they leave, there can not but be pleasure, participating as it does in the nature of its object. (It is as it were the interpenetration of a diviner nature through our own; but its footsteps are like those of a wind over the sea which the coming calm erases, and whose traces remain only, as on the wrinkled sand which paves it. These and corresponding conditions of being are experienced principally by those of the most delicate sensibility and the most enlarged imagination; and the state of mind produced by them is at war with every base desire. The enthusiasm of virtue, love, patriotism, and friendship is essentially linked with such emotions; and while they last, self appears as what it is, an atom to a universe. Poets are not only subject to these experiences as spirits of the most refined organization, but they can color all that they combine with the evanescent hues of this ethereal world; a word, a trait in the representation of a scene or a passion, will touch the enchanted chord, and reanimate, in those who have ever experienced these emotions, the sleeping, the cold, the buried image of the past.)

시의 영원성

Poetry thus makes immortal all that is best and most beautiful in the world; it arrests the vanishing apparitions which haunt the interlunations of life, and veiling them, or in language or in form, sends them forth among mankind, bearing sweet news of kindred joy to those with whom their sisters abide—abide, because there is no portal of expression from the caverns of the spirit which they inhabit into the universe of things. Poetry redeems from decay the visitations of the divinity in man.

03

시인은 가장 위대한 존재다.

A poet, as he is the author to others of the highest wisdom, pleasure, virtue, and glory, so he ought personally to be the happiest, the best, the wisest, and the most illustrious of men. As to his glory, let time be challenged to declare whether the fame of any other institutor of human life be comparable to that of a poet. That he is the wisest, the happiest, and the best, inasmuch as he is a poet, is equally incontrovertible: the greatest poets have been men of the most spotless virtue, of the most consummate prudence, and, if we would look into the interior of their lives, the most fortunate of men: and the exceptions, as they regard those who possessed the poetic faculty in a high yet inferior degree, will be found on consideration to confine rather than destroy the rule.

시인은 인식되지 않은(감사받지 못하는) 이 세계의 입법권자(대제사장)이다.

Poets are **the hierophants**대제사장 **of an unapprehended inspiration;** the mirrors of the gigantic shadows which futurity casts upon the present; the words which express what they understand not; the trumpets which sing to battle, and feel not what they inspire; the influence which is moved not, but moves. Poets are **the unacknowledged legislators**만드는 자 **of the world.**

Art

Herman Melville(1819−1891)

In placid hours well-pleased we dream
Of many a brave unbodied scheme.
But form to lend, pulsed life create,
What unlike things must meet and mate:
A flame to melt—a wind to freeze;

Sad patience—joyous energies;
Humility—yet pride and scorn;
Instinct and study; love and hate;
Audacity—reverence. These must mate,
And fuse with Jacob's mystic heart,
To wrestle with the angel—Art.

Negative Capability 부정적 수용력(자기 자신을 버리는 능력)

John Keats(1795−1821)

"I had not a dispute but a disquisition with Dilke, on various subjects; several things dovetailed in my mind, and at once it struck me, what quality went to form a Man of Achievement especially in literature and which Shakespeare possessed so enormously−I mean Negative Capability, that is **when man is capable of being in uncertainties, Mysteries, doubts without any irritable reaching after fact** and **reason**."

작품해설

키츠는 시인을 두 가지 종류로 분류한다. 그 첫째는 워즈워드처럼 자신을 내세워 창작을 하는 부류의 시인이다. 이러한 시인은 주관이 뚜렷하고 개성이 강하여 자신의 시에서도 이러한 개성과 주관이 분명히 드러난다. 이를 키츠는 "강한 개성이 드러난 숭고함(egotistical sublime)"이라고 부른다. 또 다른 시인의 부류는 위에 든 시인과는 정반대의 특성을 가지고 있다. 그는 전혀 개성이 없다. 이런 성질을 가진 시인의 대표적인 예로 키츠는 셰익스피어를 꼽고 있으며, 자신도 그와 같은 시인의 특질을 갖고자 한다. 키츠는 이러한 시인의 능력을 "자기 버리기 능력(Negative Capability)"이라고 부르고 특히 셰익스피어처럼 위대한 업적을 남긴 작가가 이러한 특성을 가지고 있다고 말한다. 키츠가 말하는 이 Negative Capability는 그의 시론의 근본이며, 또한 그의 시를 이해하는 데 있어 가장 중요한 개념이다.

"우리의 지성을 연마하는 유일한 길은 사물에 대해 아무런 작정(作定)을 하지 않는 것이다−마음을 열어 모든 생각이 마음 속에 그저 있게 하는 것이다." 이처럼 키츠는 어떤 작정을 하는 따위의 행위는 지성을 계발하는 데 장애 요인으로 생각했으며, 가능하면 이런 방해 요인을 마음에서 제거하여 자신의 정체성을 갖지 않도록 했다.

Art as oblique telling

Robert Browning(1812−1889)

Art may tell a truth
Obliquely, do the thing shall breed the thought,
Nor wrong the thought, missing the mediate word.

Chapter 05

Modernist / Postmodernist / Postcolonialist

Depersonalization: Impersonal theory of poetry 탈개성론

T.S. Eliot(1888−1965)

"Honest criticism and sensitive appreciation is directed not upon the poet but upon the poetry. The artist or the poet adopts the process of depersonalization, which is a continual surrender of himself as he is at the moment to something which is more valuable. The progress of an artist is a continual self-sacrifice, a continual extinction of personality."

"The business of the poet is not to find new emotions, but to use the ordinary ones and, in working them up into poetry, to express feelings which are not in actual emotions at all. And emotions which he has never experienced will serve his turn as well as those familiar to him. Consequently, we must believe that "**emotion recollected in tranquility**" is an inexact formula. For it is neither emotion, nor recollection, nor, without distortion of meaning, tranquility. It is a concentration, and a new thing resulting from the concentration, of a very great number of experiences which to the practical and active person would not seem to be experiences at all; it is a concentration which does not happen consciously or of deliberation. These experiences are not "recollected," and they finally unite in an atmosphere which is "tranquil" only in that it is a passive attending upon the event."

"**Poetry is not a turning loose of emotion, but an escape from emotion; it is not the expression of personality, but an escape from personality**. But, of course, only those who have personality and emotions know what it means to want to escape from these things."

"솔직한 비판과 민감한 감상은 시인이 아니라 시에게로 향한다. 예술가나 시인은 탈 개성화 과정을 채택하는데, 이것은 더 가치 있는 무언가를 위해 현재의 자기 자신을 끊임없이 포기하는 것을 의미한다. 예술가의 진보는 끊임없는 자기희생이며, 개성의 지속적인 소멸이다."
"시인이 하는 일은 새로운 감정을 찾는 것이 아니라, 일상적인 감정을 사용하고, 그것들을 시로 만드는 데 있어서, 실제 감정에는 전혀 없는 감정을 표현하는 것이다. 그리고 그가 결코 경험하지 못한 감정들은 그에게 익숙한 감정들만큼이나 시인 자신에도 도움이 될 것이다. 따라서, '고요 속에서 회상되는 감정'이란 부정확한 표현임을 알아야 한다."

그것은 감정도, 회상도, 의미 왜곡이 없이, 고요함도 아니기 때문이다. 그것은 실제적이고 활동적인 사람에게는 전혀 경험으로 보이지 않는 매우 많은 경험의 집중이며, 집중에서 비롯되는 새로운 것이다; 그것은 의식적으로나 의도적으로는 일어나지 않는 집중이다. 이러한 경험은 '회상'되지 않고, 마침내 그 사건에 대한 수동적인 참석이라는 점에서만 '고요한' 분위기에서 결합된다."

"시는 감정의 해소가 아니라 감정으로부터의 도피이다; 그것은 개성의 표현이 아니라 개성으로부터의 도피이다. 하지만, 물론, 개성과 감정을 가진 사람들만이 이러한 것들로부터 탈출하고 싶다는 것이 무엇을 의미하는지 안다."

Ars Poetica

Archibald MacLeish(1892−1982)

A poem should be palpable and mute
As a globed fruit,

Dumb
As old medallions to the thumb,

Silent as the sleeve-worn stone
Of casement ledges where the moss has grown—

A poem should be wordless
As the flight of birds.

         *

A poem should be motionless in time
As the moon climbs,

Leaving, as the moon releases
Twig by twig the night-entangled trees,

Leaving, as the moon behind the winter leaves,
Memory by memory the mind—

A poem should be motionless in time
As the moon climbs.

03

*

A poem should be equal to:
Not true.

For all the history of grief
An empty doorway and a maple leaf.

For love
The leaning grasses and two lights above the sea—

A poem should not mean
But be.

▶ 한글번역

시작법

시는 둥근 과일처럼
감촉할 수 있고 묵묵해야 한다.

엄지에 있는 오래 된 메달처럼
말이 없어야 하며,

이끼 자란 창턱의
소매에 닳은 돌처럼 침묵해야 하며

시는 새의 비상처럼
말이 없어야 한다.

시는 달이 떠오르듯
시간 속에 정지하고 있어야 하며,

달이 밤에 얽힌 나무들에서
가지를 하나씩 풀어주며 떠나듯,

겨울 나뭇잎 뒤의 달처럼
기억을 하나씩 풀어주며 마음을 떠나야 하며

시는 달이 떠오르듯
시간 속에서 움직임이 없어야 한다.

시는 무엇과 동등해야지
사실에 충실해야 하는 게 아니다.

슬픔의 긴 사연에는
빈 문간과 단풍잎 하나.

사랑에 대해선
기대고 있는 풀잎들과 바다 위의 두 개의 불빛

시는 의미하는 것이 아니라
존재해야 한다.

"To the extent that Western scholars were aware of contemporary Orientals or Oriental movements of thought and culture, these were perceived either as silent shadows to be animated by the Orientalist, brought into reality by them, or as a kind of cultural and international proletariat useful for the Orientalist's grander interpretive activity."

Edward Said(1935–2003), from *Orientalism* (1978)

"The final hour of colonialism has struck, and millions of inhabitants of Africa, Asia and Latin America rise to meet a new life and demand their unrestricted right to self-determination."

Che Guevara(1928–1967), speech to the United Nations (1964)

MEMO

유희태 영미문학 ❶

영미문학개론

literature

Appendix

Glossary

Poems for Further Reading

Glossary 문학 용어 정리

01 문학 용어

Affective Fallacy 영향론적 오류

시를 독자에게 미치는 효과로 평가하려는 오류. New Criticism은 시가 그 자체의 고유한 미를 지닌다고 주장하면서, 시의 심리학적, 역사적, 정서적 효과를 부정한다.

Alienation Effect 소외효과

Brecht의 드라마 이론으로, 관객과 배우는 연극 또는 연기로부터 비평적 거리를 확보하여야 한다는 이론. 연극은 단지 연극일 뿐이므로, 연극의 내용과 자신을 동일시하는 것은 위험하다.

Alliteration 두운

The repetition of consonant sounds, especially at the beginning of words. Example: "Fetched fresh, as I suppose, off some sweet wood." Hopkins, "In the Valley of the Elwy"

Beat Generation 비트세대

1950년대 San Francisco을 중심으로 활약한 작가군. 어느 정도 무정부주의적 성향을 지니며, 때문에 자극적이면서도 관습을 뛰어넘는, 반이성적 문학을 지향한다. 주로 Jazz와 Zen Buddhism에 이론적 바탕을 두고 있고, 종종 마약, free sex와 관계있는 것으로 믿어진다. 대표적인 작가로는 Allen Ginsberg, Jack Kerouac, Gary Snyder 등이 있다.

Bildungsroman 성장소설

주인공이 고난을 거쳐 정신적으로 성숙해 가는 과정을 그린 소설. Charles Dickens의 *David Copperfield* 등이 있다.

Black Comedy 블랙코미디

충격, 공포 등을 농담으로 처리하는 문학을 지칭하며, 각성(disillusionment)과 냉소주의(cynicism)를 표방한다. 인물들은 대개 신념과 희망을 상실한 사람들이고, 때문에 운명 또는 불가사의한 힘에 의해 조종된다. 독자 또는 그 부조리한(absurd) 모습에 단지 웃는 것밖에 다른 선택이 주어지지 않는다. 대표작으로는 드라마에서 Edward Albee의 *Who's Afraid of Virginia Woolf*와 Herold Pinter의 *The Homecoming* 등이 있으며, 소설 작품으로는 Kafka의 소설을 비롯하여, Thomas Pynchon의 *V, The Crying of Lot 49* 등이 있다. 블랙 코미디의 특징은 주로 '부조리 문학(Absurd Literature)'에 현저히 드러난다.

Blank Verse 무운시

각운을 맞추지 않은 iambic pentameter의 시형. Shakespeare, Milton을 거쳐 영시의 대표적인 시형으로 정착함. 매우 유연하고 자유로운 표현에 적합하다.

Burlesque 벌레스크

주제와 문체의 불일치를 통하여, 유머와 풍자를 시도하는 시형. 18세기에 유행하였으며, 하급의 주제를 고급의 문체로 기록하는 Mock Epic, Parody와 고급의 주제를 하급의 문체로 표현하는 Hudibrastic Burlesque와 Travesty가 있다.

Carpe Diem 카르페디엠

'Seize the Day'를 의미하는 라틴어. 인생의 무상함을 표현하기 위해 Horace가 사용했다. 인생은 짧으니 소비하지 말고 오늘을 즐기라는 허무적인 인생관이 담겨 있다. 주로 꽃, 특히 장미를 상징으로 사용한다. 영국에서는 17세기 John Donne과 Ben Jonson 시의 중심적인 주제가 되었다.

Cavalier Poets 왕당파 시인들

Charles 통치기(1625－1649)에 활약한 서정시인들. Lovelace, John Suckling, Robert Herrick, Carew 등이 이에 속한다. Ben Jonson의 영향을 받아 가볍고, 재치 있으며, 세련된 필체를 구사하며, 주로 사랑을 주제로 한 서정시를 만들었다.

Decorum 데코룸

'적절한 것'의 의미를 지닌 라틴어. Horace와 Aristotle에 의해 발전된 시론으로 주제와 문체의 일치를 주장한다. 예를 들어 *Paradise Lost*에서 대천사는 자신의 신분에 맞게 위엄 어린 언어로 설교한다. 신고전주의(New Classicism) 시대의 작가들(Dryden, Pope)은 Horace와 Milton을 시의 모범으로 삼아, decorum의 옹호를 선언하였으나, Romanticist인 Wordsworth는 'ordinary language'를 시어로 채택하며 반기를 들었다.

Dirge 만가(晩歌)

죽은 사람(死者)를 아쉬워하고 기념하기 위해 지은 시. 그리스의 장르이며, 보다 발전된 형태인 Elegy는 보다 명상적이다.

Dramatic Monologue 극적 독백

John Donne에 의해 시작되어, Robert Browning에 의해 완성된 작시법. 특징은 다음과 같다. ① 등장인물이 있으나, 작가 자신이 아니며, ② 비록 등장하지는 않지만 청자가 있다. ③ 화자의 독백을 통해 독자는 그의 상황과 성격을 엿볼 수 있게 된다. 현대에 이르러 T. S. Eliot의 "The Love Song of Alfred J. Prufrock"이 유명하다.

Epiphany 현현(顯現)

원래는 신의 현존을 의미하는 그리스어이나, *A Portrait of the Artist as a Young Man*에서, James Joyce가 일상적인 생활에서 느낄 수 있는 갑작스럽고 신비스러운 경험을 설명하기 위해 발전시킨 개념이다.

Euphemism 유피미즘

A polite word or expression that is used to refer to things which people may find upsetting or embarrassing to talk about. 어떠한 것을 표현할 때 듣는 이에게 불쾌한 것을 표현하지 않고 덜 공격적이고 동의할 만한 표현을 사용하여 말하는 표현법을 가리킨다. 이렇게 완곡한 방식을 사용하여 화자가 곤란을 덜 겪도록 해주기도 한다. 완곡어구 또는 완곡어법으로도 불린다. 예를 들면, 죽음(death)의 완곡적 표현은 영면(eternal sleep)이다. '좋게 말하는 것'을 뜻하는 그리스어 낱말 ευφημία(유피미아)에서 온 것이다. 구체적으로 말해 그리스어의 어근 유(ευ, 좋다) ＋ 피미(φήμι, 말하기)의 합성어에서 비롯한 것이다.

Euphuism 과식체

장식적이고, 정교하며, 현란한 문체를 일컫는다. 1578년 John Lyly의 *Euphues, the Anatomy of Wit*에서 따왔다. Lyly의 작품은 영국 산문체의 발전에 지대한 공헌을 하였으며, Shakespeare의 희곡, Thomas Browne, 그리고 17세기 Baroque 스타일에 적지 않은 영향을 주었다.

Foreshadowing 복선

Hints of what is to come in the action of a play or a story.

Free Association 자유연상

원래 Freudian Psychology의 용어이나, 모더니즘 문학 비평의 중요한 개념으로 쓰인다. 주 개념은 어떤 단어 또는 생각은 기억이나 연상에 의해 그와 무의식적으로 관련된 다른 단어 또는 생각을 불러일으키는 방아쇠의 역할을 한다는 것이다. 물론 이러한 과정은 대개 무의식적으로 이루어지므로 연상의 결과가 시간에 구애받거나 논리적일 필요는 없다. 영문학에 있어서 James Joyce가 대표적이며, T. S. Eliot, Faulkner 역시 대가로 불린다. 하지만 어떤 작품이 free association처럼 보인다 할지라도, 그 작품은 신중하게 계산된 결과일 가능성이 크며, 그로 인하여 FA의 작품은 반복된 close reading을 요하는 경우가 많다.

Gothic Novel 고딕소설

1760년대에서 1820년대까지 유행한 romance 형식의 픽션. Horace Walpole의 *The Castle of Otranto*(1753). 대부분의 고딕소설은 신비와 공포로 가득 차 있으며, 독자들의 등골을 오싹하게 하는 것을 목적으로 한다. 중세풍의 초자연적 자연과 황량한 풍경, 어두운 숲, 고딕풍의 성이나 토굴, 괴물 또는 악마, 비밀 통로, 무덤 등을 배경으로, 주인공이 악의 힘과 싸우는 과정을 이야깃거리로 삼는다. 이러한 전통은 19세기 여성 작가들의 소설에 영향을 미쳐, Mary Shelley의 *Frankenstein*, Emily Bronte의 *Wuthering Heights*, Shallotte Bronte의 *Jane Eyre* 등 보다 사실적인 작품들을 낳는다. 특히 현대의 Feminist들은 여성 작가들의 고딕소설에 많은 관심을 갖는데, 여성들이 갖는 남성 중심 사회로부터의 무의식적 탈출 욕구, 억압된 분노 등이 고딕소설의 낯설고 새로운 배경을 중심으로 자유롭게 표현될 수 있다는 것이다.

Great Chain of Being 존재의 대연쇄

이 개념은 그리스 이후로 18세기 Alexander Pope에 이르기까지 견지되어 온 세계관을 설명하는 중심 개념이다. 즉 존재하는 모든 것은 신에 의해 창조되었으며, 질서와 본질적인 계층(hierarchy)을 형성한다는 것이다.

Harlem Renaissance 할렘 르네상스

1920년대에서 30년대 사이에 미국 흑인들 사이에서 일어난 문화운동. 'New Negro' 또는 'Black Renaissance'로도 불리며, 백인의 시각이 아닌 흑인 스스로의 모습을 찾자는 취지를 갖고 있다. Claude McKay, Langston Hughes가 대표 인물이다.

Intentional Fallacy 의도론적 오류

저자의 의도에 의해 문학을 해석하려는 오류. T. S. Eliot 등 미국 New Critics에 의해 발전된 개념이며, 텍스트의 정독이 아닌, 작가의 전기적 요소나 다른 외부적인 요인을 문학 해석에 도입하려는 모든 시도를 거부한다.

Kenning 케닝

앵글로-색슨 시에서 어떤 하나의 대상을 지시하기 위하여 둘, 또는 그 이상의 단어를 묶는 수사. 예를 들어 Beowulf의 'whale-road(바다),' 'divine mead of inspiration(시),' 'wave-traveller(배)'와 같은 표현들이다.

Lyric 서정시

고대 현악기 lure(or lute)를 나타내는 희랍어. 따라서 lyre나 lute의 반주에 맞춰 부르는 시를 의미하는 말이었으나, 짧은 형식과, 주관적 정서, 개인적 주제를 다루고 있는 노래 스타일의 시를 지칭한다. 그 범주는 Ode, Elegy, Argument 등을 포괄하며, 개인의 정서뿐 아니라 도덕적, 철학적, 명상적, 도덕적 가치도 그 주제로 한다. Keats의 "Ode on a Grecian Urn", Wordsworth의 "Tintern Abbey", Marvell의 "To His Coy Mistress", Eliot의 "The Love Song of J. Alfred Prufrock" 등 그 활용 범위가 넓다.

Mock-epic 의사서사시

사소한 주제나 이야기를 서사시의 고양된 문체와 심각한 어조로 다루는 시의 일종. Decorum의 규율을 어김으로써 주제에 대한 풍자의 효과를 낸다. 영국에서는 18세기 Dryden(*Mac Flecknoe*), Pope (*The Rape of the Lock*) 등에 의해 발전되었다.

Negative Capability 부정적 수용력

Keats가 편지에서 처음 사용한 용어. 진리와 미를 '부정적으로' 수용할 수 있는 시인의 능력을 말한다. 그에 의하면, "시인은 성급하게 어떤 사실이나 논리에 이르지 않고 미결정, 신비, 불확신 속에 존재할 수 있어야 한다." 또 그는 "시인은 완벽한 진리에 다가가려는 노력을 포기하여야 하고, 반-지식(half-knowledge)의 상태에 남아 있는 법을 배워야 한다"며, "미에 대한 감각이 다른 모든 의식을 극복할 때, 또는 모든 사고를 정지시킬 때, Negative Capability를 획득할 수 있다"고 하였다. 그 용어는 현재 시인의 객관성, 즉 강렬하고 고양된 자각의 상태에서 자신에게 다가오는 모든 것을 수용하는 태도를 의미한다. Wordsworth의 Wise Passivity, T. S. Eliot의 Impersonal Theory 등과 유사한 개념이다.

Objective Correlative 객관적 상관물

T. S. Eliot이 햄릿 비평에서 사용한 용어. 다른 말로 '정서적 등가물'이라고 부른다. 정서란 그 자체로 표현될 수 없기 때문에 반드시 그에 상응하는 객관적인 현상, 행위, 상황 등을 그 표현 수단(vehicle)으로 설정하여야 한다. 어머니에 대한 햄릿의 감정은 그녀가 그 정서에 적절한 대상이 되지 못하기 때문에 '감정의 과잉'이라는 것이다. 미적 거리(Aesthetic Distance), Negative Capability 등과 비슷한 기능을 지닌다.

Ode 오드

정서를 드러내는 다양한 형식의 정교하고 긴 서정시

Onomatopoeia 의성어

The use of words to imitate the sounds they describe. Words such as buzz and crack are onomatopoetic.

Pastoral 목가시

간결하고 평온하며, 이상화된 향수의 어조로 전원생활을 찬양하고 도시를 비판하는 시

Poetic Justice 시적 정의

17세기 Thomas Rhymer가 사용한 비평 용어. 문학의 권선징악을 지향하는 도덕적 기능을 지칭한다.

Picaresque Novel 악당소설

Picaro는 '악당'을 의미하는 스페인어이며, 문학의 경우 히어로인 피카로의 경험을 통해 사회를 풍자하게 된다. 16세기 스페인이 Picaresque Novel의 기원이고, 귀족이 아닌 평민의 이야기를 다룬다는 점에서 Novel 탄생 배경의 문학적 가치를 지닌다. Plot이 없고, 각 episode의 연결이 느슨하다는 단점이 있다. Defoe의 *Moll Flanders* 등이 있으며, Dickens의 작품 대부분, 그리고 Mark Twain의 *The Adventure of Huck Finn*이 보다 발전된 형태의 '악당소설'로 여겨진다.

Pre-Raphaelites 라파엘전파

19세기 중반, Raphael(1483－1520) 이전의 예술 형식을 회복하기 위해 모인 런던의 젊은 예술가 군. Dante Gabriel Rossetti, William Morris, Swinburne 등이 주요 인물이다. 그들의 시는 중세풍의 복고, 밸러드, 고어의 채용, 감각주의, 상징주의 등으로 가득하며, Spenser의 영향을 입은 것으로 보인다. Tennyson과 Yeats의 시에서도 Pre-Raphaelite의 흔적이 강하게 나타난다.

Pun 펀

유사함을 이용하여 재치 있게 표현한 단어. Shakespeare가 pun을 자주 이용하였다. 엘리자베스의 시대에는 'die'가 '죽음'과 '성교의 절정'을 동시에 의미하였으며, Hamlet 역시 'son'과 'sun'의 pun을 이용하여 왕을 희롱하기도 하였다.

Satire 풍자

조롱 또는 힐난의 방법으로 한 개인 또는 사회의 도덕적 타락을 풍자하는 문체나 어조 또는 기교를 말한다. ① 비공식적이면서도 관대한 태도를 보이는 Horatian Satire와 ② 직접적이고 심각한 어조를 띄는 Juvenalian Satire로 나눈다. 17－18세기 Dryden, Swift, Pope 등에 의해 영국에서 유행했다.

Stream-of-Consciousness 의식의 흐름

어떤 인물의 의식적, 잠재 의식의 흐름을 시공에 구애받지 않고 그대로 표현하는 서술기법. 겉으로 보기에 비논리적, 비문법적이지만 '연상의 논리(associational logic)'에 의해 일관성, 또는 에피파니(epiphany)의 경험을 드러낸다. '내적 독백(internal monologue)' 또는 '자유연상(free association)'을 주요 수단으로 채택한다.

Transcendentalism 초월주의

1835－1860년 New England 지방을 중심으로 일어난 문화운동. 낭만주의와 Kant의 선험적 이상주의에 영향을 받았다. 근본적으로 종교적이며, 개인 양심의 강조, 이성에 앞선 직관주의 인식론 등이 이론의 중심이다. Ralph Waldo Emerson, Henry David Thoreau가 대표자이며, Nathaniel Hawthorne, Emily Dickinson, Whitman 등뿐 아니라, 미국 이념의 바탕이 된 중요한 철학이다.

02 드라마 용어

Antagonist 적수

A character or force against which another character struggles. 연극이나 소설에서 주인공 (Protagonist)에 대항하는 인물. *Othello*에서 Iago는 Othello의 antagonist이다.

Aside 방백

Words spoken by an actor **directly to the audience** 직접적으로 관객에게 전해지는 말, which are not "heard" by the other characters on stage during a play. In Shakespeare's *Othello*, Iago voices his inner thoughts a number of times as "asides" for the play's audience.

Dialogue 대화

The conversation of characters in a literary work. In fiction, dialogue is typically enclosed within quotation marks. In plays, characters' speech is preceded by their names.

Monologue 모놀로그

A speech by a single character without another character's response.

 Monologue vs. Soliloquy

A **monologue** is a speech given by a single person to **an audience**. Marc Antony delivers a well-known monologue to the people of Rome in Shakespeare's *Julius Caesar*.

Friends, Romans, countrymen, lend me your ears;
I come to bury Caesar, not to praise him.
The evil that men do lives after them;
The good is oft interred with their bones:
So let it be with Caesar. (etc.)

A monologue might be delivered to an audience within a play, as it is with Antony's speech, or it might be delivered directly to the audience sitting in the theater and watching the play.

But a **soliloquy** is a speech that **one gives to oneself**. In a play, a character delivering a soliloquy talks to herself—thinking out loud, as it were—so that the audience better understands what is happening to the character internally. The most well-known soliloquy in the English language appears in Act III, Scene 1 of *Hamlet*:

To be, or not to be,—that is the question:
Whether 'tis nobler in the mind to suffer
The slings and arrows of outrageous fortune
Or to take arms against a sea of troubles,
And by opposing end them?

Narration 내레이션

A technique whereby one or more performers **speak directly to the audience to tell a story, give information or comment on the action of the scene or the motivations of characters**. Characters may narrate, or a performer who is not involved in the action can carry out the role of 'narrator'.

Soliloquy 혼잣말

A speech that **talks to oneself** 등장인물 자신에게 하는 말. It is meant to be heard by the audience but not by other characters on the stage. Hamlet's "To be or not to be" speech is an example.

 Soliloquy vs. Aside

A soliloquy is talking to yourself. (To be or not to be…)
An aside is talking to someone else.

Stage Direction 지문

A playwright's descriptive or interpretive comments 묘사적 또는 해설적 언급 that provide readers (and actors) with information about the dialogue, setting, and action of a play. Modern playwrights, including Ibsen, Shaw, Miller, and Williams tend to include substantial stage directions, while earlier playwrights typically used them more sparsely, implicitly, or not at all.

 Stage Directions vs. Narrator

The difference between **a narrator** and **stage directions** is that the narrator tells the parts of the story that isn't included in the character's dialogue and are spoken; while stage directions briefly give detail and information regarding the setting, music, lighting and atmosphere of the play and are written.

Appendix ❷ Poems for Further Reading 필독 50선

The Eagle

Alfred Lord Tennyson(1809—1892)

He clasps the crag with crooked hands;
Close to the sun in lonely lands,
Ring'd with the azure world, he stands.

The wrinkled sea beneath him crawls;
He watches from his mountain walls,
And like a thunderbolt he falls.

굽은 손으로 험준한 바위를 움켜쥔다.
저 먼 외로운 곳에서 태양 가까이
푸른 창공에 둘러싸여 그가 서 있다.

주름 잡힌 바다가 그의 밑에서 기고 있다.
벽처럼 치솟은 산으로부터 매섭게 바라보다가
번개처럼 그가 급강하한다.

Winter

William Shakespeare(1564—1616)

When icicles hang by the wall,
And Dick the shepherd blows his nail,
And Tom bears logs into the hall,
And milk comes frozen home in pail,
When blood is nipp'd, and ways be foul,
Then nightly sings the staring owl,
Tu-who;
To-whit, tu-who: a merry note,
While greasy Joan doth keel the pot.

When all aloud the wind doth blow,
And coughing drowns the parson's saw,
And birds sit brooding in the snow,
And Marian's nose looks red and raw,
When roasted crabs hiss in the bowl,
Then nightly sings the staring owl,
Tu-who;
Tu-whit, tu-who: a merry note,
While greasy Joan doth keel the pot.

고드름이 벽에 매달려 있을 때,
양치기 딕이 손을 녹일 때,
톰이 통나무를 현관으로 옮길 때,
양동이의 우유가 얼 때,
피가 얼어버리고 거리에서 악취가 날 때,
눈을 부릅뜬 부엉이가 밤에 노래를 부른다
"투잇 투 투잇 투: 즐거운 노래
기름범벅이 된 존이 요리를 휘젓는 동안

바람이 시끄럽게 불 때,
기침소리가 목사의 설교소리를 삼켜버릴 때
새들이 눈속에서 알을 품을 때,
피부가 까져서 따가운 Marian의 코가 빨개지고 쓰라릴 때,
구워진 게가 그릇에서 쉬익 하는 소리를 낼 때,
눈을 부릅뜬 부엉이가 밤에 노래를 부른다
"투잇 투 투잇 투: 즐거운 노래
기름범벅이 된 존이 요리를 휘젓는 동안

Dulce et Decorum Est

Wilfred Owen(1893—1918)

Bent double, like old beggars under sacks,
Knock-kneed, coughing like hags, we cursed through sludge,
Till on the haunting flares we turned our backs,
And towards our distant rest began to trudge.
Men marched asleep. Many had lost their boots,
But limped on, blood-shod. All went lame; all blind;
Drunk with fatigue; deaf even to the hoots
Of gas-shells dropping softly behind.

Gas! GAS! Quick, boys!—An ecstasy of fumbling
Fitting the clumsy helmets just in time,
But someone still was yelling out and stumbling
And flound'ring like a man in fire or lime.—
Dim through the misty panes and thick green light,

As under a green sea, I saw him drowning.
In all my dreams before my helpless sight,
He plunges at me, guttering, choking, drowning.

If in some smothering dreams, you too could pace
Behind the wagon that we flung him in,
And watch the white eyes writhing in his face,
His hanging face, like a devil's sick of sin;
If you could hear, at every jolt, the blood
Come gargling from the froth-corrupted lungs,
Obscene as cancer, bitter as the cud
Of vile, incurable sores on innocent tongues,—
My friend, you would not tell with such high zest
To children ardent for some desperate glory,
The old Lie: Dulce et decorum est
Pro patria mori.

Latin phrase is from the Roman poet Horace: "It is sweet and fitting to die for one's country."

달콤하고 타당한

배낭 밑으로 늙은 거지처럼 허리가 반으로 접혀져
안짱다리로 노파처럼 쿨럭거리며, 우리는 진창 속에서 저주를 퍼부었다.
화염이 나타날 때까지 우리는 등을 돌리고 있었다.
그리곤 먼 숙소를 향해 터벅터벅 걷기 시작했다.
병사들은 졸면서 행군했다. 많은 이들이 군화를 잃었고,
절뚝거렸고 발은 피투성이였다. 모두 절뚝거렸고, 모두 눈이 멀었다.
피로에 취해 뒤로 살며시 떨어지는
포탄의 소리조차 들을 수 없었다.

독가스다! 독가스다! 서둘러! 머뭇거림에 정신이 혼미해졌고,
시간 안에 투박한 방독면을 썼지만
누군가는 여전히 고함치고 비틀거렸다.
마치 불 속이나 진창에 빠진 사람처럼
희뿌연 유리와 짙은 녹색 연기 너머로
녹색 빛의 바다 속으로 그가 익사하는 것을 보았다.

내 무력한 시야 앞의 모든 꿈속으로
그는 내 쪽으로 고꾸라져, 허우적거렸고, 질식하였고, 가라앉았다.

만약 언젠가 숨 막히는 꿈속에서, 당신 또한
그를 던졌던 수레 뒤를 쫓는다면
그의 얼굴 위로 뒤틀린 희멀건한 눈동자를 볼 수 있을 것이다.
마치 악마의 죄에 질려버린 것 같은 그의 얼굴을,
만일 수레가 덜컹일 때마다 썩어 거품이 찬 폐에서
부글부글 스며나오는 피의 솟음을 당신이 들을 수 있다면
암만큼 역겹고 되새김질만큼 쓰디쓰리.
죄 없는 혀 위에 치유될 수 없는 지독한 상처
친구여! 그대는 죽음을 마다않고 영광을 갈망하는 아이들에게
흥분에 취해 말하지는 못할 것이네.
그 오래된 거짓말을: '조국을 위해 죽는 것은
달콤하고도 타당하다.'

Shall I compare thee to a summer's day?

William Shakespeare(1564−1616)

Shall I compare thee to a summer's day?
Thou art more lovely and more temperate:
Rough winds do shake the darling buds of May,
And summer's lease hath all too short a date;
Sometime too hot the eye of heaven shines,
And often is his gold complexion dimm'd;
And every fair from fair sometime declines,
By chance or nature's changing course untrimm'd;
But thy eternal summer shall not fade,
Nor lose possession of that fair thou ow'st;
Nor shall death brag thou wander'st in his shade,
When in eternal lines to time thou grow'st:
　　So long as men can breathe or eyes can see,
　　So long lives this, and this gives life to thee.

내 그대를 여름날에 비할 수 있을까?

내 그대를 여름날에 비할 수 있을까?
그대는 여름보다 더 아름답고 부드러워라.
거친 바람이 5월의 고운 꽃봉오리를 흔들고
여름에게서 빌려온 기간은 너무 짧아라.
때로 태양은 너무 뜨겁게 내리쬐고
그의 금빛 얼굴은 흐려지기도 하여라.
어떤 아름다운 것도 언젠가는 그 아름다움이 쇠퇴하고
우연이나 자연의 변화로 고운 치장을 빼앗긴다.
그러나 그대의 영원한 여름은 퇴색하지 않고
그대가 지닌 아름다움을 잃지 않으리라.
죽음도 자랑스레 그대를 그늘의 지하 세계로 끌어들여 방황하지 못하게 하리.
불멸의 시구 형태로 시간 속에서 자라게 되나니.
인간이 살아 숨을 쉬고 볼 수 있는 눈이 있는 한
이 시는 살게 되어 그대에게 생명을 주리라.

Black Rook in Rainy Weather

Sylvia Plath(1932—1963)

On the stiff twig up there
Hunches a wet black rook
Arranging and rearranging its feathers in the rain—
I do not expect a miracle
Or an accident

To set the sight on fire
In my eye, nor seek
Any more in the desultory weather some design,
But let spotted leaves fall as they fall
Without ceremony, or portent.

Although, I admit, I desire,
Occasionally, some backtalk
From the mute sky, I can't honestly complain:
A certain minor light may still
Lean incandescent

Out of kitchen table or chair
As if a celestial burning took
Possession of the most obtuse objects now and then—
Thus hallowing an interval
Otherwise inconsequent

By bestowing largesse, honor
One might say love. At any rate, I now walk
Wary (for it could happen
Even in this dull, ruinous landscape); sceptical
Yet politic, ignorant

Of whatever angel any choose to flare
Suddenly at my elbow. I only know that a rook
Ordering its black feathers can so shine
As to seize my senses, haul
My eyelids up, and grant

A brief respite from fear
Of total neutrality. With luck,
Trekking stubborn through this season
Of fatigue, I shall
Patch together a content

Of sorts. Miracles occur.
If you care to call those spasmodic
Tricks of radiance
Miracles. The wait's begun again,
The long wait for the angel,
For that rare, random descent.

장마철의 검은 까마귀

저기 뻣뻣한 가지 위에
젖은 떼까마귀가 웅크리고 앉아
빗속에서 깃털을 다듬고 또 다듬는다.
나는 어떤 기적이나
우연이

내 눈에 그 광경을 불 붙여주리라고는
기대하지 않는다. 또한
변덕스런 날씨에서 어떤 의도를 찾지도 않는다.
그저 얼룩진 잎새들이 아무런 예식이나 전조 없이
떨어지도록 내버려둘 뿐이다.

솔직히 말해 이따금 말 없는 하늘에서
무슨 말대꾸라도 있기를 바라지만,
그걸 대놓고 불평할 수는 없다.
그래도 어떤 작은 빛이
빛을 내며 상체를 내밀지도 모른다.

부엌 식탁이나 걸상에서
마치 천상의 불길이
가장 무딘 대상들을 때로 점거하듯이—
무관한 것이었을 막간을
신성하게 하듯이.

그리하여 아량과 명예와
혹은 사랑이라는 것을 줌으로써 어쨌든 이제 나는 조심스레
걷는다 (이 따분하고 황폐한 풍경에서도
그런 일이 일어날 수 있기 때문에). 회의적이지만
교활하게.

어떤 천사가 갑자기 내 팔꿈치에서 확 타오를 수도 있음을
알지 못한 채. 내가 아는 건 단지
검은 깃털을 다듬는 떼까마귀가 환하게 빛나
내 감각을 사로잡고, 눈꺼풀을
끌어올리며, 완전한 중성 상태에 대한

두려움에서 잠시 벗어날 수 있는
휴식을 허용해 줄 수 있다는 것뿐. 운이 좋으면
이 피로의 계절을 끈질기게 버텨나가
보잘것없는 내용이나마
끼워 맞출 수 있으리라.

기적이 일어나기도 한다.
광휘의 발작적 장난을 굳이 기적이라고
부르고 싶어한다면 말이다. 다시 기다림이 시작되었다.
천사에 대한, 그 드물고 느닷없는 강림에 대한
그 오랜 기다림이.

The Triple Fool

John Donne(1572—1631)

I am two fools, I know,
　　For loving, and for saying so
　　　　In whining poetry;
But where's that wiseman, that would not be I,
　　　　If she would not deny?
Then as th' earth's inward narrow crooked lanes
　　Do purge sea water's fretful salt away,
I thought, if I could draw my pains
　　Through rhyme's vexation, I should them allay.
Grief brought to numbers cannot be so fierce,
For he tames it, that fetters it in verse.

　　　　But when I have done so,
　　　　Some man, his art and voice to show,
　　　　　　Doth set and sing my pain;
And, by delighting many, frees again
　　　　　Grief, which verse did restrain.
To love and grief tribute of verse belongs,
　　But not of such as pleases when 'tis read.
Both are increased by such songs,
　　For both their triumphs so are published,
And I, which was two fools, do so grow three;
Who are a little wise, the best fools be.

삼중 바보

내가 이중 바보란 걸, 난 알고 있소.
사랑을 함으로써,
그리고 시의 넋두리로 그렇다고 말함으로써;
하지만 나 같은 이가 아니되고자 하는 그런 현자가 어디 있으리오.
여자가 거절하지만 않는다면?
그러니, 지상 내륙의 좁고 굽은 강줄기들이
바닷물의 끈끈한 소금기를 정화시키듯,
내 생각컨대, 만일 내 고통을
애타는 운율로 읊어낼 수 있다면, 나는 그 고통을 가라앉힐 수 있으리다.
시로 옮겨진 슬픔은 그리 광포할 수 없으니,
그것은 그가 시로 족쇄를 채운 슬픔을 달래기 때문이오.

그러나 내가 그렇게 했을 때,
어떤 이가, 그의 재주와 음성을 과시하려고
내 고통을 작곡하여 노래부르면,
그래서, 많은 이들을 즐겁게 하고,
시가 억제했던 슬픔을 다시 풀어놓을 테지요,
시의 찬사는 사랑과 슬픔에 속하는 것이지만,
그러나 읽어서는 그다지 즐겁지 못하오.
사랑과 슬픔은 그런 노래로 배가된다오.
둘 다 그들 승리라 그렇게 공개되었기에,
그래서 이중 바보였던 나는, 삼중으로 불어나서;
현명해지려다, 바보 중의 바보가 되는구려.

* 그리어슨의 주석에 의하면, 시인은 (1) 사랑을 함으로써, (2) 또 그의 사랑을 시로 읊음으로써, 그리고 (3) 어떤 이가
그 시에 곡조를 붙여 노래함으로써, 시가 잠재웠던 열정을 다시 불러일으키므로 삼중 바보가 되는 것이라 한다.

The Bean Eaters

Gwendolyn Brooks(1917－2000)

They eat beans mostly, this old yellow pair.
Dinner is a casual affair.
Plain chipware on a plain and creaking wood,
Tin flatware.

Two who are mostly Good.
Two who have lived their day,
But keep on putting on their clothes
And putting things away.

And remembering …
Remembering, with twinklings and twinges,
As they lean over the beans in their rented back room that
is full of beads and receipts and dolls and cloths, tobacco
crumbs, vases and fringes.

이 늙은 흑인 부부는 주로 콩을 먹는다.
저녁 식사는 약식으로 한다.
소박하고 삐걱거리는 나무 위에 놓인 소박한 이 빠진 식기
양철 접시.

대부분 선량한 두 사람.
하루하루를 살아온 두 사람은
하지만 자신들의 옷을 계속 입고
그리고 물건을 치우네.

그리고 기억한다
기억한다, 반짝거리고 짜릿한 통증을 느끼며
세 들어 사는 뒷방에서 콩 너머로 몸을 구부리며 있을 때
구슬과 영수증, 인형과 옷, 담배 부스러기,
꽃병, 장식술로 가득 찬

Digging

Seamus Heaney(1939—2013)

Between my finger and my thumb
The squat pen rests; snug as a gun.

Under my window, a clean rasping sound
When the spade sinks into gravelly ground:
My father, digging. I look down

Till his straining rump among the flowerbeds
Bends low, comes up twenty years away
Stooping in rhythm through potato drills
Where he was digging.

The coarse boot nestled on the lug, the shaft
Against the inside knee was levered firmly.
He rooted out tall tops, buried the bright edge deep
To scatter new potatoes that we picked,
Loving their cool hardness in our hands.

By God, the old man could handle a spade.
Just like his old man.

My grandfather cut more turf in a day
Than any other man on Toner's bog.
Once I carried him milk in a bottle
Corked sloppily with paper. He straightened up
To drink it, then fell to right away
Nicking and slicing neatly, heaving sods
Over his shoulder, going down and down
For the good turf. Digging.

The cold smell of potato mould, the squelch and slap
Of soggy peat, the curt cuts of an edge
Through living roots awaken in my head.
But I've no spade to follow men like them.

Between my finger and my thumb
The squat pen rests.
I'll dig with it.

땅파기

내 손가락과 엄지 사이
몽당 펜 하나 놓여있다; 한 자루 권총처럼 아늑하게.

창문 아래엔, 거슬리는 소리 명징하게 들리고
삽이 자갈땅을 파고드는 소리
아버지가 땅 파고 계신다. 내려다보고 있자니

아버지, 꽃밭 사이 힘을 준 엉덩이
낮게 기울고, 떠오른다 이십 년 세월 멀리
구부정한 율동으로 감자 파종 골
그곳에서 아버지가 땅을 파셨다.

조잡한 장화가 삽 귓불 깊숙이 자리 잡았고, 삽자루는
안쪽 무릎에 단단히 맞댄 지렛대.
아버지는 씨알 굵은 걸 찾아, 빛나는 삽날을 깊게 묻고
흩뿌리는 햇감자들을 우리가 주웠다,
손바닥에 그 차가운 딱딱함이 기분 좋았다.

정말, 아버지는 삽 다루는 법을 아시지.
할아버지가 그러셨던 것처럼.

내 할아버지가 하루에 떠내는 토탄 수가
토너 소택지의 그 어느 남자들보다 더 많았다.
그에게 병에다 우유를 갖다 드린 적 있다
마개는 종이로 적당히 얼버무려서. 그는 몸을 세워
그걸 마시고는, 곧장 일을 시작,
새김눈 단정하게 썰고, 토탄들을
어깨 너머로 던지고, 아래로 아래로 내려갔다
좋은 잔디 토탄을 찾아. 땅을 팠다.

차가운 감자 흙냄새, 철벅대고 찰싹거리던
침수 토탄층, 무뚝뚝한 삽날이 절단한
산 뿌리들이 내 머릿속에서 일어난다.
그러나 나는 삽이 없어 아버지 할아버지 같은 사내들을 좇을 수가 없다.

내 손가락과 엄지 사이
몽당 펜 하나 놓여 있다.
나는 이걸로 땅을 파겠다.

Suicide's Note

Langston Hughes(1901—1967)

The calm,
Cool face of the river
Asked me for a kiss.

평온하고,
차가운 강의 얼굴이
나에게 키스를 해달라 했네.

Richard Cory

Edward Arlington Robinson(1869—1935)

Whenever Richard Cory went down town,
We people on the pavement looked at him:
He was a gentleman from sole to crown,
Clean favored, and imperially slim.

And he was always quietly arrayed,
And he was always human when he talked;
But still he fluttered pulses when he said,
"Good-morning," and he glittered when he walked.

And he was rich—yes, richer than a king—
And admirably schooled in every grace:
In fine, we thought that he was everything
To make us wish that we were in his place.

So on we worked, and waited for the light,
And went without the meat, and cursed the bread;
And Richard Cory, one calm summer night,
Went home and put a bullet through his head.

리처드 코리

리처드 코리가 시내로 올 때면
길거리의 우리들은 늘 그를 쳐다봤어요.
그는 머리끝부터 발끝까지 신사였지요.
참 깔끔하고 왕 같은 풍채에 몸도 날씬했었죠.

그 사람은 언제나 옷차림이 얌전했고
그가 말하면 늘 인간적인 풍모가 배어나왔지요.
하지만 그 사람이 "안녕하세요"라고 말하면
뭔가 마음에 와 닿는 기분이었어요. 걸을 땐 빛이 났었죠.

그 사람은 참 부자였어요.
예, 정말이지 왕보다 더 부자였어요.
그리고 온갖 품위 있는 교육을 훌륭하게 받은 사람이었답니다.
한 마디로, 그는 우리가 되고 싶어 하는 모든 것을 가지고 있었죠.

여느 때처럼 우리는 계속 일했고, 언젠가는 볕들 날을 기다렸죠.
고기도 못 먹고 살던 우리는 빵을 저주했습니다.
그런데 어느 조용한 여름밤에 리처드 코리는
집에 가서 자기 머리에 총탄을 박았지요.

On My First Son

Ben Jonson(1572-1637)

Farewell, thou child of my right hand, and joy;
My sin was too much hope of thee, lov'd boy.
Seven years tho' wert lent to me, and I thee pay,
Exacted by thy fate, on the just day.
O, could I lose all father now! For why
Will man lament the state he should envy?
To have so soon 'scap'd world's and flesh's rage,
And if no other misery, yet age?
Rest in soft peace, and, ask'd, say, "Here doth lie
Ben Jonson his best piece of poetry."
For whose sake henceforth all his vows be such,
As what he loves may never like too much.

잘 가거라, 너 나의 오른손아, 나의 즐거움아;
내가 너에게 너무 큰 희망을 품은 것이 죄로구나, 사랑하는 아이야.
너를 빌린 7년이 지났으니, 나는 값을 치르는구나,
가차 없는 너의 운명에게, 꼭 7년을 채운 그날에.
오, 아버지로서의 모든 것을 지워버릴 순 없을까! 왜
인간은 부러워야 할 상황에 이토록 슬퍼하는가?
아주 일찍이 세상과 육신의 열정을 벗어나고,
다른 고통은 접어두더라도, 나이 드는 고통만큼은 면했지 않느냐?
평온히 잠들거라, 그리고 누가 묻는다면, 이렇게 말하렴,
"여기 벤 존슨의 최고의 시가 잠들어 있노라"고.
그 자신을 위하여 벤 존슨의 맹세는 다음과 같으리
앞으로는 무엇을 사랑하게 되든지 절대 너무 사랑하지 않으리라고.

The Whipping

Robert Hayden(1913—1980)

The old woman across the way
is whipping the boy again
and shouting to the neighborhood
her goodness and his wrongs.

Wildly he crashes through elephant ears,
pleads in dusty zinnias,
while she in spite of crippling fat
pursues and corners him.

She strikes and strikes the shrilly circling
boy till the stick breaks
in her hand. His tears are rainy weather
to woundlike memories:

My head gripped in bony vise
of knees, the writhing struggle
to wrench free, the blows, the fear
worse than blows that hateful

Words could bring, the face that I
no longer knew or loved ···
Well, it is over now, it is over,
and the boy sobs in his room,

And the woman leans muttering against
a tree, exhausted, purged—
avenged in part for lifelong hidings
she has had to bear.

채찍질

길 건너 늙은 여자가
소년을 또 채찍으로 때리고 있다.
그녀가 잘한 점과 소년이 잘못한 점을
동네가 떠나가도록 소리쳤다.

소년은 알로카시아 넝쿨에 내동댕이 쳐졌고,
흙 묻은 백일홍 텃밭에서 무릎을 꿇고 빌었다.
그녀가 주체할 수 없는 비만의 몸에도 불구하고
소년을 코너로 밀어 넣을 동안.

그녀는 채찍으로 날카로운 소리가 나도록 원을 그리며
손잡이가 그녀 손에 부러질 때까지
소년을 때리고 또 때렸다. 소년의 눈물은
상처 같은 기억에 비 오는 날씨 같았다:

나의 머리는 무릎 사이로
꽉 죄어있다, 자유로워지기 위해 비틀며
몸부림치는 저항, 구타, 두려움
악의에 찬 말들이 가져오는 공격보다 더한 두려움

내가 더 이상
알지도 사랑하지 않는 그 얼굴 …
그래, 이제 모두 끝났어, 끝났어,
그리고 그 소년은 그의 방에서 흐느껴 운다,

그리고 그 여자는 나무에 등을 기대며 중얼거린다,
진이 다 빠진 채로, 무엇인가를 씻어버린 것처럼—
그녀가 감내해야 했던
평생동안 숨겨왔던 기억 속 한 부분에 대한 복수를 한 채로.

Ballad of Birmingham

Dudley Randall(1914－2000)

"Mother dear, may I go downtown
Instead of out to play,
And march the streets of Birmingham
In a Freedom March today?"

"No, baby, no, you may not go,
For the dogs are fierce and wild,
And clubs and hoses, guns and jails
Aren't good for a little child."

"But, mother, I won't be alone.
Other children will go with me,
And march the streets of Birmingham
To make our country free."

"No, baby, no, you may not go,
For I fear those guns will fire.
But you may go to church instead
And sing in the children's choir."

She has combed and brushed her night-dark hair,
And bathed rose petal sweet,
And drawn white gloves on her small brown hands,
And white shoes on her feet.

The mother smiled to know her child
Was in the sacred place,
But that smile was the last smile
To come upon her face.

For when she heard the explosion,
Her eyes grew wet and wild.
She raced through the streets of Birmingham
Calling for her child.

She clawed through bits of glass and brick,
Then lifted out a shoe.
"O, here's the shoe my baby wore,
But, baby, where are you?"

On the bombing of a church in Birmingham, Alabama, 1963

버밍엄의 발라드

"사랑하는 엄마, 오늘 나가서 노는 것 대신에,
시내로 나가도 돼요?
오늘 열리는 자유 행진에 나가
버밍엄 거리를 행진해도 돼요?"

"아니, 아가, 안 된다, 가면 안 돼,
개들은 사납게 날뛰고,
곤봉과 물대포, 총과 감옥은
어린 아이에게 좋지 않단다."

"그렇지만, 엄마, 저는 혼자가 아니에요.
다른 아이들도 저랑 갈 거예요.
가서 우리나라를 자유롭게 하기 위해
버밍엄 거리를 행진할 거예요."

"아니, 아가, 안 된다, 너는 가면 안 돼,
그들이 총을 쏠까 두렵구나.
그렇지만 대신 교회는 가도 좋아
가서 어린이 합창단에서 노래를 하렴."

그녀는 그녀의 새까만 머리를 빗고,
달콤한 장미꽃 잎으로 목욕을 하고,
그녀의 작은 갈색 손에 하얀 장갑을 씌우고,
발에는 하얀 신발을 신었다.

엄마는 아이가 성스러운 곳에 있음을 알고
미소를 짓지만,
그 미소는 그녀 얼굴에 떠오르는
마지막 미소였다.

왜냐하면 그녀가 폭발음을 들었을 때,
그녀의 눈가는 촉촉해지고 격분에 휩싸였기 때문이다.
그녀는 버밍엄의 거리로 달려가며
아이의 이름을 애타게 불렀다.

그녀는 유리와 벽돌 조각들을 헤치고,
신발 한 짝을 들어올렸다.
"오, 여기 내 아이가 신었던 신발이 있구나,
그런데, 아가, 너는 어디에 있는 거니?"

Kitchenette Building

Gwendolyn Brooks(1917－2000)

We are things of dry hours and the involuntary plan,
Grayed in, and gray. "Dream" makes a giddy sound, not strong
Like "rent," "feeding a wife," "satisfying a man."

But could a dream send up through onion fumes
Its white and violet, fight with fried potatoes
And yesterday's garbage ripening in the hall,
Flutter, or sing an aria down these rooms

Even if we were willing to let it in,
Had time to warm it, keep it very clean,
Anticipate a message, let it begin?

We wonder. But not well! not for a minute!
Since Number Five is out of the bathroom now,
We think of lukewarm water, hope to get in it.

간이 부엌 건물

우리는 무미건조한 시간과 본의 아닌 계획에 의한 사물들이며,
퇴색되고 퇴색했다. "꿈"은 현기증 나는 소리를 내는데,
"집세", "부인을 먹여살려", "남자를 만족시켜"라는 단어들처럼 강하지 않다.

하지만 꿈이 매운 양파 냄새를 뚫고 쏘아올릴 수 있을까
그것의 하얀색과 보라색 빛을. 튀긴 감자와,
복도에서 썩고 있는 어제의 쓰레기를 제치고,
날아올라, 이 아래 방들까지 아리아를 울려퍼지게 할 수 있을까

우리가 꿈을 안으로 들어오게 해서
따뜻하게 해주고, 아주 깨끗이 씻어준 뒤
어떤 메시지를 기대할 시간이 있다고 할지라도, 꿈이 시작하도록 할 수 있을까?

우리는 의아해한다. 그러나 제대로 되지 않는다! 단 1분 동안 조차!
5호가 화장실에서 지금 나왔으므로
우리는 미지근한 물을 생각한다, 그 안으로 들어갈 수 있길.

The Man He Killed

Thomas Hardy(1840－1928)

"Had he and I but met
　　　By some old ancient inn,
We should have sat us down to wet
　　　Right many a nipperkin!

"But ranged as infantry,
　　　And staring face to face,
I shot at him as he at me,
　　　And killed him in his place.

"I shot him dead because —
　　　Because he was my foe,
Just so: my foe of course he was;
　　　That's clear enough; although

"He thought he'd 'list, perhaps,
　　　Off-hand like — just as I —
Was out of work — had sold his traps —
　　　No other reason why.

"Yes; quaint and curious war is!
　　　You shoot a fellow down
You'd treat if met where any bar is,
　　　Or help to half-a-crown."

내가 죽인 남자

"그와 내가
어떤 오래된 선술집에서 만났더라면
우리는 함께 앉아서 술잔을 기울였으리라
곧장 여러 잔의 맥주를!"

"그러나 보병으로 배치되어
서로서로 얼굴을 노려보며
그가 나를 쏘듯 나도 쏘아서
그를 죽이고 말았지."

"나는 그를 죽였지―
그가 나의 적이었기 때문에
그렇지 물론 그는 나의 적이었어
그것은 아주 분명한 사실이었지, 그러나 그래도,"

"그도 나처럼 별다른 생각 없이
군인이나 되겠다고 생각했겠지―
일자리도 잃고― 세간살이도 처분했으니
아마 그 외엔 다른 이유가 없었겠지."

"그래 전쟁이란 참으로 이상한 거야!
선술집에서 만났더라면
술도 사고 약간의 돈도 보태주었을
사람을 총으로 쏴 죽이다니."

A Study of Reading Habits

Philip Larkin(1922—1985)

When getting my nose in a book
Cured most things short of school,
It was worth ruining my eyes
To know I could still keep cool,
And deal out the old right hook
To dirty dogs twice my size.

Later, with inch-thick specs,
Evil was just my lark:
Me and my cloak and fangs
Had ripping times in the dark.
The women I clubbed with sex!
I broke them up like meringues.

Don't read much now: the dude
Who lets the girl down before
The hero arrives, the chap
Who's yellow and keeps the store
Seem far too familiar. Get stewed:
Books are a load of crap.

독서 습관 연구

책 속에 코를 박고 사는 일이
공부만 빼고 만사를 해결해줄 땐
눈을 망치는 것 따위 신경 쓰지 않았다
여유 있게 폼을 잡으며
나보다 두 배나 큰 개자식들에게
라이트 훅을 날려버릴 수 있었으니까.

나중에 두꺼운 안경을 쓰게 됐고
악행은 내게 장난에 지나지 않았다.
나와 내 외투 그리고 송곳니는
어둠 속에서 기분 째지는 시간을 가졌다.
내가 섹스로 찜질한 여자들!
난 그 여자들을 머랭(부드러운 과자)처럼 부숴버렸다.

요즘엔 별로 읽지 않는다.
진짜 영웅이 도착하기 전에
여자를 실망시키는 놈이나
가게를 지키는 겁쟁이 점원은
훨씬 친근해 보인다. 술이나 마시자:
책은 죄다 쓰레기일 뿐이다.

Is My Team Plowing

Alfred Edward Housman(1859—1936)

"Is my team ploughing,
   That I was used to drive
And hear the harness jingle
   When I was man alive?"

Ay, the horses trample,
   The harness jingles now;
No change though you lie under
   The land you used to plough.

"Is football playing
   Along the river shore,
With lads to chase the leather,
   Now I stand up no more?"

Ay the ball is flying,
   The lads play heart and soul;
The goal stands up, the keeper
   Stands up to keep the goal.

"Is my girl happy,
   That I thought hard to leave,
And has she tired of weeping
   As she lies down at eve?"

Ay, she lies down lightly,
   She lies not down to weep:
Your girl is well contented.
   Be still, my lad, and sleep.

"Is my friend hearty,
    Now I am thin and pine,
And has he found to sleep in
    A better bed than mine?"

Yes, lad, I lie easy,
    I lie as lads would choose;
I cheer a dead man's sweetheart,
    Never ask me whose.

내 소들이 밭을 갈고 있나

"내 소들이 밭을 갈고 있나,
내가 살아있을 때
소들을 몰면서
마구가 잘랑잘랑거리는 소리를 들었던 것처럼?"

그럼, 말들이 땅을 밟고 있지,
마구는 지금 잘랑거리고;
변화는 없어 자네가 갈던 땅 밑에
자네가 누워있긴 하지만.

"강가 주변에서
축구 시합이 계속되나,
사내들이 가죽(공)을 쫓고 있나,
내가 더 이상 서 있지 않는데도?"

그럼, 공이 공중에 뜨고,
사내들이 전력을 다해 시합을 하고 있지;
골대는 서 있고, 골키퍼는
골을 막으려고 서 있지.

"떠나 보내기 힘들었던,
나의 여인은 행복한가,
그리고 저녁에
울다 지쳐 쓰러지는가?"

그럼, 그녀는 사뿐히 눕지,
울려고 눕는 게 아니라:
자네 여인은 꽤 만족하고 있네.
친구여, 거기 그냥 가만히 잠들어 있게.

"내 친구는 활력이 넘치나,
난 이렇게 핼쑥하고 여위어가는데,
그리고 그는 나보다
더 좋은 침대에서 잠을 자는가?"

물론이네, 친구, 나는 편안하게 눕지,
다른 그 누구보다도 더 편안히 눕지;
나는 어떤 죽은 이의 애인을 즐겁게 해준다네,
절대 누구의 애인인지 묻지는 말게.

There's has been a death

Emily Dickinson(1830—1886)

There's been a Death, in the Opposite House,
As lately as today.
I know it by the numb look
Such houses have alway.

The neighbours rustle in and out,
The doctor drives away.
A window opens like a pod,
Abrupt, mechanically;

Somebody flings a mattress out,—
The children hurry by;
They wonder if It died on that,—
I used to when a boy.

The minister goes stiffly in
As if the house were his,
And he owned all the mourners now,
And little boys besides;

And then the milliner, and the man
Of the appalling trade,
To take the measure of the house.
There'll be that dark parade

Of tassels and of coaches soon;
It's easy as a sign,—
The intuition of the news
In just a country town.

길 건너 집에서 오늘 누가 죽었나

길 건너 집에서 오늘 누가 죽었나
초상집이면 으레 있는
사람들 얼빠진 표정을 봐도

사람들 쉴 새 없이 들락거리는데
의사는 마차 몰고 떠나고
창문이 갑자기
확— 열리며

누군가 매트리스를 집어던지자
아이들은 재빨리 피해 달아나고;
소년 시절 경험으로 나도 잘 알지만
죽은 사람이 쓰던 매트리스인 걸 눈치 챈 듯.

경직된 목사는 마치
자기 집인듯 들어와서
아이들을 한쪽으로 몬 다음
조문객을 자기 마음대로 다루네

수의 만드는 사람과
끔찍한 일을 업으로 하는 장의사가 와서
집의 치수를 재고
곧 검은 상복차림 장의 행렬을 보이겠지

장식술을 단 마차 앞세워 상가임을 알리는 표지가
대문 밖에 걸려있기라도 하면
시골 같은 데선 뉴스거리됨을 직감하고
삽시간에 퍼지지.

Hawk Roosting

Ted Hughes(1930－1998)

I sit in the top of the wood, my eyes closed.
Inaction, no falsifying dream
Between my hooked head and hooked feet:
Or in sleep rehearse perfect kills and eat.

The convenience of the high trees!
The air's buoyancy and the sun's ray
Are of advantage to me;
And the earth's face upward for my inspection.

My feet are locked upon the rough bark.
It took the whole of Creation
To produce my foot, my each feather:
Now I hold Creation in my foot

Or fly up, and revolve it all slowly —
I kill where I please because it is all mine.
There is no sophistry in my body:
My manners are tearing off heads —

The allotment of death.
For the one path of my flight is direct
Through the bones of the living.
No arguments assert my right:

The sun is behind me.
Nothing has changed since I began.
My eye has permitted no change.
I am going to keep things like this.

나뭇가지에 앉은 매

나는 숲의 꼭대기에 앉아있다, 눈을 감고서
미동도 하지 않고, 헛된 꿈도 꾸지 않고
내 굽은 머리와 굽은 발 사이에:
혹은 잠자면서도 완벽한 사냥과 식사를 위한 예행연습을 한다.

높은 나무들은 편리하구나!
공기의 부력과 태양의 광선을
나는 마음껏 이용한다;
대지는 내게 조사를 받기 위해 얼굴을 위로 향한다.

내 발은 거친 나무껍질을 꽉 움켜잡는다.
내 발 하나, 깃털 하나를 만드는데
우주 만물이 동원됐으니
나는 이제 내 발로 우주 만물을 움켜쥔다.

날아올라, 천천히 이 전부를 회전시킨다—
모든 것이 나의 것이기에 나는 원하는 어디서든 죽인다.
내 몸에는 아무 궤변도 없고:
내 방법이란 머리통을 찢어발기는 것—

죽음을 할당하기.
내 비행의 유일한 길은
살아 있는 것들의 뼈를 직진해서 관통하는 것.
내 권리에 대해 그 어떠한 왈가왈부도 있을 수 없다.

태양은 내 뒤에 있다.
내가 시작한 이래 아무것도 변하지 않았다.
내 눈은 어떤 변화도 허락하지 않았고.
나는 이처럼 모든 것을 그대로 지속시키리라.

Ode on Melancholy

John Keats(1795−1821)

No, no, go not to Lethe, neither twist
    Wolf's-bane, tight-rooted, for its poisonous wine;
Nor suffer thy pale forehead to be kiss'd
    By nightshade, ruby grape of Proserpine;
        Make not your rosary of yew-berries,
    Nor let the beetle, nor the death-moth be
        Your mournful Psyche, nor the downy owl
A partner in your sorrow's mysteries;
    For shade to shade will come too drowsily,
        And drown the wakeful anguish of the soul.

But when the melancholy fit shall fall
    Sudden from heaven like a weeping cloud,
That fosters the droop-headed flowers all,
    And hides the green hill in an April shroud;
Then glut thy sorrow on a morning rose,
    Or on the rainbow of the salt sand-wave,
        Or on the wealth of globed peonies;
Or if thy mistress some rich anger shows,
    Emprison her soft hand, and let her rave,
        And feed deep, deep upon her peerless eyes.

She dwells with Beauty—Beauty that must die;
    And Joy, whose hand is ever at his lips
Bidding adieu; and aching Pleasure nigh,
    Turning to poison while the bee-mouth sips:
Ay, in the very temple of Delight
    Veil'd Melancholy has her sovran shrine,
        Though seen of none save him whose strenuous tongue
    Can burst Joy's grape against his palate fine;
His soul shalt taste the sadness of her might,
        And be among her cloudy trophies hung.

우수 찬가

아니, 아니, 망각의 강으로 가지 말라.
또한 독주를 얻으려 깊이 뿌리박힌 투구꽃을 비틀지 말라.
또한 네 창백한 이마를, 프로세핀의 홍옥색 포도인
가마중 독초로 키스하게 하지 말라.
네 수송 열매를 염주로 만들지 말며,
또한 딱정벌레나 해골나방이
너를 슬퍼하는 프시케가 되게 하지 말라,
또한 솜털 덮인 올빼미가 네 슬픔의 신비에 파트너가 되게 하지 말라.
왜냐면 그림자가 그림자에게로 너무 졸린 듯이 찾아와
영혼의 깨어있는 고통을 익사시킬 것이기에.

그러지 말고, 우수의 발작이,
우는 구름처럼 하늘에서 갑자기 쏟아질 때면,
머리 숙인 온갖 꽃들을 키우고,
사월의 수의로 푸른 언덕을 가리는
그땐 네 슬픔을 아침 장미에서 실컷 맛보리,
혹은 짠 모래 물결을 무지개에서,
혹은 구형의 작약 무리에서,
혹은 그대 연인이 몹시 화를 낸다면,
그녀의 보드라운 손을 잡고, 그녀로 하여금 미친 듯 고함지르게 하라.
그리고 깊이, 깊이, 그녀의 비할 데 없는 눈을 만끽하라.

그녀는 미와 함께 산다—죽을 수밖에 없는 미와 함께.
그리고 작별을 고하느라 항상 손을 입술에 대고 있는
환희와 함께,
그리고 꿀벌의 입이 빨고 있는 동안에
독으로 바뀌어 버리는 쑤시는 듯한 쾌락 가까이에서,
그렇다. 바로 환희의 신전에
바로 베일 쓴 우수는 성단을 갖고 있어,
강인한 혀로 환희의 포도를 자신의 예민한 입천장에
터뜨릴 수 있는 자를 제외하곤 그것을 볼 수가 없다.
그의 영혼은 우수의 힘의 슬픔을 맛볼 것이고,
우수의 구름이 긴 트로피들 사이에 매달려있게 되리.

Upon Julia's Clothes

Robert Herrick(1591—1674)

Whenas in silks my Julia goes,
Then, then (methinks) how sweetly flows
That liquefaction of her clothes.

Next, when I cast mine eyes, and see
That brave vibration each way free,
O how that glittering taketh me!

내 줄리아가 실크 옷을 입고 지나갈 때
그럴 때마다, (나는 생각하네) 그녀의 물결치는 옷이
얼마나 달콤하게 흐르는지를.

다음에, 내가 시선을 던져
자유자재로 움직이는 그 멋진 떨림을 볼 때,
오, 그 반짝이는 것이 나를 얼마나 사로잡았는지!

Mirror

Sylvia Plath(1932—1963)

I am silver and exact. I have no preconceptions.
Whatever I see I swallow immediately
Just as it is, unmisted by love or dislike.
I am not cruel, only truthful,
The eye of a little god, four-cornered.
Most of the time I meditate on the opposite wall.
It is pink, with speckles. I have looked at it so long
I think it is part of my heart. But it flickers.
Faces and darkness separate us over and over.

Now I am a lake. A woman bends over me,
Searching my reaches for what she really is.
Then she turns to those liars, the candles or the moon.
I see her back, and reflect it faithfully.
She rewards me with tears and an agitation of hands.
I am important to her. She comes and goes.
Each morning it is her face that replaces the darkness.
In me she has drowned a young girl, and in me an old woman
Rises toward her day after day, like a terrible fish.

거울

나는 은빛이며 엄정하다. 내겐 선입관이 없다.
보이는 것은 뭐든 당장 집어삼킨다.
좋건 싫건 가림 없이 있는 그대로.
내가 잔인한 건 아니다, 오직 충실할 따름.
나는 네 귀퉁이를 가진 작은 신(神)의 눈.
대부분의 시간 동안 맞은편 벽을 곰곰이 바라본다.
얼룩이 있는 분홍빛 벽. 하도 오랫동안 바라보아
내 마음의 일부로 여겨질 지경이다. 하지만 벽은 명멸한다.
얼굴들과 어둠이 끊임없이 우리를 갈라놓는다.

나는 지금 하나의 호수. 한 여인이 나를 굽어본다.
자신의 진짜 모습을 찾아 나의 곳곳을 더듬는다.
그런 다음 그녀는 그 거짓말쟁이들, 촛불이나 달빛을 향해 돌아선다.
나는 여인의 등을 보며 뒷모습을 충실히 비춘다.
여인은 눈물과 떨리는 손으로 나에게 보답한다.
그녀에게 나는 중요하다. 그녀는 오고 간다.
아침마다 어둠을 대신하는 것은 그녀의 얼굴.
그녀는 나에게 있게 어린 소녀를 익사시켜버렸다. 그러고선 나이 든 여자가
내 안에서 날마다 그녀를 향해 솟아오른다, 끔찍한 물고기처럼.

Aunt Jennifer's Tigers

Adrienne Rich(1929－2012)

Aunt Jennifer's tigers prance across a screen,
Bright topaz denizens of a world of green.
They do not fear the men beneath the tree;
They pace in sleek chivalric certainty.

Aunt Jennifer's finger fluttering through her wool
Find even the ivory needle hard to pull.
The massive weight of Uncle's wedding band
Sits heavily upon Aunt Jennifer's hand.

When Aunt is dead, her terrified hands will lie
Still ringed with ordeals she was mastered by.
The tigers in the panel that she made
Will go on prancing, proud and unafraid.

제니퍼 이모의 호랑이들

제니퍼 이모의 호랑이들이 의기양양하게 병풍 위를 가로지른다.
초록빛 세상 속 반짝이는 황옥색 동물들.
그들은 나무 밑 사냥꾼을 두려워하지 않는다,
그들은 늠름한 기사의 위세로 천천히 걷는다.

제니퍼 이모의 손가락이 털실 사이로 미세하게 떨린다.
상아 바늘을 끌어내는 것조차 힘겨워 보인다.
이모부가 준 결혼반지의 육중한 무게가
이모의 손가락을 묵직하게 누르고 있다.

이모가 돌아가실 때, 공포에 떨었던 그 두 손은 쉬게 될 것이다.
그녀를 짓눌렀던 시련의 반지가 여전히 끼여 있겠지만.
이모가 수놓았던 병풍 속 호랑이들은
계속 활보할 것이다. 당당하게, 두려움 없이.

Storm Warnings

Adrienne Rich(1929－2012)

The glass has been falling all the afternoon,
And knowing better than the instrument
What winds are walking overhead, what zone
Of grey unrest is moving across the land,
I leave the book upon a pillowed chair
And walk from window to closed window, watching
Boughs strain against the sky

And think again, as often when the air
Moves inward toward a silent core of waiting,
How with a single purpose time has traveled
By secret currents of the undiscerned
Into this polar realm. Weather abroad
And weather in the heart alike come on
Regardless of prediction.

Between foreseeing and averting change
Lies all the mastery of elements
Which clocks and weatherglasses cannot alter.
Time in the hand is not control of time,
Nor shattered fragments of an instrument
A proof against the wind; the wind will rise,
We can only close the shutters.

I draw the curtains as the sky goes black
And set a match to candles sheathed in glass
Against the keyhole draught, the insistent whine
Of weather through the unsealed aperture.
This is our sole defense against the season;
These are the things we have learned to do
Who live in troubled regions.

폭풍의 경고

오후 내내 창문이 미끄러져 내렸다
어떤 바람이 머리 위로 부는지,
어떤 잿빛 불안이 대지를 가로지르는지,
관측기보다 더 잘 아는 것 같았다.
나는 덮개 씌운 의자 위에 책을 내려놓고
닫힌 창문 쪽으로 걸어간다. 나뭇가지들이
하늘을 향해 쭉 뻗은 것을 보면서.

그리고 다시 생각한다. 공기가 방 안으로 들어와
기다림의 고요한 중심을 향해 움직일 때 종종 그러듯이,
어떻게 시간은 단 하나의 목적으로 알 수 없는
은밀한 기류를 타고 이 극지까지 흘러왔을까.
바깥의 날씨와
마음속의 날씨는 똑같이 몰아친다.
일기 예보와 상관없이.

예견하기와 변화를 피하기
그 사이에 폭풍을 통제하는 모든 것이 있다.
시계(視界)와 대기를 측정하는 장비들도 바꿀 수 없는,
시간을 손에 쥐었다고 시간을 통제하는 것이 아니며,
어떤 도구가 산산이 부서졌다는 것이
바람을 막았다는 증거가 되지도 않는다; 바람은 일기 마련이다,
우리는 다만 셔터를 내릴 뿐.

하늘이 컴컴해지면 나는 커튼을 친다.
그리고 유리 덮개를 들어 초에 불을 붙이고 내려놓는다.
문 열쇠 구멍으로 불어드는 바람에도, 다 메우지 못한 틈새로
구슬프게 울어대는 바람에도 끄떡없게.
이것은 그런 계절에 대응하는 우리의 유일한 방어기술이다;
이런 것은 우리가 배워야 했던 기술이다.
불안정한 지역에 살고 있기에.

The Moment

Margaret Atwood(1939—)

The moment when, after many years
of hard work and a long voyage
you stand in the centre of your room,
house, half-acre, square mile, island, country,
knowing at last how you got there,
and say, I own this,

is the same moment when the trees unloose
their soft arms from around you,
the birds take back their language,
the cliffs fissure and collapse,
the air moves back from you like a wave
and you can't breathe.

No, they whisper. You own nothing.
You were a visitor, time after time
climbing the hill, planting the flag, proclaiming.
We never belonged to you.
You never found us.
It was always the other way round.

그 순간

오랜 세월 동안 당신이
고된 일과 긴 항해 끝에
당신의 나라, 섬, 1평방 마일, 반 에이커의 집
당신의 방 한 가운데에 서서
당신이 마침내 어떻게 거기까지 왔나를 생각하며
이것은 내 소유라고 말하는 순간

그 순간은 나무들이 당신을 감싼
그들의 부드러운 두 팔을 풀어버리고
새들이 그들의 언어를 거둬버리고
절벽들이 갈라져 무너지고
공기가 파도처럼 당신에게서 빠져나가
당신이 숨을 쉴 수 없는 순간이 된다.

천만에, 하고 그들은 속삭인다. 당신은 아무것도 소유하지 못해.
당신은 방문객일 뿐이었어. 번번이
언덕에 올라가 깃발을 꽂고 제 것이라 선언했지만
우리는 한 번도 당신의 소유물이 아니었어.
당신은 한 번도 우리를 발견하지 못했지.
우리가 언제나 당신을 발견하고 소유했던 거야.

Eros Turannos

Edwin Arlington Robinson(1869—1935)

She fears him, and will always ask
    What fated her to choose him;
She meets in his engaging mask
    All reasons to refuse him;
But what she meets and what she fears
Are less than are the downward years,
Drawn slowly to the foamless weirs
    Of age, were she to lose him.

Between a blurred sagacity
    That once had power to sound him,
And Love, that will not let him be
    The Judas that she found him,
Her pride assuages her almost,
As if it were alone the cost.—
He sees that he will not be lost,
    And waits and looks around him.

A sense of ocean and old trees
    Envelops and allures him;
Tradition, touching all he sees
    Beguiles and reassures him;
And all her doubts of what he says
Are dimmed with what she knows of days—
Till even prejudice delays
    And fades, and she secures him.

The falling leaf inaugurates
　　The reign of her confusion;
The pounding wave reverberates
　　The dirge of her illusion;
And home, where passion lived and died,
Becomes a place where she can hide,
While all the town and harbor side
　　Vibrate with her seclusion.

We tell you, tapping on our brows,
　　The story as it should be,—
As if the story of a house
　　Were told, or ever could be;
We'll have no kindly veil between
Her visions and those we have seen,—
As if we guessed what hers have been,
　　Or what they are or would be.

Meanwhile we do no harm; for they
　　That with a god have striven,
Not hearing much of what we say,
　　Take what the god has given;
Though like waves breaking it may be,
Or like a changed familiar tree,
Or like a stairway to the sea
　　Where down the blind are driven.

폭군의 사랑신 (the tyrannical god of love)

그녀는 그를 두려워한다, 그리고 항상 묻곤 한다
그녀가 그를 선택하게 한 운명이 무엇이었는지;
그녀는 그의 매력적인 가면 속에서
그를 거부할 온갖 이유를 만난다;
그러나 그녀가 만나고 두려워하는 것은
행여나 그를 잃은 후, 세월의
거품이 없는 강둑으로 천천히 끌려가는
내리막의 시절보다는 덜하다.

한때 그를 찬양하는 힘을 지녔던
흐려진 총명함과,
그녀가 본 배반자가
그가 되지 않도록 할 사랑 사이에서,
그녀의 자긍심이 그녀를 누그러뜨린다
마치 그것만이 댓가라는 듯이.
그는 자신이 버려지지 않을 것을 안다,
그리고 기다리며 자기 주변을 둘러본다.

대양과 늙은 나무의 감각이
그를 감싸고 유혹한다;
전통이, 그가 보는 모든 것을 건드리며,
그를 속이고 안심시킨다;
그리고 그가 말하는 것에 대한 그녀의 모든 의심은
그녀가 알고 있는 세월들로 흐려진다―
편견마저도 미뤄지고
시들 때까지, 그리고 그녀가 그를 얻을 때까지.

떨어지는 나뭇잎은
그녀의 혼미의 지배를 알려준다;
쿵쾅거리는 파도는
그녀의 환상의 만가를 울려퍼지게 한다;
그리고 정열이 살다 죽은, 가정은
그녀가 숨을 수 있는 장소가 된다,
한편 마을과 항구 주변 전체는
그녀의 호젓함으로 진동한다.

우리는 당신에게 말한다, 우리의 이마를 치면서,
마치 그래야 하는 이야기처럼,
마치 한 집의 이야기가
말해지거나 말해질 수 있는 것처럼,
우리는 그녀의 환상과 우리가 본 것들 사이에
어떤 친절의 장막도 치지 않을 것이다,
마치 그녀의 것이 무엇이었나를
그것들이 무엇인가를, 아니 무엇이었나를 추측하듯이.

그동안 우리는 해를 끼치지 않는다; 왜냐하면
신과 더불어 싸운 그들은,
우리가 말하는 것을 그다지 듣지 않고,
그 신이 준 것을 받기에;
비록 그것이 파도처럼,
아니면 변해버린 익숙한 나무처럼,
아니면 눈먼 자들이 이끌려 내려가는
바다로 가는 계단처럼 부서진다 해도.

There is no frigate

Emily Dickinson(1830−1886)

There is no Frigate like a Book
To take us Lands away
Nor any Coursers like a Page
Of prancing Poetry—
This Traverse may the poorest take
Without oppress of Toll—
How frugal is the Chariot
That bears the Human Soul—

책과 같은 쾌속선은 없다

우리를 저 먼 여러 나라로 데려가주는
책과 같은 쾌속선은 없지
껑충껑충 뛰는 시의
페이지와 같은 준마도 없지
이 여행은 가장 가난한 사람이라도
통행세의 압박 없이 여행을 하도록 할 수 있지
인간의 영혼을 데려가는
전차는 얼마나 저렴한가!

When my love swears she is made of truth

William Shakespeare(1564-1616)

When my love swears that she is made of truth,
I do believe her, though I know she lies,
That she might think me some untutored youth,
Unlearnèd in the world's false subtleties.
Thus vainly thinking that she thinks me young,
Although she knows my days are past the best,
Simply I credit her false-speaking tongue:
On both sides thus is simple truth suppressed.
But wherefore says she not she is unjust?
And wherefore say not I that I am old?
Oh, love's best habit is in seeming trust,
And age in love loves not to have years told.
　　Therefore I lie with her and she with me,
　　And in our faults by lies we flattered be.

나의 애인이 자신이 진실하다고 맹세할 때

나의 애인이 자신이 진실하다고 맹세할 때
나는 그녀를 믿는다. 비록 그녀가 거짓말을 하고 있다는 것을 알면서도,
그녀가 내가 세상사와 사람들의 농간 같은 것에
무지한 순진한 젊은이라고 생각하도록
그래서 그녀가 내가 젊다고 생각한다는 생각으로 나 스스로를 속이면서
비록 그녀가 내 가장 좋은 시절이 지났다는 것을 알고 있음에도 불구하고 말이다.
나는 그녀의 거짓된 말을 믿는다:
이렇게 우리 둘은 이 단순한 진실을 억눌러버린다.
그러나 그녀는 왜 그녀가 거짓말쟁이라고 말하지 않는가?
그리고 나는 왜 내가 늙었다고 말하지 않는가?
오, 사랑의 본질은 믿는 것처럼 보이도록 하는 것이니
그리고 사랑에 빠진 나이든 사람들은 그들의 나이가 거론되는 것을 끔찍이 싫어하고
　그래서 나는 그녀에게 거짓을, 그녀는 나에게 거짓을
　그리고 우리 둘은 서로의 결점에 대하여 거짓말을 하여 스스로를 치켜세운다.

The Death of the Ball Turret Gunner

Randall Jarrell(1914—1965)

From my mother's sleep I fell into the State,
And I hunched in its belly till my wet fur froze.
Six miles from earth, loosed from its dream of life,
I woke to black flak and the nightmare fighters.
When I died they washed me out of the turret with a hose.

반구형 포탑 사수의 죽음

어머니의 잠으로부터 나는 미국 호(號)로 떨어졌고,
내 젖은 부드러운 모피가 얼어붙을 때까지 그 배 속에서 둥글게 구부렸다.
땅으로부터 6마일, 그 인생의 꿈으로부터 풀려나,
나는 검은 대공포화와 악몽 같은 전투기 소리에 깼다.
내가 죽었을 때 그들은 포탑으로부터 나를 호스로 씻어 내렸다.

Cross

Langston Hughes(1901−1967)

My old man's a white old man
And my old mother's black.
If ever I cursed my white old man
I take my curses back.

If ever I cursed my black old mother
And wished she were in hell,
I'm sorry for that evil wish
And now I wish her well.

My old man died in a fine big house.
My ma died in a shack.
I wonder where I'm gonna die,
Being neither white nor black?

십자가

나의 아버지는 백인
나의 어머니는 흑인.
내가 만약 나의 백인 아버지를 욕했다면
나는 그 욕을 철회하네.

내가 만약 나의 흑인 어머니를 욕했다면
그리고 그녀가 지옥에 가기를 원했다면
나는 그러한 악한 바람을 후회하네
그리고 이젠 나는 그녀가 잘되기를 기원하네.

아버지는 크고 화려한 집에서 돌아가셨지.
어머니는 판잣집에서 돌아가셨지.
나는 어디에서 죽을까?
백인도 흑인도 아닌데.

The World is too much with us

William Wordsworth(1770－1850)

The world is too much with us; late and soon,
Getting and spending, we lay waste our powers;—
Little we see in Nature that is ours;
We have given our hearts away, a sordid boon!
This Sea that bares her bosom to the moon;
The winds that will be howling at all hours,
And are up-gathered now like sleeping flowers;
For this, for everything, we are out of tune;
It moves us not. Great God! I'd rather be
A Pagan suckled in a creed outworn;
So might I, standing on this pleasant lea,
Have glimpses that would make me less forlorn;
Have sight of Proteus rising from the sea;
Or hear old Triton blow his wreathèd horn.

세상은 우리에게 너무 벅차다

세상은 우리에게 너무 벅차다. 꼭두새벽부터 밤늦도록
벌고 쓰는 일에 있는 힘을 헛되이 탕진한다.
우리에게 주어진 자연도 보지 못하고,
우리의 심금마저 버렸으니, 이 더러운 선물이여!
달빛에 젖가슴을 드러낸 바다,
언제나 울부짖으려는
지금은 잠자는 꽃처럼 움츠러든 바람,
이것과 이 모든 것과 우리는 어울리지 못하고 있다.
그것(자연)은 우리를 감동시키지 못한다. 위대한 신이여!
차라리 나는 낡아빠진 신앙 속에서 젖 빠는 이교도가 되고 싶다.
그러면 이 아름다운 풀밭에 서서,
나를 덜 외롭게 할 풍경들을 흘깃 보리라.
바다에서 솟아나는 프로테우스를 보거나,
늙은 트라이튼의 꽃 두른 소라 나팔 소리를 들으리라.

Desert Places

Robert Frost(1874—1963)

Snow falling and night falling fast, oh, fast
In a field I looked into going past,
And the ground almost covered smooth in snow,
But a few weeds and stubble showing last.

The woods around it have it—it is theirs.
All animals are smothered in their lairs.
I am too absent-spirited to count;
The loneliness includes me unawares.

And lonely as it is, that loneliness
Will be more lonely ere it will be less—
A blanker whiteness of benighted snow
WIth no expression, nothing to express.

They cannot scare me with their empty spaces
Between stars—on stars where no human race is.
I have it in me so much nearer home
To scare myself with my own desert places.

버려진 땅

눈은 내리고, 밤이 내리네 빠르게, 오, 빠르게도
지나가며 내가 들여다본 들판에,
대지는 거의 평평하게 눈에 덮이니,
보이는 건 잡초와 그루터기 몇 개뿐.

대지 주변에 있는 숲이 그것을 소유하네—그것은 숲의 것이지.
모든 동물이 각자의 굴에서 숨이 막힌 채 있네.
나 역시 헤아리기에는 너무 얼이 빠졌고
고독이 인식하지 못하는 사이에 나를 삼키네.

비록 대지는 고독하지만, 그 고독은
줄어들기 전에 더욱 더 고독해질 것이다─
어둠이 깃든 하얀 눈의 공허는
표정도 없고, 표현할 것도 없다.

어떤 인간도 살지 않는 별과 별 사이의
빈 공간은 내가 두려운 것이 아니지.
나는 집과 훨씬 가까운 나 자신의 내면의
버려진 땅이 두려운 것이네.

35/10

Sharon Olds(1942–)

Brushing out our daughter's brown
silken hair before the mirror
I see the grey gleaming on my head,
the silver-haired servant behind her. Why is it
just as we begin to go
they begin to arrive, the fold in my neck
clarifying as the fine bones of her
hips sharpen? As my skin shows
its dry pitting, she opens like a moist
precise flower on the tip of a cactus;
as my last chances to bear a child
are falling through my body, the duds among them,
her full purse of eggs, round and
firm as hard-boiled yolks, is about
to snap its clasp. I brush her tangled
fragrant hair at bedtime. It's an old
story—the oldest we have on our planet—
the story of replacement.

35/10

거울 앞에서 우리 딸의 갈색
비단결 머리를 빗질하면서
뒤에 선 은발의 시종, 내 머리에서
흐릿한 잿빛을 본다. 왜
그들은 우리가 떠나려 할 때
도착하는 것일까, 딸의 예쁜 엉덩이뼈가
선명해질 무렵 왜 내 목주름은
또렷해지는 것일까? 내 피부가
메말라 갈라질 때 딸은 선인장 끝에
물기를 머금은 오롯한 꽃처럼 열린다.
아이를 가질 마지막 기회들 가운데
불발한 것들이 내 몸에서 스러지고 있을 때
완숙한 노른자처럼 둥글고 야문

난자들이 꽉 찬 딸의 지갑은 금방이라도
짤깍하고 열리려 한다. 잠자리에 들 시간에 나는
헝클어진 딸의 향긋한 머리칼을 빗질한다.
이건 오래된 이야기—우리 별에서 가장 오래된—
세대교체 이야기.

Ethics

Linda Pasten(1932—)

In ethics class so many years ago
our teacher asked this question every fall:
if there were a fire in a museum
which would you save, a Rembrandt painting
or an old woman who hadn't many
years left anyhow? Restless on hard chairs
caring little for pictures or old age
we'd opt one year for life, the next for art
and always half-heartedly. Sometimes
the woman borrowed my grandmother's face
leaving her usual kitchen to wander
some drafty, half imagined museum.
One year, feeling clever, I replied
why not let the woman decide herself?
Linda, the teacher would report, eschews
the burdens of responsibility.
This fall in a real museum I stand
before a real Rembrandt, old woman,
or nearly so, myself. The colors
within the frame are darker than autumn,
darker even than winter—the browns of the earth,
though earth's most radiant elements burn
through the canvas. I know now that woman
and painting and season are almost one
and all beyond saving by children.

윤리학

오래 전 윤리학 수업 시간에
선생님께서 가을만 되면 이런 질문을 하셨다.
미술관에 불이 난다면
렘브란트의 그림과 죽을 날이 얼마 남지 않은
할머니 중 너희는 어떤 쪽을 구하겠느냐.
그 당시 그림도 노인도 관심이 거의 없던 우리는
딱딱한 의자 위에 불안하게 앉아
어떤 해에는 생명을, 다음 해에는 예술을 택하곤 했는데
그것도 늘 마지못한 것이었다. 어떤 때는
그 여자가 내 할머니 얼굴을 빌려
여느 때의 부엌을 떠나 어떤 바람 드세고
반쯤은 상상에서 나온 미술관을 어슬렁거리기도 했다.
한 해는 영리한 척 나는 대답했다.
그 여자가 스스로 결정하도록 두면 안 되나요?
선생님께서는, 린다는
책임이란 짐을 피하고 있구나, 하고 말씀하셨다.
올 가을 진짜 미술관에 들어와
진짜 렘브란트 앞에, 나 자신은 그 여인처럼
거의 늙어버린 여자로서 선다. 액자 안의
색채들은 가을보다 어둡고,
겨울보다도 어두운—대지의 갈색들이다.
화폭에 대지의 가장 빛나는 요소들이 타오르고
있긴 해도 말이다. 이제 나는 안다.
여인과 그림과 계절은 거의 하나로서
어느 것도 아이들이 구할 수 없는 것들임을.

Cousins

Linda Pasten(1932-)

We meet at funerals
every few years—another star
in the constellation of our family
put out—and even in that failing
light we look completely
different, completely the same.
"What are you doing now?"
we ask each other. "How
have you been?" At these times
the past is more palpable
than our children waiting
at home or the wives and husbands tugging
at our sleeves. "Remember⋯?"
we ask, "Remember the time⋯?"
And laughter is as painful
as if our ribs had secret
cracks in them.
Our childhoods remain
only in the sharp bones
of our noses, the shape
of our eyes, the way our genes call out
to each other in the high-pitched notes
that only kin can hear.
How much of memory
is imagination? And if loss
is an absence, why does it grow
so heavy? These are the questions
we mean when we ask: "Where
are you living now?" or
"How old is your youngest?"

Sometimes I feel the grief
of these occasions swell
in me until I become
an instrument in which language rises
like music. But all
that the others can hear
is my strangled voice calling
"Goodbye⋯" calling
"Keep in touch⋯"
with the kind of sound
a bagpipe makes, its bellows heaving,
and even its marching music funereal.

사촌들

우린 몇 년마다 한 번씩
장례식에서 만난다. 집 안의
성좌에서 별 하나가 또
졌을 때―그런데 꺼져가는
그 빛 속에서도 우리는 완전히
달라 보이고, 완전히 같아 보인다.
"요즘 뭐해?" 하고
우리는 서로 묻는다.
"그동안 어떻게 지냈어?" 하고.
이런 때 과거는 집에서 기다리는
애들이나, 옷소매를 잡아당기는
아내와 남편들보다 더 생생하다.
"기억나?" 하고 우리는 묻는다.
"그때 기억나?" 하고.
그러고서 웃는 웃음은
갈비뼈에 남모를 금이 간 것처럼
고통스럽다.
우리의 어린 시절은
우리의 날카로운 코뼈와 눈매에
그리고 우리의 유전자가
친척들만이 알아듣도록
높은 음조로 서로를 부르는
방식에 남아 있다.
기억의 얼마만큼이
상상일까? 상실이
일종의 부재라면 그것은 왜
그처럼 무거워지는 것일까?
"지금 어디에서 살아?"라거나
"막내가 몇 살이야?"라고 물을 때
우리가 진짜 묻고 싶은 건 그런 것들이다.

때로 나는 이런 만남들의 슬픔이
내 안에서 점점 벅차올라
마침내 내 몸이 악기로 변하여
그 안에서 말이 음악처럼
울려나오는 걸 느낀다. 그러나
사촌들이 들을 수 있는 건
풍적(風笛)이 바람주머니를 들썩이며 내는 소리처럼
그 장송 행진곡 속에서도
"잘 가"라고 하거나
"연락하고 지내자"라고 소리치는
목멘 나의 목소리뿐이다.

Insomnia

Linda Pasten(1932-)

I remember when my body
was a friend,

when sleep like a good dog
came when summoned.

The door to the future
had not started to shut,

and lying on my back
between cold sheets

did not feel
like a rehearsal.

Now what light is left
comes up—a stain in the east,

and sleep, reluctant
as a busy doctor,

gives me a little
of its time.

불면증

내 몸이
친구였던 때를 난 기억해.

잠을 부르면
착한 개처럼 오던 때를.

미래를 향한 문은
닫히려 하지도 않았고

차가운 홑이불 사이에
눕는 일도

예행연습처럼
느껴지지 않았지.

이제 남아있는 빛이
동녘의 얼룩처럼—올라오네.

그리고 잠이, 바쁜 의사처럼
마지못해

내게 잠깐의 시간을
내주네.

When Death Comes

Mary Oliver(1935—2019)

When Death Comes
like the hungry bear in autumn;
when death comes and takes all the bright coins from his purse

to buy me, and snaps the purse shut;
when death comes
like the measle-pox;

when death comes
like an iceberg between the shoulder blades,

I want to step through the door full of curiosity, wondering:
what is it going to be like, that cottage of darkness?

And therefore I look upon everything
as a brotherhood and a sisterhood,
and I look upon time as no more than an idea,
and I consider eternity as another possibility,

and I think of each life as a flower, as common
as a field daisy, and as singular,

and each name a comfortable music in the mouth,
tending, as all music does, toward silence,

and each body a lion of courage, and something
precious to the earth.

When it's over, I want to say: all my life
I was a bride married to amazement.
I was the bridegroom, taking the world into my arms.

When it's over, I don't want to wonder
if I have made of my life something particular, and real.

I don't want to find myself sighing and frightened,
or full of argument.

I don't want to end up simply having visited this world.

죽음이 오면

죽음이 오면
가을에 굶주린 곰처럼
죽음이 오면 빛나는 동전을 죄다 꺼내어

나를 사려고 죽음이 와서 지갑을 탈칵 닫으면
홍역과 마마처럼
죽음이 오면

어깨뼈 사이로 빙산처럼
죽음이 오면

나는 가득한 호기심으로 그 문을 통해 걸어 나가보고 싶다.
그 어둠의 오두막은 어떻게 생겼을까 궁금해하며

그래서 나는 모든 것을
형제애로, 자매애로 바라본다.
나는 시간을 하나의 관념으로 보며
영원을 또 하나의 가능성으로 본다.

그리고 각 생명이 하나의 꽃이라고 생각한다.
들판의 데이지처럼 흔하면서도 단 하나뿐인

모든 이름들은 입 안에서 자연스런 음악과 같고
모든 음악이 그러하듯 침묵을 향해 가며

하나하나의 육체는 용맹한 사자이고
대지에 귀중한 것.

끝날 때 나는 말하고 싶다. 평생
나는 경이로움과 결혼한 신부였노라고
세계를 두 팔에 껴안은 신랑이었노라고

삶이 끝날 때 나는 내가
특별하고 진정한 삶을 살았는지 궁금해하고 싶지 않다.

한숨지으며 두려워하는 모습을 보고 싶지 않다.
싸우려는 내 모습도

나는 이 세상을 그저 방문한 것으로 끝내고 싶지 않다.

Wild Geese

Mary Oliver(1935−2019)

You do not have to be good.
You do not have to walk on your knees
for a hundred miles through the desert, repenting.
You only have to let the soft animal of your body
love what it loves.
Tell me about despair, yours, and I will tell you mine.
Meanwhile the world goes on.
Meanwhile the sun and the clear pebbles of the rain
are moving across the landscapes,
over the prairies and deep trees,
the mountains and the rivers.
Meanwhile the wild geese, high in the clean blue air
are heading home again.
Whoever you are, no matter how lonely,
the world offers itself to your imagination,
calls to you like the wild geese, harsh and exciting—
over and over announcing your place
in the family of things.

기러기 떼

그대는 선할 필요가 없습니다.
수백 리 사막을 무릎 꿇고
회개하며 기어갈 필요는 없습니다.
육신이라는 순한 동물이 하고 싶어하는 것을
하도록 두면 그뿐.
절망에 대해 말해 주십시오, 그대 절망에 대해,
나도 내 절망을 말해드리지요.
그 사이에도 세계는 움직입니다.
그 사이에도 태양은, 비의 맑은 수정알들은
풍경을 가로질러 움직입니다.
평원과 깊은 나무숲 너머로
산과 강들 너머로.
그 사이에도 기러기 떼는 저 높이 맑고 푸른 공중에서

다시 집으로 향하고 있습니다.
그대가 누구이든, 얼마나 고독하든
세상은 스스로를 그대의 상상 속에 바치며
기러기 떼처럼 거세고 격하게 그대를 소리쳐 부릅니다.
만물의 가족 안에
그대가 자리한 곳을 거듭거듭 알리면서.

Still, Citizen Sparrow

Richard Wilbur(1921—2017)

Still, citizen sparrow, this vulture which you call
Unnatural, let him but lumber again to air
Over the rotten office, let him bear
The carrion ballast up, and at the tall

Tip of the sky lie cruising. Then you'll see
That no more beautiful bird is in heaven's height,
No wider more placid wings, no watchfuller flight;
He shoulders nature there, the frightfully free,

The naked-headed one. Pardon him, you
Who dart in the orchard aisles, for it is he
Devours death, mocks mutability,
Has heart to make an end, keeps nature new.

Thinking of Noah, childheart, try to forget
How for so many bedlam hours his saw
Soured the song of birds with its wheezy gnaw,
And the slam of his hammer all the day beset

The people's ears. Forget that he could bear
To see the towns like coral under the keel,
And the fields so dismal deep. Try rather to feel
How high and weary it was, on the waters where

He rocked his only world, and everyone's.
Forgive the hero, you who would have died
Gladly with all you knew; he rode that tide
To Ararat; all men are Noah's sons.

그래도, 시민 참새 씨여

그래도, 시민 참새 씨여, 당신이 부자연스럽다고 한
이 독수리 말이요, 그를 녹슨 관청 위로 다시
공중에서 움직이게 해줘요, 그가 썩은 고기의 짐을
위로 나르게 해줘요, 그리고 하늘의 높은 꼭대기에서

떠돌아다니게 놔둬요. 그러면 당신은 보게 될 거예요,
그보다 더 아름다운 새가 하늘의 높이에 떠 있지 않음을,
더 넓고 화평한 날개와 그보다 더 볼 만한 비행이 없다는 것을,
그는 거기서 자연을 어깨에 짊어지고, 놀랄 만큼 자유로운,

벌거벗은 머리를 한 놈. 그를 용서해줘요, 과수원의
회랑에나 뛰어드는 당신이여, 왜냐하면 죽음을 삼키고,
무상함을 비웃으며, 끝장을 보는 용기가 있고,
자연을 새롭게 만드는 것은 그이니까요.

노아를 생각할 땐, 어린애 같은 마음을 가진 자여, 그 얼마나 많은
대혼란의 시간 동안 그의 톱이 그 씨근거리는 소리로
새들의 노래를 망쳐 버렸으며, 그의 망치 두들기는 소리가
온종일 사람들의 귀를 괴롭혔는지에 대해서

잊어버리도록 노력해야 해요. 그가 배 아래 산호와 같은 도시들과
음울하게 깊은 들판을 그대로 바라볼 수 있었는지에
대해서도 잊어 버려요. 차라리 그가 자신의 세계와
모든 이의 세계를 흔들던 그 물 위에

있는 것이 얼마나 높고 피곤한 일이었을지 느껴보아요.
영웅을 용서해줘요, 당신이 아는 모든 것과 함께 즐거이
죽었을지도 모르는 당신이여, 그는 그 조류를 타고
아라라트 산까지 갔어요, 모든 사람은 노아의 아들들이에요.

The Pardon

Richard Wilbur(1921—2017)

My dog lay dead five days without a grave
In the thick of summer, hid in a clump of pine
And a jungle of grass and honey-suckle vine.
I who had loved him while he kept alive

Went only close enough to where he was
To sniff the heavy honeysuckle-smell
Twined with another odor heavier still
And hear the flies' intolerable buzz.

Well, I was ten and very much afraid.
In my kind world the dead were out of range
And I could not forgive the sad or strange
In beast or man. My father took the spade

And buried him. Last night I saw the grass
Slowly divide (it was the same scene
But now it glowed a fierce and mortal green)
And saw the dog emerging. I confess

I felt afraid again, but still he came
In the carnal sun, clothed in a hymn of flies,
And death was breeding in his lively eyes.
I started in to cry and call his name,

Asking forgiveness of his tongueless head.
… I dreamt the past was never past redeeming:
But whether this was false or honest dreaming
I beg death's pardon now. And mourn the dead.

용서

내 개가 무덤도 없이 한 여름에,
소나무 숲과 풀숲, 인동덩굴 숲에
가리운 채, 5일 동안 죽은 채로 놓여있었다.
그가 살아있는 동안 그를 사랑했었던 나는

그가 있는 곳에 다가서서
짙은 인동덩굴 냄새가
더 짙은 다른 냄새와 섞인 것을 냄새 맡고
파리들의 견딜 수 없는 윙윙 소리를 듣는 것으로 그쳤다.

난 10살이었고 매우 무서웠던 거였다.
내 선량한 세계에서는 죽은 자들은 영역 밖이었고
나는 동물이든 사람이든 그들의 슬픈 또는 이상한
요소를 용서할 수가 없었다. 아버지가 삽을 들고는

그를 묻어주었다. 어젯밤 나는 풀이 서서히
갈라지는 것을 보았고 (똑같은 현장이었지만
이때는 지독하게 심한 초록빛으로 빛났다)
개가 올라오는 것을 보았다. 나는 고백한다.

또다시 두려움을 느꼈음을, 그러나 여전히 그는
육욕의 햇빛을 받으며, 파리들의 찬송가로 옷을 입고 나타났다.
그리고 죽음이 그의 생기 어린 눈 속에서 알을 까고 있었다.
나는 울면서 그의 이름을 부르기 시작했다.

그의 혀 없는 머리에게 용서를 청하며,
… 나는 과거가 결코 구원받을 수 없는 건 아니라는 꿈을 꾸었다.
그러나 이 꿈이 허위였건 진실이었건
나는 지금 죽음의 용서를 구하고 있다. 그리고 죽은 자들에게 애도를.

In a Dark Time

Theodore Roethke(1908－1963)

In a dark time, the eye begins to see,
I meet my shadow in the deepening shade;
I hear my echo in the echoing wood—
A lord of nature weeping to a tree.
I live between the heron and the wren,
Beasts of the hill and serpents of the den.

What's madness but nobility of soul
At odds with circumstance? The day's on fire!
I know the purity of pure despair,
My shadow pinned against a sweating wall.
That place among the rocks—is it a cave,
Or winding path? The edge is what I have.

A steady storm of correspondences!
A night flowing with birds, a ragged moon,
And in broad day the midnight come again!
A man goes far to find out what he is—
Death of the self in a long, tearless night,
All natural shapes blazing unnatural light.

Dark, dark my light, and darker my desire.
My soul, like some heat-maddened summer fly,
Keeps buzzing at the sill. Which I is I?
A fallen man, I climb out of my fear,
The mind enters itself, and God the mind,
And one is One, free in the tearing wind.

어두울 때

어두울 때, 눈은 보기 시작하고
나는 깊어지는 그늘 속에서 나의 그림자를 만난다.
반향이 울리는 숲에서 내 메아리를 듣는다.
자연의 창조자는 나무에게 눈물을 흘린다.
나는 해오라기와 굴뚝새 사이,
동산의 짐승들과 동굴 속의 뱀들 사이에 살고 있다.

광기란 환경과 싸우는
영혼의 고결함이 아니고 그 무엇이겠는가? 낮이 불타고 있다!
나는 절망의 순수성을 알고 있으며,
내 그림자는 땀 흘리는 벽에 걸려있다.
바위 사이의 그 장소, 그게 동굴이었나,
아니면 구불구불한 길이었던가? 내가 아는 것은 그 날카로움.

교감이라는 끝없는 폭풍우!
새와 누덕누덕한 달과 함께 흐르는 밤,
그리고 환한 대낮에 한밤은 다시 오니!
한 사람이 자신이 누구인지 찾기 위해 멀리 떠나고
길고 눈물도 없는 밤중에 자아의 죽음,
자연 아닌 빛으로 타오르는 모든 자연적인 형체들.

어두워라, 나의 빛은 어두우니, 또한 나의 욕망은 더욱 어두운 것이니.
열에 들떠 미쳐버린 여름 파리처럼 내 영혼은
문턱에서 계속 윙윙거린다. 어떤 내가 나인가?
타락한 인간인 나는 두려움으로부터 기어나오고,
정신은 제자리로 들어오며 그것은 신성함이니,
한 인간은 단일하며, 찢는 듯한 바람 속에서 자유로운 것.

My Papa's Waltz

Theodore Roethke(1908—1963)

The whiskey on your breath
Could make a small boy dizzy;
But I hung on like death:
Such waltzing was not easy.

We romped until the pans
Slid from the kitchen shelf;
My mother's countenance
Could not unfrown itself.

The hand that held my wrist
Was battered on one knuckle;
At every step you missed
My right ear scraped a buckle.

You beat time on my head
With a palm caked hard by dirt,
Then waltzed me off to bed
Still clinging to your shirt.

아빠의 왈츠

당신 숨결의 위스키 냄새는
조그만 소년을 어지럽히죠,
그러나 나는 죽음처럼 매달려있었어요.
그런 왈츠는 쉽지 않았죠.

우리는 냄비들이 부엌 선반에서
미끄러질 때까지 뛰어놀았어요.
어머니의 얼굴이
펴질 날이 없었죠.

내 허리를 잡은 손의
손가락 관절 하나는 못쓰게 망가져있어요.
당신이 스텝을 잘못 밟을 때마다
내 오른쪽 귀가 허리띠의 버클에 스쳤어요.

당신은 때에 찌든 손바닥으로
내 머리에 박자를 쳤어요.
그리곤 여전히 당신 셔츠에 매달린 나를
왈츠를 치며 침대로 데려다주었죠.

The Waking

Theodore Roethke(1908－1963)

I wake to sleep, and take my waking slow.
I feel my fate in what I cannot fear.
I learn by going where I have to go.

We think by feeling. What is there to know?
I hear my being dance from ear to ear.
I wake to sleep, and take my waking slow.

Of those so close beside me, which are you?
God bless the Ground! I shall walk softly there,
And learn by going where I have to go.

Light takes the Tree; but who call tell us how?
The lowly worms climbs up a winding stair;
I wake to sleep, and take my waking slow.

Great Nature has another thing to do
To you and me, so take the lively air,
And, lovely, learn by going where to go.

This shaking keeps me steady. I should know.
What falls away is always. And is near.
I wake to sleep, and take my waking slow.
I learn by going where I have to go.

깨어나기

나는 잠으로 깨어난다, 서서히 깨어나네.
내가 두려워할 수 없는 것에서 난 내 운명을 느끼네.
내가 가야 할 곳으로 감으로써 난 배우네.

우리는 느낌으로써 생각하지. 알아야 할 것이 무엇인가?
내 존재가 귀에서 귀로 춤추는 소리를 듣네.
나는 잠으로 깨어난다, 서서히 깨어나네.

내 곁에 가까이 있는 것들 가운데, 어느 것이 그대인가?
신이여 이 땅을 축복하기를! 나는 땅 위를 사뿐히 걸으며
내가 가야 할 곳으로 감으로써 배우리.

빛이 나무를 비치네. 허나 그 이치를 누가 말해주랴?
하잘것없는 벌레가 구부러진 계단을 기어오르네.
나는 잠으로 깨어나네, 서서히 깨어나네.

대자연은 그대와 나에게 한 가지 더
하는 일이 있다. 그러니 신선한 공기를 마시며
사랑스럽게 가야 할 곳으로 감으로써 배우라.

이 같은 흔들림은 나를 안정시켜 준다. 나는 알아야 해.
사라지는 것은 늘 존재하네. 그것도 가까이에.
나는 잠으로 깨어나네, 서서히 깨어나네.
내가 가야 할 곳으로 감으로써 난 배우네.

y 영미문학개론

How to Be Old

May Swenson(1913—1989)

It is easy to be young. (Everybody is,
at first.) It is not easy
to be old. It takes time.
Youth is given; age is achieved.
One must work a magic to mix with time
in order to become old.

Youth is given. One must put it away
like a doll in a closet,
take it out and play with it only
on holidays. One must have many dresses
and dress the doll impeccably
(but not to show the doll, to keep it hidden.)

It is necessary to adore the doll,
to remember it in the dark on the ordinary
days, and every day congratulate
one's aging face in the mirror.

In time one will be very old.
In time, one's life will be accomplished.
And in time, in time, the doll—
like new, though ancient—will be found.

나이 드는 법

젊기는 쉽다. (누구나 젊다
처음엔.) 쉽지 않은 건
나이 드는 일. 그건 시간이 걸린다.
젊음은 주어지고, 나이듦은 성취되는 것.
나이 들기 위해
시간과 하나가 되려면 마술을 부려야 한다.

젊음은 주어진다. 장 속에 인형을 치워두듯
우리는 그것을
휴일 같은 때에만 꺼내어 가지고 놀아야 한다.
옷을 많이 가지고 있다가
그 인형을 흠잡을 데 없이 입혀야 한다.
(인형을 자랑하기 위해서가 아니라 감추기 위해서.)

그 인형을 사랑할 필요가 있다.
일상의 어둠 속에서 그걸 기억하기
위해서, 날마다 거울 속에서 늙어가는
얼굴을 축하하기 위해서.

머지않아 우린 몹시 늙어 버리고
머지않아 우리 삶은 마무리될 것이다.
그리고 머지않아, 머지않아, 그 인형도─
오래되었지만 새것처럼 발견되리라.

Siren

Louise Gluck(1943—)

I became a criminal when I fell in love.
Before that I was a waitress.

I didn't want to go to Chicago with you.
I wanted to marry you, I wanted
Your wife to suffer.

I wanted her life to be like a play
In which all the parts are sad parts.

Does a good person
Think this way? I deserve

Credit for my courage—

I sat in the dark on your front porch.
Everything was clear to me:
If your wife wouldn't let you go
That proved she didn't love you.
If she loved you
Wouldn't she want you to be happy?

I think now
If I felt less I would be
A better person. I was
A good waitress.
I could carry eight drinks.

I used to tell you my dreams.
Last night I saw a woman sitting in a dark bus—
In the dream, she's weeping, the bus she's on

Is moving away. With one hand
She's waving; the other strokes
An egg carton full of babies.

The dream doesn't rescue the maiden.

사이렌

사랑에 빠졌을 때 나는 범죄자가 되었죠.
그 전에는 웨이트리스였고요.

당신과 함께 시카고로 가고 싶지 않았어요.
당신과 결혼하고 싶었고
당신의 아내가 괴로워하도록 하고 싶었어요.

난 그녀의 인생이 연극 같은 것이길 바랐어요.
모든 장면들이 슬픈 장면만으로 채워져 있는.

좋은 사람이라면 이렇게 생각할까?

나는 내 용기에 대한 대가로 이럴 자격이 있어.

난 당신 집 현관 어둠 속에 앉아있었죠.
모든 일이 내겐 분명해 보였죠.
당신의 아내가 당신을 보내주지 않는다면
그건 그녀가 당신을 사랑하지 않았던 증거라고.
그녀가 당신을 사랑했다면
그녀는 당신이 행복해지기를 바라지 않았을까요?

나는 내가 실제로 좋은 사람인 것보다
덜 좋은 사람으로 느끼고 있는 게 아니었는지
지금 생각하게 됩니다.
나는 좋은 웨이트리스였죠.
난 여덟 잔을 들 수 있었으니까.

난 당신에게 나의 꿈들을 말하곤 했죠.
지난밤 나는 컴컴한 버스에서 한 여자가 앉아있는 걸 봤어요.
꿈속에서 그녀는 울고 있었죠,
버스는 그녀를 태운 채 떠나가고 있었어요.
그녀는 한 손을 흔들고 있었고
다른 손은 때리고 있었어요
아이들로 가득찬 달걀상자를.

그 꿈은 그 아가씨를 구하지 않았어요.

Song for a Dark Girl

Langston Hughes(1902—1967)

Way Down South in Dixie
(Break the heart of me)
They hung my black young lover
To a cross roads tree.

Way Down South in Dixie
(Bruised body high in air)
I asked the white Lord Jesus
What was the use of prayer.

Way Down South in Dixie
(Break the heart of me)
Love is a naked shadow
On a gnarled and naked tree.

흑인 소녀를 위한 노래

남부의 남쪽 길
(나의 가슴을 부수어라)
그들은 내 젊은 흑인 애인을
십자로 나무에 매달았다.

남부의 남쪽 길
(공중 높이 매달린 상처 입은 몸)
난 백인 주 예수께 물었다
기도가 무슨 소용이냐고.

남부의 남쪽 길
(나의 가슴을 부수어라)
사랑은 벌거벗은 그림자
옹이투성이의 잎이 다 떨어진 나무 위에 피는.

Mother to Son

Langston Hughes(1902—1967)

Well, son, I'll tell you:
Life for me ain't been no crystal stair.
It's had tacks in it,
And splinters,
And boards torn up,
And places with no carpet on the floor—
Bare.
But all the time
I'se been a-climbin' on,
And reachin' landin's,
And turnin' corners,
And sometimes goin' in the dark
Where there ain't been no light.
So boy, don't you turn back.
Don't you set down on the steps
'Cause you finds it's kinder hard.
Don't you fall now—
For I'se still goin'. honey,
I'se still climbin'.
Aind life for me ain't been no crystal stair.

어머니가 아들에게

자, 아들아, 내 말을 들어보렴
내 인생길이 수정 계단은 아니었단다.
거기엔 압정이 널려있고
나무 가시에
부서져 튀어나온 나무판
카펫을 깔지 않아
맨 층계인 곳도 많았어.
하지만 쉬지 않고
올라왔단다.
층계참에 올라와서는
방향을 바꿔 다시 올랐지.
불이 꺼진 곳에선
어둠 속에서 걸었지.
그러니 아들아, 돌아서선 안 돼.
힘이 좀 든다고 해서
층계에 주저앉으면 안 된다.
쓰러지지 마라.
난 지금도 가고 있으니, 아들아
난 지금도 올라가고 있단다.
게다가 내 인생길은 전혀 수정 계단이 아니었단다.

If You Should Go

Countee Cullen(1903—1946)

Love leave me like the light,
The gently passing day;
We would not know, but for the night,
When it has slipped away.
Go quietly; a dream,
When done, should leave no trace
That it has lived, except a gleam
Across the dreamer's face.

가셔야 한다면

사랑이여, 빛처럼 내게서 떠나세요.
조용히 저물어가는 낮처럼;
밤이 없다면 그 빛 사라지는 때를
우리는 모르겠지요.
조용히 가세요; 끝나고 나면
꿈이 있었다는 흔적을
남기지 않아야죠, 희미한 빛 하나
꿈꾼 자 얼굴에 어려 있다 하더라도.

The Groundhog

Richard Eberhart(1904—2005)

In June, amid the golden fields,
I saw a groundhog lying dead.
Dead lay he; my senses shook,
and mind outshot our naked frailty.
There lowly in the vigorous summer
His form began its senseless change,
And made my senses waver dim
Seeing nature ferocious in him.
Inspecting close his maggots' might
And seething cauldron of his being,
Half with loathing, half with a strange love,
I poked him with an angry stick.
The fever arose, became a flame
And Vigour circumscribed the skies,
Immense energy in the sun,
And through my frame a sunless trembling.
My stick had done nor good nor harm.
Then stood I silent in the day
Watching the object, as before;
And kept my reverence for knowledge
Trying for control, to be still,
To quell the passion of the blood;
Until I had bent down on my knees
Praying for joy in the sight of decay.
And so I left; and I returned
In Autumn strict of eye, to see
The sap gone out of the groundhog,
But the bony sodden hulk remained.
But the year had lost its meaning,
And in intellectual chains

I lost both love and loathing,
Mured up in the wall of wisdom.
Another summer took the fields again
Massive and burning, full of life,
But when I chanced upon the spot
There was only a little hair left,
And bones bleaching in the sunlight
Beautiful as architecture;
I watched them like a geometer,
And cut a walking stick from a brich.
It has been three years, now.
There is no sign of the groundhog.
I stood there in the whirling summer,
My hand capped a withered heart,
And thought of China and of Greece,
Of Alexander in his tent;
Of Montaigne in his tower,
Of Saint Theresa in her wild lament.

들쥐

6월, 금빛 들판에서,
나는 한 마리 들쥐가 죽어 누워있는 것을 보았다.
그는 죽어 있었다, 나의 감각은 흔들렸고,
마음은 우리의 벌거벗은 연약함을 불쑥 드러내 보였다.
따가운 여름에 초라하게
그의 형태는 무감각한 변화를 시작했고,
그에게서 자연의 잔인함을 본
나의 감각을 희미하게 흔들어놓았다.
구더기들의 힘과 그의 존재의
끓는 가마솥을 세밀히 조사하다가,
반은 혐오하고, 반은 이상한 애정을 가지고서,
나는 그를 성난 나뭇가지로 찔러보았다.
열기가 올라 불길이 되었고,
그 힘은 하늘과 태양의 무한한 에너지와
내 모양에 따른 빛 없는 흔들거림에 선을 그렸다.
내 나뭇가지는 아무런 도움도, 해도 준 셈이 아니었다.
그리하여 나는 전과 다름없이
그 대상을 바라보며 대낮에 조용히 서 있었다.
그리고 자제하려 하며, 진정하려 하며,
피의 열정을 식히려 하며,
앎에 대한 경애심을 간직하였다.
그러다가 무릎을 꿇고

소멸하는 광경에 기쁨을 기도하였다.
그리고 나는 떠났고, 가을에 깐깐한 눈을 하고
다시 돌아와서는 들쥐에서 액즙이 빠져나간 것을 보았다.
그러나 다 썩고 난 뼈의 잔해는 남아있었다.
그러나 그 해는 의미를 잃었고,
나는 지적인 사슬에 묶인 채
지혜의 벽 속에 갇혀
애정과 혐오를 둘 다 잃어 버렸다.
또 다른 여름이 와서 그 들판을 다시
장대하고 불타는, 생에 넘치는 곳으로 만들었다.
그러나 내가 우연히 그 자리를 보았을 때
거기에는 단지 하나의 조그만 털, 그리고
건축물처럼 아름답게
햇빛 속에서 표백된 뼈만이 남아 있었다.
나는 그것들을 기하학자처럼 쳐다보다가,
자작나무에서 지팡이가 될 가지 하나를 잘라 내었다.
이제 3년이 흘렀다.
들쥐의 흔적이라고는 없다.
나는 현기증 나는 여름에 거기 서서,
시들어버린 가슴에 손을 대고,
중국과 그리스를,
막사 속의 알렉산더 왕을,
탑 속의 몽테뉴를,
미친 듯한 비탄 속에 잠긴 성 테레사를 생각했다.

Mid-Term Break

Seamus Heaney(1939—2013)

I sat all morning in the college sick bay
Counting bells knelling classes to a close.
At two o'clock our neighbours drove me home.

In the porch I met my father crying—
He had always taken funerals in his stride—
And Big Jim Evans saying it was a hard blow.

The baby cooed and laughed and rocked the pram
When I came in, and I was embarrassed
By old men standing up to shake my hand

And tell me they were 'sorry for my trouble'.
Whispers informed strangers I was the eldest,
Away at school, as my mother held my hand

In hers and coughed out angry tearless sighs.
At ten o'clock the ambulance arrived
With the corpse, stanched and bandaged by the nurses.

Next morning I went up into the room. Snowdrops
And candles soothed the bedside; I saw him
For the first time in six weeks. Paler now,

Wearing a poppy bruise on his left temple,
He lay in the four-foot box as in his cot.
No gaudy scars, the bumper knocked him clear.

A four-foot box, a foot for every year.

조퇴

오전 내내 학교 양호실에 앉아 있었다,
수업을 마치는 종 소리를 세면서.
두 시에 이웃이 와서 나를 집까지 태워다주었다.

현관에서 만난 아버지는 울고 있었다—
늘 씩씩하게 장례식 절차를 처리하던 분이셨는데—
덩치 큰 짐 에번스는 세게 친 것이라 말했다.

아기는 꾹꾹소리를 내며 웃고 유모차를 흔들었다
내가 들어섰을 때, 난 난처했다
노인네들이 몸을 일으켜 내 손을 잡고는

이런 일이 일어나서 유감이라 말했으니.
수군거림이 낯선 이들한테 전해졌다, 내가 첫째라고,
학교에 갔었다고, 어머니는 내 손을

자기 손에 쥐고 성난, 눈물 없는 한숨을 토해내시는데.
열 시에 앰뷸런스가 도착했다
시신이 실려 있었다. 간호사들이 지혈하고 붕대를 감은.

다음 날 아침 그 방으로 들어갔다. 눈방울꽃과
양초들이 머리맡을 진정시켰다; 나는 그를
육 주 만에 처음 보았다. 안색이 더 창백해졌고,

왼쪽 관자놀이에 양귀비 빛깔 멍이 들었다.
그는 누워 있었다, 사 피트짜리 관이 침대인 듯.
요란한 상처 하나 없이, 범퍼가 그를 완전히 끝내버렸다.

사 피트짜리 관, 일 년에 일 피트씩.

유희태 영미문학 **❶**

영미문학개론

초판 1쇄	2014년 12월 20일	
2판 1쇄	2017년 1월 3일	
3판 1쇄	2020년 12월 1일	
2쇄	2021년 1월 25일	
3쇄	2022년 4월 15일	
4판 1쇄	2023년 1월 16일	
2쇄	2024년 2월 20일	

저자와의
협의하에
인지생략

저자 유희태 **발행인** 박 용 **발행처** (주)박문각출판
표지디자인 박문각 디자인팀
등록 2015. 4. 29. 제2015-000104호
주소 06654 서울시 서초구 효령로 283 서경 B/D
팩스 (02) 584-2927
전화 교재 주문 (02) 6466-7202 동영상 문의 (02) 6466-7201

정 가 30,000원
ISBN 979-11-6987-058-0